浙江省哲学社会科学规划
后期资助课题成果文库

晚明史家的明史考据研究

余 茜 著

中国社会科学出版社

图书在版编目（CIP）数据

晚明史家的明史考据研究／余茜著．—北京：中国社会科学出版社，2023.4
（浙江省哲学社会科学规划后期资助课题成果文库）
ISBN 978-7-5227-1539-1

Ⅰ.①晚… Ⅱ.①余… Ⅲ.①中国历史—明代—文集 Ⅳ.①K248.07-53

中国国家版本馆 CIP 数据核字（2023）第 038689 号

出 版 人	赵剑英
责任编辑	刘　芳
责任校对	王佳玉
责任印制	李寡寡

出　　　版	中国社会科学出版社
社　　　址	北京鼓楼西大街甲 158 号
邮　　　编	100720
网　　　址	http://www.csspw.cn
发 行 部	010-84083685
门 市 部	010-84029450
经　　　销	新华书店及其他书店

印刷装订	北京君升印刷有限公司
版　　　次	2023 年 4 月第 1 版
印　　　次	2023 年 4 月第 1 次印刷

开　　　本	710×1000　1/16
印　　　张	20
插　　　页	2
字　　　数	339 千字
定　　　价	98.00 元

目　　录

绪　　论

第一节　研究对象

本书选取晚明史家的明史考据为研究对象。明代史学最突出的特点之一就是其有着非常繁盛的私修当朝史著作。它们当中不仅有纪传体、编年体、典志体等体裁较为完备的史著，还有名目繁多的史地著作、稗史笔记等。它们体裁各异，内容丰富，为我们研究明代历史提供了重要的参考价值。此外，有明一代虽官方一直未能修成纪传体国史，却有 2900 余卷的《明实录》留存，是研究明史至关重要的第一手资料，有非常高的史料价值。然而，"以昭代之人作昭代之史，忌讳弘多，是非错互"①。在明之时代背景、政治环境、学术风气等因素的综合作用下，明人当朝史撰述在繁盛之外还存在很多问题，有些已为明代有识之士所察觉。他们纷纷对当朝史著作进行批评，其中批评较多的方面之一就是在官私明史记载中存在普遍的失实失真现象，而这却又是撰修信史所不能回避和必须解决的问题。为了指出并纠正在明代官私明史著作中出现的失真、失实之处，存信史于后世，只能用考据的方法来实现。因此，伴随着渐起的考据之风，晚明史家对明史的考据就应运而生了。

学术如积薪，后来者居上。长久以来，学界对清代考据学成就评价甚高，却忽略了晚明考据学的成就。钱穆先生、白寿彝先生、张舜

---

① 钱谦益著，钱曾笺注，钱仲联标校：《牧斋初学集》卷 28《少司空晋江何公国史名山藏序》，上海古籍出版社 1996 年版，第 848 页。

徵先生①等皆指出，清人考据研究的问题，很多从宋代时就已经有了。明处于宋、清中间一环，在学术上有着承上启下的作用。随着近些年来对明代史学关注的逐渐增加和研究的深入，学界在明当朝史和明代考据学的研究上也取得了不少成果，但对明人明史考据的研究却仍旧相对较少。现有的研究成果也多是集中于某一位史家或者某一种著作上，又或者是把整个明代的考据作为一个整体，从考据学发展的角度，综合经史子集各个方面加以探讨，单就明人明史考证的综合研究就越发稀少。林庆彰先生甚至还提出了在明代考据学所囊括的考据内容中"考订史事之讹误者，各家皆有之，成就皆不著，不须专论"②的观点。因此，尽管他的《明代考据学研究》一书对明代的考据学成就有较为全面的探讨，是研究明代考据学重要的专著之一，但不可否认的是此书忽略了对明人明史考据的关注。

然明代学者在"考订史事"上究竟有没有成就，是值得我们深入研究探讨的。因此，本书拟将晚明史家的明史考据作为一个整体，对他们从事明史考据的缘起，考据的内容、方法，考据中存在的不足以及对后世的影响进行系统研究。同时还将挖掘诸位考据史家的考据成果间的相互关系，以丰富当前学界对明代史学、明代考据学的认识。

第二节　研究范围

一　时间断限

在当前学界已有的研究中，学者往往从自己的研究对象出发，选择"晚明"一词所涵盖的时间范围，因此时间跨度长短不一。如吴晗先生论

---

① 钱穆在《中国近三百年学术史》（一）中说道："治近代学术者当何自始？曰：必始于宋。何以当始于宋？曰：近世揭橥汉学之名以与宋学敌，不知宋学，则无以评汉宋之是非。且言汉学渊源者，必溯诸晚明诸遗老。"（九州出版社 2011 年版，正文第 1 页）白寿彝在《历史教育与史学遗产》中说："清人所谓汉学，实际上是从宋人的历史文献学发展而来的。"（河南人民出版社 1985 年版，第 101 页）张舜徽在《广校雠略》卷 5《两宋诸儒实为清代朴学之先驱》中说："有清一代学术无不赖宋贤开其先，乾、嘉诸师特承其遗绪而恢宏之耳。"（中华书局 1963 年版，第 123 页）

② 林庆彰：《明代考据学研究》，台湾学生书局 1986 年版，第 32 页。

述晚明仕宦阶级的生活时，将晚明之始定在了嘉靖年间。①谢国桢先生《晚明史籍考》一书中的"晚明"，实指从"明万历至崇祯，以迄清康熙间平定三藩事件时为止"②。万明先生主编的《晚明社会变迁问题与研究》一书，主要探讨了晚明的社会变迁问题，选定时间区域为"成、弘以后，重点在嘉、隆、万以至明末，也就是 15 世纪后半叶到 17 世纪前半叶（1450—1644）"③。而商传先生《走进晚明》一书重点考察的是此际的政治与社会文化的内容，选择了"从万历到崇祯的一百年时间"④。樊树志先生所撰《晚明史》重点是充分展现"叙事史学的结构与魅力"⑤，在时间的选择上与商传先生相同。然而，他也提到"复社名士方以智（1611—1671），是晚明四公子之一"⑥。虽然方以智的学术活动在他晚年基本停滞，但就他生活的年代而言却完全超出了樊先生所限定的时间范围。李文治先生讨论晚明民变时选取的时间段，则是天启七年至永历末（1627—1661），李先生同时也指出"神宗的怠政，是晚明政治败坏的根源"⑦。以上单就笔者所举数种就能看到学界对"晚明"时间界定的不确定性。针对这一现象，有学者专门撰写了学术论文来讨论晚明的概念及其相关问题，并指出"'晚明'是一个与现代学术体系相伴而生的历史表述"⑧，学者刘晓东指出晚明一词在清代就已出现，"且只是一种时间的惯常性表述"⑨，它现在所特有的社会转型的内涵则是在当今的学术研究中才被赋予。这两篇学术论文无疑对近些年来的晚明研究做了很好的总结，同时也充分说明了学界至今尚未对晚明时间有统一的界定，上可至弘治中期，下则能延至清定三藩。

顾诚先生在撰述南明史时，选取的是从"大顺军攻克北京以及随之而

①　吴晗：《吴晗史学论著选集·晚明仕宦阶级的生活》，人民出版社 1986 年版，第 508—516 页。

②　谢国桢：《晚明史籍考》，华东师范大学出版社 2011 年版，凡例第 1 页。

③　万明：《晚明社会变迁问题与研究》，商务印书馆 2005 年版，第 2 页。

④　商传：《走进晚明》，商务印书馆 2014 年版，第 10 页。

⑤　樊树志：《晚明史》，复旦大学出版社 2002 年版，扉页。

⑥　樊树志：《晚明史》，第 202 页。

⑦　李文治：《晚明民变》，中国电影出版社 2014 年版，第 3 页。

⑧　赵强、王确：《何谓"晚明"？——对"晚明"概念及其相关问题的反思》，《求是学刊》2013 年第 6 期，第 157 页。

⑨　刘晓东：《"晚明"与晚明史研究》，《学术研究》2014 年第 7 期，第 98 页。

来的清兵进入山海关问鼎中原以来一直到康熙三年（1664）夔东抗清基地覆灭的各地反清运动"① 的这一段历史。在顾先生看来，南明"是明朝的延续"②。而其他的南明史研究大体采取的也是这种思路。如域外汉学家司徒琳教授指出"一六四四年并非明亡清兴的分界线……明朝最后一名自称君临全中国的亲王，却到一六六二才被灭"③。南炳文先生更是将南明史的下限定在了1683年，将"从清军入关、李自成起义军撤出北京，到南明诸政权及与之合作的农民起义军最后失败，凡历时四十年"④ 的这一段历史看作南明史。可见，不少史家都没有简单地将1644年作为明王朝的终结，更多的是将这个时间点看作定都北京的"明朝廷业"的覆亡时间。

结合本书的研究对象并在吸取借鉴前辈学者已有研究成果的基础上，笔者选取的晚明时代则为嘉靖中期之后至康熙三年（1664）茅麓山李来亨部覆亡止。原因在于以下几方面。

从外在政治统治角度而言，虽然大一统的明王朝在农民起义的浪潮中覆灭，且1644年顺治"祗告天地宗庙社稷"⑤ 入主中原，但全国各地的抗清斗争一直此起彼伏。这些斗争虽没能推翻清朝的统治，却大大延缓了清朝一统天下的步伐。在此阶段中，战事的频繁、政局的不稳、统治集团内部的矛盾摩擦等问题纠葛在一起，清廷疲于奔命，无暇钳制思想学术，在一定程度上给遗民史家提供了著书立说的环境。而康熙三年（1664）李来亨部反清斗争的失败以及抗清骨干郑成功、张煌言的相继辞世，标志着内陆地区以南明为旗帜的轰轰烈烈的抗清斗争至此正式终止。虽此后仍有郑氏家族屯兵台湾奉永历为正朔，但正如王夫之所云"来亨败没，中原无寸土一民为明者"⑥，复明运动山穷水尽。

从学术内在发展角度而言，学术发展有自身的阶段性、连续性，并不完全同步于政权更迭。从1643年到1664年，虽中央皇权已由明入清，学

① 顾诚：《南明史》，《原版序论》，光明日报出版社2011年版，前言第1页。

② 顾诚：《南明史》，《原版序论》，前言第1页。

③ ［美］司徒琳：《南明史：1644—1662》，李荣庆等译，上海书店出版社2007年版，引言第1页。

④ 南炳文：《南明史》，故宫出版社2012年版，引言第3页。

⑤ 赵尔巽等撰：《清史稿》卷4《世祖本纪》，中华书局1977年版，第89页。

⑥ 王夫之：《永历实录》卷15《李来亨列传》，岳麓书社1982年版，第144页。

术的主流思想实为明末思潮之延续，取得的成果与不足也同明代整个学术环境有着密不可分的关联。在明中央王朝灭亡之后，遗民史家掀起了一场研究明史的热潮。而朱氏南明政权的存在，更给了遗民学者心理上的慰藉。他们多拒绝清廷的怀柔笼络，隐居不仕，花费大量的精力和金钱，专心于为故国修史。在他们看来，修史不仅有着国亡存史、总结"明著一代兴亡治乱之故，垂训方来"①的目的，同时更是成为他们"对抗官方政治的一种隐蔽的形式"②。他们不仅写就了不少优秀的明史著作，还有对明史学鞭辟入里的深刻剖析和对文献记载的详细考证。这些著作是晚明史家研究明史成果的精华所在，而且也是本书重点研究的对象。然而，这股研究热潮并未能持续太久。当清廷坐稳江山逐渐控制全国后，对思想学术的控制也严密起来，顺治十八年（1662）的庄氏史案就是在此背景下发生的"一大惨祸"③。此案影响深远④，不单是因"株连至七百家"⑤，更在于清廷以实际行动昭告天下——私撰明史是非法的，不仅撰述者会遭到杀身之祸，甚至连刻书、刷匠、书贾等都受牵连被斩。此案虽未能在根本上终结遗民的明史修撰，但沉重地打击了清初私修明史风潮。史学界一片风声鹤唳，"凡涉明季事者，争相焚弃"⑥，私人对明史的撰述和研究相较案发之前骤然冷却。

二　内容限定

诚如林庆彰先生所言，"明人之从事考据者，虽不若清代之众，然亦可得数十人，考据著作亦达百种，实难一一考究之。"⑦不仅如此，作为

---

① 潘耒：《遂初堂文集》卷 6《寇事编年序》，见《四库全书存目丛书》集部第 249 册，齐鲁书社 1997 年版，第 793 页。

② 赵园：《明清之际士大夫研究》，北京大学出版社 1999 年版，第 438 页。

③ 殷安如、刘颖白编：《陈去病诗文集》卷 3《吴节士赤民先生传》，社会科学文献出版社 2009 年版，第 286 页。

④ 按：关于庄氏史案与清初私家修史之间的关系，详细研究可参阅杨林、阚红柳二位学者的论文。杨林：《试析庄氏史案对清处私家修史的影响》，《清史研究》1992 年第 2 期；阚红柳：《庄氏史案与清初私家修史——从史学史的角度分析庄氏史狱对清初文化的影响》，《辽宁大学学报》（哲学社会科学版）2007 年第 3 期。

⑤ 邓之诚：《清诗纪事初编》卷 6《法若真》，中华书局 1965 年版，第 670 页。

⑥ 朱彝尊：《曝书亭集》卷 7《曝书亭著录序》，商务印书馆 1935 年版，第 595 页。

⑦ 林庆彰：《明代考据学研究·序》，台湾学生书局 1986 年版，第 3 页。

传统治学方法之一的考据，在晚明史家进行明史撰述时常被用及，故有非常多的明史作品中包含了考史的内容。囿于文章篇幅，在开始具体研究前划定研究范围是非常有必要的。

首先，选择对明史考据做出重大贡献的、为学界所熟知的代表性史家。王世贞、钱谦益、潘柽章三人皆有考据专著问世，考据的结果对此后《明史》的修撰产生了重要影响。且他们在自己的著作中均已有较为系统的考据方法与原则，三人的考据著作、治学方法等也存在密切的联系。因此，这三人是本书的重点研究对象。其次，选择虽无考据专著，但在自己的专著中涉及了一定的明当朝史考据，且对明代考据学发展做出重要贡献的史家。这类人物以焦竑为代表。焦氏博学多识，不仅有《国史经籍志》《国朝献征录》两部重要当朝史作品，且在考据方面也多有发明。虽然对明当朝史的考据在焦氏的整体考据中占到的分量较轻，更无法同王、钱等人相比较，但他在晚明当朝史考据中的地位是不容忽视的。最后，虽无考据专著，但在自己的明当朝史撰述中穿插了较多当朝史考据的史家，也是本书的研究对象。在自己所著的当朝史中夹杂一些史事的考据，在晚明史家的当朝史考据中最为常见。这部分史家的考据内容多寡不均，成就也高低不同。笔者主要依据时代先后顺序，从中选取学术活动主要集中在万历初期的张朝瑞、万历中期的朱国祯、万历末期的周之纲作为代表人物，分别进行分析。此三人生活时代不同，境遇差别也很大：虽同朝为官，张朝瑞为官三十载且仕途较顺，在任上完成了他的当朝史著作；朱国祯、周之纲则一度赋闲在家，史著主要作于此时。从官职上讲，朱国祯则贵为首辅官阶最高，不仅为人熟知也能接触到官府秘藏档案。张朝瑞虽官阶不高，但由于政绩较突出，在万斯同《明史稿》的列传中占有一席之地。相较之下周之纲最为默默无名。可见，他们虽皆在朝为官，生活经历却相差较大，撰史、考史成就也各不相同。

同时，为了能够更加全面地展现晚明考据之风的兴起对晚明明史撰述的影响和晚明史家的明史考据成果，笔者还特意取历史叙事类的作品《世庙识余录》和史论类作品《千百年眼》一并展开分析。这样不仅能够丰富本书考察的史家、史著类型，同时也能使本书挑选的史家、史著能够更好地涵盖本书所要讨论的时间跨度。

除了上述需重点探究的史家及各自的明史考据著作之外，对明代考据学发展做出过贡献的还有杨慎、胡应麟、陈耀文等人。尽管对明当朝史的考据不是他们考据的重点，他们在此方面取得的成就也不突出，但他们所提出的考据原则同样适用于明当朝史考据，这些内容在行文中也会被涉及。并且，当我们将这些史家的考据成果按照时代发展顺序排列开来时，也可以获得对晚明史家明史考据较为完整、清晰的认识。而这种认识不单单只是体现在考据内容、考据方法的发展变化上，同时也能够看到时代环境、个人境遇等因素对史家撰史、考史的影响。

综上所述，本书以生活在嘉靖中期之后至康熙三年间史家之明史考据的内容为研究范围。在他们的著作中，不仅有对明当朝史存在的各种问题的揭露、评判，以及出现该现象的原因分析，还有不少史家为纠正这些问题，给后世留下信史而进行的诸多考证成果。选取此时段史家的明史考据著作，能更加有效、全面、完整地反映明人对明史的考据和认知。

第三节　研究意义

在整个中国史学研究的范围内，明代史学的研究一直未能获得学界较多的关注。时至近代，依旧有学者发出"明人之史才终不若宋人也"[1] 的感慨。明代史学难道果真如此之不济？又或者如有些学者所言"有明一代，史学最盛"[2]？"明代史学着实获得了巨大的发展，无论是在史学体裁还是史学内容上都涌现出了许多极富创造性的范例"[3]？明人考订史事成就果真"不著，不须专论"？又或是"以博奥夸耀于世，实事求是之意不足，而哗众取宠之心有余"[4]？众说纷纭、各执一词下，本书的研究意义和价值就在于用具体史料来探究晚明史家在明史考据上取得的成就和不足。

首先，这一研究有助于全面了解明代史学风貌。不可否认，明代史学"国史失诬，家史失谀，野史失臆"[5]，确实存在较为严重的弊病。但追根

---

① 李宗侗：《中国史学史》，中国友谊出版公司 1984 年版，第 168 页。

② 谢国桢：《晚明史籍考·自序》，华东师范大学出版社 2011 年版，第 2 页。

③ ［美］伍安祖、王晴佳：《世鉴：中国传统史学》，孙卫国、秦丽译，中国人民大学出版社 2014 年版，第 194 页。

④ 姜广辉：《略论明清时期的考据学思潮》，《湖南大学学报》（社会科学版）2007 年第 2 期，第 27 页。

⑤ 张岱：《琅嬛文集》卷 1《石匮书序》，岳麓书社 1985 年版，第 18 页。

溯源，明清两朝学者对明代史学的过分批驳、贬低才是导致其长期遭人诟病的症结所在。且不说清代学者对明代史学的诘难，诸如"明人学无根柢，而最好著书"①，讽刺其"空疏""臆说"等成为家常便饭，连明人自己都把本朝史学批评得体无完肤。谢肇淛"既无包罗千古之见，又无飞扬生动之笔，只据朝政、家乘少加润色，叙事惟恐有遗，立论惟恐矛盾，步步回顾，字字无余，以之谀墓且不堪，况称史哉"②的评论，更是把明代史学从文笔到见识，从内容到形式全方位贬低得一无是处。时至近代，有一部分学者依旧持此观点。这种不结合时代、学术背景，只将目光放在其短处且全面否定其成就的批评是有失公允的。正如朱仲玉先生所说"对明代史学或简单地一笔带过，或认为明代有史书而无史学，史学在明代是一个空白点，这恐怕不太公平"③。事实上，在明代仍有部分史家坚守史学求真、求实的本质，对明代史学空疏浮夸的状况非常不满。他们有的对此现象进行了激烈的抨击，有的更在自己写作过程中广泛搜集史料，并对已出的当朝史进行分析考证。在此前的研究过程中，这部分的成果由于种种原因被忽视或者研究得不全面不深入，不得不说存在较大的疏漏。本书力图对这部分相对碎片化的实证主义史学做整体性的分析研究，还原明代史学的全貌。

其次，有助于认识明之时代背景对当朝史撰述的影响。白寿彝先生曾指出"史书的发展，总是受社会条件的影响"④。之所以在明代出现了不胜枚举却良莠不齐的各类史书，同其社会、时代背景有着莫大的关联。第一，明代繁荣的经济、发达的出版印刷业毋庸置疑为其提供了坚实的物质基础。据《中国印刷史》的统计"建宁书坊各有九十家左右"⑤，喜好附庸风雅的"地主富商亦多喜刻书版，或造活字印书"⑥。第二，新兴市民阶层的崛起，具备阅读能力的人增多，加之明人好奇炫博的个性也为其提供了广阔的消费市场，对"如譬《剪灯新话》之类，不惟市井轻浮之徒

---

① 纪昀等：《钦定四库全书总目》卷 58《今献备遗》，中华书局 1997 年版，第 524 页。

② 谢肇淛：《五杂俎》卷 13《事部一》，上海书店出版社 2001 年版，第 267 页。

③ 朱仲玉：《宋濂和王袆的史学成就》，《史学史研究》1983 年第 4 期。

④ 白寿彝：《史学概论》，宁夏人民出版社 1983 年版，第 78 页。

⑤ 张秀民：《中国印刷史》，上海人民出版社 1989 年版，第 337 页。

⑥ 张秀民：《中国印刷史》，第 337 页。

争相诵习，至于经生儒士，多舍正学不讲，日夜记意，以资谈论"①。第三，原存于宫中秘而不宜的史料大量流出，为私史的修撰提供了不少的素材。第四，明中后期私史呈井喷状态，也和当时的时局变化有着千丝万缕的联系。在明初理学绝对权威和文字狱频发的阶段，众人皆"不敢言朝廷事"②。中后期的大明王朝则处在一片风雨飘摇之中，统治集团疲于处理内外不断出现的小动乱，文网松弛。加之心学异军突起，大批的文人学者开始著书立说，奇闻异事、山神鬼怪无所不有。在上述这些因素相互影响之下，使得明人私撰明史成为潮流，也为部分有责任心的史家对其进行批评考证研究提供了素材。

再次，有助于全面了解明人在当朝史撰述中出现的问题和不足。列朝实录作为官修当朝史著作中最重要的一种，其内容多是直接采自官方原始档案材料，具有不可忽略的史料价值。然而随着历史禁忌话题的解禁和实录的流布，史家却发现实录中有些内容存在严重的失实现象。这种失实不单是因明代官修机制的欠缺所导致的史料不足，更多的则是同实录在修撰中人为造成的失真有关——不仅皇帝喜欢利用实录达到或粉饰美化，或贬斥打压的目的，就连参与撰史的史臣也往往将个人恩怨、朋党之争带入其中。相较禁忌较多的官修当朝史而言，私家修史最大的优势就在于史家具有相对自由的自主权，这使得他们能够不受官方各种要求所限，秉公于朝直抒胸臆。然多数的私家当朝史撰述不仅体例不完备，内容上也有较多舛误失实之处。比较集中的出现在对人物、史事的评价有失公允，收录史料内容真假混杂，多猎奇诡怪之语等方面。正是这些问题的存在，对明代史学生态造成了极大的破坏，同时也促使史家的反思和对这些问题进行纠正。

最后，有助于完善对整个考据学发展历程的认识。作为一种研究方法，考据起源甚早且应用广泛，但一直到清代才成为显学。与清代考据之态度严谨、成果丰富相对照，明代考据确实算不得突出。加上受明代整个学术风气的拖累，学者们对明代考据成果给予的褒奖和关注少之又少。因此，在明清两朝对明代学术的贬低，以及考据学也确实不是明代学术主

①《明英宗实录》卷90，台湾"中央研究院"历史语言研究1966年版，第1813页。
②顾炎武：《亭林诗文集》卷5《书吴、潘二子事》，上海古籍出版社2011年版，第175页。

流，甚至能称为潜流等诸多因素影响下，学者们在论述考据学的发展变化时，往往对明代一笔带过。然而明人虽然在研究成果、学术规范等方面无法与清代相提并论，也存在一些硬伤，但不能因为存在不足就磨灭其贡献。况且，清人对明人考据的批评，提出的考据原则、总结出的学术规范等成绩，也是在前人不断发现问题提出问题，并予以纠正的基础上，提炼、总结而来。正如梁启超先生所说"凡启蒙时代之大学者，其造诣不必极精深，但常规定研究之范围，创革研究之方法"①。如果不能正确地对待考据学在明代的发展成就，那么对整个考据学的认识就是不完整的。

第四节　研究现状

学界自清代开始就对明史有了一定程度的研究。官方的研究成果以《明史》和《四库全书总目》为主。通过这两部大部头的著作，清廷掌握了评品人物、考订史实、裁定史书价值的话语权，基本统一了学界对明代历史的认识。由于历史原因和政治统治需要，清代的私家明史研究呈现出比较明显的阶段性变化。清初是研究明史的一个重要阶段，大批遗民史家亲身历经由明入清、被"异族"统治之痛，不仅有诸如《石匮书》《国榷》等重视实证的明史著作，尤其还出现了一些重要的明史考证类著作，如潘柽章的《国史考异》，这些成果也是本书研究的重要组成部分。随着清统治的稳固以及文网控制的森严，私人明史研究渐渐衰落，直到清末统治危机加深才又慢慢复苏，主要集中在对清前期成果的一些考订完善上。

清代学者对明代史学持抨击、批评态度的占多数。不仅认为"明人学无根柢"② 没有学识，对明代史书的整体评价也是"浅陋芜杂者，固不足道；即号称淹雅，俨有体裁者，徐而按之，亦多疏漏舛错，不得事情"③。有关清人明史的研究，有不少学者发表了专题论文，或者在专著中有所涉猎，姜胜利的《清人明史学探研》④ 一书为个中翘楚。他对清人明史学进行了较全面的梳理分析，有助于读者较快速地了解清代明史研究的全貌。

---

① 梁启超著，朱维铮校注：《清代学术概论》，中华书局 2010 年版，正文第 15 页。

② 纪昀等：《钦定四库全书总目》卷 88《史纠》，中华书局 1997 年版，第 755 页。

③ 潘耒：《遂初堂文集·国史考异序》，见《四库全书存目丛书》集部第 249 册，齐鲁书社 1997 年版，第 791 页。

④ 姜胜利：《清人明史学探研》，南开大学出版社 1997 年版。

近代以来对明代史学的研究则客观、全面、深入得多。不仅有不少论文或者专著问世，学者们研究的对象、方法、目的等也呈现出多样性。涉及本书所要探讨的晚明史家的明史考据方面的研究也受到了一些学者的重视，已有相关成果问世，主要包括了以下几个方面的内容。

一　对明代史学的整体研究

将明代史学作为一个整体进行综合研究的成果还是很多的，研究中涉及明代史学考证的也不在少数。主要的史著有如下几种。

钱茂伟先生于明史研究颇下功夫，硕果累累。《明代史学的历程》① 由其博士学位论文修订而来，在将明代史学分为前中后——理学化的史学、转型期、多元化的史学三阶段基础上，再于各个时期详加探讨。全书有叙有论，是研究明代史学必读书目之一。《中国传统史学的范型嬗变》② 一书则一改传统按时代走的分期方式，以史学自身发展各阶段的不同特征为标准，将整个传统史学划分为叙事史学、义理史学和考据史学三大范型进行讨论。他认为明代史学发展的基本历程是从义理史学到叙述史学的转型，将明代史学拆为三个部分分别放入对应的三个阶段，分别举例加以论述。向燕南先生《中国史学思想通史·明代卷》③ 将史学思想的变化发展放入社会大背景、学术大环境中加以讨论，重点阐述了明代后期的启蒙思潮、经世思潮、黜虚征实思潮等内容，用实例展现了明史学承上启下的重要地位，对全面掌握明代史学思想有着重要的意义。杨艳秋的《明代史学探研》④ 则从官、私两个方面考察了明代史学的整体状况，具体分析了明代的史学思想、史学理论、史学批评、当朝史的编纂等方面的内容。此外，还选取了某些比较重要的史著，如《千顷堂书目》《史概》等，结合具体章节内容加以详细论述，有理有据。由于此类著作的重点皆在全面分析、整体把握，受内容、体例限制，在具体问题或细节方面不便展开有所欠缺，如果深入挖掘研究，还是具有较大论述探讨空间的。

---

① 钱茂伟：《明代史学的历程》，社会科学文献出版社 2003 年版。
② 钱茂伟：《中国传统史学的范型嬗变》，黑龙江人民出版社 2010 年版。
③ 吴怀祺主编，向燕南著：《中国史学思想通史·明代卷》，黄山书社 2002 年版。
④ 杨艳秋：《明代史学探研》，人民出版社 2005 年版。

此外，在诸多的史学史著作中也有不少对明代史学的研究分析，仅举二例加以说明。《明清史学史》①和《中国史学史》第五卷《明清时期：中国古代史学的嬗变》②，二书主题相同，在大框架上主要也是分明代史学为官、私两方面进行阐述。区别在于前者多选取代表史家及其作品详加解读，如有王世贞《弇山堂别集》、沈德符《万历野获编》等；后者以总结概括、分析特点为主，如史论特点、史学价值等。这种史学史专著的研究路数是将明代史学作为一种学术，以时间为轴线考察其史学特点、发展轨迹及其同社会的关系等。然而，这种研究路数难免顾此失彼，在专题研究上则稍显不足。

除了上述专著，还有不少重要的学术论文值得关注。如葛兆光先生《明代中后期的三股史学思潮》③、姜胜利先生《明人整理当朝史史料述论》④、廖瑞铭先生《明代史学的再评价》⑤、乔治忠先生《明代史学的普及性潮流》⑥、向燕南先生《从国家职能看明清官修史学》⑦、钱茂伟先生《〈明实录〉编纂与明代史学的流变》⑧等，这些论文在各自所论的议题中见解独到、发人深省，对明史的深入研究起到了重要的推动作用。

二 对明代考据学的研究

因考据在明代并未能形成学术思潮，明代进行考据研究的学者也不甚多，加之有清代考据学傲人成绩在前，明人考据得到的关注自然相对较少。中国台湾的林庆彰是比较早的对明代考据学进行整体研究的一位学者。《明代考据学研究》⑨不仅对明代考据学的兴起原因、考据内容、学术环境等做了整体分析，还选取了明代从事考据成果较多的八位学者分

① 傅玉璋、傅正：《明清史学史》，安徽大学出版社 2003 年版。

② 白寿彝主编，向燕南、张越、罗炳良著：《中国史学史》第五卷《明清时期：中国古代史学的嬗变》，上海人民出版社 2006 年版。

③ 葛兆光：《明代中后期的三股史学思潮》，《史学史研究》1985 年第 1 期。

④ 姜胜利：《明人整理当朝史史料述论》，《中国历史与史学》编辑组编《中国历史与史学祝贺杨翼骧先生八十寿辰学术论文集》，北京图书馆出版社 1997 年版。

⑤ 廖瑞铭：《明代史学再评论》，《台湾人文生态研究》1997 年第 11 期。

⑥ 张国刚主编：《中国社会历史评论》第 4 卷，商务印书馆 2002 年版。

⑦ 向燕南：《从国家职能看明清官修史学》，《求是学刊》2005 年第 4 期。

⑧ 钱茂伟：《〈明实录〉编纂与明代史学的流变》，《学术研究》2010 年第 5 期。

⑨ 林庆彰：《明代考据学研究》，台湾学生书局 1983 年版。

别进行研究，研究重点放在诸位学者的生平、考据内容、考据得失等方面。此书优点在于能清晰地看到明代学者在各自学术研究中获得的考据成果，缺点是不利于对某一领域整体研究成果做纵向分析，尤其是在本书着重要探讨的史学领域。同时，该书受全文架构以及作者观点所限，无法对明代整个史学领域的考据成果做比较完整细致深入的研究，不得不说是一个遗憾。除此之外，在一些综合性研究著作中对明代考据学也有所涉猎，仅举几例加以说明。如：《明代文化研究》① 有章节专门讨论了明代考据学兴起的原因、成果；《清代考据学研究》② 开篇就探讨了明之考据萌芽的出现及对清代的影响；《从理学到朴学 中华帝国晚期思想与社会变化面面观》③ 从哲学的角度分析了明末理学的解体同考据兴起的联系。

　　研究明代考据学的文章也有不少佳作。杨绪敏《明代求实思潮的兴起与考据学的成就及影响》④ 《明中叶以来史学考据的兴起及其成就与缺失》⑤《明清两朝考据学之比较研究》⑥ 对明代考据成果、考据特点、考据缺陷等做了整体分析；赵良宇《明代考据学的学术特点及其学术地位》⑦《论明代中后期考据学的成就及其局限》⑧ 主要探讨的是明代考据的成就、地位及其局限性；亢学军《明代考据学复兴与晚明学风的转变》⑨ 论述的是考据兴起原因及对学风产生的影响；姜广辉《略论明清时期的考据学思潮》⑩ 指出明代考据学有从求博到求真，从求古到求是的发

① 南炳文、何孝荣：《明代文化研究》，人民出版社 2005 年版。

② 郭松康：《清代考据学研究》，湖北辞书出版社 2001 年版。

③ ［美］艾尔曼：《从理学到朴学 中华帝国晚期思想与社会变化面面观》，赵刚译，江苏人民出版社 2012 年版。

④ 杨绪敏：《明代求实思潮的兴起与考据学的成就及影响》，《江苏社会科学》2004 年第 4 期。

⑤ 杨绪敏：《明中叶以来史学考据的兴起及其成就与缺失》，《安徽史学》2009 年第 4 期。

⑥ 杨绪敏：《明清两朝考据学之比较研究》，《史学集刊》2007 年第 5 期。

⑦ 赵良宇：《明代考据学的学术特点及其学术地位》，《辽宁大学学报》（哲学社会科学版）2008 年第 4 期。

⑧ 赵良宇：《论明代中后期考据学的成就及其局限》，《求索》2007 年第 4 期。

⑨ 亢学军：《明代考据学复兴与晚明学风的转变》，《河北学刊》2005 年第 5 期。

⑩ 姜广辉：《略论明清时期的考据学思潮》，《湖南大学学报》（社会科学版）2007 年第 2 期。

展变化。这类学术论文主要是从大框架上把握明代整体考据成就，涉及经史子集各个方面，具体史家或史著的涉及只是作为相关论据出现，对总结、提炼明代史学考据类型及其原因分析存在一定的欠缺。甚至受文章篇幅、研究深度等原因所限，有的论点、提法还有一些值得商榷的地方，具体内容笔者会在正文中指出。

还有一类文章是以某个史家的考证为主。这是研究明人考据最常见、也是成果最多的，尤其集中在为明代考据之代表人物的杨慎、王世贞、焦竑、钱谦益等人身上。如：高小慧《杨慎〈升庵诗话〉及其考据诗学》①、郭康松《论杨慎对明清考据学的贡献》②；徐彬《论王世贞的考辨史学》③、孙卫国《王世贞明史研究之成就与特点》④、姜胜利《王世贞与〈史乘考误〉》⑤；亢学军《从〈焦氏笔乘〉看焦竑的文献考据学成就》⑥；杨绪敏《论钱谦益与明史的修撰与考证》⑦、段晓亮《钱谦益的明史考证及影响》⑧，等等。这种研究路数的最大优点就在于能够相对透彻地了解某一位史家在史学考证上的成就与局限，同时其缺点为难以从整体上把握这些同时代的考据学者在学术上的区别与联系，不能了解整个明代史学考据成就的全貌。

三　对明代史家、史著的个案研究

以人或史著为研究主体是开展史学研究最常用的方法之一。因以此为切入点，不仅能较好地把握文章框架，做到结构严谨、思路清晰，更能够完整地分析人物生平、整体学术活动，全面透彻地挖掘其著作的内容。这

① 高小慧：《杨慎〈升庵诗话〉及其考据诗学》，《郑州大学学报》（哲学社会科学版）2013年第4期。

② 郭康松：《论杨慎对明清考据学的贡献》，《历史文献研究》第27辑。

③ 徐彬：《论王世贞的考辨史学》，《史学史研究》2003年第4期。

④ 孙卫国：《王世贞明史研究之成就与特点》，《史学史研究》2004年第1期。

⑤ 姜胜利：《王世贞与〈史乘考误〉》，《海南大学学报》（社会科学版）1997年第2期。

⑥ 亢学军：《从〈焦氏笔乘〉看焦竑的文献考据学成就》，《苏州大学学报》（哲学社会科学版）2004年第4期。

⑦ 杨绪敏：《论钱谦益与明史的修撰与考证》，《徐州师范大学学报》（哲学社会科学版）2012年第2期。

⑧ 段晓亮：《钱谦益的明史考证及影响》，《石家庄铁道学院学报》（社会科学版）2008年第3期。

部分的研究成果非常多，此处仅各举数例加以简要说明，与本书研究内容紧密相连的已有成果，笔者会在正文叙述中详细说明。

但凡强调博学多识的学者基本涉猎极广，对他们进行研究势必会涉及哲学、史学、文学等各个方面，故而此类研究多以专著为载体。南京大学出版社出版的《中国思想家评传丛书》①就是对历代思想家进行综合研究的代表。具体到明代而言，有杨慎、焦竑、万斯同等入选，著者对这些史家的生平、史学思想、哲学思想、文学思想等进行了全方位的探讨。单以明代史家的史学成就为研究主体的成果也是数不胜数，孙卫国的《王世贞史学研究》②即为一个典型范例。该书把王世贞的活动放入时代大背景，结合当时的学术、政治环境加以综合讨论，并就其史学理论、史学批评及考证以及具体史著做了详细解读，是全面了解王世贞其人其著作其思想不可多得的一部佳作。

不少学者虽没有研究此类问题的专著问世，但通过一篇篇的学术论文也为学界贡献了一分力量。如展龙《论焦竑〈献征录〉的史料价值》③一文肯定了焦竑在该书中保存、纠谬、补缺的重要贡献，同时也一针见血地指出了该书在内容、体例、注释等方面存在的问题。杨绪敏《论焦竑及其史学研究的成就与缺失》④主要从焦氏的主要著作中归纳提炼出其对史学的贡献，并对其思想及理论中的局限性做出客观公正的评价。顾诚先生《王世贞的史学》⑤分析了王世贞的成长背景和政治思想，赞扬了王氏对秉笔直书的重视和身体力行。鲍永军《王世贞的史学思想》⑥一文结合实例，肯定了王世贞史学思想中的积极因素，又对受时代局限而有的消极因素给予了批判。陈宝良《论钱谦益的史学》⑦全面评价了钱谦益的史学成就。张永贵、黎建军的《钱谦益史学思想评述》⑧着重分析的是其史学思想中援经入史和对明代学风的批判这两个特点。

① 匡亚明主编：《中国思想家评传丛书》，南京大学出版社 2006 年版。
② 孙卫国：《王世贞史学研究》，人民文学出版社 2006 年版。
③ 展龙：《论焦竑〈献征录〉的史料价值》，《史学史研究》2007 年第 1 期。
④ 杨绪敏：《论焦竑及其史学研究的成就与缺失》，《江苏社会科学》2002 年第 3 期。
⑤ 顾诚：《王世贞的史学》，《明史研究论丛》第 2 辑 1983 年。
⑥ 鲍永军：《王世贞的史学思想》，《史学史研究》2001 年第 3 期。
⑦ 陈宝良：《论钱谦益的史学》，《明史研究》第 6 辑 1999 年。
⑧ 张永贵、黎建军：《钱谦益史学思想评述》，《史学月刊》2000 年第 2 期。

在众多以史家或史著为研究对象的文章中，有相当一部分是优秀的学位论文。如《杨慎丹铅诸录研究》① 以杨慎一系列以"丹铅"命名的笔记著作作为研究对象。《〈焦氏笔乘〉研究》② 从文献学的角度再次审视《焦氏笔乘》一书的价值。同为论述焦竑史学的两篇硕士学位论文，《焦竑史学研究》③ 侧重的是焦竑的学术渊源、史学理论、史学思想以及其史学的传播及其影响；《论焦竑的史学》④ 则是从考据学、目录学、编纂学的角度分析焦竑在史学上的成就。王燕《王世贞史学研究——兼论明代中后期的私人修史》⑤ 上半部分主要研究的是王世贞的史学成就，下半部分分析了明中后期私人修史产生的原因、具有的特点和造成的影响。

每个时代杰出史家、史著的出现，一方面有其自身的独特性，另一方面也同这个时代的社会背景、学术风气有着密切的关联。对这些杰出史家、史著进行研究，既凸显了史家、史著的独特魅力，又能展现时代、学术等大背景对史家、史著的影响。因而，进行此项研究在史学领域中有着重要的意义。

综上所述，无论是对明史综合性的研究，还是史学考据的专项研究，又抑或是史家史著的个案分析，虽各有侧重也均研究透彻，兼有总述综合分析，却都没能结合社会背景、学术环境，将明代繁盛的当朝史撰述过程中出现的种种问题与明人对当朝史的批评和考据联系起来，进而深入分析这些考据的个性及共性。正是因学界缺乏总体的深入研究，对明人考据成果之间的相互联系缺乏清晰明确认知，非常容易出现张冠李戴、赞誉太过的情况。因此，本书正是从这一研究现状出发，希望能够对这些问题进行较全面深入的研究，从而形成对明当朝史批评与考据的整体认识和把握，并借以抛砖引玉，吸引更多学者加入这一领域，不断地研究、探索。

① 李勤合：《杨慎丹铅诸录研究》，硕士学位论文，华中师范大学，2003 年。
② 史振卿：《〈焦氏笔乘〉研究》，硕士学位论文，华中师范大学，2008 年。
③ 刘开军：《焦竑史学研究》，硕士学位论文，北京师范大学，2007 年。
④ 李彬：《论焦竑的史学》，硕士学位论文，华东师范大学，2008 年。
⑤ 王燕：《王世贞史学研究——兼论明代中后期的私人修史》，硕士学位论文，苏州大学，2003 年。

第五节　研究目的、方法与创新之处

一　研究目的

本书以晚明史家的明史考据为研究对象，研究目的大致包括以下几个方面。

第一，综合时代环境以及学术背景，对晚明史家明史考据产生的原因进行全面梳理与探究。学术的变化发展总是与其时代背景紧密相连。明初为了巩固统治、强化皇权，朱元璋明令以程朱理学一统天下，对科举考试从格式到内容都做了严格规定，采用行政手段"使天下之士一尊朱氏为功令"①，使得"说经者以宋儒传注为宗，行文者以典实纯正为主……其有剽窃异端邪说、炫奇立异者，文虽工，弗录"②。明代士子自读书始就必须认真研读朱子之学，奉其为大道。心学在明中后期的崛起，虽给学界带来了一股新鲜血液，有益于冲破早期理学的僵化、教条，但也导致很多明代读书人"以传注为支离，以经书为糟粕，以躬行实践为迂腐"③，中意于束书不观、空谈心性、驰骋议论。随着明代社会危机的加剧，如何解决问题、寻求出路便摆在了时人面前。于是一股崇实黜虚、提倡经世致用的史学思潮便应运而生。

第二，深入分析每位入选史家的明史考据成果以及他们的考据成果相互之间的联系。从上文所列举的研究现状可知，目前学界对本选题的研究总体来讲还是很欠缺的。如孙卫国在研究王世贞史学成就时，专门讨论了王世贞对钱谦益乃至潘柽章的影响，确实起到了学术先锋的作用，但由于孙先生此书研究的重点是王世贞整个的史学成就，对钱氏、潘氏二人的明史考据研究得不够透彻、深入，因此在评价三人考据成果时有些看法似还值得商榷。例如他选择了王、钱、潘三人皆有的六条明史考据为基础，推演出"如果全面对比王世贞、钱谦益和潘柽章的考订，自然是潘柽章的最

① 何乔远：《名山藏》卷84《儒林记》，福建省文史研究馆1993年版，第5193页。
② 张居正：《明张文忠公全集》奏疏四《请申旧章饬学政以振兴人才疏》，商务印书馆1935年版，第59页。
③ 张廷玉等：《明史》卷224《杨时乔传》，中华书局1974年版，第5909页。

为全面而深入"① 的结论。这种说法是否成立，仅以六条考据为支撑恐怕是难以服众的。作为学界研究王世贞史学考据最透彻的著作都还存在这样或那样的问题，更遑论其他诸如对钱谦益、潘柽章、朱国祯等人的研究了。进一步讲，晚明史家的明史考据成果之间存在的或继承或批评或推进或抄袭的相互关系，也需要在对各自的考据成果进行详尽分析之后才能评判。

第三，探讨晚明史家明史考证的类型，并探究其背后蕴含的现实意义。尽管明代考据并未形成气候，进行考据的学者也更多的是把精力放在了经学上，考史只是占据明人考据内容的极小一部分，但明人的当朝史考据还是取得了比较大的成果。虽诸如王世贞《史乘考误》、钱谦益《太祖实录辩证》、潘柽章《国史考异》类的明史考据专书不多，但在众多史家的史著、笔记等著作中，也包含了一定的考证内容，诸如朱国祯的《涌幢小品》、沈德符的《万历野获编》等。综合起来分析，他们考证的内容多集中于诸如明早期的功臣之死，官职、行政等各项制度，皇室秘闻等方面。之所以集中在这些方面，原因也是复杂多样的。例如：从客观上来说，这些史实在记载过程中确实出现更为集中的人为或者无意的舛误，尤其在涉及皇室秘闻类事件时，各种传闻野史不绝于耳，自然更能引起史家的注意。从主观上来说，对此类事件的考证，也能从一定程度上表达出士子对明朝君权空前强化造成"君尊臣卑"状况的不满，即"有明之无善治，自高皇帝罢丞相始也"②。同时，晚明史家考史侧重点又各有不同，正是这种差异性的存在又揭示了史家生活的大的时代背景以及小的生活经历对史家撰史、考史的影响。

第四，归纳明人考据使用的方法，以及在史学考据领域内取得的成果和不足。虽然晚明从事明史考据的史家数量不多，但其考据所用方法，结合个人学术旨趣的不同也各有侧重。同时，对常见的互证法、本证法等考据方法，诸位史家使用的成熟程度也有一些差异，总的说来时代越后的史家使用得越娴熟。同时还要留意到后期史家对晚明前期史家的考据成果又做了一定的考证，体现了学术上的继承与批评。这些都能从侧面说明晚明

① 孙卫国：《王世贞史学研究》，人民文学出版社 2006 年版，第 255 页。
② 黄宗羲：《黄宗羲全集》第 1 册《明夷待访录·置相》，浙江古籍出版社 1985 年版，第 8 页。

明史考据是处在一个动态发展的过程。同时，由于当时的考据毕竟还未形成风气，在考据方法、考据原则、考据态度上也存在很多不成熟的地方，这些不足受到了清人的抨击批评。然而也正是这些不足的存在，才促进了清代考据的进步发展。同时晚明的非明史考证也有较多成果，已经有不少学者开始对前代所修正史进行较为系统的研究，如朱明镐的《史纠》一书，虽未有考证明之当朝史，却对上迄《三国志》下至《元史》的六部正史进行了比较系统的考证研究，其研究态度、方法、成果都赢得了清代学者的赞赏，称其"于诸史皆钩稽参贯，得其条理，实一一从勘验本书而来，较他家为有根据……要其参互考证，多中肯綮，精核可取者十之六七，亦可谓留心史学者矣"①。再者李清的《诸史同异录》《南北史合注》《南唐书合订》等书皆详征博引，于前史抵牾冗杂之处多有所得。因此我们必须承认，无论是从考据的整体范围还是考据过程中的小细节，明人考史的思路和方法为清代考据兴盛奠定一定程度的前导性工作基础，必须重新审视、认识。

第五，为考据在明中后期的兴起原因补充另一种解释的思路。有关明代中后期考据兴起的原因，不少学者给出了自己的见解，其中不乏名家，如梁启超、胡适、余英时等。中国台湾林庆彰的《明代考据学研究》② 一书，更详细列举此学风在明代兴起之种种原因。除了这些学者提出的解释之外，笔者认为，对明当朝史存在的不满也是导致明中后期考据兴起的一个非常直接的原因。这种不满主要就是源于明人所修明史在内容上的失真。为了纠正这种乱象留下信史，晚明史家势必要利用各种史料，在当朝史领域进行一系列的考证。明人的这种研究路数也为后来的清代所继承，实现了从叙事史学向实证史学的转变。

二　研究方法

第一，用唯物史观统领全书研究思路。本书的研究对象具有其历史性，我们应该将其放入当时的时代背景中去讨论，而"不是凭着自己的主观好恶或某种传统成见去分辨精华和糟粕"③。明代史家对明当朝史的见解，不

①　纪昀等：《钦定四库全书总目》卷88《史纠》，中华书局1997年版，第755页。
②　林庆彰：《明代考据学研究》，台湾学生书局1983年版。
③　白寿彝：《史学概论》，宁夏人民出版社1983年版，第11页。

可能超脱封建社会所固有的价值体系。因此在分析问题时，要从明代社会具体的历史条件出发，既要高度赞扬其思想中迸发的闪光点，肯定其进步性，又要辩证客观地看待他们思想的局限性，不能脱离历史背景肆意抨击。

第二，分析法。要从纷繁复杂的明人著作中找出与本书相关的内容，就需要对文本进行认真细致的筛选和分析。同时还需要结合时代背景、学术背景探究其发生的原因，也需要充分运用分析法。

第三，归纳法。透过现象看本质，归纳总结出明人明史考据的原因、类型、缺点等，提炼总结出共性。秉持着广泛搜集史料，从具体到一般的研究思路，归纳总结出文章的理论体系和结论。

第四，对比法。每个史家不同的仕途路线、学术观点、生活背景等，都会对其在认识当朝史上产生一定的影响。学者主体认知上的差异，也就不可避免地影响到了其史学观点、史学理论等方面。具体到批评、考证等具体问题上，晚明史家也有不同的认识看法，这些正是本书所要重点关注的问题之一。

第五，内考证和外考证相结合。"历史必须经有方法的考证后，乃得成为科学"[1]，而中国古代的考证之学虽滥觞甚早，甚至在清代成为学术主流，但是一直都没有能够形成完整、系统的方法论。西方学者伯恩海姆提出了内考证和外考证之分后，这个分法才逐渐为中国史家所采纳。因此，在分析明人明史考据时，可以就其考证类型进行分析归纳，并探讨其特点和原因。

三　创新之处

本书的创新之处有如下三点。

第一，为考据学在明中后期兴起补充另一种解释的思路。关于考据学兴起之原因，学术界大体有两种主流观点。

一是梁启超先生的宋明理学反动说。在《清代学术概论》一书中，他旗帜鲜明地指出考据学是"对宋明理学之一大反动，而以'复古'为其职志者也"[2]。启蒙时代的代表人物则追溯到了"顾炎武、胡

---

① ［德］伯伦汉：《史学方法论》，陈韬译，商务印书馆1937年版，第220页。
② 梁启超著，朱维铮校注：《清代学术概论》，中华书局2010年版，第3页。

渭、阎若璩"①。根据他的观点，考据学的兴起是宋明理学已行至穷途末路，不得不建设的新思潮，考证方法不过是一种工具。这种观点也为胡适先生所认可，在《胡适文存三集》中，他将中国近世哲学以 1600 年为界分成了两个时期：理学时期和反理学时期，"清朝一代近三百年中的整治古书，全靠这几种工具的发达"②。

二是儒学内在发展说。钱穆先生认为，清代学术之根起之于宋，即"治近代学术者当何自始？曰：必始于宋"③，但强调了清代汉学渊源"必溯诸晚明诸遗老"④，点明了明之学术对清汉学直接又深刻的影响。余英时在《从宋明儒学的发展论清代思想史》一文中，他认为，明中后期出现的考据风潮，"是明代儒学在反智识主义发展到最高峰时开始向智识主义转变的一种表示"⑤，是不绝如缕的智识主义得到发展的一个契机。

笔者认为，考据学在明代兴起，除了上述两位先生所提出的原因之外，还有一个非常重要的直接原因，即一大批富有使命感、责任感的史家对明当朝史存在的种种问题非常不满。他们不仅著书立说对这些问题进行抨击、批评，还试图通过史实的考据来证实这些问题，进而形成了晚明史家对明史进行考据的潮流。

第二，深入探讨入选史家的明史考据成果。这部分的内容虽有不少前辈学者已经做了贡献和努力，但从目前来看还是有着比较充裕的研究空间。不少史家的明史考据成就研究得不够深入。囿于今人撰述中的篇幅或者研究重心的不同，又或是晚明史家本身明史考据内容的不够充实等各方面的原因，不少学者在论及晚明史家的当朝史考据成果时，多是结合清人评价简单略过，这样对深入了解晚明史家的当朝史考据实况是没有益处的。

第三，全面总结分析明人之当朝史考据。涉足考据学的晚明学者多由经学、小学入手，这确实符合古人考据路径，但如一直用此思路进行现代研究，无形中就会降低对该史家在经、史、子、集四个方面分别取得的成

① 梁启超著，朱维铮校注：《清代学术概论》，中华书局 2010 年版，第 3 页。

② 《胡适全集》第 3 卷《几个反理学的思想家》，安徽教育出版社 2003 年版，第 79 页。

③ 钱穆：《中国近三百年学术史》（一），九州出版社 2011 年版，第 1 页。

④ 钱穆：《中国近三百年学术史》（一），第 1 页。

⑤ 余英时：《中国思想传统的现代诠释》，江苏人民出版社 1995 年版，第 188 页。

就的认识。尤其在现阶段对晚明史家明史考据方面的全面研究相对较少，对明人考据学的认识、评价有失偏颇的情况下，对晚明史家当朝史考据成果的认识是非常不公平的。本书研究目标之一就是希望通过对晚明从事明史考据史家的重点抽样、普遍分析，以获得对晚明史家在明史考据领域取得的成就和不足的较为客观、全面的认识，并对正确定位明人考据对清代考据学的影响，以及找准明人考据在整个考据学发展过程中的位置尽一份绵薄之力。

四　研究重点与难点

本书的研究重点有二。

一是对晚明明史考据兴起的背景和原因做文献梳理分析。任何历史现象的出现都和当时的时代有着密不可分的关系。明人明史考据的兴起之所以出现在嘉靖以后，同此际的时代大背景以及学术格局密不可分。对此项内容的全面综合剖析，不仅有利于为下一步的研究打下基础，也有利于学界对此有一个较为完整、清晰的认识。

二是对晚明史家的明史考证做综合分析研究。晚明史家考证之路径、成果得到清代考据大家认可的极少。且每提及清代考据学之起源，虽有四库馆臣认为起自"明之中叶"，但仍有不少学者认为可上溯到"朱氏之数传而后起者"①，或谓"自名为汉学，其实宋学也"②，不承认明人的贡献和地位。诚如清人所批评的那样，晚明史家的考据研究中确有谬误、不足之处，但这些并不能成为学界忽视晚明考据成果的原因。本书将对晚明史家考史成果做综合分析，将个案研究和整体研究结合起来，既要看到不同史家的个性，又要发现明史考据之共性。除此之外，还要结合时代背景、生活背景、学术风气，探讨晚明史家的明史考据发生了哪些变化，又有哪些特点，推进学界对晚明史家明史考据的研究。

本书的研究难点有二。

首先，资料收集难。在动笔论证前，必须先要详尽地占有材料，这样才能保证得出的结果真实可信。然明人虽好著史，但专门针对明史的史学

---

①　章学诚：《文史通义》卷3《朱陆篇》，上海书店出版社1988年版，第78页。

②　冯熙：《蒿庵随笔》卷3，《近代中国史料丛刊》第一辑第64册，台湾文海出版社1966年版，第97页。

考据著作数量较少。到目前为止，虽有《千顷堂书目》^①《四库全书总目》《清代禁毁书目》^②《明代史籍汇考》^③《晚明史籍考》^④ 等各式各色书目珠玉在先，但学界尚无专门的明人考据类书目可查。因此，为了使书稿材料丰富，论证有力，必须查阅大量古籍，尽可能地搜集晚明史家有关明史考据的资料。此类资料涉及史家、史著数量众多、内容繁复，要从这些资料中逐条检索出各个方面的内容，并加以归类和整理，也需要很大的耐心和毅力，囿于学识和精力，难免会出现纰漏、失误。

其次，如何能够从理论高度论述批评与考据聚焦于一些领域的原因。明人对明史进行明史考证的学者虽不如清代从事考据的学者人数多，但从总体上讲内容丰富、各具特点，归纳起来也有一定的共性。例如，很多的学者都涉及了明初功臣之死、明代的官制、建文朝史事等。为何众多史家会不约而同地关注这些领域，发表自己的见解，其背后的原因是值得深思的。

① 黄虞稷撰，瞿凤起、潘景郑整理：《千顷堂书目》，上海古籍出版社 1990 年版。

② 姚觐元、孙殿起编：《清代禁毁书目（补遗）清代禁书知见录》，商务印书馆 1957 年版。

③ 傅吾康编：《明代史籍汇考》，台湾宗青图书出版公司 1978 年版。

④ 谢国桢编著：《晚明史籍考》，华东师范大学出版社 2011 年版。

第一章

明当朝史的撰述及考据的兴起

拥有"不下千家"、繁盛的私修当朝史著作被看作明代史学最突出的一个特点。然长久以来，史家对这些史著的总体评价不甚高，好谓之"官史不彰，野史充斥"。此语虽有贬低明代史学之嫌，却在一定程度上揭示了明当朝史撰述中存在官修失职和野史发达两个特点。有明一代，虽有卷帙浩繁的实录流传至今，但其中亦有不少史事的记载存在失实、扭曲的地方。汗牛充栋的野史涉及了明代社会的方方面面，一方面对保存史料，认识一个更加生动活泼的明代有着重大的意义；另一方面因受到明前期空疏学风影响，在私修诸史中记载失真的现象比比皆是。基于此，我们可以毫不夸张地说，本该求真求实的史学生态在明代遭到严重的破坏。然明代也有不少有识之士坚守了史学"真"的追求，对当朝史中存在的诸多问题提出批评。伴随着考据之风的渐起，对当朝史领域的考据也就逐渐发展起来。

第一节　明人当朝史的修撰

由于明清学者的刻意贬低，对明代史学的研究一直未能获得较多的关注。近代以来，随着学界不断的反思追问，该研究才在原来基础上有了很大的突破和进展——不仅有越来越多的明代史家进入研究者的视野，对明代史学的定位和评价也脱离了早期陈词滥调的影响。涉及明人当朝史撰述方面，已有不少专门的学术论文。如钱茂伟《论明中叶当朝史编撰的勃兴》《论晚明当朝史的编撰》① 二文对明当朝史编撰的分期以及取得的成

---

① 钱茂伟：《论明中叶当代史编撰的勃兴》，《汉江论坛》1992 年第 8 期；《论晚明当朝史的编撰》，《史学史研究》1994 年第 2 期。

就、繁荣的原因、存在的问题等进行了详细的剖析解读。杨艳秋《明代中后期私修当朝史的繁荣及其原因》① 则对明代中后期当朝史繁荣的表现和出现原因进行了较为全面的分析。除此之外，在一些著作中也对明人当朝史著作有所论述。如白寿彝先生主编的《中国史学史》第 5 卷《明清时期·中国古代史学的嬗变》，向燕南先生主要执笔撰述了明代史学部分。在"私人的本朝史撰述"一节中，向先生将它们按照史著体例分类之后，分别对其编纂上的特点进行论述，最后总结了明人私修当朝史的成就及不足，诸如直指明代野史中"不乏趋时射利、标榜风雅的无聊文人之作"②。廖瑞铭先生《明代野史的发展与特色》，在分明为前、中、后三期的基础上分别讨论明代野史的特点，各阶段私修当朝史著作也被囊括其中。在他看来"明代可以说是野史的时代"，野史作者的当代意识非常强烈，又通过"留心时局，记录见闻……撰述史书，延续传统"③ 这两个方面体现。上述的这些学术作品对我们了解明人当朝史撰述的基本情况有着非常重要的作用，但它们多是将明人当朝史著作分为官、私两个整体，探讨各自的发展变化以及兴起的原因、产生的影响等。结合本书的研究重点，笔者则主要是从明官、私修当朝史的整体出发，从史著和史家两个方面来总结各家长短。

一　明官方当朝史的修撰

在明近三百年的统治中，官方奉敕所撰诸书"可考者约二百部"④，其中史部类著作约有一百一十六种，比经、子、集部总和还多。纵览史部诸书，不难发现这些官修史籍最突出的特点就是它们同现实政治紧密相连，具有鲜明的政治目的和指向，且随着列帝统治背景的差异，官修史籍的重心也出现相应的变化。这种现象的出现，同明代统治阶级对史学的功用有了比较清晰的认识，能够在现实统治中积极主动地利用史学为其服务密不可分。然自始至终，在前代备受统治阶级重视的、撰修当朝纪传体国

---

① 杨艳秋：《明代中后期私修当代史的繁荣及其原因》，《南都学刊》2003 年第 3 期。

② 白寿彝主编，向燕南、张越、罗炳良著：《中国史学史》第 5 卷《明清时期·中国古代史学的嬗变》，上海人民出版社 2006 年版，第 86 页。

③ 廖瑞铭：《明代野史的发展与特色》，台北花木兰文化出版社 2009 年版，第 105 页。

④ 李晋华：《明代敕撰书考·序言》，燕京大学哈佛燕京学社引得编纂处 1932 年版，第 1 页。

史的举动在明代备受冷落——仅神宗在位时官方有过唯一的一次官修纪传体国史，且半途废止。有明一代，上至帝王下到儒臣最重视、最常态化的当朝史修撰举措仅有撰修列朝实录、宝训。

（一）明代实录与国史的关系

何谓"国史"？纵览典籍，大体包括了史官和史著两种概念。"身为国史，躬览载籍，必广记而备言之"①，很明显是指代国之史官。然"国史"一词的概念使用最多的还是"一朝的历史"。如范晔在《后汉书》中记"有人上书显宗，告固私改作国史者"②。此语中的"国史"显然是指班固所修的纪传体断代史《汉书》。唐代刘知幾又云"古之国史，皆出自一家"③，还特举"鲁、汉之丘明、子长"为例，可见刘氏是将编年体的《左传》和纪传体的《史记》同列为国史。唐贞观年间太宗再三要求阅览"当代国史"，房玄龄等人只能"删略国史为编年体，撰高祖、太宗实录各二十卷，表上之"④。武周时"吴兢撰《国史》以则天事立《本纪》"⑤，至德二年于休烈又上奏"国史、实录、圣朝大典，修撰多时，今并无本"⑥。综合此三条史料可知，唐代官方已经撰修了当代的纪传体国史，并且同编年体的实录区分开来，自成一类。与此同时，实录也可算作国史，不然在太宗朝史臣何以能删减国史而上奏实录？宋代官修史学发达，"实录云者，左氏体也；正史云者，司马体也"⑦，可见宋代国史是由纪传体写就。这也可从胡旦上疏建议"修帝纪、表、志、列传……以备将来国史"⑧的要求中得到证实。元将宋之叠床架屋式的官方修史制度进行了简化，以"翰林兼国史院，仍旧纂修国史、典制诰、备顾问"⑨，主要任务是"纂修累朝实录及后妃、功臣列传"⑩。可见元代官方所谓的"国

① 杜预注，孔颖达等正义：《春秋左传正义·春秋左传序》，北京大学出版社1999年版，第13页。

② 范晔：《后汉书》卷40《班固传》，中华书局1965年版，第1333页。

③ 刘知幾：《史通》卷20《忤时》，上海古籍出版社2008年版，第437页。

④ 吴兢：《贞观政要》卷7《文史》，岳麓书社1991年版，第262页。

⑤ 刘昫等：《旧唐书》卷149《沈传师传》，中华书局1975年版，第4034页。

⑥ 刘昫等：《旧唐书》卷149《于休烈传》，第4008页。

⑦ 章如愚：《群书考索》卷16《修撰》，书目文献出版社1992年版，第1014页。

⑧ 程俱撰，张富祥校证：《麟台故事校证·国史》，中华书局2000年版，第313页。

⑨ 宋濂等：《元史》卷8《世祖本纪》，中华书局1976年版，第165页。

⑩ 宋濂等：《元史》卷38《顺帝纪》，中华书局1976年版，第826页。

史"即是列朝实录。然而，在元人文集中，以"国史"为"一国历史"的看法依旧存在。如"金有中原百余年，将来国史何如"①"国史非公莫知。公死，是死国史也"②。上述诸例充分说明，在明代之前作为"史籍"这个概念而言的"国史"的含义并未固定，既可以不拘泥于撰史体裁从广义上指一朝之史，又可如两宋般特指官修本朝纪传体国史。

"国史"一词的这种使用特点在明代体现得非常明显。明人中，如王世贞"国史之失职，未有甚于我朝者也"③，焦竑"归之至公，其有功于国史甚大"④ 等观点，都是以《实录》为国史。而从陈于陛的修史构想"《实录》中有后妃事迹、廷臣三品以上有小传……可以为国史之列传"⑤ 中，可清晰看出陈氏所指"国史"是以纪传体修撰的当朝国史。"国史"概念使用不确定性的典型代表莫过于沈德符。"本朝无国史，以列帝实录为史"⑥，沈氏显然是在批评明代官方不修纪传体国史，以编年体的《实录》充当国史。然其在比较杨士奇、张治两人所云"特未总裁国史耳"⑦，而又肯定了《实录》的"国史"地位。沈氏的这种自相矛盾正是"国史"含义在明代还未确定的明证。

正是因为国史概念的不确定性和模糊性，再加上实录为国史也有前例可依，从而给了明统治阶级极大的便利。关于明实录的国史地位、学术渊源、修撰情况、版本与收藏、价值与缺陷等问题，谢贵安先生专门撰有《明实录研究》一书，进行了详细研究。谢先生指出明代"人们普遍认同了实录的国史身份……然而，在明代学者的心中，总觉得国史应该是纪传体的正史"⑧，这一点笔者是认同的，但谢先生所说实录在明代"被赋予'国史'的地位"则似有不妥。从上文笔者征引的史料来看，实录在唐代就已经有国史之称，明统治者所做的不过是在古人称实录为国史的基础上刻意抬高实录的地位，从而达到强化皇权的目的。主要有以下几个方面的

---

① 苏天爵：《元文类·辨辽宋金正统》，商务印书馆 1936 年版，第 650 页。

② 张廷玉等：《明史·危素传》，中华书局 1974 年版，第 7315 页。

③ 王世贞：《弇山堂别集》卷 20《史乘考误》一，中华书局 1985 年版，第 361 页。

④ 焦竑：《玉堂丛语》卷 4《纂修》，中华书局 1981 年版，第 131 页。

⑤ 《明神宗实录》卷 264，台湾"中央研究院"历史语言研究所 1966 年版，第 4900 页。

⑥ 沈德符：《万历野获编》卷 2《实录难据》，中华书局 1959 年版，第 61 页。

⑦ 沈德符：《万历野获编》卷 7《六修国史》，第 182 页。

⑧ 谢贵安：《明实录研究》，上海古籍出版社 2013 年版，第 15 页。

表现。

　　首先，着手早。新君甫立，均要"依祖宗故事，纂修实录以彰盛美"①。从历朝实录所记来看，继位诸帝一般会在其登基之后的半年左右内下旨，敕令翰林院为前朝纂修实录。在天下诸事皆为乾纲独断的情况下，不可谓不及时。宪宗亲撰《明英宗实录·序》中"朕继统之初，首命儒臣纂修实录"②一语，表明撰修实录被当成他亲掌大权之后的第一件大事来做，足见修撰实录在明代受重视的程度。反观纪传体国史，终明一代也无一位皇帝主动敕谕臣下修撰。实录和纪传体国史在明代君主心中地位高下立现。

　　其次，地位高。宣扬实录具有"万世是非之衡，亦一时劝惩所恃"③的功用。从第一部《明太祖实录》起，朱棣就昭告天下修实录为的是"垂宪万世"，能"维持天下于悠久"④。祖有成法，后嗣之君无不遵从。实录之所以备受皇帝瞩目尊崇，主要就是继任者可以通过用修前"定调"、修完作序的方法，达到彰显自己拥有至高无上皇权的目的。享国史地位的《实录》不仅事关皇帝的万世是非，对整个社会皆是如此。从留存的《修纂凡例》以及列帝实录自身的记载可以看出，不仅亲王、郡王等皇亲国戚诸事可以收入实录，文臣武僚中凡"有治行功绩显著，不限职之大小皆书"⑤，基本满足了整个上层统治的需求。甚至还兼具了"旌表孝子、顺孙、义夫、节妇"⑥这种笼络、表彰下层代表人物的功能。这些举措不仅使得明代的实录能够在坚持自身特色，即以皇帝为核心的基础上，同时还能够兼顾到时人时事，更加符合纪传体国史的标准。

　　再次，彰身份。让参与实录修撰的人视此为荣。以耳目股肱出任修书成员。如"总裁用阁臣充之，副总裁用翰林等官"⑦，连"不预秉笔"的监修一职都也多是由公侯出任，这种规格是其他明官修诸书所不能及的。实录修完后，皇帝还赐宴于礼部，对史馆人员进行等次有差的赏赐，以示

---

① 《明英宗实录》卷7，台湾"中央研究院"历史语言研究所1966年版，第131页。

② 《明英宗实录序》，第2页。

③ 孙承泽：《春明梦余录》卷13《红丸》，北京古籍出版社1992年版，第186页。

④ 《太祖高皇帝实录序》，第2页。

⑤ 《明太宗实录·修纂凡例》，第4页。

⑥ 《明太宗实录·修纂凡例》，第4页。

⑦ 王圻：《续文献通考》卷83《职官》，现代出版社1986年版，第1304页。

恩宠。最能体现臣下以参与实录修撰为荣的，莫过于在家史中详细记载。这样的例子多不胜数。如杨士奇所撰《杨公荣墓志铭》中提及"重修《高皇帝实录》命……公为总裁……修《文皇帝实录》公预总裁……修《仁庙实录》仍预总裁……修《宣庙实录》皆为总裁"①，详举了杨荣出任的每一次实录总裁。而杨荣撰写的《蹇公义墓志铭》中也有"时修《太宗皇帝实录》命公监修……继奉命监修《仁宗皇帝实录》，书成赐白金、文绮、鞍马"②。

最后，有一套完整的、独属的程序。不仅实录草纂完毕进呈御览之后，要将实录草稿"于内府焚烧"防止为人所见外，皇帝史臣还皆着朝服，按照礼部制定的仪注，择一吉日举行盛大、烦琐的进呈大典，将实录一式两份抄为正副本，正本尊藏于金匮石室，副本藏于内阁。此后皇帝倘再想阅览，也必须要"尚冠恭看"，不得便览。

通过上述的一系列方法和步骤，实录在完全具备了国史必需的神圣性和权威性的同时，还兼有两项纪传体国史不能与之比拟的特点：每朝实录皆以当朝皇帝为撰述核心且同时局紧密联系。在这种情况下，以皇帝为代表的国家上层统治阶级只要修好实录就可以及时掌控住"得失一朝，荣辱千载"的历史记载问题，获得足够甚至远超纪传体国史的益处，他们不重视纪传体国史的修撰也就很容易理解了。

1. 以取鉴资治为主要导向

在可考的明代官修诸书中，除去《太祖御制集》《仁宗御制诗集》等列帝诗文集和《医方选要》《本草品汇精要》等为数不多的具有专门"技术"性的著作外，剩下诸书基本上都有着同时局紧密相连的、非常鲜明的政治目的和意图。

稽古定制。历朝历代打下江山者，无不"制之极密，防之极周，图子孙长久之业"③，由朱元璋一手打造的明王朝尤其如此。在他登基之后，为明王朝"稽古礼文制礼作乐，修明典章"的撰修工作全面展开。在制

---

① 杨士奇：《少师工部尚书兼谨身殿大学士赠特进光禄大夫左柱国太师谥文敏杨公荣墓志铭》，见《献征录》卷 12，上海书店出版社 1987 年版，第 397 页。

② 杨士奇：《故少师吏部尚书赠特进光禄大夫太师谥忠定蹇公义墓志铭》，见《献征录》卷 24，第 984 页。

③ 李晋华：《明代敕撰书考序》，燕京大学哈佛燕京学社引得编纂处 1932 年版，第 2 页。

定法律方面，早在吴元年冬十月即"命中书省定《律令》"①。为了"使民家谕户晓"，紧随其后制定了可直解"民间所行事"诸义的《律令直解》，方便使用。正式登基之后全面推行"立法甚严，臣民有犯必诛，无轻贷者"②的"重典"治国策略，并针对不同身份、不同等级的人，修撰了一大批针对性很强的专门法典。如因"武臣出自戎伍，罔知宪典"③，有《武臣大诰》。在社会礼制方面，因朱元璋认为元朝之所以败亡皆是"贵贱无等，僭礼败度"④造成的恶果，遂奉行"明礼以导民"，对明代的礼制做了全方位的规定。不仅有《大明集礼》《礼仪定式》这样的总则，还分门别类地纂修了针对不同阶层、不同类别的"礼"。在官制设定方面，不仅借分权之名行揽权之实，还对诸司职掌进行详细界定。先是在洪武二十五年十一月"命儒臣重定其品、阶、勋、禄之制"⑤昭告天下，又在洪武二十六年三月紧随其后颁布《诸司职掌》，以防"后之位官者，罔知职任政事施设之详"⑥。为了方便文移案牍的下达执行，朱元璋定《案牍减繁式》以达到"减其繁文"的目的。这些虽仅为洪武朝敕撰的一部分著作，也足以看出朱元璋事无巨细地为他一手创建的帝国勾勒出各项制度措施。

罢黜异论。对思想的钳制也是封建专制统治的一项重要内容。朱元璋统一天下之后"宗朱子之学"为正统，令儒臣纂修了大量同理学相关的书籍，把对群经的解释权牢牢掌控在官方手中。学者"非五经、孔孟之书不读，非濂、洛、关、闽之学不讲"⑦，连科举成式也以"试四书"作为首场，使得天下士子皆入朱子之门。永乐年间，官方汇刻的群经更多，如《性理大全》《周易直指》等，大大强化了朱子之学的统治地位。后世官方虽未再有大规模刊刻群经举动，但因明代朱学盛行，连带朱熹所创纲目类著作都受到了追捧。如嘉靖二年岷王奏求书籍，世宗赐"《皇明祖训》

①　《明太祖实录》卷26，台湾"中央研究院"历史语言研究所1966年版，第388页。

②　陈建：《皇明通纪》，《皇明启运录》卷6，中华书局2008年版，第190页。

③　陈建：《皇明通纪法传全录》卷8，《续修四库全书》史部第357册，上海古籍出版社2002年版，第153页。

④　宋濂：《洪武圣政记·定民志第六》，中华书局1991年版，第8页。

⑤　《明太祖实录》卷222，第3249页。

⑥　《明太祖实录》卷226，第3308页。

⑦　陈鼎：《东林列传》卷2《高攀龙传》，广陵书社2007年版，第38页。

《五经》《四书》《通鉴纲目》各一部"①,足见纲目类著作地位之高。明代也官修了不少纲目类著作,宪宗就以"尽去后儒所著考异、考证诸书"② 为标准敕令儒臣考订《资治通鉴纲目》。

垂训鉴戒。虽早于唐朝之时太宗就曾特令魏徵收录"古来帝王子弟成败事"③,撰成《自古诸侯王善恶录》一书,用以分赐诸王。然而,在发挥史书具有的"鉴往所以训今"警示作用方面,明代是远超前朝的。从太祖时起,各类史鉴型著作的编写就已成为官方修撰的重要任务,直到万历朝时仍未停歇。明代的史鉴型著作不仅训诫对象广阔,训诫包含的内容也是丰富多彩。如有专为皇子皇孙提供鉴戒者,洪武二年修的《祖训录》是要"定封建诸王国邑及官属之制"④,永乐二年成祖敕撰的《文华宝鉴》主要采辑"自古以来嘉言善行有益于太子者"⑤;专为告诫功勋贵戚者,洪武初的《宗藩昭鉴录》针对的是藩王,《志戒录》"采辑秦汉唐宋为臣悖逆者"⑥ 用以训诫臣子;专针对民间的《务农技艺商贾书》《教民榜》等。此类书籍的大量出现,除是受理学中摘编风气的影响外,更为重要的是明代统治阶级对"从来乱臣贼子有所惩戒者,全在青史一脉"⑦ 有较深刻认识,意图借助史学彰善瘅恶的功能,鉴诫、教化臣民,从而达到稳固自己统治的目的。

服务时局。中国古代史学一直同政治关系紧密,上述三类书籍在修撰时自然也和时局有着千丝万缕的联系,但与归入此类中的官修诸书相比,在同时局联系的紧密度上还是稍显薄弱了一些。如太祖时,胡蓝两党案牵连功勋无数,结案后朱元璋针对此二案,刊布的书籍包括了《臣戒录》《相鉴》《昭示奸党录》《逆臣录》等。又如,景泰在位时意欲有所撰述,遂为"继述先志"而撰《寰宇通志》,虽难免疏漏,但体例可称完备。然书修完之后即逢夺门之变,英宗不欲景泰有此专美之名,书成不足三年便以"繁简失益,去取未当"为由下旨重修为《大明一统志》。再如,世宗

---

① 《明世宗实录》卷28,台湾"中央研究院"历史语言研究所1966年版,第770页。

② 《明宪宗实录》卷113,第2195页。

③ 吴兢:《贞观政要》卷4《教戒太子诸王》,岳麓书社1991年版,第151页。

④ 《明太祖实录》卷41,第818页。

⑤ 《明太宗实录》卷30,第545页。

⑥ 《明太祖实录》卷179,第2712页。

⑦ 《明熹宗实录》卷21,第1080页。

时因"统嗣"问题引发了大礼仪之争，此番争论虽以皇帝为首的"继统不继嗣"派系获胜，但仍需稳定政局巩固胜利成果，故催生了一大批敕修的、同"礼"相关的著作。先是在嘉靖四年敕令礼部修《大礼集议》；六年又再次令开馆修《大礼全书》，书成更名曰《明伦大典》，世宗更亲制序文以示重视；九年又修《郊祀宗庙祀仪》更定郊祀，等等。

2. 不重视官修纪传体国史

即便我们能以国初百废待兴，亟须构建王朝相关体制稳定统治，无暇顾及撰修纪传体国史为由，替明初诸帝不重视撰修当朝纪传体国史辩护，然万历年间的这次撰修纪传体国史的失败，以及自此以后明官方再未有过撰修纪传体国史的事实，则充分说明有明一代列帝根本不重视纪传体国史的修撰。同时官方的这种漠视的态度，在一定程度上也激发了明人私修纪传体国史的热情。

终明一代唯万历朝一次的纪传体国史修撰活动，从陈于陛上疏恳请修史，到张位"以皇极门左右两廊被灾故"①上疏建议皇帝暂停此次修撰止，前后仅用了不到五年的时间。并且此次大火虽然造成"三殿告烬，逼近宸居"②，波及较广，灾情较重，但从时人记载可知因抢救及时，修史需要的各项基本典籍"不致废失"③，也无修史人员伤亡。也就是说，此次火灾仅建筑物受损严重，对修史最重要的史料及人员而言，影响极小。加之开展修史时日尚短，虽受灾也依旧兵强马壮，完全可以另觅馆阁，择日继续进行。况且当日神宗所下谕旨也是"暂停止，待修造完日，候旨行"④，并未有废止之语，然修史计划却就此搁浅。可见，所谓的因"火宅"停废修史，只是君臣找了个体面的借口而已。关于此次修史，李小林先生《万历官修本朝正史研究》和钱茂伟先生《明代史学的历程》都有专门研究。其中关于此次修史失败何以会失败，李小林学者指出"'同列害成'是基本原因；宫中的火灾是次要的原因，而且它主要是'害成'的'同列'所利用的一个借口"⑤，钱茂伟先生则认为"发起者早卒，领

① 《明神宗实录》卷311，台湾"中央研究院"历史语言研究所1966年版，第5817页。
② 《明神宗实录》卷312，第5825页。
③ 南炳文、吴彦玲辑校：《辑校万历起居注》3，天津古籍出版社2010年版，第1488页。
④ 南炳文、吴彦玲辑校：《辑校万历起居注》3，第1498页。
⑤ 李小林：《万历官修本朝正史研究》，南开大学出版社1999年版，第36页。

导人不热心，缺一个强有力的领导班子"① 是修史失败的直接原因，而根本原因则是"明朝官修机制弊端所致"②。笔者认为，此次修史之所以会失败，除了上述两位学者所指出的原因外，作为皇帝的神宗不重视当朝纪传体国史的撰述，则是导致此次修史失败最重要的原因之一。

神宗漠不关心的态度首先就表现在此次的人事任命上。汪若霖"于陛既殁，同列害成，遂使九重懿举，弃于半途，列圣芳猷，厄其全璧"③ 之语，直言不讳地点明了在他看来陈于陛死后出现的"同列害成"是造成此次修史失败的实际原因。疏中虽未明言"同列"何指，缘何"害"之，但通过对实录和当时一些记载的综合分析，能很清晰地看出负责修史的班子，尤其是上层修史人员中存在严重的人心不齐现象。而神宗在人事任命上的草率、欠考虑等，是导致这种现象出现的直接原因。

从神宗谕旨可知，此次修史总裁官的权力包括了"博选儒臣""分类派撰""悉心考究，编缉成书"④ 等方面。虽然最终参与修史各官的任命仍需在总裁"合行题请，以俟圣裁"⑤ 的情况下选定，但分配撰史任务，时时监督，最后考订、统稿都需要总裁决定，可见总裁的权限还是非常大的。在"史书命阁臣总裁乃祖宗旧制"⑥ 的陈规下，神宗便命当朝阁臣王锡爵、赵志皋、张位等人为总裁官。第二天又"以礼部尚书陈于陛、南京礼部尚书沈一贯、詹事刘虞夔、少詹事冯琦充副总裁官"⑦。

然此任命一下，副总裁之一的刘虞夔却立刻招来"舆论啧啧，以为非人"。在"同官业已上请"的情况下，兵科右给事中逯中立仍在四月上《修史用人宜公辅臣拟旨未当疏》⑧，直指刘氏是"漏网遗奸"，怒斥王锡爵为全自己与刘氏的桃李之情"而不顾天下之公议"。面对舆论的压力，

---

①　钱茂伟：《明代史学的历程》，社会科学文献出版社 2003 年版，第 278 页。

②　钱茂伟：《明代史学的历程》，第 278 页。

③　《明神宗实录》卷 427，台湾"中央研究院"历史语言研究所 1966 年版，第 8049 页。

④　《明神宗实录》卷 271，第 5039 页。

⑤　《辑校万历起居注》2，第 1212 页。

⑥　《明神宗实录》卷 163，第 2973 页。

⑦　《明神宗实录》卷 271，第 5040 页。

⑧　逯中立：《修史用人宜公辅臣拟旨未当疏》，见《万历疏抄》卷 19，《续修四库全书》史部第 468 册，上海古籍出版社 2002 年版，第 798 页。

王锡爵在四月二十九日以"头晕寒热、胃脘刺痛之病"① 为由首次请辞，直至五月二十三已是"八恳天恩"，才获准"暂辍阁务，携病扶亲归省"②。此时，史馆未开总裁已去其一。同年六月刘虞夔仍"听勘在籍"，二十四年闰八月其弟上奏朝廷"乞赐兄恤典，并给赠谥、录荫祭葬"③，可见刘虞夔虽被提名副总裁，但终未能参与此次修史。

再看赵志皋。万历二十二年三月三日赵志皋首次"乞天恩俯容休致以全晚节事"④ 时，就提到自己早于"昨年"就已经有过两次"乞休"的上疏。在所辞不允的情况下，又分别在十一日、十六日再次上疏请辞。随着皇帝态度从"精力未衰，岂可复行引退"的温言劝留，到"着鸿胪寺官宣谕，速出辅理"⑤ 的强硬拒绝，赵志皋才暂停了请辞的举动。可见赵志皋在此次修史倡议开始之前就已有去意，故其没有参与支持陈于陛、王锡爵的修史要求，不热衷修正史也就在情理之中。随着王锡爵的离职，赵氏成为首辅，但这也未能改变赵氏对修史一事的态度。八月二日，史馆刚开，赵氏就因"两目俱发红肿……三日未能进阁办事"⑥，八日更是直接上疏"乞假调理"而获准。且赵氏虽为首辅，但"老且衰"屡为言官所攻讦，言官甚至认为其"衰庸不堪为相，更不堪为首相"⑦，大有他"不去则言不止"⑧ 的架势。赵氏不胜其扰，屡求"放归田里，无使人言再至"。可以想见，赵氏连辅政都无法安心进行，哪来心思治史。综上，赵氏对修正史最大的贡献或只能说是推荐了一些真正适合撰史的人才，尤其是将真正热衷修史的陈于陛推荐入修史队伍且提议"充正史总裁"⑨。

同为总裁官、阁臣的张位与赵志皋本是同年进士，虽然赵氏名义上是首辅，但张位"精悍敢任，政事多所裁决"⑩。张位虽曾"授编修"之职，

① 南炳文、吴彦玲辑校：《辑校万历起居注》2，天津古籍出版社 2010 年版，第 1214 页。
② 南炳文、吴彦玲辑校：《辑校万历起居注》2，第 1234 页。
③ 《明神宗实录》卷 301，台湾"中央研究院"历史语言研究所 1966 年版，第 5648 页。
④ 南炳文、吴彦玲辑校：《辑校万历起居注》2，第 1206 页。
⑤ 南炳文、吴彦玲辑校：《辑校万历起居注》2，第 1211 页。
⑥ 南炳文、吴彦玲辑校：《辑校万历起居注》2，第 1257 页。
⑦ 南炳文、吴彦玲辑校：《辑校万历起居注》2，第 1239 页。
⑧ 南炳文、吴彦玲辑校：《辑校万历起居注》2，第 1260 页。
⑨ 《明神宗实录》卷 273，第 5068 页。
⑩ 张廷玉等：《明史》卷 219《张位传》，中华书局 1974 年版，第 5778 页。

但却"果于自用，任气好矜"①，没有以天下为己任的胸襟和气度。他的这种性格特点，就决定了其一方面在万历元年之时以"前代皆有起居注，而本朝独无"②为由，向万历上疏谏言重立起居注以图"为他年实录之助"③，并在此疏末尾提出"如果臣言可采……特赐斟酌施行，则盛美传国典，备史职，修人才，储于治道，未必无补万一矣"④，表达了自己对修史的热衷；另一方面又在开始的纪传体国史修撰活动中无甚作为，甚至还伙同沈一贯上疏奏请"将纂修事务暂行停止，待修造完日，另题开馆"⑤，主动放弃了这个本可以"成一代不刊之典"的机会。不难发现，张氏之所以在修史问题上有如此判若两人的态度，皆因为他在意的不是修史，而是从修史中能不能获利，谋求政治资本。因此，在他主张立起居注时，他有首倡之功，所以表现出对修史的热情和使命感。而万历二十二年的正史修撰，不仅此次发起者是陈于陛，负责具体执行的总裁官名义上也是内阁首辅赵志皋。也就是说张氏很难从这个能够"名垂青史"的机会中得到任何实际的好处，那么他的不作为甚至暗中破坏就很好理解了。这样一来，汪若霖疏中的"同列相害"暗指之人也就呼之欲出了。谈迁在总结这次修史时的猜测之语"抑新建辈妒其成，谓不自我始耶"⑥，也当是基于以上两点理由对《明神宗实录》中"同列相害"的推演。

与此同时，从副总裁升为总裁的沈一贯一样对修史漠不关心。三月任命已下达，五月十八日"尚在原籍"⑦。六月十五日又上疏请辞，以"史事"是"天下第一难胜之职，宜用天下第一难得之人"⑧，而自己却以"性资偏陋，才术迂疏"难当大任为理由，希望自己可以"照旧在籍养病"。从他为达到恳请皇帝收回成命的目的，拖延时间、不惜抹黑自己，就可以看出沈氏根本不想参与此次修史。然万历不允仍"紧起召"。九月十六日沈一贯继续上疏，要求"辞免阁任"又未获准。这才最终于十二

---

① 张廷玉等：《明史》卷219《张位传》，中华书局1974年版，第5780页。
② 张廷玉等：《明史》卷219《张位传》，第5778页。
③ 张廷玉等：《明史》卷219《张位传》，第5778页。
④ 张位：《史职疏》，见《明经世文编》，中华书局1962年版，第4430—4431页。
⑤ 南炳文、吴彦玲辑校：《辑校万历起居注》3，天津古籍出版社2010年版，第1498页。
⑥ 谈迁：《国榷》卷77，中华书局1958年版，第4798页。
⑦ 南炳文、吴彦玲辑校：《辑校万历起居注》2，第1232页。
⑧ 南炳文、吴彦玲辑校：《辑校万历起居注》2，第1251页。

月初六到任，并照惯例在十四日丁巳"充正史总裁"，而即便到任也是"殊不以为意"①。张氏用以自谦的"碌碌无所建明，容容但有虚縻"② 之语，却在实际上恰当地总结了沈氏身居高位却尸位素餐的实情。

通过上述分析可知，在神宗先后指派的王锡爵、赵志皋、张位、陈于陛、沈一贯这五位总裁官中，王锡爵虽对修史怀有热忱，然因举荐私党刘虞夔被言官攻击，五月离京时史馆还未开，未能真正参与其中。赵志皋、张位、陈于陛、沈一贯四人皆为阁臣，国事多端，"机务出入最为繁重"全赖诸人主张料理。在日常政事缠身的情况下，也很难有条件真正沉下心修史。况且除陈氏外，赵志皋早有去意，沈一贯无心参与，张位虽有心修史，却因心胸狭隘妒其成，才会在陈氏死后出现了"主议虚无人"的尴尬局面。

同样地，副总裁冯琦虽"明习典故，学有根柢"③，有"采摭繁富，颇为赅洽"的《经济类编》等著作存世，但在此次修史过程中也是完全没有尽心尽力。其一，冯琦已有去意。他在万历二十一年八月已有求退之辞，未能获准，才退而求其次回乡"觐省"。假满之后又欲以"移病"请，上"不许予宽假"④。在此期间，朝廷又以副总裁起用，才出现了万历二十二年六月十六日"止有少詹事冯琦，给假未到"⑤ 的情况。可见冯琦一开始就对撰修本朝正史并不十分热衷，迫于皇威不得已才启程前往。冯琦好友公鼐"修国朝正史，起公（冯琦）为副总裁，不得已就道"⑥ 即为明证。其二，修史同时还兼任礼部右侍郎，政务繁忙。其三，冯琦自父亲万历二十四年八月病后，"一日三上疏乞归"⑦。父卒，守丧在籍，待到"服除"之时已是万历二十六年。花在修史上的时间和精力实在有限。结合现有资料分析，此次指派的修史副总裁中除了余继登对修史工作非常热忱、屡次上疏谏言外，其余诸人多不以为意，也就难以有所作为。

---

① 谈迁：《枣林杂俎》，《圣集·艺簧·陈于陛修史》，中华书局 2006 年版，第 249 页。

② 南炳文、吴彦玲辑校：《辑校万历起居注》3，天津古籍出版社 2010 年版，第 1497 页。

③ 张廷玉等：《明史·冯琦传》，中华书局 1974 年版，第 5706 页。

④ 王锡爵：《王文肃公集·礼部尚书兼翰林院学士赠太子少保琢庵冯公墓志铭》，见《四库禁毁书丛刊》集部第 7 册，北京出版社 1997 年版，第 256 页。

⑤ 南炳文、吴彦玲辑校：《辑校万历起居注》2，第 1244 页。

⑥ 冯琦：《北海集·行状》，台湾文海出版社 1970 年版，第 2461 页。

⑦ 王锡爵：《王文肃公集·礼部尚书兼翰林院学士赠太子少保琢庵冯公墓志铭》，第 256 页。

综合来说，在参与此次修史的直接负责人中，只有非常小的一部分人能够认真负责地对待这次皇帝指派的任务，从总体上讲这次修史的上层人事任命是非常失败的。

其次，神宗自身对修纪传体国史同样兴致缺缺。清修《明史》"明之亡，实亡于神宗"①的看法并不为过，神宗中后期严重的怠政行为要对明亡负重要责任。自万历十四年独揽大权始，神宗曾有的"宵衣听政，日昃横经，无时少懈"②的景象便不复存在。不仅自万历十七年后"每元旦皆不视朝"③，万历十九年之后连祭太庙都要"遣官摄行"。发展到最后甚至出现了"上奏之疏，十留六七"④的景象。

然神宗虽然怠政，对自己的兴趣爱好却丝毫未放松，其中就包括了读史，尤其是本朝史。万历十六年三月神宗下旨要求申时行将历朝实录宝训装帧成帙，方便自己阅读。且为了证明自己不是一时心血来潮"图衮玩别意"，还特意将自己"知我祖宗治国治家之法，修身勤政之要"⑤的目的写了进去。这次的誊写进呈一直持续到了万历十八年年末。后又因此次上进的实录等书在二十四年三月乾清宫大火中被焚，四月二十二日，神宗主动下旨要求"着内阁查例誊录进来"⑥。而陈于陛修史建议刚刚被提出的时候，距离神宗读本朝实录宝训时间未久，正好同神宗此阶段"每览前史，观其治乱得失之故，惧然兴思"⑦的想法不谋而合，立刻获得了神宗的共鸣。

然读史是一回事，由独揽大权的自己做总指导，处理与之相关的繁杂庶务则又是另外一回事。神宗之怠政体现在此次官修正史上，主要表现为不仅对阁臣要求增派人手的奏疏要么留中不发，需要阁臣再三要求恳请才敷衍应允；要么只有简单批复，对内阁推荐史臣能否胜任史职未有丝毫询问，更不要说关切本次修史的进度、修史的相关细节、修史已有成果了。如万历二十二年七月二十四日，赵志皋等人列出为纂修本朝正史增添的纂

---

① 张廷玉等：《明史·神宗本纪》，中华书局 1974 年版，第 295 页。

② 《明神宗实录》卷 214，台湾"中央研究院"历史语言研究所 1966 年版，第 4017 页。

③ 夏燮：《明通鉴·神宗显皇帝》，中华书局 1959 年版，第 2690 页。

④ 《明神宗实录》卷 210，第 3944 页。

⑤ 南炳文、吴彦玲辑校：《辑校万历起居注》2，天津古籍出版社 2010 年版，第 690 页。

⑥ 南炳文、吴彦玲辑校：《辑校万历起居注》3，第 1402 页。

⑦ 南炳文、吴彦玲辑校：《辑校万历起居注》3，第 1402 页。

修官、牧掌官、誊录等人员名单，就因"未敢擅便，谨题请旨"迟迟不曾批发未能成事。随着"开馆期逼"，赵氏只得在二十八日再次上疏"伏望速赐批发，以便各官供事"①，神宗这才批复曰"已有旨了"；二十二年十二月十八日奏请补陶望龄为正史馆编修官，李尚珍为誊录官，因未蒙批发"未奉钦依，不敢趋事"②，在二十三年正月五日再次上奏"伏望俯赐批发"，神宗才简单批复"是"③；二十三年六月二十三日，阁臣赵志皋、张位等四人联名上奏，循例刘楚先、朱国祚、顾天埈"先后到任，例应供事史馆"，但未经题请，不敢擅便"谨题请旨"，神宗旨下"是"④。

伴随着正史修撰活动的逐步深入，神宗还发现不少大臣希望能借此机会改正实录中的遗留问题，对以建文、景泰为代表的帝纪的处理问题就是典型代表。对此二人的书写不仅关系到皇位继承的合法性，也同如何评价先朝密切相连。在这种情况下，神宗即便在刚开始时确有想成一代不刊之典的豪情壮志，等到修史真正开始后，各种因素综合在一起，神宗对其热情冷却下来也就不难理解了。于是，皇极殿等处的大火就成了君臣上下拖延懈怠的绝佳理由。尽管万历三十四年十一月，礼科给事中汪若霖再次奏请"申命阁臣，开局修举"⑤，此奏疏也如石沉大海，而"不报"二字充分说明神宗此时对修史已兴趣全无。自此以后终万历一朝，撰修正史一事就彻底地在皇帝不提、阁臣不问中悄然终止。

由此可知，正是因为神宗不重视纪传体国史的修撰，所以在人事任命这一关就未能真正全面地选贤任能，挑中的官员不仅多数无心修史，甚至还有张位因妒而暗地阻挠。在修撰过程中，皇帝漠不关心的态度更是给了诸如张位"同列相害"者可乘之机。趁天降大火之机，明代唯一一次纂修纪传体国史的举动就在上不关心、下不用心的态度下惨淡收场。

再看熹宗朝。天启四年正月解学龙曾上疏"请修正史"，建议"开局纂修正史，刻期告成"⑥。他于疏中言辞恳切地指出在列朝所修实录还只

① 南炳文、吴彦玲辑校：《辑校万历起居注》2，天津古籍出版社2010年版，第1255页。
② 南炳文、吴彦玲辑校：《辑校万历起居注》3，第1320页。
③ 南炳文、吴彦玲辑校：《辑校万历起居注》3，第1321页。
④ 南炳文、吴彦玲辑校：《辑校万历起居注》3，第1341页。
⑤ 《明神宗实录》卷427，台湾"中央研究院"历史语言研究所1966年版，第8049页。
⑥ 《明熹宗实录（梁本）》卷38，台湾"中央研究院"历史语言研究所1966年版，第2244页。

是仿编年体的情况下，不仅难以知晓本朝人、事始末，修纪传体国史更是为了要由官方控制对革除、土木等事的解释权，同时还提出了可从"搜其人""萃其书"和"督其程"三个方面促成纪传体正史的及时完成。结合当时时代背景来看，此疏上奏的时机应该是恰当的：一修《光宗实录》已于去年完成，《三朝要典》等为翻案所撰史籍也还未提上日程。史局当下只有《神宗实录》在修，时间、人手都算充裕，但熹宗却以"实录成议之"打发了这个要求。可见，在熹宗心目中为前朝修实录才是"奕世子孙觐扬首务"①，而修"知事之首尾、人之本末"的纪传体正史远远不及替前朝修实录来得重要。

故而，结合前文的分析可清楚知道，明代列朝皇帝及当权者非为不重视修史，而是他们撰述的兴趣只在稳固自己的统治，撰述的核心又同政治目的紧密相连。在此大前提下，明代官方的撰述行为自然向这个方面倾斜，所以关乎巩固皇权、训诫教化的书籍层出不穷。由于官方为此耗费了大量的精力，无暇顾及修撰当朝纪传体国史也就不难理解了。而万历年间纪传体国史纂修的失败和自此之后明代官方再未有撰修纪传体国史的举动，则能更加充分地证明有明一代统治阶级都不重视对当朝纪传体国史的撰述。这种漠视的态度也在一定程度上促进了明代史学生态的进一步恶化，加剧了史家对明代官方修史及官修史书的不满。

（二）明私家当朝史的修撰

有别于明代官方撰述诸书"成于洪武、永乐两朝者超过半数"②前多后少的情形，明私家撰述的发展则全然相反——前期沉寂、中后期勃发，称得上是中国古代史学里私人撰述的一个高峰。在这个"家期马班，人各操觚"的撰史浪潮中，当朝史的撰述构成了其主要内容。而这些数量可观的私修当朝史，不仅内容丰富、体裁多样，撰史者的队伍也十分庞杂。正如一枚硬币具有两面一样，明代私修史籍在繁荣的同时，也存在质量参差不齐的缺点。姜胜利先生在《明代野史述论》③一文中较早地将明代野史分为洪武至正德年间和嘉靖以后两个阶段；钱茂伟先生同廖瑞铭先生观点相同，将野史分为明初到正德的前期，嘉、隆二朝的中期和万历到明亡的

① 《明熹宗实录》卷8，台湾"中央研究院"历史语言研究所1966年版，第402页。
② 李晋华：《明代敕撰书考·序》，燕京大学哈佛燕京学社引得编纂处1932年版，第2页。
③ 姜胜利：《明代野史述论》，《南开学报》1987年第2期。

晚期。突出了嘉、隆二朝作为"明代的转折期"对史著、史家的影响，更细致地展示了明代野史的流变。为了能更好地探讨本书的主题，笔者在赞同三分法观点的基础上，还特意将南明遗民史家及其史著引入一并讨论，这对全面认识明私家当朝史的修撰情况还是有一定益处的。

1. 明私家修史的发展状况

明代私人修史的发展变化，同实录的流布以及时代背景的变化有密切关系。顾炎武曾对明代史学的发展做了一个总结。在他看来，明初史学废失皆因那时"人朴厚，不敢言朝廷事"①。从正德朝时起，坊间才有了一些当朝史的作品流传。然撰述者"不见实录"，故书中所记多是"草泽之所闻，与事实绝远"②。尽管如此，民间信其书者甚多。到了万历年间"天子荡然无讳"，才开始有藏于金匮石室的实录"稍稍传写流布"。至光宗时，明实录全部流入民间"而十六朝之事具全"，又"卷帙重大"价格昂贵，唯"士大夫累数千金之家"③方能全部买下。尽管如此，民间已是"野史日盛而谬悠之谈遍于海内"。囿于时代局限，顾氏此番评论虽存在一定的错误和偏颇，却从总体上把握住了明人私家修史的基本发展脉络和存在的不足。

洪武至正德年间私人修史总体沉寂，然国初诸人不敢书"朝廷事"却并非"朴厚"所致。太祖喜好读史还深谙为帝之道，政治控制极严。为了巩固皇权，朱元璋不惜诛杀贵戚功臣，同时还特意在学界展开高压统治，巧立名目行铲除异己、钳制思想之实。朱棣因靖难一役篡权上位，对历史记载控制更加严密。不仅在《太祖实录》中革除建文史事，更是借叶慧仲在一修《太祖实录》时"以直书帝起兵事"④而将其"族诛"。在这种文网严峻、政治高压的情况下，著书立言稍不留神就会引来杀身亡家灭族之祸。况且此阶段的官修当朝史十分活跃，通过实录、各种史鉴型著作的撰写，官方掌握了对国初诸事，譬如功臣之死、靖难事迹等的解释权。在这种情况下，私人只能保持沉默，因而作品零星有限。

民间直到嘉靖之前都没有大部头的当朝史问世，可见洪武、永乐时期

---

① 顾炎武：《亭林诗文集》卷5《书吴潘二子事》，商务印书馆1937年版，第281页。

② 顾炎武：《亭林诗文集》卷5《书吴潘二子事》，第281页。

③ 顾炎武：《亭林诗文集》卷5《书吴潘二子事》，第281页。

④ 印鸾章：《明鉴纲目·恭闵惠皇帝》，世界书局1936年版，第91页。

的高压统治所带来的影响是持续而深远的。此阶段私修的当朝史作品，唯《西域行程记》《西域番国志》《星槎胜览》《瀛涯胜览》等书因记录了域外史料而显得弥足珍贵。除此之外，时人还奉献出了零星的开国史史著和笔记，如刘辰的《国初事迹》、叶盛的《水东日记》等，这些作品的史料价值虽各有高下，但在官方资料多保密的情况下，它们的开创作用无疑是巨大的。

嘉靖到隆庆是第二个时期，在这个阶段明人私撰的当朝史在数量和质量上都有了明显的增长。嘉靖以小宗入嗣大统，围绕着继嗣还是继统引发的"大礼议"之争对明初以来的政治环境、文化环境产生了极大的震荡，国初的政治禁忌至此基本不复存在。加之时局危机频现，世宗初政时对"法祖宗"的高调宣传，都进一步促进了士子对当朝史的关注和研究。此时期明代历史上第一部私修当朝通史著作——《皇明资治通纪》应运而生，被众人"推为本朝典故权舆"①。此后，郑晓的《吾学编》、邓元锡的《皇明书》、高岱的《鸿猷录》、雷礼的《皇明大政记》等书也相继问世。

万历之后至甲申之变为第三个时期。此阶段的时局除了在张居正当国之时有了些明显好转外，基本处在不断下滑中。面对内忧外患的时局，经世致用的思想日益盛行。同时，嘉靖时期又有阁臣如徐阶等借职务之便，将"金匮石室之藏"抄出，而万历时宫内对实录的三次重抄②更加剧了实录的外流，甚至出现了"家藏户守"的景象。于是，在时局的刺激下，实录的大量外流以及官方纪传体国史撰修的失败，都极大地促进了民间私修当朝史的风潮。

此时的明人私修诸史除了包含大量内容较为严肃、体例相对完备的史著外，还涌现了大量的野史笔记，其内容几乎涵盖了整个明代社会。可见，明人私修的当朝史撰述是从国初的零星记载开始，最终发展为多种体裁并存，上至"一代全书"下到"小小异同，小小源流，动成掌故"③蔚为大观的景象。它们反超官修当朝史，成为明代史学的一股洪流。在这个

---

① 沈国元：《皇明从信录·总例》，见《续修四库全书》史部第 355 册，第 3 页。

② 据《明神宗实录》可知，此三次分别为万历十六年因神宗要求阅览重抄实录，万历二十二年修正史取实录参详，万历二十四年乾清宫大火实录被焚重抄。

③ 龚自珍：《龚自珍全集》第三辑《江左小辨序》，上海人民出版社 1975 年版，第 200 页。

发展过程中，我们能够很清晰地看到社会背景、学术环境对史学的深刻影响。

　　除此之外，需要着重指出的是南明阶段中遗民史家对故国历史的撰述。对忠于明王朝的这部分士子而言，南明政权的存在，不仅给了他们心灵上的慰藉，有的史家还为之奔走呼号，亲自参与其中。而全国各地风起云涌的反清斗争，以及清廷此时对知识分子优容、笼络的怀柔政策，都给了遗民史家生存和撰史的空间。他们深受忠孝节义思想影响，拒绝新朝的征召，秉持着"修故国之史以报故国"的精神和"国亡史存"的传统，宁愿隐居守贫为故国撰史。撰述的主要目的也从明中后期强烈的资治意识演变为探究朱明王朝何以从兴盛走向灭亡。尤其在面对明空有国祚三百年却只有实录而"无成书"，私修国史中即便刨去"浅陋芜杂"固不足道的部分，剩下的那些"号称淹雅，俨有体裁者"，如果一一精审之"亦多疏漏舛错，不得事情"①的局面时，他们自动肩负起了为后世存信史，证野史之谬误的任务。这类史著尤以谈迁的《国榷》和张岱的《石匮书》为代表。此二书皆在明末始修而成于清，无论是从史家的身份认同，又或是史著始撰时间，都同明代有着密切关系，况内陆地区以南明为旗帜的反清斗争在康熙三年才彻底终止，综合这些因素考量，算是明人私撰国史也不为过。

　　2. 私修当朝史体裁多样，内容丰富

　　用"汗牛充栋，不胜数矣"②来形容明人私修当朝史的数量是恰如其分的，但这也只是表现了明人私修当朝史数量多的一面。除此之外，这些史籍还具有体裁多样，内容丰富的特点。

　　史著体裁多样。编年、纪传、典制、纪事本末四大类型在明代私修当朝史中均占据了一定的比例。以《千顷堂书目》相考：正史类共收录明人私修纪传体的当朝史著作10部③。因受到现实局限和明代学风影响，这

---

① 潘末：《遂初堂文集》卷6《国史考异序》，见《四库全书存目丛书》集部第249册，齐鲁书社1997年版，第791页。

② 谈迁：《国榷·义例》，中华书局1958年版，卷首第7页。

③《千顷堂书目》中共列明纪传体正史14部。但据李小林学者的考证，其中的《皇明七朝帝纪》《正史七太子传》《后妃传》《外戚传》4部属万历年修史尚存的成果，从严格意义上讲不符合私人修史的标准，故剔去。详见李小林《万历官修本朝正史研究》，南开大学出版社2010年版，第41页。

些作品无论是书名还是内容都与一部标准的纪传体史著有一定距离，但还是具备了纪传之体的内核。私修编年体当朝史共 39 部。这些史著时间断限不一，最长者始自洪武终于天启，也有单记一朝史事者。另外，涵盖了职官、典故、食货、仪注、政刑五门的私修典制体著作数目较多。不仅有综合性明代典制体著作，如徐学聚所撰《明朝典汇》、王圻《续文献通考》，更开创了许多带有专史性质的典制体史著，如杨宏《漕运通志》、史启哲《两淮盐志》、俞汝为《荒政要览》等。典制体史著的大量出现，反映出明嘉靖之后史学经世致用之风盛行下史家对社会问题的关注。纪事本末类著作在《千顷堂书目》中并未单独成类，以高岱《鸿猷录》、田汝城《炎徼纪闻》为代表。

在其他史部小类中，传记类、昭令奏议类也是明人当朝史撰述中选择较多的类型。传记类中有黄金《开国功臣录》、过庭训《本朝分省人物考》、雷礼《国朝列卿记》等。此类史著的产生一方面是受明初汇编之风的影响，另一方面也是经世思想下举名臣事迹可"为后人师法"的直接体现。诏令奏议类史著中比较重要的有黄训《名臣经济录》、陈子龙《明经世文编》等。虽它们"大抵剽诸类书策略，空谈多而实际少"①，但收录了大量事关国计民生、军国大计的奏议，凸显了有志之士的忧国爱民之心，在当时带有非常鲜明的经世致用性质。时至今日，这些照原文收录的"上以备一代之典则，下以资后世之师法"②内容，对研究明代历史而言更具有重要的史料价值。

除此之外，明人私修当朝史中数目最多、最具特色的作品当属各类的野史笔记。因其体裁、内容等具有很强的自主性和随意性，明清书目对其分类不一，收录的数目也不同。大体而言，在《千顷堂书目》中比较集中存于《别史类》《小说类》《杂史类》，《明史·艺文志》则多将它们划归到《史部·杂史类》《子部·杂家类》《子部·小说家》类中，《四库全书总目》则比较多地收录在《子部·小说家类》《史部·杂史类》中。再加上大量的明人文集未能整理出版，时至今日其种类、数目究竟有多少仍是未知。

史书内容丰富。在以编年、纪传等传统体裁为代表的史部著作中，史

① 纪昀等：《钦定四库全书总目》卷 193《经济文辑》，中华书局 1997 年版，第 2712 页。
② 陈子龙：《安雅堂稿·皇明经世文编序》，辽宁教育出版社 2003 年版，第 77 页。

家多从大局出发，记载的是紧连时代脉搏的重大事件、重要人物。在野史笔记中，史家好以自己的视角，记录其所见所闻，尤能对当时的社会时局、民情风俗甚至神怪异象都有所描摹。此外，皇族秘闻也一直是稗史关注的焦点，更何况不少明朝皇帝自身就颇具话题性，随着文网的松弛和政局的衰变，秘闻稗乘更是层出不穷禁无可禁。

然而，多数私修的当朝史著作同一部优秀的当朝史著作之间还有较远距离。纪传体类的缺点集中体现在标目不全、编次失当上。编年体类在时间断限上的随意性，也使得史著对明崇祯之前的十六朝史事记载不均，且以己之力编排百余年史事，难免出现详略失当的情况。更不用说名目繁多内容不一的稗史家乘，怪异之事、无根之言比比皆是，但其中所包含的为清代史家所鄙夷的所谓大量的"俚俗戏谑之语，闾里鄙秽之事"，却为当今学者认识有明一代的整体社会状况"提供了大史学家不可能留下的遗产"①。

3. 私修当朝史的撰史队伍庞杂

虽陈建所著《皇明资治通纪》在嘉靖六年被焚毁，却有越来越多的人突破明代官方阻碍私家修史的藩篱，加入撰修当朝史的行列。这些作者来自不同的社会阶层，有着不同的教育背景，可粗略地分为史官型作者、非史官类官员型作者、学者型作者三类。

史官型作者。虽明代官修当朝史在史书数量、史书体裁、史书内容等方面明显弱于私家修撰，但在私修当朝史的队伍中却有着大批的官员。在他们中，只有一部分人是真正意义上的史官，造成这种现象最主要的客观原因即为史官人数相对较少。明代"以修撰、编修、检讨专为史官"②，官阶较低。最高的是修撰，也仅是从六品，实在算不上什么。然能任史职者皆为科考的佼佼者——明代惯例，每科"状元授修撰，榜眼、探花授编修"③，绝对可称得上是士子中的精英。剩下进榜士子中"考选庶吉士者，皆为翰林官"④。可见，明代史官整体上皆是经由科举考试层层选拔出来的精英，人数自然相对较少，但这却不是他们撰述少的根本原因。

正是因为明代史官多由科举考试中的精英充任，为了能够充分发挥他

---

① 白寿彝：《中国史学史》，北京师范大学出版社 2004 年版，第 237 页。

② 陆容：《菽园杂记》卷 14，中华书局 1985 年版，第 165 页。

③ 张廷玉等：《明史》卷 70《选举志》，中华书局 1974 年版，第 1696 页。

④ 张廷玉等：《明史》卷 70《选举志》，第 1696 页。

们的作用，自太祖时起多以史官入阁参与机务，更是一度出现了阁臣"皆出诸翰林"的局面。这样一来史官虽自身官阶低，但却只是入仕的第一步。终明一代从翰林累迁至六部侍郎、尚书乃至阁臣者甚多。况且，明代史官除了有条件、有希望能够出入权力中心外，还有各种各样的日常任务，诸如派出充任各地乡试的"考试官"，会试"同考官"，殿试还负责收卷的"收卷官"等。可见，明代史官大量的时间、精力都浪费在与史职无关的各项政务上，连官修任务的完成"亦不过缀拾完书"①，根本无暇切磋讨论。即便有意讲求故典，却又担心同僚自己不作为却还嫉贤妒能，为了明哲保身多数人"只得随行逐队，而不敢周咨天下之务"②。因此，即使身任史职有近水楼台之便，碍于上述诸原因，私家撰述当朝史中史官的比重较少，甚至出现了"今史官不编史"③的局面。我们可从《千顷堂书目》中找到一些比较直观的例子：当朝纪传体史著中唯撰《史概》的朱国祯曾任检讨，剩下9部作者皆非史官；编年体史书著作者中，也只有《嘉靖大政编年纪》的著者黄凤翔、《两朝大政纪》的著者冯琦曾任编修，《明大政纪》的著者张元忭曾任修撰，剩下诸人也不是史官。相较编年、纪传这种已经发展成熟的，要求体例完备，编次得当、内容翔实等高规格、高标准的体裁来说，更多的史官选择了"非编年，非纪传，杂记历代成一代之事实者"④的别史撰述，如钱士升《逊国逸书》、申时行《召见纪事》、杨士奇《三朝圣谕录》等。

非史官类官员型作者。早在洪武三年，朱元璋就下令"中外文臣皆由科举而进"⑤，不是科举出身者"毋得与官"。因此，但凡在明代科举三级考试制下能过其一者，撰述行文是必备能力之一。除了入选翰林外，剩下的多出任"给事御史、主事……知州、知县等官"⑥，并不在权力的核心区域，故花费在日常政务上的时间较史官要少，相应的也就能多出时间从事撰述。同样以《千顷堂书目》的编年、纪传二类举例。剩下的9部纪

---

① 陈继儒：《狂夫之言》卷2，中华书局1985年版，第12页。

② 陈继儒：《狂夫之言》卷2，第12页。

③ 陈继儒：《狂夫之言》卷2，第13页。

④ 黄虞稷撰，瞿凤起，潘景郑整理：《千顷堂书目》卷5《别史类》，上海古籍出版社2001年版，第125页。

⑤ 张廷玉等：《明史》卷70《选举志》，中华书局1974年版，第1695页。

⑥ 张廷玉等：《明史》卷70《选举志》，第1696页。

传类当朝史著作中，可查证的如郑晓嘉靖进士，陈翼飞、何乔远、吴士奇皆是万历进士，邓元锡嘉靖举人，尹守衡"万历壬午举于乡"①，雷叔闻万历举人，即共 7 人通过了科举考试；编年体类中，官员型作者占到的比重更大，共计有进士雷礼、黄光升、夏浚、薛应旂、沈越、范守己、支大伦、谭希思、薛敷教、姚文蔚、周永春、张铨 12 人，举人有陈建、涂山 2 人。此外，蔡于毂"由岁贡入太学，授湖广行都司经历"②，吴瑞登"由贡生官光州训导"③，杨维休任"保定通判"，占绝对主力。同样地，野史笔记中此类官员的著作也是不可胜数。囿于篇幅仅举数例：正统进士叶盛有《水东日记》，景泰进士尹直《謇斋琐缀录》，景泰举人黄瑜《双槐岁钞》，天顺进士陆容《菽园杂记》，成化进士张志淳《南园漫录》等。

学者型作者。在明人私家撰述的各类当朝史史著中，也有不少作者未有官职在身。如《龙飞纪略》著者"嘉靖中布衣"吴朴，太学生许重熙著《宪章外史续编》，王大纲著《明朝野记略》等。在明末清初涌现出的一批优秀史著中，张岱、谈迁也属学者型作者。查继佐虽曾中过举，但也未出仕做官。

通过上文所举数例可见，在私撰当朝史的明人中既有位高权重如申时行、杨廷和等人，也有布衣者如刘振、沈国元。既有问鼎一甲者如彭时所撰《可斋杂记》，也有连举人都未能中的冯复京修的编年体史著《明史右略》。甚至连"未必知书"的杨铭也可以"口述，令人书之于册尔"④。一方面这些书籍丰富了明代史料，一定程度上弥补了明代官修失职造成的史料流失；但另一方面野史繁盛带来的不足也是显而易见的，最严重的莫过于内容失真、失实，对后世考订史实也带来了不小的阻碍。

（三）明当朝史撰述中存在的问题

王世贞"三史论"是评价明当朝史史著中较客观公正的，时至今日仍受到肯定。今人研究中，如钱茂伟在《论晚明当朝史的编撰》一文里总结晚明的当朝史编撰存在四个主要问题为"多残缺不全，多书美而不书恶，缺乏理论力度，目标定得比较低"⑤。更多的研究成果是就某一种或

① 陈昌齐等：道光《广东通志》卷 282，台北华文书局 1968 年版，第 4658 页。
② 台湾"中央"图书馆：《明人传记资料索引》，中华书局 1987 年版，第 810 页。
③ 纪昀等：《钦定四库全书总目》卷 48《两朝宪章录》，中华书局 1997 年版，第 671 页。
④ 纪昀等：《钦定四库全书总目》卷 53《正统临戎录》，第 740 页。
⑤ 钱茂伟：《论晚明当代史的编撰》，《史学史研究》1994 年第 2 期，第 66 页。

某一类史著进行探讨，除了上文中已经列举的吴晗先生、谢贵安先生对明实录的研究之外，① 还有学者从讳饰曲笔、严重失实，注记不兴、取材不足，焚毁底稿、破坏原件三个方面概述了明实录的弊病。② 这种研究的路子固然对深入认识某一种或某一类史著的基本情况是有必要的，然明当朝史招来后世非议最多的地方是史事记载同历史真实之间存在较大的差异。这不仅违背了史学求真求实的本质，也是明代有识之士要奋力改正的，因此非常有必要对明当朝史史著记载中存在的问题进行综合论述。

1. 实录失实

在明代官方未有纪传体国史的情况下，"备史"实录成为明代唯一的国史。尽管从总体上讲，列朝实录多是采用官方原始档案材料编撰而成，内容具有权威地位，有不可忽略的史料价值，但随着历史禁忌话题的解禁和实录的流散，众多具有自觉意识的史家很快发现实录所记有些内容存在极为严重的失实现象。造成这种现象的原因包括先天史料的缺乏和后天撰述中的刻意歪曲。

其一，史料不全。虽"以实录名书以《敦煌实录》为最早"③，但实录作为一类专门的史著发展完善并得到帝王的高度重视，是同封建皇权的不断强化紧密联系在一起的。在宋代完备的修史制度下，实录的诸项撰修事宜也有了详细的规定，形成了"采百司奏对事实为《时政纪》，取柱下见闻为《起居》，类次而润色之为《日历》，修而成之为《实录》"④ 完整的流程。相较之下，明代实录史料的缺失就显得格外严重。

《起居注》不常有。明建国伊始便置起居注官，将其看作警醒帝王自律的一个方式，显示了朱元璋对此的重视。即便如此，作为创始人的他也未能坚持到底。据史载，明代起居注官始置于甲辰年，仅洪武一朝品秩就多次变动。吴元年时最高为正五品，四年降至正七品，六年又稍升至从六品，九年更定官职，又设"起居注二人"，为"从七品"⑤，未过多久

---

① 详见吴晗《吴晗史学论著选集·记〈明实录〉》，人民出版社1986年版，第296—373页；谢贵安《明实录研究》，上海古籍出版社2013年版。

② 李红：《略谈〈明实录〉的弊病》，《中国档案》1988年第5期。

③ 汪受宽：《实录史体起源于〈敦煌实录〉说》，《史学史研究》1996年第3期。

④ 陈于陛：《恭请圣明敕儒臣开书局纂辑本朝正史以垂万世疏纂辑本朝正史》，见《明经世文编》卷426，中华书局1962年版，第4656页。

⑤ 《明太祖实录》卷110，台湾"中央研究院"历史语言研究所1966年版，第1826页。

"革。十四年复置"①。由此可见，起居注官在洪武朝就已有时立时废的先例。官阶不仅低还处在不断的变动中，并总体呈下降态势。再将这些变化同朱元璋为了集权而废相综合起来思考，不难发现朱元璋对紧随自己身边、随时掌记自己言行的起居注官的复杂心理：需要笼络人心时抬高品秩，皇权稳固之后不想掣肘与人，打压降至从七品，还好时废时立。起居注官的最终废止当是在宣宗以后。② 此后虽不断有大臣上疏要求恢复，但一直未能成行，展现出皇权的极端强化。直到张居正当国之时，对明代史职进行了较大规模的改革，其中之一就包括了设日讲官一职"专记注起居，兼录圣谕、诏敕、册文等项及内阁题稿"③，以圣旨的方式恢复了《起居注》的编写，并要求"每月史官编完草稿"一册，在"送内阁验讫"后存放于"小匮"之中，岁终一并取出再放入大匮。这种设置有利于监督帝王和便于日后实录修撰，但具体执行情况因文献记载的缺乏已难以考证。唯一可以肯定的是，起居注制度之所以能够在张居正时期得到了恢复，也是因为此时权臣当国而君权式微，起居注官能发挥的作用也大打折扣。尽管如此，其职位当一直存在，修《光宗实录》时还用到了"起居言动"④ 的史料，就是明证。

仿《时政记》诸书不常有。据宋代史书记载，《时政记》的内容主要是"宰执朝夕议政，君臣之间奏对之语"⑤，明代官方有过两种类似此书的编纂。如太祖朝曾令各台、省、府收录"钦录、圣旨及奏事簿籍、纪载时政"⑥，依照《会要》体例编为《钦录簿》以备稽考。其内容同宋代《时政记》十分接近，但自洪武之后未能再见于史载，当属废止。万历张居正史职改革还有一项就是将"朝廷政事见于诸司章奏者"⑦ 按照各自所属的六曹部司，分别修撰为《六曹章奏》。从《六曹章奏》搜集史料的范围和张居正将其同《起居注》相提并论的地位来看，也当与宋代的《钦

---

① 张廷玉等：《明史》卷73《职官志二》，中华书局1974年版，第1789页。

② 详细考证参见谢贵安《明实录研究》，上海古籍出版社2013年版，第46页。

③ 《明神宗实录》卷35，台湾"中央研究院"历史语言研究所1966年版，第827页。

④ 《明光宗实录·进实录表》，第3页。

⑤ 王明清：《挥麈录·后录》卷1，上海书店出版社2001年版，第53页。

⑥ 《明太祖实录》卷77，第1411页。

⑦ 《明神宗实录》卷35，第827页。

录簿》类似。将"《起居》《六曹章奏》"①并列相称的还有张岱，也可证明《六曹章奏》的地位。此《章奏》每月修六册，其余上交诸事同《起居注》。除神宗朝外，熹宗朝也有天启三年令"编纂《六曹章奏》"②的记载。可见，万历时期史职的改革还是取得了一部分的成功，至少辐射到了紧随其后的光、熹二宗。但对整个明实录的修撰来说，这是远远不够的。此二者自身搜集史料时就未能全面，即便是万历年间才设置的《六曹章奏》，大臣的奏本能编入其中者"不啻十中之一"③，寥寥如此何以采居？而谈迁也批评《六曹章奏》的主要内容实属"职掌参驳，近虚文塞责，于大字多略"④，更不用说这二者本身也并非明代官方的修撰常态。至于宋代时期以《时政记》《起居注》编成的《日历》，仅洪武七年五月修成《大明日历》藏之，并令"以后凡有圣政史官日纪录之随类增入"⑤，然剩下诸帝皆未见有《日历》修成，故时人谓之"前代有起居注、日历、会要诸书，明代独有实录"⑥。

既然明修实录在绝大多数之时未能在日常积累史料方面取得应有成效，不能走宋代标准化的程式，故史官在修撰实录之前就不得不更多地从源头上搜访史料。这一点可从历朝《进实录表》中可以一窥究竟。综诸《进实录表》可知，搜访的史料以内府秘藏和诸司职掌为主，另还要"兼考章疏，参之见闻"，以图达到"凡礼乐刑政之施以及名物度数之等经因革者"⑦皆书之的结果。

在各部、各级都自称"案牍收藏有库，典守有人"，看似史料保存完好，搜集计划又非常详备的情况下，搜访工作当万无一失。然实际情况并不如想象般美好。自然损耗首当其冲。在公文档案多为纸墨所书的情况下，储存手段单一，不及时加以编修，经年累月堆积如山，容易散佚；而且记录史料的载体，如纸、绢都是易损物品，墨迹遇水则晕，"回禄之

---

① 张岱：《琅嬛文集》卷3《与周戬伯》，故宫出版社2012年版，第176页。

② 《明熹宗实录》卷33，台湾"中央研究院"历史语言研究所1966年版，第1722页。

③ 《明熹宗实录》卷8，第373页。

④ 谈迁：《枣林杂俎·智集》，中华书局2006年版，第81页。

⑤ 《明太祖实录》卷89，第1573页。

⑥ 潘耒：《遂初堂文集》卷5《修明史议》，见《四库全书存目丛书》集部第249册，齐鲁书社1997年版，第769页。

⑦ 《明孝宗实录·进实录表》，第4页。

灾"或"鸟鼠啮啄、风雨沾浥"等损耗常有发生，甚至连"内府册库"
都曾发生过火灾。一旦地方上吏治败坏，官员尸位素餐，这些情况发生的
可能性更高。其次，移文上缴拖拖拉拉。各部门直接将修史视为史馆专属
之事，"不关其职掌，故了不经意"①。在上缴过程中，要么拖拖拉拉行动
迟缓，要么"行文催取者两年，而各衙门寂然不应"②，有的干脆直接以
"年久案牍无存"为由拒不上交。再者，史料搜访弊端丛生。虽然礼部多
派遣"博雅端详"者亲自四处访寻史料，也有条目细化的纂修《事宜》
等明文条例，但在实际操作过程中具有的局限性和片面性是皇权专制体系
下无从避免的。一方面收录的都是"曾授内外文武官职，有功绩显著者及
丘园之士、曾遇优奖者……孝子顺孙，忠臣烈士，义夫节妇，曾经旌表及
奉旨褒誉者"③，不仅标准模糊涵盖有限，抄录的史料还以"行状、神道
碑、墓志、圹志等文及曾有所上章奏"④为主。不令考校、不辨真假，全
凭抄写者自觉。隆庆时还一度因财政紧张终止了派人寻访史料，而是让
"各省提学官采辑编汇"本处史料后上交史馆。这就给了各省作弊、偷懒
的机会，只"令礼生秀才抄录一二大臣墓志塞责"⑤，完全失去了搜集史
料最初的本意。

由此可见实录在撰修时虽以原始史料为主，但极易在天灾人祸的作用
下，导致很多与现实政治有关的内容不能及时、准确地收录，更不用说同
皇帝联系不甚紧密的世间百态，这些原本能够在纪传体国史中体现出的内
容在实录里全无栖身之地。

其二，记载失真。实录史料搜集的缺失在一定程度上是明代官修史籍
固有弊端所导致，但实录内容记载失真却在很大程度上是当权者和撰史者
的主动行为。不仅皇帝中意利用实录达到或粉饰美化，或贬斥打压的目
的，就连参与撰史的史臣也将个人恩怨、朋党之争带入其中。

皇权对国史撰述的影响经历了一个从无到有的过程。尤其自宋代始，
皇帝不仅能从原始记载处就开始过滤对自己不良的记录，如《时政记》

---

① 《明熹宗实录》卷57，台湾"中央研究院"历史语言研究所1966年版，第2639页。
② 《明熹宗实录》卷57，第2639页。
③ 田艺蘅：《留青日札》卷37《非文事》，上海古籍出版社1992年版，第700页。
④ 田艺蘅：《留青日札》卷37《非文事》，第700页。
⑤ 孙承泽：《春明梦余录》卷13《明史》，北京古籍出版社1992年版，第169页。

要"每月先以奏御,后付有司"①,《起居注》也是"每月御,后降附史馆",对《国史》《实录》的撰修过程也是全程监控,"未几撰成三卷,先以进御"。可见,在官修制度完备的宋代,皇权对当朝国史撰述的影响就已经渗透到了各个方面,并成为凌驾于史权之上的,引导国史写什么、如何写的决定性因素。到了明代,史官、史职的设置虽没有沿袭宋代,然却延续了实录修成、上进御览的惯例,也就意味着一并继承了皇权对撰述国史的主导地位。从这个角度讲,明之历朝实录出现不同程度的失真情况是无法避免的。而实录中因皇权干涉失真最为严重的当属《太祖实录》《太宗实录》《英宗实录》,其中涉及的皇位斗争让史臣难以下笔。

无论是"立嫡立长"还是"兄终弟及"皆轮不到朱元璋第四子的朱棣,最终还是以靖难一役登上了皇帝宝座,而《太祖实录》"再修、三修,所不同者,大抵为靖难一事"②。究其原因,归结起来就是不但要美化自己,更重要的是抹黑建文帝,称其矫诏嗣位甚至在国丧期间"荒淫酒色,昼夜无度"③。除此之外,《太祖实录》还需兼顾为朱元璋讳饰——不仅要凸显朱元璋的英明神武,而且要掩盖他曾投靠韩林儿、政策失误、屠杀功臣等方面,而这些都成了晚明史家考据的焦点。《太宗实录》虽在宣宗时期才正式修完,但作为成祖一脉,宣宗史臣在撰述《太宗实录》时,对朱棣的出身、所建功业、帝位得来、靖难一役始末等的记载,完全承袭了《太祖实录》,从而使得这两部前后相继的实录成为"《明实录》最矫诬之典型"④。景泰帝因时势故取英宗代之,登基为帝,保住了大明的江山,却没能保住自己的身后名。成化初年修成的《英宗实录》,景泰帝依旧是以"废帝郕戾王"名义附于英宗之后,"其政令尚可考见,但曲笔为多"⑤,查继佐毫不留情指出"明以实录教欺也"。

臣子虽不敢擅改内容,却可借修实录之机,通过删增史料、任情褒贬达到自己的目的,此类失真在《孝宗实录》中表现得极为突出。

据修《武宗实录》史臣披露,焦芳在依附刘瑾取得权柄,得为《孝宗实录》总裁官之后,掌握了实录的话语权,遂在实录中"一任已私,

① 徐松:《宋会要辑稿》第63册《职官》,中华书局1957年版,第2515页。
② 顾炎武:《亭林诗文集》卷3《答汤荆岘书》,第226页。
③ 《明太宗实录》卷1,台湾"中央研究院"历史语言研究所1966年版,第6页。
④ 黄云眉:《明史考证·本书内容契要》,中华书局1979年版,前言第2页。
⑤ 沈德符:《万历野获编》卷2《实录难据》,中华书局1959年版,第61页。

以好恶定之"① 褒贬而不问史事究竟如何。一时间天下称许的"端人正士",如叶盛、何乔新、彭绍等人在各自的小传中被焦芳"肆其诋诬,不恤公论"。而与焦芳同修实录如李东阳等人,权微言轻"畏避其恶,皆不敢为异同"②。此言实有据。如《孝宗实录》就评价天下称赞的彭华"为人险谲用数,深机莫测"③。又如同载何文渊之死,《英宗实录》记何文渊认为自己曾参与议国家立太子之事,更"首发父有天下传于子之言",担心遗祸家人,何文渊"惧,即自经死"④。《孝宗实录》则书何乔新"贻书劝其父自引决。文渊果自尽"⑤,并不忘在文末加上"士论耻之"四字评价。何以有此天壤之别?经查,焦芳与何乔新有隙,修《英宗实录》时,焦芳仅为"稽考参对"并无纂修权,而修《孝宗实录》其为总裁,可"操史笔"任情褒贬。

在别朝实录中因史官私心失实的例子也不在少数。如按照惯例,历朝修实录成升迁者基本"未有调升外任",然费宏与席书争权,借席书之弟席春参与撰修实录理本应升迁之机,将其"改除馆职按察司佥事"⑥ 放了外任。又如为了伪饰溢美,《英宗实录》载太监李永昌在土木之变后力主抗战,更是吹捧正是因有他"指陈靖康事辞甚切"之事才致使"中外始有固志"⑦。真实情况却是南迁之议实乃"太监金英斥之",张冠李戴至李永昌不过皆因修史时,正值李氏手握司礼监之大权,"嗣子泰以学士在史馆"⑧,为讨好权贵而溢美粉饰耳。对此现象,清人夏燮"明人恩怨纠缠,往往藉代言以侈怼笔"⑨ 的总结还是非常中肯的。

除了个人恩怨,朋党之争也波及实录的撰修。因此项原因导致的失实最集中地表现在《穆宗实录》和二修的《光宗实录》中,又尤以明末《光宗实录》修撰过程最为典型。此实录初修时,撰述人员以东林党为

① 《明武宗实录》卷49,台湾"中央研究院"历史语言研究所1966年版,第1122页。

② 《明武宗实录》卷49,第1122页。

③ 《明孝宗实录》卷118,第2125页。

④ 《明英宗实录》卷277,第5912页。

⑤ 《明孝宗实录》卷194,第3579页。

⑥ 《明世宗实录》卷53,第1318页。

⑦ 《明英宗实录》卷181,第3509页。

⑧ 《弇山堂别集》卷24,第433页。

⑨ 夏燮:《明通鉴·义例》,中华书局1959年版,第12页。

主。尽管存在"有干碍而难直书，牵连而难尽书者"①，但初修的《光宗实录》还是于天启三年六月进呈。史家评论其"立论颇正，而又忠厚不尽人之情"②，称得上"良史"。且从熹宗"具见详慎"之评语，不难看出熹宗对初修的《光宗实录》还是满意的。然随着阉党的得势和其对东林党人的报复，将三案重新定调成为他们打击迫害东林党人的一个重要途径。天启六年正月，熹宗下诏官修《三朝要典》为"三案"翻案，四月而成。因东林党主持修撰的《光宗实录》与《三朝要典》对"三案"的解释天差地别，为避免出现同为官修而"一信一疑，必滋猜谤"③局面，重修《光宗实录》势在必行。而时人评论此次重修不过为"忠贤意在掠美，令史臣有所撰述"④一语，充分说明魏忠贤等人改修实录的真实用意在当时就已被识破。既然大肆涂改过的二修版《光宗实录》主要是为"傅会杨涟、左光斗诸人之罪"⑤，也就使得其彻底沦为了党争工具。由此可见，权臣、党争对实录记载内容真实与否的影响也是不容小觑的。

2. 私修之史秕谬失真

明代官方对明代私家撰述评价整体不高，认为所传"不足据"，且层出不穷"岂能尽禁之"。然一旦触及统治者底线者，官方处置起来从不手软：

（《天鉴录》诸书）意在报复恩仇，倾陷异己，本当追究重处；恐致株连，姑且不究。今后凡系此等私书，一见即为焚毁，毋得钞传谈说，混乱是非；有不遵的，著缉事衙门访拿治罪。⑥

曹学佺私撰野史，本当拿问，姑夺职为民，书板行抚按官追毁。⑦

---

① 叶向高：《续纶扉奏草》卷9《辞实录加恩疏》，见《四库禁毁书丛刊》史部第37册，北京出版社1997年版，第605页。

② 孙承泽：《春明梦余录》卷13《西垣笔记》，北京古籍出版社1992年版，第177页。

③ 《明熹宗实录》卷75，台湾"中央研究院"历史语言研究所1966年版，第3657页。

④ 粘良图选注：《晋江碑刻选·明大学士张瑞图夫人王氏墓志铭》，厦门大学出版社2002年版，第300页。

⑤ 孙承泽：《山书》卷1《光宗实录》，浙江古籍出版社1989年版，第13页。

⑥ 《明熹宗实录》卷70，第3382页。

⑦ 《明熹宗实录》卷75，第3657页。

相较禁忌多多的官修史书,私家修史最大的优势就在于史家具有相对自由的自主权,这使得他们更有机会秉公于朝、直抒胸臆。然也正是基于此,史家的个人素养直接决定了史著的质量。总体而言,明私修诸史在史著内容上存在的比较集中的问题有以下几点。

第一,毁誉任意。在私人修史时写什么、如何写都基本取决于自己的情况下,个人好恶对品评事件、人物的影响是显而易见的。尤其在事涉当朝之时,这种情况表现得更加明显。政见不一、学派不同,甚至家族矛盾,都有可能成为史家在撰述中毁誉对方的直接原因。这种现象虽非为明代独有,但于此季却表现得极为明显。仅举两例加以说明。

例一,高拱与张居正素有隙,在著《病榻遗言》时,常以微言大义的方法诋毁之。如"上崩……居正虽哭,乃面有喜色,扬扬得意"[1]。如此描写,高氏的"司马昭之心"也就昭然若揭了。例二,林时对在《荷牐丛谈·自序》中声称此书内容或是自己"亲经目睹",或是"得之故老传闻、名贤手授",力云书中言而有据,自我标榜为"不敢以平生喜怒恩怨参错其间"[2],但在《东林中依草附木之徒》一节中将自己的"喜怒恩怨"表现得淋漓尽致——评价钱谦益是"吴门轻薄儿""龌龊小人",不仅放浪名教、贪淫纵恣,明亡后未全节而死还"望风纳款,希图进用",进而更是称钱谦益所私撰之明史因绛云楼大火付诸一炬,完全是"天意不欲留此秽史"[3],从钱谦益之为人、为官到其立言撰述,批驳得一无是处,又何来公允之说?

诋毁污蔑者有之,誉美回护者亦多。祝允明为徐有贞外孙,因"亲串之私"故《苏材小纂》中凡涉徐有贞事"颇有讳饰"[4]。雷礼所撰《列卿记》,对内阁行实所记颇为详备,论断亦多持公道,然许是因同乡之谊对陈文大加回护——史多谓陈文无所建白,而雷礼独称其"政体多达而勋德未昭"[5],为史家诟病。华亭人杨枢,撰有《淞故述》一书。书中称赞永乐时人李至刚为人"德量宽宏,吏民化服",更是惋惜"前后《松志》于

[1] 高拱:《高拱全集·病榻遗言》,中州古籍出版社2006年版,第629页。
[2] 林时对:《荷牐丛谈·自序》,台湾大通书局1987年版,自序第3页。
[3] 林时对:《荷牐丛谈》卷3《东林中依草附木之徒》,台湾大通书局1987年版,第103页。
[4] 纪昀等:《钦定四库全书总目·苏材小纂》,中华书局1997年版,第850页。
[5] 雷礼:《国朝列卿记·内阁总论》,台湾文海出版社1991年版,第384页。

至刚之事皆略之"①，然事实却是李氏"以善于附会，深蒙倾险之讥"②。杨枢之所以如此美化李氏，恐于此二人同为松江华亭人，有"回护乡曲之私也"。

第二，广采传闻。在古代信息流通方法单一且原始档案材料多为官方垄断的情况下，私人撰史之时极易出现"甲泾乙渭，左轩右轻"的情况。作者往往不加分辨地将街谈巷语、山言海说之语采录其中。

明代皇室内部秘闻甚多，关于这些内容的传闻在明代私家撰史中常有出现，最具代表性的就是建文事迹。因其内容的复杂性和话题性，以及官方记载的缺失，在文禁解除之后有关建文事迹的记载"真伪相半，疑信互争"层出不穷，众说纷纭下后人感慨建文史事已"成一聚讼之案，纠结靡休"③。不仅明人私修的编年体、纪传体类史著中有所涉及，还有不少专门以建文朝事迹为内容的史著，层累地构成了建文史事。如郑晓《吾学编》中就有《逊国记》《逊国臣记》两个部分专记建文史事，收录了有关社会上广为流传的事关建文帝下落，或是被焚身亡"成祖为发丧治葬"④，或是"帝发火宫中，即削发为僧"⑤的说辞，即为明证。同时，也正是因建文史事一手史料的缺失，坊间传言又太盛，博洽如郑端简也在书中出现了记一事却前后矛盾之处。如记建文帝归来，《逊国记》载"天顺中出自滇南"⑥，同书又另记正统七年之时广西"有僧……自称建文皇帝"⑦，同一事时间相差如此，传闻之盛可见一斑。另有著建文专史者，如屠叔方《建文朝野汇编》一书就将其所见的建文朝诸野史传闻之说，按照逊国编年、报国为列传，建文传纪、建文定论为目，裒合成编为二十卷。内容"大抵沿袭讹传，不为信史"⑧。曹参芳的《逊国正气纪》，所记建文时事

① 杨枢：《淞故述》，中华书局1985年版，第25页。

② 纪昀等：《钦定四库全书总目·淞故述》，中华书局1997年版，第1040页。

③ 纪昀等：《钦定四库全书总目》卷51《革除逸史》，第721页。

④ 郑晓：《吾学编》，《建文逊国记》，见《四库禁毁书丛刊》史部第45册，北京出版社1997年版，第95页。

⑤ 郑晓：《吾学编》，《建文逊国记》，第95页。

⑥ 郑晓：《吾学编》，《建文逊国记》，第95页。

⑦ 郑晓：《吾学编》，《建文逊国臣记·太监吴亮》，第565页。

⑧ 纪昀等：《钦定四库全书总目》卷54《建文朝野汇编》，第751页。

同样"大抵沿袭传闻，无从考正"①。

除了建文出奔这种举国关注的大事传闻纷出外，明人著书时不喜甄别史料来源、传言真假的这个特点，在各类史事中都出现过。如皇甫录撰《明记略》所记皆为正德以前旧闻，记"仁宗或云死于雷，或云为宫人所毒，或云为内官击杀"②，即是典型表现。

第三，好"神仙诡怪"。在明人野史笔记中，几乎随处可见猎奇诡怪之载。这些记载在今天看来是荒诞不经的表现，但能在当时被广为传颂和相信，一方面是明代史学世俗化、通俗化的表现，另一方面也反映了明代社会的心理。然从史学的纪实性、严肃性来讲，这些记载无疑是明代史学不足征的铁证，严重影响了明代史学的整体水平。如杨仪在《高坡异纂·自序》中谈到了自己对"神仙诡怪"从"心窃厌之，一见即弃去"的不信到认同的过程。而现在之所以深信不疑，则是因在正德、嘉靖时曾两次目睹了"邑中怪事，始叹古人纪载未必皆妄"③。文中"怪事"指"闻王维贤亲见仙人骑鹤"④。除此之外，他还重点指出了书中内容"或本于父老之真传，或即其耳目之睹记"，皆是凿凿有据。都穆撰《都公谭纂》记明初史家陈子经"昼寝梦……宋主"⑤。祝允明《志怪录》一书"所载皆怪诞不经之事"⑥，尽管祝子自身也认为志怪之事确实不常有，"然幽诡之事，固宇宙之不能无"⑦。王同轨《耳闻》一书分门别类地纂集了洪武到嘉靖年间的异闻，且据王氏自言全书收录标准就是"以奇耳者也，不奇不耳"⑧。虽每条皆详所说之人以示征信，但其书"奇且诞"⑨的特色却是掩盖不了的。

从上述诸例中，可窥见明代好神仙诡异风气之盛。虽囿于文章篇幅，上文所举诸例是明人野史笔记中记载此类事件比较集中的，但这并不代表

① 纪昀等：《钦定四库全书总目》卷 54《逊国正气纪》，中华书局 1997 年版，第 756 页。

② 纪昀等：《钦定四库全书总目》卷 143《明记略》，第 1894 页。

③ 丁锡根：《中国历代小说序跋集》，人民文学出版社 1996 年版，第 127 页。

④ 纪昀等：《钦定四库全书总目》卷 144《高坡异纂》，第 1911 页。

⑤ 都穆：《都公谭纂》卷上，中华书局 1985 年版，第 3 页。

⑥ 纪昀等：《钦定四库全书总目》卷 144《志怪录》，第 1910 页。

⑦ 祝允明：《志怪录·自序》，中华书局 1991 年版，第 1 页。

⑧ 王同轨：《耳谈类增·凡例》，中州古籍出版社 1991 年版，前言第 6 页。

⑨ 王同轨：《耳谈类增》，《耳谈》引，前言第 4 页。

其他的著作中没有这些内容。因为身处这种时代大背景下，史家想置身事外不受影响几乎没有可能。如王世贞也在《弇山堂别集》中有"《盛事》《奇事》诸述，颇涉谈谐"① 的记载。而上述三个缺点，在明人所撰当朝史作品中都有所体现，即便是"信今而传后"的《国榷》，一些史事记载的前后失守，灾异祥瑞出现的频率也过于繁细，这种潜移默化的影响更能凸显明人猎奇好诞的性格。

第二节　考据兴起的原因

考据作为一种治学方法，古已有之。然明中前期之时，无论是主流学术中先占据主导地位、强调"非孔孟之书不观，非程朱之说不用"② 的程朱理学，还是后有的高举"记诵之广，适以长其傲也；知识之多，适以行其恶也；闻见之博，适以肆其辨也；辞章之富，适以饰其伪也"③ 大旗的陆王心学，最终都造成明代学风的空疏，知识的浅薄，几乎无人考据。

学界对嘉靖之后学界考据兴起原因的探究已有一定成果。台湾的林庆彰先生是对明考据学兴起原因有全面分析的比较早的一位学者，在他看来考据兴起的原因主要包括了理学内部要求、废弃古学的反动、复古运动的影响、杨慎之特起、刻书业的兴盛五个方面。而南炳文先生、何孝荣先生共同执笔完成的《明代文化研究》一书中，除了同样提及理学和心学的弊窦丛生、文学复古运动的影响、刻书和藏书的兴盛之外，还提出了"政治黑暗，士人仕途受阻"④ 这一原因，认为明代中叶之后政治败坏，士大夫动辄得罪，故多"从事考据，以避政治是非"。笔者认为此说似还可以商榷，主要有两点原因。首先，从事考据与仕途受阻之间并不存在必然联系。明代不乏仕途受阻官员，但从事考据者也仅为其中之一小部分。故我们只能说从事考据更多地取决于学者个人的治学旨趣，而仕途受阻不过是为这些赋闲在家的学者提供了充裕的时间来进行个人的学术研究而已。其

① 纪昀等：《钦定四库全书总目》卷 51《弇山堂别集》，中华书局 1997 年版，第 721 页。

② 钱大昕：《潜研堂文集·布衣陈君墓碣》，见《嘉定钱大昕全集》九，江苏古籍出版社1997 年版，第 818 页。

③ 王阳明著，张怀承注译：《传习录》卷中《答顾东桥书》，岳麓书社 2004 年版，第154 页。

④ 南炳文、何孝荣：《明代文化研究》，人民出版社 2006 年版，第 168 页。

次，考据是为了避开政治是非的这一说法尤其在本书所要讨论的当朝史考据领域极为不适用——以昭代人著昭代史本就忌讳多多，所以才要曲笔隐讳，而进行当朝史考据的目的就是要还原史事真相，更加是非不断，何以能避祸？

因此在前辈学者研究的基础上，笔者认为之所以考据之风在嘉靖之后渐起，主要是受到以下因素影响。

一　刻书和藏书风气的盛行

考据讲求博学、博征，如果没有丰富的图书资料，考据无从谈起。明代刻书风气之盛又为前代所未有，从而为考据之风的兴起提供了必要的物质条件。

明代官方之所以对出版业重视，主要是将其作为推广思想教育的一个媒介，所刻诸书基本服务于其统治。加之国初文禁森严，经济未兴等诸多因素，尽管"洪武元年八月，诏除书籍税"①，私家刻书直到宣德、正统时期仍比较萧条。

成化、弘治时期，政治较为清明，经济也有了长足的发展，但土地兼并愈演愈烈，大量农民失去了赖以傍身的土地。城市却因繁荣使得各色行业"如山如林"，吸引农民进入城镇，在增加城镇人口的同时，也提供了丰富的廉价劳动力。单就刻书而言，"一部古注十三经，费仅百余金"②，非常廉价。市民物质生活逐渐富庶，对文化精神生活就有了更多的要求，加之购书又不贵，不仅戏曲、小说大有市场，稗史更因为人们提供了茶余饭后的谈资而日增月益。再加上各类的蒙学读物、科举读物、生活所需各类指导型用书等，无所不包。"利愈厚则业者众"③，况明人生性喜刻书，"数十年读书人能中一榜，必有一部刻稿。屠沽小儿，身衣饱暖，殁时必有一篇墓志"④。据统计有明一代出版书籍总数约为 3.5 万种，⑤ 足见"异书辈出，剞劂无遗"⑥ 的壮观局面。

---

① 龙文彬：《明会要》卷 26《书籍》，中华书局 1956 年版，第 418 页。

② 叶德辉：《书林清话》卷 7《明时刻工价之廉》，中华书局 1957 年版，第 185 页。

③ 叶德辉：《书林清话》卷 4《元时书坊刻书之盛》，第 103 页。

④ 叶德辉：《书林清话》卷 7《明时刻工价之廉》，第 185 页。

⑤ 缪咏禾：《明代出版史稿》，江苏人民出版社 2000 年版，第 43 页。

⑥ 谢肇淛：《五杂俎》卷 13《事部一》，上海书店出版社 2009 年版，第 264 页。

刊刻明人所著的野史，更成为明人刻书的一大特色。如由沈节甫编，万历四十五年经陈于廷首次刊刻的《记录汇编》，汇编野史皆选自嘉靖之前的君臣杂记。在《凡例》中，沈节甫直言"正史整而多隐，野史礭而易诬"①，却仍表达了"持以参互，庶可正讹"的愿景。沈氏这种认可、重视野史史料价值的观念是值得肯定的，且他的这个观点也得到了陈于廷的认可。陈氏指出"虽稗官野史之流，然皆识大识小之事"②。可见在明中后期，刊刻野史也有以资考证的目的。

明人不仅喜欢刻书，喜欢藏书的更是不少，出现了不少出名的藏书家。仅以"著述之富者"③为标准，就有宋濂、王鏊、王世贞等 50 余人。为丰富藏书，多数藏书家不遗余力地搜集购求。如胡应麟"穷搜委巷，广乞名流，录之故家，求诸绝域"④，即便为了买书需要"解衣缩食""体肤筋骨靡所不惫"，也在所不惜。钱谷一旦听闻有自己未见之异书，"虽病必强起，匍匐往观"⑤。其子名允治者，酷似其父，八十高龄仍旧"映日钞书，薄暮不止"⑥。不少藏书家还加入了出版行列。因毛晋喜藏书亦喜刻书，且算精校精刻，在当时就已有"毛氏锓本走天下"⑦的美称。而这些藏书家的藏书行为，不仅保留了大量古籍，促进了图书的出版，为私人撰述修史提供了条件，更在客观上促进了古籍的整理校勘。如焦竑不仅"藏书两楼，五楹俱满"，对所藏书籍也是"一一皆经校雠探讨"⑧，态度严谨可见一斑。

二　朱陆相争

朱学与陆学在明代的争斗对考据之风兴起产生了重要影响的这个观点，已为学界普遍认可接受。如陈垣先生虽未对明代考据兴起原因做专门

---

① 沈节甫：《记录汇编·凡例》，商务印书馆 1938 年版，前言第 19 页。

② 陈于廷：《记录汇编·序》，商务印书馆 1938 年版，前言第 9 页。

③ 姜绍书：《韵石斋笔谈》卷上《名贤著述》，中华书局 1985 年版，第 2 页。

④ 胡应麟：《少室山房笔丛》卷 4《经籍会通》，上海书店出版社 2009 年版，第 41 页。

⑤ 钱谦益：《列朝诗集小传》丁集中《钱处士谷》，上海古籍出版社 2008 年版，第 487 页。

⑥ 钱谦益：《列朝诗集小传》丁集中《钱处士谷》，第 487 页。

⑦ 朱彝尊：《曝书亭集》卷 79《严孺人墓志铭》，国学整理社 1937 年版，第 892 页。

⑧ 祁承㸁：《澹生堂藏书训约·藏书训略》，见《经籍会通外四种》，北京燕山出版社 2008 年版，第 77 页。

论述，但也注意到了这一点，其言曰："明季心学盛而考证兴，宗门昌而义学起，人皆知空言向壁，不立语文，不足以相慑也。"①

事实上，朱陆相争除了有学术争鸣的主要原因外，也同它们争夺在官方学术中的地位有一定的联系。明以理学立国，朱熹遂得配祀孔庙，地位之高可以想见。隆庆元年，穆宗追赠王守仁"为新建侯，谥文成，赐祭七坛"②以示礼遇和重视。万历十二年孔庙"又以陈献章、胡居仁、王守仁从祀"③，且终明之世"从祀者止守仁等四人"，其中三人皆为心学宗师。随着王学不断为官方接受，并开始以合法形式占据了国家政治意识的组成部分时，王学对朱学的攻击也就越来越尖锐。王畿公然宣称"我朝理学开端，还是白沙，至先师而大明"④。嘉、隆之后王学大盛，"从王氏而诋朱子者，始接踵于人间"⑤。不仅如此，在尊崇王学又位高权重如李春芳、徐阶辈的推动下，明官方在隆庆戊辰颁发了以王学思想为主导的《论语程义》，自此以后"科试文字大半剽窃王氏门人之言"⑥，连以前被程朱理学独占的科举考试都有了王学的影子。

这种局面对尊奉朱子的学者而言是难以接受的。尤其自王阳明节《朱子文集》著《朱子晚年定论》刊行天下，有不少地方存在对朱熹的误读，被人怀疑王阳明有"颠倒岁月之先后，以牵就其说"⑦的意图。于是，程朱门人起而攻之，纷纷举证辨王氏之误和其用心之险恶。除了广为今人引用的罗钦顺在《与王阳明书》一文中有理有据地力证王阳明书中舛误若干之外，同为史学家和理学家的陈建也加入批驳王学的队伍。其"慨然发愤，究心通辨"⑧而做《学蔀通辨》的一书，主要目的就是替被"矫诬"的朱子"专明一实"。他首先指出先有《道一编》之书，而王阳明后"因

① 陈垣：《明季滇黔佛教考》卷 2《藏经之遍布及僧徒撰述第七》，中华书局 1962 年版，第86 页。

② 《明穆宗实录》卷 7，台湾"中央研究院"历史语言研究所 1966 年版，第 218 页。

③ 张廷玉等：《明史》卷 50《吉礼》，中华书局 1974 年版，第 1301 页。

④ 吴震编校：《王畿集·复颜冲宇》，凤凰出版社 2007 年版，第 260 页。

⑤ 顾炎武：《日知录集释》卷 18《朱子晚年定论》，上海古籍出版社 2006 年版，1065 页。

⑥ 顾炎武：《日知录集释》卷 18《举业》，第 1055 页。

⑦ 纪昀等：《钦定四库全书总目·学蔀通辨》，中华书局 1997 年版，第 1260 页。

⑧ 陈建：《学蔀通辨·总序》，见《续修四库全书》子部第 939 册，上海古籍出版社 2002年版，第 623 页。

之，遂有《朱子晚年定论》之录"①，并以大量史料说明王阳明所谓"早异晚同"是谬误。如王阳明认为《答何叔京书》所云为朱子晚年定论，但据陈建考：

> 据《年谱》，朱子四十岁丁母祝孺人忧，此书有"奉亲遣日"之云，则祝无恙时所答，朱子年犹未四十，学方日新未已，与象山犹未相识，若之何得为晚合？得为晚年定论耶？其颠倒诬诳，莫斯为甚！②

同罗钦顺一样，陈建在痛批《定论》一书时，采取的也是求之于本源、经典，并用文献考证的方法得出结论。这种从主流思想内部衍生的读书、考证、求实的动力，对整个社会而言都是具有积极意义的。

三　文学复古运动的影响

除了主流学术相争之外，嵇文甫先生还补充提出"大概明朝中叶以后，学者渐渐厌弃烂熟的宋人格套……一方面表现为心学运动，另一方面表现为古学运动"③，明确肯定了复古运动对晚明考据之风的兴起产生了非常积极、重要的影响。

同思想上被程朱理学禁锢了一样，明前期的文坛也被所谓的"台阁雍容之作"所笼罩。其代表人物为前后历经四朝的阁臣"三杨"。这类诗作以"词气安闲，首尾停稳，不尚辞藻，不矜丽句"④为典型特点，得朱棣喜欢风靡天下，严重限制了本该体裁多样、内容自由的文化创作。而文坛长久被政坛领袖操控，也引来了新晋士大夫的不满。在以李梦阳、何景明等为代表的前七子和李攀龙、王世贞等为代表的后七子的号召下，发起了一场以"文必西汉，诗必盛唐，大历以后书勿读"⑤为核心理念的文学复古运动，将古学重新拉回士子的视野。然读唐之前诸书明代已多不见，多

---

① 陈建：《学蔀通辨》，见《续修四库全书》子部第939册，第624页。

② 陈建：《学蔀通辨》，见《续修四库全书》子部第939册，上海古籍出版社2002年版，第627页。

③ 嵇文甫：《晚明思想史论》，河南大学出版社2008年版，第151页。

④ 钱谦益：《列朝诗集小传》乙集《杨少师士奇传》，上海古籍出版社2008年版，第162页。

⑤ 张廷玉等：《明史》卷287《王世贞列传》，中华书局1974年版，第7382页。

需"穷之""幸力致之"方能得到，可见汉唐学术在明代荒废之情状。要想模仿古人文笔，必须先要有大量的阅读，以获得借鉴模拟的对象。而读古书的第一步便是要识古字，"于是《说文》之学兴焉"①。汉字经过历代演变，不仅字形发生了变化，字音更是有了显著的不同，读通古书，字音尤其是重中之重，"于是音韵之学兴焉"②。音韵明而训诂明，况且汉唐治学本就以训诂注疏见长，在此二者相辅相成的推动下，将因《四书五经大全》出版遭废弃的古注疏之学推至台前，汉唐以来重文字训诂、考证的学术方法也随之受到重视。最典型的例子莫过于《十三经注疏》的刊印。嘉靖四年，闽中版的《十三经注疏》终于得以刊刻完成，万历年间又将其考订之后"进呈御览，诏礼部刊行，颁布天下"③，无疑代表了万历时官方对文坛这股追求复古、提倡汉学的认可。而在此之前，《十三经注疏》仅闽中有一套刻板，倘"闽板或亡，则汉儒之学几乎熄矣"④，可见"汉儒之说尽废"的现实情况。

这场文学复古运动，还促进了大量前代文辞优美的史著被整理、刊刻。如"明嘉靖丁酉冬广东崇正书院重刊"⑤《后汉书》，秦定王因"关中故无《史记》，王乃求善本刊之"⑥，"嘉靖己亥吴郡重刊刻《唐书》成"⑦，请文徵明代为作序。据《中国古籍善本书目》统计，在此之前，明代官方仅在正统十年至十一年间重刊过《汉书》《后汉书》，前后差别不可谓不大。因此，文学复古运动对考据之风的兴起作用不可忽视。

四　嘉靖大礼议之争

世宗的继位改变了大明自朱棣以来的帝系传承，由此引发了朝堂内外对一系列事关皇家祀礼的争辩。学界对大礼议之争的研究多聚焦于此争之起因、性质、内容、后果等方面，主要侧重考察此事对明代政治的影响。

---

① 朱希祖：《清代通史叙》，见萧一山《清代通史》，华东师范大学出版社 2006 年版，序言第 2 页。
② 朱希祖：《清代通史叙》，序言第 2 页。
③ 沈懋孝：《周易古注疏辑序》，见《明文海》卷 224，中华书局 1987 年版，第 2304 页。
④ 王鏊：《震泽长语》卷上《经传》，中华书局 1985 年版，第 1 页。
⑤ 范邦甸：《天一阁书目·史部一·编年类》，上海古籍出版社 2010 年版，第 98 页。
⑥ 焦竑：《献征录》卷 1《秦定王》，上海书店出版社 1987 年版，第 17 页。
⑦ 文徵明：《文徵明集》卷 17《重刊旧唐书叙》，上海古籍出版社 1987 年版，第 470 页。

张显清先生《明嘉靖"大礼议"的起因、性质和后果》①一文对此事件的起因、发展过程、具体内容、事件性质、产生的社会后果进行了全面详尽的分析。田澍先生②围绕着大礼议的政治影响、权臣与大礼议的关系、议礼思想等方面撰述了多篇学术论文，提出了不少自己的见解。如大礼议的核心问题是能不能"称兴献王为父为考"，杨廷和与世宗的暂时对抗是"阁权因脆弱和不足所导致的畸变"，张璁的议礼思想是"合法、合理、顺情之举"，而非后世所认为的小人行径等。时至今日，学界提及此事论述的焦点仍在政治方面，这也正是此事对明中后期政治影响深远最突出的表现之一。

然而，大礼议之争除了波及皇权、阁权、党争、礼制等各方面外，从某种程度上讲对明代学风、学术也产生了一定的影响。在世宗"博考典礼，以求至当"的要求下，无论"争考、争帝、争皇，既而争庙及路"③，都伴随着辩论双方的引经据典，被反复争论。在这场事关皇家礼仪和自身荣辱的政治事件中，博学多识的重要性被充分凸显了出来。因为这场辩论最终以世宗方获胜，除占据了道德高点外，张璁等人"于书无所不窥"④才是制胜法宝，这无疑为考据的兴起起到了积极的促进作用。

仅举两次辩论加以举证。在议"兴献王主祀及称号"时，主张继统的毛澄等人举西汉成帝时"立定陶王为皇太子"⑤先例，要求世宗改称其父为皇叔父，而尊孝宗为皇考。反对者张璁则考证曰，古法可行是因为皇帝无子在先，定陶王已确定要"预立为皇嗣，而养之于宫中"⑥。世宗从未为皇嗣，也未养在宫，毛澄所举事例完全不适用。又如议"分祀天地"。世宗想改明代合祀天地为南北分祀。夏言认为当"令群臣博考《诗》《书》《礼经》所载郊祀之文，及汉、宋诸儒匡衡、刘安世、朱熹等

① 张显清：《明嘉靖"大礼议"的起因、性质和后果》，《史学集刊》1988年第4期，第7页。

② 田澍：《明代大礼议新探》，《学习与探索》1998年第6期；《大礼议与杨廷和阁权的畸变——明代阁权个案研究之一》，《西北师大学报》（社会科学版）2000年第1期；《张璁议礼思想述论》，《西北师大学报》（社会科学版）1998年第1期。

③ 徐学聚：《国朝典汇》卷22《编辑诸书》，台湾学生书局1965年版，第421页。

④ 何乔远：《名山藏》卷73《张孚敬》，福建省文史研究馆1993年版，第4409页。

⑤ 《明世宗实录》卷2，台湾"中央研究院"历史语言研究所1966年版，第80页。

⑥ 张孚敬：《正典礼第一疏》，见《明经世文编》卷176，中华书局1962年版，第1785页。

之定论，以及太祖国初分祀之旧制，陛下称制而裁定之"①，也就是要遍考群经再经定夺，反对者霍韬则认为"且考经传，无南北郊分祀天地之说，唯见于《周礼》，莽贼伪书不足凭据"②。夏言又反驳"天地分祀，从来久矣"，况且《周礼》一书，朱熹认为此乃"周公辅导成王，垂法后世，用意最深切"③，圣人都赞同的书怎能"诬以莽之伪为耶"？从这两例可看出熟读经典在辩论中的重要性。而张璁、夏言等人的飞黄腾达更是用鲜活的例子证明了此时博学多识的现实意义。

因此，在世宗"因议礼自裁，好稽古右文之事"④的影响下，又有张璁、夏言等人现实例子参照下，政治地位的一飞冲天无疑对全天下的士子都有非常大的吸引力。正所谓"上好之则下为之，上赏之则下趋之"⑤，由此一来，重视经典，读史著观经典，博学多识的重要性又得到了一次大力推广。

第三节　晚明当朝史考据的兴起

史学和时代是有一种很明确的动态关系。当一个时代的政治、经济、思想发生了明显转变时，史学往往也会随之发生相应变化。嘉靖之后，学风向经世致用、黜虚征实方向的嬗变，也促使史家不断加深对明代史学领域中存在各种问题的反思。随着统治阶级对历史禁忌问题的逐渐放开，史家对当朝史撰述中存在的问题有了更深的认识，考据之风也逐渐延伸到了当朝史领域。

一　政治解禁，天子荡然无讳

在皇权至高无上的时代，以昭代人考昭代史，最困难的莫过于历史禁忌问题，稍不留神就有可能因触犯帝王忌讳而身死族灭。因此，帝王看待历史禁忌问题的态度将对史家考证当朝史产生至关重要的影响。正如学界

---

① 张廷玉等：《明史》卷48《吉礼二》，中华书局1974年版，第1248页。

② 《明世宗实录》卷111，台湾"中央研究院"历史语言研究所1966年版，第2618页。

③ 张廷玉等：《明史》卷48《吉礼二》，中华书局1974年版，第1249页。

④ 谈迁：《国榷》卷64，中华书局1958年版，第4038页。

⑤ 褚遂良：《谏魏王泰料物踰东宫疏》，见《全唐文新编》第1部第3册，吉林文史出版社2000年版，第1695页。

在论及晚明当朝史撰述繁荣的时候提及的那样，大明天子对历史禁忌问题的逐渐放开，不仅是晚明时当朝史作品层出不穷的原因之一，同时更是晚明学者敢于考证当朝史的一个重要支柱。

在明初皇权最具权威的时期，为了加强专制统治和塞天下悠悠之口，文禁极为森严，动辄杀人夷族。皇权以铁血手腕占据了史事的解释权，即便实录再漏洞百出、歪曲不实，也无人敢考，朱棣更是对建文朝的史料进行了"千钩百索，只字不留"式的销毁。在这种肃杀的政治环境下，文人只能三缄其口明哲保身。洪熙、宣德年间，政治气氛也只得到一定程度上的缓和，"天下始敢称孝孺诸死义者为忠臣"①，为国初"奸党"正名。即便如此，也无人敢公然讨论国初帝王之讳。哪怕是在朱明王朝遭遇到第一次真正意义上的统治危机"土木之变"时，英宗被俘，放归后又为代宗幽闭等诸事，史著中仍以"太上皇帝在迤北""太上皇帝居南宫"为其粉饰，可见此时"天子讳"还是被看得极重。

这种状况在世宗朝发生了遽变。世宗朝史臣所修《明武宗实录》对武宗荒唐行为的记载多且直，不符合皇位和平交接状况下实录一贯的对前朝进行粉饰、虚美的传统就是铁证。这主要与世宗的身世以及继位之后的政策有着非常密切的关系。世宗的继位，标志着帝系继承上成祖一脉的中断。为了昭示自己的权力，世宗采取了多种手段，改革前朝弊政无疑是争取人心最快、最佳途径。例如，他刚刚继位就下诏查处各个衙门中存在的弊政，并要求"俱遵诏旨改正以行"②。天下士子精神为之一振，遂"兴慕风采争欲为材"。但单单自己有政绩还是不够的，在"万世是非之权衡"的实录中将武宗违背祖训的荒诞行径直录下来，对凸显自己的光辉形象更加有利，即如臣子所恭维的那样，大明江山"至正德间几倾覆矣。赖陛下再造，转危为安"③。如因武宗喜观灯，于是国家每年为此挥金如土购买"黄白蜡"，以供乾清宫"张灯为乐"④。正德九年乾清宫因此着火之时，武宗不仅不心疼积极指挥宫人救火，反倒继续前往豹房为乐，甚至还

---

① 张朝瑞：《忠节录》卷首《纶音》，见《四库全书存目丛书》史部第 97 册，齐鲁书社 1997 年版，第 582 页。

② 《明世宗实录》卷 1，台湾"中央研究院"历史语言研究所 1966 年版，弟 39 页。

③ 《明世宗实录》卷 34，第 871 页。

④ 《明武宗实录》卷 108，第 2204 页。

"戏谓左右曰'是好一棚大烟火也'"①。又如记武宗不仅在扬州"阅诸妓"有辱斯文,当地方官设宴款待时,武宗"却之,命折价以进"②。荒唐嬉戏之举尽存实录之中。倘没有世宗暗许,即便史臣对武宗再有不满,本着根深蒂固的避讳原则,也不当在实录中直书如此多的荒诞行为。同时,为了巩固自己的统治,神宗一面高举"法祖"大旗要"振作事功",一面又亲自制文同儒臣辩论祖宗成法当不当改。而神宗所认为的一切事物都存在"法久弊生"现象,故"不可不因时制宜",其中包含的"事关纲常者,又不可不急于正矣"③观点,显然是主张不能拘泥成法。他的这种灵活变通地对待祖宗成法的态度自然会对士子产生影响,促进了一大批私修当朝史的产生。同时也要注意到,世宗对成祖朱棣态度的复杂性。虽然事实上朱棣是篡权上位,但在神宗宣称的"天下之政,无大于法祖宗"执政理念前,即便成法可变、帝系更换了嗣统,仍无人敢将事实宣之于口;同时,此二者皆是以旁支藩王身份登帝位,他将朱棣庙号由太宗改为成祖,固然是为了满足将自己父亲请入太庙的需要,但也不无抬高同是藩王出身的朱棣地位并借机标榜自己的目的。

世宗朝"国势民力比之成化、弘治年间百不及一二"④。万历中期之后吏治败坏、经济凋敝、边疆危机、流民四起的现象更加严重,处在内外交困之中的皇权早已失去了国初对天下局势的掌控力。连前朝实录的撰修往往都需隔代完成,在位者自顾尚且不暇,哪里有心思管制国初诸事。再加上自嘉靖之后,帝统所传者已非朱棣子孙,法统的合理性和为先祖避讳的需求大大低于朱棣一脉,万历年间官修纪传体国史之时君臣对国初诸事的讨论即为国初诸天子荡然无讳的明证。在大臣们的坚持下,神宗终于同意在纪传体国史中恢复建文帝年号,并将其"事迹附太祖高皇帝之末"⑤,对景泰帝的处理则更加干脆——"帝位号已复,《实录》候纂修改正"⑥。

① 《明武宗实录》卷108,第2204页。

② 《明武宗实录》卷181,第3513页。

③ 朱厚熜:《御制正孔子祀典说·御制正孔子祀典申记》,《四库全书存目丛书》第268册,齐鲁书社1997年版,第775页。

④ 《明世宗实录》卷34,台湾"中央研究院"历史语言研究所1966年版,第871页。

⑤ 《明神宗实录》卷289,第5358页。

⑥ 《明神宗实录》卷196,第3694页。

思宗虽认为建文帝"渠变祖法，戕亲藩，皆过也"①，对补建文谥之事颇为犹豫，却也大力表彰了建文逊国诸臣，命令朝臣为他们立传，并"将本人生平大节、忠猷高风景行实有证据者"②详书其下。

南明政权残存之时，对建文冤案的处理才真正进入全面纠正时期。弘光登基后"问懿文太子陵安在，遂往瞻拜"③，成为明代第一位瞻拜建文帝的帝王，虽然是南明小朝廷的皇帝，但因其身份还是让不少遗民欣慰，称此举是"海内望此典几百余年"④"以一言释三百年之憾"⑤。最为关键的是，遗民不再替朱棣讳饰。揭朱棣身世"母碽妃……盖史臣因帝自称嫡，沿之"⑥，控诉屠戮建文忠臣"十族诛而臣节变"⑦，更将其与管蔡相提并论，谓"燕王是成事之管蔡，管蔡是不成之燕王"⑧，篡位行径呼之欲出。

二　对当朝史的批评

通过前文的分析可以看出，在明中期之前受时代背景和主流思想的影响，明史学界普遍存在"通今殆鲜"、不关注时政的弊端。然挽救晚明时局、应对统治危机需要的是治国经邦之术，经世致用之学，这一点被越来越多的关心国计民生的有识之士所认识，一股崇实黜虚、提倡经世致用的史学思潮便应运而生。在这股思想的影响下，他们不仅推崇有经世之才者，还相继撰述了大批经世致用之史著，对国家的典章制度、各类政策如经济、军事等进行总结，使居官者可以知晓国朝典制，洞悉衙门条例，"临事斟酌行之，猾胥自无所措其手"⑨。其中，对明代官私史学中存在的浮夸、不实的批评也是史学崇实黜虚思潮的重要组成部分。在上文中笔者

---

① 李清：《三垣笔记》，《附识·崇祯》，中华书局1982年版，第173页。
② 周镳：《逊国忠纪》卷1《礼部为议谥久稽励世宜急乞》，见《四库全书存目丛书》史部第117册，齐鲁书社1997年版，第17页。
③ 李清：《三垣笔记》下《弘光》，中华书局1982年版，第93页。
④ 文秉：《甲乙事案》上，见《南明史料》，江苏古籍出版社1999年版，第448页。
⑤ 魏禧：《魏叔子文集》卷11《李映碧先生七十寿序》，中华书局2003年版，第562页。
⑥ 谈迁：《国榷》卷12，中华书局1958年版，第847页。
⑦ 顾炎武：《日知录集释》卷18《书传会选条》，上海古籍出版社2006年版，第1045页。
⑧ 张履祥：《杨园先生全集》卷28《愿学记三》，中华书局2002年版，第750页。
⑨ 焦竑：《澹园集》卷13《答乐礼部》，中华书局1999年版，第123页。

已经分析了明代官私史书中存在的问题，而明人自己也对此多有了解。不少史家对此多有批判：

> 凡所编辑不过总集诸司章奏。①
>
> 仅纪邸报所列，至大臣小传，仅书平生官爵。②
>
> 诸臣奏疏，凡留中者例不得书。③
>
> 止书美而不书利刺，书利而不书弊，书朝而不书野，书显而不书微。④
>
> 成化以来，职纂修者，惟取六部前后章奏，分为十馆，以年月编次成书，总裁官惟略加删削，便称《实录》，不知后世将何凭以成信史乎！⑤

它们反映了明代史家对实录内容缺失的不满，直指实录同其国史之名不相符。

相较之下，实录中人为所致的曲笔、污蔑等语更为史家所不能容。沈德符对其所见诸实录点评道：杨文贞初修、再修《太祖实录》其皆为纂修官，"前后三史，皆曾握管，是非何所取裁，真是厚颜"⑥；又"乃《太祖录》凡经三修，当时开国功臣，壮猷伟略，稍不为靖难归伏诸公所喜者，俱被划削。建文一朝四年，荡灭无遗，后人搜括捃拾，百千之一二耳。景帝事虽附《英宗录》中，其政令尚可考见，但曲笔为多。至于兴献帝以藩邸追崇，亦修实录，何为者哉"⑦。至明末实录流布天下。张岱较为全面地罗列了诸朝实录之曲笔为"《洪武实录》，事皆篡改，罪在重修……后焦芳以金壬秉轴，丘濬以奸险操觚，正德编年，杨廷和以掩非饰过……后至党附多人，以清流而操月旦，因使力翻三案，以阉竖而自擅篡

---

①　《明神宗实录》卷35，台湾"中央研究院"历史语言研究所1966年版，第826页。

②　沈德符：《万历野获编》卷25《焚通纪》，中华书局1959年版，第638页。

③　焦竑：《玉堂丛语》卷4《纂修》，中华书局1981年版，第130页。

④　李建泰：《名山藏序》，见《名山藏》，福建省文史研究馆1993年版，卷首第8页。

⑤　孙承泽：《春明梦余录》卷13《皇史宬》，北京古籍出版社1992年版，第163页。

⑥　沈德符：《万历野获编》卷1《国初实录》，中华书局1959年版，第5页。

⑦　沈德符：《万历野获编》卷2《实录难据》，第61页。

修。黑白既淆，虎观石渠尚难取信"①。这些言论都说明晚明史家对当朝国史失真、失实的极度不满，而这也正是史学求真、求实所不能容忍的。有关明人对实录的评骘，明史专家吴晗先生曾在《记〈明实录〉》②一文中有过专门详细的讨论，后人实难超越，笔者所述也不过鹦鹉学舌而已。

质量参差不齐的野史也没能逃过史家的抨击。张岱的措辞就格外激烈和犀利，认为明代史学就是一个"诬妄之世界"③，毫无可取之处。吴炎则云"有明一代记载之书，舛错不伦"④。即便吴氏的论断过于偏激不足取，在那些"法正史"而作的严肃性史著中，被批评者也比比皆是。如批评郑晓《吾学编》"未睹国史，记洪、建间事多谬悠"⑤，文中传记也都是依照家状、墓志删改而来；雷礼《大政记》则"褒贬间失之诬"⑥；《皇明资治通纪》"载国初以至正德事迹，皆采掇野史，及四方传闻，往往失实"⑦；有"一代良史之才"美誉的何乔远，《名山藏》一书也被讽刺为"率多嗜奇无识，引断失据"⑧。万斯同甚至认为明代私修诸史，除《献征录》"可备国史之采择"外，剩下诸史唯"皆可以参观而不可以为典要"⑨。

由此可见，尽管明代史学受学风流弊影响出现了各种问题，仍有不少明代史家从未放弃对史著求真的追求。他们在自己的著作中纷纷表达了对当朝史失实现状的不满和对史学"真"的向往，而这也正是考据作为一种治学手段存在的意义和价值之所在。于是乎，在考据学风兴起之际和当朝对历史禁忌渐渐放开之时，明人对当朝史的考据就从零星琐碎的只言片语开始，发展成为后期的考据专著，开始了对以实录为代表的各类当朝史进行了有意识的、较为详细的考证。

---

① 张岱：《琅嬛文集》卷3《征修明史檄》，故宫出版社2012年版，第116页。

② 吴晗：《吴晗史学论著选集》第2卷《记〈明实录〉》，人民出版社1986年版，第296—373页。

③ 张岱：《琅嬛文集》卷1《石匮书自序》，故宫出版社2012年版，第1页。

④ 吴炎：《吴赤溟先生集》书疏类《答陆丽京书》，国学保存会1906年版，第74页。

⑤ 吴炎：《吴赤溟先生集》书疏类《上钱牧斋书》，第33页。

⑥ 万斯同：《石园文集·寄范笔山书》，见《万斯同全集》八，宁波出版社2013年版，第262页。

⑦ 沈德符：《万历野获编》卷25《焚通纪》，中华书局1959年版，第638页。

⑧ 吴炎：《吴赤溟先生集》书疏类《答陆丽京书》，第75页。

⑨ 万斯同：《石园文集》卷5《寄范笔山书》，第262页。

三 明初的考据成果

明代考据最先是从考据儒家经典古籍开始，进而才延伸到了当朝史领域。

杨慎开山之功。虽生于弘治元年的杨慎对明当朝史考据甚少，但其开明代考据风气之先的功劳却是不能抹杀的。且因杨慎所具有的个人魅力以及《丹铅》诸录的话题性，也在一定程度上带动了此后逐渐流行的考据之风——考证之误唯有继续考证方能解决。杨氏的"特起"之功基本得到了当前学界的一致认可。对杨慎在考据上的成就研究较为全面透彻的当属林庆彰先生。他在《明代考据学研究》中分考订经书、文字音义、史地、缺失四个方面详举杨慎的成就和不足。丰家骅《杨慎评传》集中探讨的是杨慎在"六经的训诂考据"① 中的贡献，肯定了他提倡的坚持求实、博通的原则。

杨慎，字用修，其父杨廷和一度贵极人臣，身家显赫。杨慎天资聪颖，勤奋好学，在弘治年间随父返京之时，就得"文章领袖缙绅"② 李东阳称赞"此非寻常子所能"③，收归门下。更因殿试第一而名震天下。在嘉靖大礼议的争辩中，因"倡率叫哭"④ 被世宗厌恶，流放至"滇之永昌"终身不得赦，却给了杨慎进一步钻研学术的契机。他一生"肆力古学"，强调博学多识，对当时的学术主流王学、朱学皆持批评态度，影响很大。其治学以考据为主要手段，在贬谪滇南之际，以考证为游戏之资，撰写了多种考据著作，风靡一时。四库阁臣称其"疏舛虽多，而精华亦复不少"⑤，确论也。

后学如陈耀文，对自视博学的杨慎颇为不满，在衅起争名、有意求瑕下作《正杨》一书驳正《丹铅》诸录。同时代的王世贞评杨氏"工于证经而疏于解经，详于稗史而忽于正史，详于诗事而不得诗旨，求之宇宙之

---

① 丰家骅：《杨慎评传》，南京大学出版社 1998 年版，第 308 页。

② 张廷玉等：《明史》卷 181《李东阳传》，中华书局 1974 年版，第 4824 页。

③ 陈文烛：《杨升庵太史慎年谱》，见《献征录》卷 21，上海书店出版社 1987 年版，第 874 页。

④ 《明世宗实录》卷 41，台湾"中央研究院"历史语言研究所 1966 年版，第 1085 页。

⑤ 纪昀等：《钦定四库全书总目》卷 119《丹铅馀录》，中华书局 1997 年版，第 1591 页。

外而失之耳目之前"① 之语，较为公正。然此语却引起了陈耀文的不满，其"复增益之反唇辨难。喧同诟詈，愤若寇仇"②。胡应麟也有正杨之作。但胡氏是非常敬佩杨慎的，称赞其才情学问是"一时之杰"，认为在杨氏书中固然存在"著述则剽袭胜而考究疏"的现象，但"议论太高者力常不副，涉猎太广者业苦不精"③。因此他撰述《正杨》的目的，一是"不敢俾用修之误，复误后人"④，要正视杨氏之误，二是陈耀文之书"绳纠所得，仅十之三"⑤，尚不完备，仍需补充。学术争锋本是常事，但陈耀文"寇仇"的态度也引起了学者们的关注。明末周亮工总结道：

> 《丹铅》诸录出，而陈晦伯《正杨》继之，胡元瑞《笔丛》又继之，时人颜曰《正正杨》。当时如周方叔、谢在杭、毕湖目诸君子集中，与用修为难者不止一人。然其中虽极辨难，有究是一义者，亦有互相发明者。⑥

足见当时驳正杨修诸书风气之盛。诚然，从学术角度来讲，杨慎在考据中确实存在不少讹误，但他"所撰诸书盛行海内"⑦ 确实影响了时风，开明代考据风气之先，并且"奠定了明代博杂之考据规模"⑧，这些功劳都是必须要肯定的。在他的著作中，也有一些细微之处谈到了对明当朝史的一些看法，如提出了"野史不可尽信"⑨ 的观点，并举《孤树裒谈》和《皇明通纪》所记加以说明举证。

上文提及的胡应麟，也是一个考明当朝史少，却对明代考据乃至整个考据学发展做出重要贡献的学者。关于他的考据成就今人论述得非常多，

---

① 钱谦益：《列朝诗集》，中华书局 2007 年版，第 3777 页。

② 纪昀等：《钦定四库全书总目》卷 119《正杨》，第 1592 页。

③ 胡应麟：《诗薮》续编卷 1，上海古籍出版社 1979 年版，第 348 页。

④ 胡应麟：《少室山房集·与王司寇论丹铅诸录》，见《景印文渊阁四库全书》第 1290 册，台湾商务印书馆 1987 年版，第 815 页。

⑤ 胡应麟：《少室山房集·与王司寇论丹铅诸录》，第 815 页。

⑥ 周亮工：《因树屋书影》卷 8，见《周亮工全集》，凤凰出版社 2008 年版，第 711 页。

⑦ 胡应麟：《少室山房笔丛》卷 4《丹铅新录引》，上海书店出版社 2009 年版，第 53 页。

⑧ 林庆彰：《明代考据学研究》，台湾学生书局 1986 年版，第 128 页。

⑨ 杨慎：《升庵全集》卷 47《野史不可尽信》，商务印书馆 1937 年版，第 504 页。

除去正杨以外则主要集中在文献辨伪和考订古史上，同本书研究的当朝史考据联系不紧密，故在此只赘笔强调他所提出的"博阅古今……精心综核"① 考据原则。此论不仅含义博严，且在当时是非常具有现实意义的。因为先出的杨慎、陈耀文等人都只做到了前者而未能精审，才招来后世非议颇多。

其他一些笔记中对当朝史记载的一些零星考辨。如祝允明虽也有好记"委巷之谈"的弊病，但于《苏材小纂》中也体现了一些史学考辨意识，这当与他倡导习汉唐传统学术有关。据其自述可知《苏材小纂》是"为上史馆为实录"② 而搜集史料时"私复纂纪"。书中"本之碑志、行状，而稍为考据异同"③，且多以"或曰……未委然否"的形式存于文中。如：

> 门启，城中黯然无灯火，亨等人，太上烛下独出，亨等俯伏合声请陛下登位。公命兵士举舆来。或曰：士惊颤，莫能举，公自挽之前……太上既出，遂升奉天殿。或曰：行时太上命公密迩属车。至殿上，公犹在车前失退，武士因击公一椎。太上叱止。未委然否？④

可见祝氏在撰述时已注意到史料记载有所出入，并将别说之不同注于正文后。虽未给出自己的考证结果，却也给读者留下了自我评判的空间。

又如郑晓在《今言》中对诸野史也有一定的考辨。考《天顺日录》处，指出书中前文还记景帝继位"人心始安"，书后又云"景泰不孝于亲，不敬其兄，不睦其室，朝廷之上，怨恨忧郁，灾遍天下"⑤，郑晓直叹"前后何不类如此"。郑氏此法即是"本校法"的典型范例。又如，他指出《南雍志》中记有张九功奏请薛瑄从祀孔庙却被杨士奇阻拦一事。郑晓驳斥为"文贞卒于正统九年。文清天顺元年正月入内阁"⑥，杨士奇早于薛瑄入阁已卒，何来阻止一说。从人物生平推断记载之误，也为考据

---

① 胡应麟：《少室山房笔丛》卷 39《华阳博议下》，第 409 页。

② 祝允明：《成化间苏材小纂·原序》，见《吴中小志丛刊》，广陵书社 2004 年版，第 79 页。

③ 纪昀等：《钦定四库全书总目》卷 61《苏材小纂》，中华书局 1997 年版，第 850 页。

④ 祝允明：《成化间苏材小纂》，第 83 页。

⑤ 郑晓：《今言》卷 1，中华书局 1984 年版，第 22 页。

⑥ 郑晓：《今言》卷 1，第 25 页。

常用方法之一。

　　这些对当朝史所记内容简单、零星的考辨，即说明了此际学者已经在自己撰述时发现了史料存在问题，并对此现象进行了一定的辩驳。然在他们的史著中依旧存在较为严重的前后矛盾、多记传闻等史学流弊，真正开始对当朝史进行有意识、有系统的考辨，当从王世贞始。

第二章

王世贞

明人对当朝史进行较为系统的考据自王世贞始。这既有着时代学术发展的必然性，也同王世贞个人的史学诉求密不可分。明代史学浮夸不实的现状极大损伤了史学求真、求实的本质，这股"歪风邪气"迟早会在学术内在发展动力下被纠正，这是学术发展的必然性。在王世贞之前就已经兴起的考据之风和对明代史学失实的批评抨击，就是学界自发、主动纠正明代史学弊端的表现。而王世贞个人对修信史的渴望以及为此做出的努力，则是促使其对明当朝史进行考据的个人内在动力。于是，在各种条件的综合作用下，王世贞充分利用自己搜集到的史料，对明当朝史进行了一番较为系统的考据。因其是风气的开创者，考据中存在诸多不足，却已在考据的各方面树立了榜样。

王世贞作为明代首屈一指的文学家、史学家，目前学界对他的研究成果非常多。具体到史学领域，探讨最深入最全面的当属孙卫国先生的《王世贞史学研究》①，全书分史学理论、史学批评与考证、明史著述与明史研究、史学影响四个方面详论其成就与不足，具有开创性。但同时正是因为此书涵盖的内容较多，在深入挖掘王世贞考史原因、考史内容、考史特点及不足上，似有余地。尤其作为王世贞考据专书的《史乘考误》对后世影响非常深远，关于此书的相关情况，如成书原因、内容特点等方面有值得继续探讨的必要和空间。

第一节　生平与考据学著作

王世贞（1526—1590），字元美，号甚多，以弇州山人、凤洲最为常

---

① 孙卫国：《王世贞史学研究》，人民文学出版社 2006 年版。

见。历嘉靖、隆庆、万历三朝，官至刑部尚书。曾与李攀龙共主文坛，李氏死后"声华意气笼盖海内"①，独领文坛风骚二十年。好撰文，"自古文集之富，未有过于世贞者"②。虽为文坛宗主，其对史学也颇有见地，尤其考据专著《史乘考误》，更是明人所撰第一部当朝史考据巨制。虽有杨慎促考据之风在先，但王氏以其文坛巨匠身份，制当朝史考据之文，对明代史学产生的影响是不容小觑的，甚至可以说他"是一个开创明代史学新局面的代表人物"③。王氏之所以能同时在文学、史学上取得如此高的成就，是其学术背景和生活经历所决定的。

一 生平

从王世贞自述可知王家"世世以儒业显"④，虽不至权贵显赫，但称得上是书香世家。从"岁别捐米三百石以予贫者"⑤ 等语可知，其家资还是较为丰厚的。生活优渥的王世贞在十五岁开始"举子业"时，已常"取司马，班史，李、杜诗窃读之"⑥，自得其乐，积年累月遂"读书万卷"，最终"博综典籍、谙习掌故"⑦，而这也正是其一切成就之基础。嘉靖二十六年王世贞登第，授刑部主事。虽青年得志，仕途却一生不畅，这有其自身和掌权者两方面的原因。王世贞生性正直耿介，初入仕途踌躇满怀之时，高调气盛"视当世无人"，得罪权贵轻而易举。成为文坛宗主

① 张廷玉等：《明史》卷287《王世贞传》，中华书局1974年版，第7382页。

② 纪昀等：《钦定四库全书总目》卷172《弇州山人四部稿》，中华书局1997年版，第2325页。

③ 钱茂伟：《明代史学的历程》，社会科学文献出版社2003年版，第138页。

④ 王世贞：《弇州续稿·承事郎温州府推官王明得墓志铭》，见《景印文渊阁四库全书》集部第1283册，台湾商务印书馆1987年版，第436页。按：此书多以《弇州山人续稿》命名，然为方便标注出处，本书则主要依据《景印文渊阁四库全书》第1282—1284册《弇州续稿》之名。

⑤ 王世贞：《弇州四部稿·先考思质府君行状》，见《景印文渊阁四库全书》集部第1280册，第580页。按：此书多以《弇州山人四部稿》命名，然为方便标注出处，本书则主要依据《景印文渊阁四库全书》第1279—1281册的《弇州四部稿》之名。

⑥ 王世贞：《弇州四部稿》卷150《艺苑卮言七》，见《景印文渊阁四库全书》集部第1280册，第428页。

⑦ 纪昀等：《钦定四库全书总目》卷172《弇州山人四部稿》，中华书局1997年版，第2325页。

后，更"前后所忤三相国"①，为当权者厌弃。嘉靖三十九年其父因战事不利下狱，多方营救未果被杀，更让王世贞对仕途大失所望。此后虽有升迁起复诸事，总有弹劾罢免相伴，起起落落之间对"作仕路人"的兴趣越来越淡。万历十八年两度乞归后得批回籍。

王氏一生之志最重不过"欲整齐一代史事，以窃附于古作者之后"②，然由于种种原因未能如愿，以至于在晚年论及仍"停杯不御，为慨然感叹久之"③。尽管如此，他也有大量史著问世，这同其不遗余力搜罗史料的活动密不可分。无论是著信史还是考史，拥有充盈史料都是第一步。从其自述来看，他的藏书之地有三处：一处名为"尔雅楼"，也可叫"九友"者，此地所藏"皆宋梓，以班、史冠之"④；一处名为"少宛委"，其中所藏也以"宋梓书"居多；最后一处名为"小酉阳"者，"有楼五楹藏书三万卷"⑤，当是王氏藏书最丰、最集中之地。在这些藏书中，除了藏书家皆爱的宋版书之外，剩下的还有：

> 时时从诸曹及故家秉得所录黄……凡内外制草金匮之副，见辄录之。⑥

> 访问朝家故典与阅琬琰之详……晚而从故相徐公所得尽窥金匮石室之藏。⑦

---

① 王锡爵：《太子少保刑部尚书凤洲王公世贞神道碑》，见《献征录》卷45，上海书店出版社1987年版，第1899页。

② 王世贞：《弇州续稿》卷190《徐孺东》，见《景印文渊阁四库全书》第1284册，台湾商务印书馆1987年版，第708页。

③ 陈继儒：《弇州史料序》，见《弇州史料》卷首，《四库全书存目丛书》史部第112册，齐鲁书社1997年版，第239页。

④ 王世贞：《弇州续稿》卷59《弇山园记七》，见《景印文渊阁四库全书》第1282册，第777页。

⑤ 王世贞：《弇州续稿》卷59《弇山园记七》，见《景印文渊阁四库全书》第1282册，第777页。

⑥ 王世贞：《弇州四部稿》卷71《天言汇录后序》，见《景印文渊阁四库全书》集部第1280册，第212页。

⑦ 王世贞：《弇山堂别集·弇山堂别集小序》，中华书局1985年版，序言第4页。

余时时从人间抄得之，因集为书，凡一百卷，曰《明野史汇》。①

起洪武至成化诸名公大夫志铭传状备焉……（成化后）予乃与杨祠部豫孙益搜之。其后，予宦游所得为最多，以至武弁、中珰之贵重者，与布衣之贤者，亦与焉。②

上至国家典章、金匮，下至稗史家乘，无所不包无所不藏，从而也得谢肇淛称赞"王元美先生藏书最富，二典之外，尚有三万余卷。其他即墓铭、朝报，积之如山"③。正是这些丰富的史料构成王世贞当朝史撰述和考证的基础。

二　考据学著作

王世贞对明当朝史的考据成果很多，除比较集中地体现在考证专书《史乘考误》之外，还散见于一些篇章中。如《弇山堂别集》里的"诸侯王百官表"、诸考等篇目，"皆能辨析精核，有裨考证"④。《弇州四部稿》中的《旧丞相府志》《后旧丞相府志》考胡惟庸府第，《弇州续稿》的一些史传也有夹叙夹议的考证，足见其涉猎之广。将这些目类综合起来，虽然可以使我们能更完整地了解王世贞当朝史考据涉及的宽度，但极易陷入对史料的爬梳。而《史乘考误》作为一部对明当朝史考据的专书，在王世贞所有作品中无疑是独特的。当我们把它放入王世贞自己的明当朝史研究过程来看时，不仅能够充分了解王世贞的考据方法、考据原则在考明当朝史中的具体运用，而且通过考察《史乘考误》一书自身的成书过程，还能够对王世贞考据思想的发展有所了解。

现存《史乘考误》共计11卷，考辨史料计370余条，由王世贞晚年时亲自选入《弇山堂别集》（下简称《别集》）中。而《别集》作为王世贞生前最后一部史学自选集，为自己盖棺定论的意义是不言而喻的，这一点在其《弇山堂别集小序》中体现得非常明显。此文虽名之以

---

① 王世贞：《弇州四部稿》卷71《明野史汇小序》，见《景印文渊阁四库全书》集部第1280册，台湾商务印书馆1987年版，第218页。

② 王世贞：《弇州四部稿》卷71《皇明名臣琬琰录小序》，见《景印文渊阁四库全书》集部第1280册，第218页。

③ 谢肇淛：《五杂俎》卷13《事部一》，上海书店出版社2009年版，第266页。

④ 纪昀：《钦定四库全书总目》卷51《弇山堂别集》，中华书局1997年版，第720页。

"序"，实际更像是王氏的自白书——解释了自己未能成一代之史的原因以及此书之意义。"三不称"① 是王氏给出的答案——"材力绵浅"、能力不称；所见史料多"鲜足衷者"，材料不称；稍有不慎"流祸后世"，是非难断。晚年又投身求道之事业，"绝意不复作"。无论王世贞最终未能撰成当朝纪传体国史的原因是否真如其所说，毫无疑问的是在其心目中《别集》就是他最终拿出来的当朝史著作。而当他亲手将一生的学术成果挑选"编次成秩"为《别集》出版之后，"好事者见而异之，固请付剞劂"② 一语，凸显了此书的与众不同与王氏隐隐自得之感。《别集》中收录的作品多非一蹴而就、专心一意所做，而是数年累积之功。在王氏当朝史作品丰富的情况下，唯有此数种入选，首先就说明了王世贞对这些作品的看重。

其次，从入选作品排列顺序而言，明显具有同类相从的原则。最先为《皇明盛事述》《皇明异典述》《皇明奇事述》"三述"，继而为《史乘考误》，再为诸表和诸考。"三述"虽以"颇涉谈谐，亦非史体"③ 被清人非议，但在王氏自己看来却"不敢称稗史"④。无论此"三述"的性质是饱含"称颂当朝之意"⑤，抑或是"为了冲淡'明史稿'气氛，明哲保身"⑥，此书被置于全书之首，就充分显示出王氏对它们的重视。《史乘考误》、诸表、诸考皆为"有裨考证"的三书，将《史乘考误》紧跟"三述"其后，位列全书第二位，重视之意呼之欲出。《史乘考误》一书不仅在王氏心中地位高，在后学眼中也颇为重要。万历四十二年王世贞门人董复表论及自己编《弇州史料》一百卷目的时，指出王氏治学最为重视的史学成就"若存若亡，一生苦心，几为乌有"⑦。正是为了改变这种局面，才有了《弇州史料》的汇刻出版。换言之，入选《弇州史料》者，皆为

---

① 王世贞：《弇山堂别集·弇山堂别集小序》，中华书局1985年版，序言第4页。

② 王世贞：《弇山堂别集·弇山堂别集小序》，序言第4页。

③ 纪昀：《钦定四库全书总目》卷51《弇山堂别集》，中华书局1997年版，第720页。

④ 王世贞：《弇州续稿》卷49《皇明奇事述序》，见《景印文渊阁四库全书》第1282册，台湾商务印书馆1987年版，第649页。

⑤ 孙卫国：《王世贞史学研究》，人民文学出版社2006年版，第179页。

⑥ 钱茂伟：《明代史学的历程》，社会科学文献出版社2003年版，第246页。

⑦ 董复表：《纂弇州史料引》，见《弇州史料》卷首，《四库全书存目丛书》史部第112册，齐鲁书社1997年版，第243页。

后学所认为王世贞在史学上有所贡献者，其中就有《史乘考误》。此书虽被易名为《二史考》和《家乘考》并为十卷，选入《弇州史料·后集》，但内容基本没有变化。

再者，《史乘考误》虽是考据专著，却不是王世贞为了考据而作，当是其为了撰史，在搜集史料时，随手札记积累、汇编而成。随着史料的不断增多，条目内容也得到了丰富完善。这个发展过程在从《弇州四部稿·野史家乘考误》到《弇山堂别集·史乘考误》中得到了完整的体现。在《野史家乘考误》开篇处王氏指出：

> 国史人恣而善蔽真，其叙章典、述文献不可废也；野史人臆而善失真，其征是非、削讳忌，不可废也；家史人谀而善溢真，其赞宗阀、表官绩，不可废也。吾于三者，豹管耳。有所见，不敢不书，以俟博洽者考焉。①

从这段话可知，《野史家乘考误》中的考证内容，是王世贞在搜集史料准备撰史中发现了错误"不敢不书"，所以摘录下来并供后人参考。虽不知道此书的成书时间，但在《弇州山人四部稿序》卷首处署"万历五年（1577）闰月望日新都汪道昆序"②，说明最迟在此时《野史家乘考误》已经撰述完成。而收录了《史乘考误》的《弇山堂别集》，虽同样不知成书具体时间，但在王世贞亲笔所撰《弇山堂别集小序》末尾的"秋官尚书"之语，点明《别集》当在王世贞身处南京尚书之任上就已定稿，联系书中多有"万历十八年"字样和其终在万历十八年三月致仕归家，可见全书当成于万历十八年（1590）三月前，《史乘考误》最迟也不过此。

---

① 王世贞：《弇州四部稿》卷178《野史家乘考误》上，明世经堂刻本。按：此书有180卷本和174卷本两种。通行的为174卷本，为180卷本截去了《说部·燕语》三卷和《说部·野史家乘考误》三卷。据王重民先生考证，《弇州山人四部稿》"刻成……王世懋读之，有《遗家兄元美书》评论其集。世贞秘之十年，始补刻于集后。今观诸本，凡一百七十四卷皆附王世懋书，因知《燕语》（等）截去于万历十五、六年，而凡百八十卷本又皆应印于万历十五、六年以前也"。见《中国善本书提要补遗》，上海古籍出版社1983年版，第9页。
② 汪道昆：《弇州山人四部稿序》，见《弇州山人四部稿》，台湾伟文图书出版社有限公司1976年版，第13页。

对比此二书内容，不仅书前引文完全相同，而且《史乘考误》内容基本涵盖了《野史家乘考误》，而《史乘考误》所做的改进基本集中在"另加按语、重新考订、补充说明"①这三个方面。可见王世贞在《野史家乘考误》刊刻之后，不仅在搜集史料中又有所得，而且对考据原则、考据方法等有所思考，遂丰富完善了前期的作品，在考辨的深度、范围、内容等方面有所扩展。因而，在有了更好的考据成果的前提下，选编《别集》之时弃《野史家乘考误》收《史乘考误》，也就是顺理成章的了。而从《野史家乘考误》到《史乘考误》的发展变化，不仅说明了此二书的学术渊源，细细研究也能从中发现王世贞的当朝史考据随着史料的丰富、理论思考的成熟，也越来越深刻和娴熟。

正是基于上述原因，我们有理由相信，《史乘考误》作为王世贞晚年亲自选定刊刻的《弇山堂别集》中唯一一部专以考辨当朝史为内容的史料考辨类著作，在王氏心中的地位是非常高的。虽然它在内容上不能全部涵盖王世贞当朝史考辨的范围，但却能完整地体现王世贞考史所秉持的原则、方法，尤其是《史乘考误》比《野史家乘考误》多出来的内容，更能让我们看到王世贞在考史上的成熟。了解到了这些，对我们深入认识王世贞的当朝史考据有着十分重要的意义。

第二节　对明当朝史的史实考据

之所以明人的当朝史考据到王世贞这里才取得了突破性的进展，首先自然是同王世贞自身的求真务实、留心史料等个人具备的"史才"有关。但我们不能回避的是，王世贞在隆庆三年之后与致仕内阁首辅徐阶的关系变得密切起来，"岁必造公，公必留款"②，并得以尽窥徐阶私录的"金匮石室之藏"，也就是明官方秘不示人的列帝实录，这才是其在考当朝史上超越了前人的必要条件之一。在同时占有了丰富的国史、野史、家史三种史料之后，王世贞在当朝史考据上取得了不俗的成果。

① 吴振汉：《〈史乘考误〉所论嘉、隆之际史事考释》，台湾《人文学报》1998年第17期，第65—92页。

② 王世贞：《弇州续稿·徐文贞公行状》下，见《景印文渊阁四库全书》第1284册，台湾商务印书馆1987年版，第33页。

一　考国史之"蔽真"

明人不满实录早已有之。前期实录藏于宫中秘不示人，非参与纂修者不得见，加之文禁森严无人敢论。因此，直至实录第一次大规模外流之前，史家对实录的真实记载情况不甚了解，对实录有所批评也多是参照宋制，从修撰的层面加以抨击。如：

> 我朝翰林皆史官，立班虽近螭头，亦远在殿下。成化以来，人君不复与臣下接，朝事亦无可纪。凡修史则取诸司前后奏牍……以年月编次，杂合成之，副总裁削之，内阁大臣总裁润色。其三品以上乃得立传，亦多纪出身、官阶、迁擢而已，间有襃贬，亦未必尽公。①
>
> 类多细事，重大政体，进退人材，多不录。②
>
> 今史官虽设而不使日录，一朝宴驾，则取诸司奏牍，而以年月编次，且不全也，复收拾于四方名目而已。且爱恶窜改于二、三大臣，三品以上方得立传，但纪历官而已。③

基本不见对实录记载内容真实与否的批驳。即使抨击实录史料收录不全，也是从修撰的角度泛泛而论，未有真凭实据。这种情况一直持续到了王世贞时期才有所改变。他身负史才又有心撰史，更先众人一步得见实录，成为明代历史上第一位对已修实录进行系统纠谬的史家。

王氏在《史乘考误》的引言中开宗明义地表明了自己对三史的看法。国史因其地位超然，排在了最前。王氏同众人一样对明代官修国史的制度提出了批评，然明代国史的这个缺点是尽人皆知，王氏所说也毫无新意，但紧随其后的"无所考而不得书……有所避而不敢书……有所考无所避而不欲书"④，却是王氏在研究了已修实录的基础上，提炼出的创见。此结论基本上涵盖了实录失实的三个原因，后来史家对国史的讨论也基本未能超出这个范围，足见王世贞之卓越史识！

---

① 王鏊：《震泽长语》卷上《官制》，中华书局 1985 年版，第 17—18 页。
② 郑晓：《今言》卷 2，中华书局 1984 年版，第 56 页。
③ 郎瑛：《七修类稿》卷 13《三无》，上海书店出版社 2009 年版，第 136 页。
④ 王世贞：《弇山堂别集》卷 20《史乘考误》1，中华书局 1985 年版，第 361 页。

（一）补国史之"不得书"

王世贞在批评明代国史失职之时，首先强调的就是国史记载内容上的缺略。相较于修撰过程中有意造成的曲笔，这种因制度带来的、本可以避免的无意之失更让史家难以接受。更何况，明代政府一直对外标榜实录的国史地位，但实录却成了皇家秘录；按规定国史中原本该涵盖的社会生活、典章制度等内容均疏于记载，出现了严重的名不副实情况。有感于此，王世贞的国史考证首先就补国史"不得书"。

查王氏所考，认为因"史佚之"可补国初之事者，属据刘辰《国初事迹》所云"乙未正月克金华路，五月太祖为开府仪同三司、江南等处行中书省左丞相"①。王氏在《史乘考误》中补记国初之事甚少，当为国初诸事王世贞不能亲见故。这一点也体现了王世贞在考据时求实的态度。

《史乘考误》中补国史记载之缺略者多集中在嘉、隆二朝，盖是因为他长于斯，任职于斯，许多史事为其亲见亲历，更有发言权的缘故。仅举数例加以说明。

王氏指出《世宗实录》只记欧阳必进调任都察院左都御史，却"不言其辞与不允也"②，颇涉秘闻，疏于简略故补之。云欧阳氏因"畏工部艰而繁欲避之"，在"密戚"严嵩的帮助下，世宗虽"弗悦"仍旧"取疏以朱笔点用欧阳字"③。事实上，王世贞早于嘉靖三十九年因父丧归家里居，如何能详细京城之事？更何况还有仿佛亲见一般的朱批"笔重而朱湿，觉透无存者"之描写。为了解惑于世人，王氏在文后强调"此时新蔡张助甫为文选员外郎，身履其事，与余细述之"④，点明自己获悉朝政的由来，增加撰述可信度。

考辨《明世宗实录》记陆炳诸事。陆炳之卒于嘉靖三十九年，此时王世贞已经入朝为官，且在京供职多年，同朝为官对陆炳之事多有了解。指出陆炳诸事，实录所记有实有虚有真有假，一一辩驳之。

又如王氏指出《明穆宗实录》记隆庆三年十二月庚申高拱以原官起复一事。王氏辩驳道：

---

① 王世贞：《弇山堂别集》卷20《史乘考误》1，中华书局1985年版，第362页。

② 王世贞：《弇山堂别集》卷27《史乘考误》8，第491页。

③ 王世贞：《弇山堂别集》卷27《史乘考误》8，第492页。

④ 王世贞：《弇山堂别集》卷27《史乘考误》8，第492页。

余是时亲睹邸报，高拱以原官掌管吏部事，并无所谓不妨阁务兼掌字面，以故不遣行人，不赍敕，而吏部仅以咨移兵部，遣一指挥往，高拱颇不乐。至次年二月到任，朦胧与阁务，而与掌都察院大学士赵贞吉俱免奏事承旨，始真为阁臣矣。录殊不实。盖王元驭所撰，尝与余争，以为实兼，不自知其误也。①

之所以点明"亲睹邸报"之词云云，皆因此时身任浙江参政，不在京中。获知朝中消息多源自邸报。而邸报又非奉旨不能传，故而王氏认为邸报为真，实录有缺略。

从这几例考证中可见，王世贞以亲身见闻补实录缺略时非常注意标明自己所云之事的来源，如见之邸报，闻之某某等，贯彻了王氏自己考证中所追求的"有所考"方书之的态度。

（二）书国史之"不敢书"

国史不敢书诸事，多为皇帝阴私。当然史臣不敢书除避祸外，也不乏所谓的"国㖄衮阙"，有替尊者讳之意。这种曲笔隐讳导致的失实，只有读过实录且又有所考者才能辨别真伪，故王氏在这方面的贡献是极大的。尽管王氏所直书、补书者多为明初之事，较其生活时代早，但他敢于秉笔详述之，而不是避而不谈或草草带过，都展示了王氏身为史家强烈的使命感。

国初功臣之死，实录多曲笔讳言。郑晓与此已多有发明，王世贞总结为"例凡暴卒者，俱赐自裁者也"②。但王世贞并未止步于此，利用其搜集的各种史料，加以详细考辨。

如考李文忠之死。以董伦所书《神道碑》，嗣公景隆诰，洪武十七年曹公赠王之诰，杂以野史、郑晓《吾学编》所记，证野史所谓"切责及杀门客疑有之。史盖曲为讳也"③。考朱亮祖之死。王氏查《太祖实录》云朱氏"以病卒。其子暹……先卒"④，此说为野史《开国功臣录》《吾学编》因袭。王世贞以"上御制《圹志》"所云诸言，证"亮祖死于杖"⑤。又如

①　王世贞：《弇山堂别集》卷27《史乘考误》8，中华书局1985年版，第493页。
②　王世贞：《弇山堂别集》卷20《史乘考误》1，第369页。
③　王世贞：《弇山堂别集》卷20《史乘考误》1，第369页。
④　王世贞：《弇山堂别集》卷20《史乘考误》1，第371页。
⑤　王世贞：《弇山堂别集》卷20《史乘考误》1，第371页。

考汪广洋之死。《太祖实录》《吾学编》皆云："上切责之，广洋惶恐自缢以死。"然王氏发现在《高庙御制文集》中有"特赐敕以刑之"① 之谕旨。可见汪广洋不是惶恐自裁而死，而是敕令自裁死。一个主动一个被动，天差地别。太祖布衣起家，追随者甚众。得天下后封侯赐爵者颇多，然善终者寥寥。一番考证下来，王氏也不禁感慨："高帝末年，大将有功名者诛戮几尽，而秦、晋二邸，亦先薨逝，无非授文皇为祛除之地耳。史之曲讳甚多，不可枚举。"②

在此类事件的考证中，王氏选用史料基本以御制文集、谕旨为主。此类文书皆为太祖御制，无人敢篡改。而王氏的充分利用，不仅说明其留心史料心细如发，也展示了他对不同类型史料价值的辩证认识。同时王氏"首倡解兵退休之请，深中上心，而晚年风疾不能言动，又有以安上意"③ "太傅之所以功名令终者，忠顺耳"④ 等评语，隐晦地批评了太祖猜忌功臣的小人之心，展示了史家敢于秉笔直书的良知。

明实录中最大规模的曲笔隐讳属建文一朝史事。成祖朱棣篡位为君，为了从法统上证明自己登基的合法性，朱棣令史臣在实录中抹去了建文朝的存在。在《史乘考误》中，王世贞据《英宗实录》批评了《宪章录》内容的附会。面对记载纷然的建文出奔之事，苦于无真凭实据可以考订，以"建文出亡与否不可知"⑤ 表明了自己慎重的立场外，认为社会上流传甚广的建文诗作是"取祸"，建文真要出亡，"必不肯出而就危地"，而是应该"灭迹以终"，之所以众说纷纭，"止因杨行祥一事误耳"⑥。

（三）驳国史书之不当

导致国史失实另外一个重要原因即王世贞所指的"当笔之士"有私好恶。史官身任史职，却无公心，反而利用手中毛椎任情褒贬。记载诸臣之事时，有故意没而不书者，也有书之不当者。王世贞参互官私记载，并同朝政时事相结合，对史臣这种不能秉笔直书，反而以个人恩怨为执笔原则的行为给予了无情揭露和批判。

① 王世贞：《弇山堂别集》卷20《史乘考误》1，中华书局1985年版，第371页。
② 王世贞：《弇山堂别集》卷20《史乘考误》1，第372页。
③ 王世贞：《弇山堂别集》卷20《史乘考误》1，第364页。
④ 王世贞：《弇山堂别集》卷20《史乘考误》1，第372页。
⑤ 王世贞：《弇山堂别集》卷21《史乘考误》1，第389页。
⑥ 王世贞：《弇山堂别集》卷21《史乘考误》2，第389页。

隐没不书者。正德年间，宁王朱宸濠发动叛乱，王守仁平乱功劳甚大。然《明武宗实录》于"王文成洪都之功，所以剪抑之者不遗余力"①。倘只凭武宗实录，不仅王守仁的部队是乌合之众，"素无纪律"，连南昌民众都是先"苦于宸濠之暴"，又遭王守仁"荼毒"，完全给读者以"王文成不惟不当封，而且有大罪三"的错觉。针对此事，虽已有徐少师、郑端简、薛应旂诸人前去江西等地访求史料为王守仁辩白，但王世贞认为他们都"未有摘抉一时握管之心事者"。据王氏考证，此事国史记载却成"诬史"的重要原因有如下几点：首先，王守仁将平贼、擒濠之功"皆归德于兵部"，于内阁只字不提，遂"为杨公辈切齿非旦夕矣"；其次，嫉妒王守仁之功者，如江彬、许泰、张忠辈"肆加罗织之语"诋毁之；再次，费文宪被祸，朝中大臣多救之，而王守仁"未有一疏相及"，费氏难以释怀；最后，董文简身任国史副总裁却"最名忮毒"，不仅"内忌文成之功，而外欲以媚杨、费"②。王氏的考证洋洋洒洒几百字，从权臣之间的权力相争说起，结合时事而层层剖析，深入分析了实录何以对王守仁的记载从隐没不书到歪曲事实的地步。而王世贞对明掌故、国政娴熟于心，正是其留心史事，读书不断的结果。

溢美夸赞者。如王世贞考《英宗实录》所记诸人倡议战守京师事，语涉太监李永昌有固守京师语。王氏考时人"刘文安、叶文庄诸公所记"，俱言此事实乃"太监金英斥之使出"③，更有学士江渊者"为固守之说以对，遂得大用"④。但实录却将此功按于太监李永昌。王氏认为此种张冠李戴的出现，完全是因为《英宗实录》在成化初始修时"李永昌柄司礼……嗣子泰以学士在史馆"⑤。一个身居高位大权在握，一个位列史班参与修史，于是《英宗实录》就成为此二人标榜自己的工具。

最能体现实录记载内容与总裁官关系的例子，莫过于一人在两部实录中有两种不同评价。王氏发现刘珝此人"《宪录》称其附中人得罪，以至疏辞不肯终养，《孝录》称其进讲以正定国本，庐亲墓，乡党化之，号曰

① 王世贞：《弇山堂别集》卷 27《史乘考误》8，中华书局 1985 年版，第 483 页。
② 王世贞：《弇山堂别集》卷 27《史乘考误》8，第 485 页。
③ 王世贞：《弇山堂别集》卷 24《史乘考误》5，第 433 页。
④ 王世贞：《弇山堂别集》卷 24《史乘考误》5，第 433 页。
⑤ 王世贞：《弇山堂别集》卷 24《史乘考误》5，第 433 页。

仁孝里"①，相差不过十数载前后却判若两人。一番考证之后王氏得出结论：《宪宗实录》主要执笔人为刘吉，而《孝宗实录》则为焦芳，刘翊此人与"吉有隙，芳有恩，故异辞也"②。

二　考野史之"失真"

王世贞生活在明野史笔记喷薄而出的三朝，号称"野史亡虑数十百家"③。虽在当时历史条件下想要搜集到已有全部野史几乎不可能，但在王世贞努力探访之下，到其刊刻《明野史汇》时已有"因集为书，凡一百卷"④ 的数量了。因文献记载缺失和《明野史汇》的亡佚，虽已不能知此书的具体刊刻时间和书中收录的野史书目，但《明野史汇小序》被收录到《弇州四部稿》中，也就是说最迟到万历五年王世贞已搜罗了一百卷。

此后他也并未停下搜罗史料的步伐，而他对野史因"挟郄而多诬""轻听而多舛""好怪而多诞"的认知也一直沿用到了万历十八年《史乘考误》之中。可见，他已有了足够多的野史笔记作为样本，提炼出精辟的结论。况且即便王世贞藏书再富，治学再勤，以他一己之力考遍全部野史也是不可能的。

在王氏点名批评的六部野史中，《枝山野记》为与王世贞有同乡之谊的祝允明所撰。《祝子罪知录》重刊之际，王氏还亲自为其作序，用"其间上下今昔，阐扬微悬，卓然是非之宗匠"⑤ 之语，充分表达了自己对其观点的推崇。即便如此，王世贞依旧毫不留情地对《枝山野记》中的失实谬误之处提出批评。如该书载景泰中刘俨主持的南畿秋试有舞弊行为。先是高谷以"于尚书、王都御史二子不第"为由上疏要求复试，后朝廷又赐二子登科，有"钦赐举人"之称。王世贞考其诬：

① 王世贞：《弇山堂别集》卷 25《史乘考误》6，中华书局 1985 年版，第 449 页。

② 王世贞：《弇山堂别集》卷 25《史乘考误》6，第 449 页。

③ 王世贞：《弇州四部稿》卷 116《湖广第三问》，见《景印文渊阁四库全书》集部第 1280 册，台湾商务印书馆 1987 年版，第 811 页。

④ 王世贞：《弇州四部稿》卷 71《明野史汇小序》，见《景印文渊阁四库全书》集部第 1280 册，第 218 页。

⑤ 王世贞：《祝子罪知录序》，见《祝子罪知录》卷首，《四库全书存目丛书》子部第 83 册，齐鲁书社 1997 年版，第 610 页。

于肃愍止有一子冕，已为府军千户。是科陈芳洲、王千之俱在内阁，二子不得第，上疏以徐泰事蔑考官，而高文义奏请复试，且于左顺门面奏陈、王之非，事始得解。今祝氏移陈芳洲之事于于肃愍，而又移二公之请于高文义，谓为于、王地，何也？不过欲为外大父掩饰杀于肃愍之恶耳。①

王氏考证之按语精辟毒辣。既让人对此事真相一目了然，还让读者看清了掩盖在事情表象之后的史家之私心，足见其用心良苦。

王世贞既然是要为自己撰信史做准备，社会上广为流传的野史最易获得，也易引起王氏的注意。如衣被海内的《吾学编》，时人称其"文直事赅，纲举目张"②，王氏考证之后有些不同看法。如郑晓书中有《直文渊阁诸臣表》，王氏谓"蓝玉以凉国公领太傅"③为误，并有"端简于列侯表亦不能详"之语。同样的错误还发生在郑晓记西宁侯宋晟卒后事上。郑晓曰晟卒后"赠郓国公，谥忠顺"，而王氏指出赠谥忠顺的是宋瑛，以"晟之卒，有祭葬而无赠谥"④，此事《宪宗实录》载之甚明，郑晓所记之误为不见实录所造成。

有"删芜纳新，削荒引实"⑤美名的《宪章录》经过王世贞考证后也展露了不为人熟知的一面。如薛氏书中所载杨应能之事，与《明英宗实录》所载正统五年之时的杨行祥诸事颇为类似，裁定薛氏是"借此附会前说"⑥。又有"马顺害刘忠愍球事"，殊为无据荒诞却得《类编》转采。王氏则认为"耿公正人"，先从道德人品角度裁定岂会有素日狎侮年少俊美小校之事，"刘忠愍以正统八年下狱，耿公方为两淮盐运使，原未入京，至十三年讹误，被逮赴京，事白即迁刑右侍"⑦，刘忠愍此时早已身

---

①　王世贞：《弇山堂别集》卷24《史乘考误》5，中华书局1985年版，第427页。

②　祝世禄：《昭代典则序》，见《昭代典则》卷首，《续修四库全书》史部第351册，上海古籍出版社2002年版，第3页。

③　王世贞：《弇山堂别集》卷21《史乘考误》2，中华书局1985年版，第387页。

④　王世贞：《弇山堂别集》卷22《史乘考误》3，第398页。

⑤　沈国元：《皇明从信录·总例》，《皇明从信录》，见《续修四库全书》史部第355册，第3页。

⑥　王世贞：《弇山堂别集》卷20《史乘考误》1，第389页。

⑦　王世贞：《弇山堂别集》卷23《史乘考误》4，第412页。

亡，时间根本不相符如何能及一事，遂叹薛氏之"敢于矫诬"。薛氏还记杨士奇子杨稷因殴死多人，逮之法司审后处斩，杨士奇以疾在告得御制宽慰。然王世贞考之则有"文贞卒两月，而稷以瘐死狱，亦未尝处决也"①，足见薛氏纪事只知其一不知其二，轻听多舛。然时人不得见国史，又野史层出、记载纷然，尤其当记载怪诞不经或大快人意时，越容易流传，古今皆是如此。

在王世贞总结的野史失真三个原因中，因个人恩怨所致的挟郄多诬极易发生在朝中大臣之间。倘不能熟知朝中掌故，广览群书，极易被野史所误。如吏部尚书王琼，为人"险忮，公论尤不予"②，好在《双溪杂记》中肆意诋毁同僚。其文记杨廷和诸事颇谬于实，如"以锦币辞瑾"，"求刘瑾取入阁"，"杨廷和、蒋冕奸邪志合，遂乱朝政"等。王氏以"瑾诛后未闻有言及杨者"③这个最有力的判决为立足点，逐条反驳力证王琼之诬。倘将整条考证完整读下来，不仅有一气呵成、层层递进之感，更能体会到王世贞的愤怒——"大抵晋溪之怨杨公甚，小人恣行胸臆，无所顾惮，而又不读书，不习本朝典故，乃敢于猖狂如此"④。且《双溪杂记》影响颇大，后进如高岱《鸿猷录》、薛应旂《宪章录》皆从其说，王氏对此也提出批评，"后学不知前辈人品，又敢于纵笔如此"⑤。在此条考证中，高、薛等人即为"轻听多舛"的典型例证。此外，刘瑾事败伏诛，籍没其货财数目，《震泽长语》言数千万，然据王世贞考之《武宗实录》及诏旨，皆云刘瑾"招权纳贿金银数百万"，王世贞遂指王鏊"书生易信，因从而笔之耳"⑥。可见谣言止于智者说易行难。

明代野史好书异闻怪诞之事同他们好奇尚异的心理有着非常大的关系。如对朱元璋进行神化不仅是官方的任务，野史中也颇多描述。如《资治通纪》记"太祖初生，河上取水澡浴，忽有红罗浮来"⑦之异象，郑晓

① 王世贞：《弇山堂别集》卷24《史乘考误》5，中华书局1985年版，第425页。
② 张廷玉等：《明史》卷198《王琼列传》，中华书局1974年版，第5236页。
③ 王世贞：《弇山堂别集》卷26《史乘考误》7，第466页。
④ 王世贞：《弇山堂别集》卷26《史乘考误》7，第466页。
⑤ 王世贞：《弇山堂别集》卷26《史乘考误》7，第466页。
⑥ 王世贞：《弇山堂别集》卷26《史乘考误》7，第474页。
⑦ 王世贞：《弇山堂别集》卷20《史乘考误》1，第364页。

《征吾录》因之，更增添"上所谓红罗障是也"①之语。随后，高岱《鸿猷录》因之。王世贞对此虽颇有怀疑，但事涉帝王祥瑞，只云"实录载瑞兆多矣，独不载此，恐亦传闻之误"②，受时代局限不敢直言其伪。开国功臣刘基"旁通天官阴符家言"③，在野史中逐渐被神化，也成了王世贞考辨的对象。只不过考刘基，王氏放开了手脚。如《名世学山》记刘基少读书寺中诸事，王世贞考之"此乃宋人真德秀故事"④，又有"夜半开门弈棋""早朝衣绯"者反诸事，前者"全近儿戏，当时高皇帝必无与诚意相厚至此"⑤，后者则辨据实录所记，刘基卒前"其反者惟一邵荣耳。所谓西班衣绯何人"⑥。

　　研读文献我们不难发现，在王世贞的野史考据中有一类非常特别，即有几条对地理志的考证。这并不是王世贞的疏漏所致，而是时代使然。地理志起源很早，但其发展到"郡邑莫不有志"⑦的兴盛局面，则是经明代统治者大力提倡之后才有的。因此，明代对地理志的划分还没有那么明确，如官修《明一统志》，在《世善堂藏书目》中属于"明朝记载类"⑧，在《澹生堂藏书目》中属于"统志类"⑨，在《内阁藏书目》中《寰宇通志》属"志乘部"，并收录了非常多的地方志。有明一代，除了全国的地理总志如《明一统志》为英宗敕令阁臣李贤等人修撰外，各地的地方志虽名为官修，实际却多是由当地官府出面组织人修撰。在这种情况下，王

　　① 郑晓：《征吾录》卷上，《四库全书存目丛书》史部第23册，齐鲁书社1997年版，第2页。
　　② 王世贞：《弇山堂别集》卷20《史乘考误》1，中华书局1985年版，第365页。
　　③ 徐开任辑：《明名臣言行录·诚意伯刘文成公基》，见《明代传记丛刊》第50册，台湾明文书局1991年版，第193页。
　　④ 王世贞：《弇山堂别集》卷21《史乘考误》2，第376页。
　　⑤ 王世贞：《弇山堂别集》卷21《史乘考误》2，第377页。
　　⑥ 王世贞：《弇山堂别集》卷21《史乘考误》2，第377页。
　　⑦ 张邦正：《满城县志·序》，见《清乾隆版满城县志点注》，河北教育出版社2011年版，第8页。
　　⑧ 陈第编：《世善堂藏书目录》，中华书局1985年版，第19页。
　　⑨ 祁承爜：《澹生堂藏书目》史部下，见《续修四库全书》史部第919册，上海古籍出版社2002年版，第615页。

世贞又认为"窃谓今志，犹古史也"①，地理志被他划归到野史一类也是可以说得通的。

王世贞发现《明一统志》中记"陶铸"和"陶垕仲"两人异名同事，据《太祖实录》考，则有"实陶垕仲非陶铸也，修志者孟浪乃尔"② 之语。又如据王世贞考之《太宗实录》，《明一统志》将永乐十二年来华朝贡的国家"古麻剌朗"和其国王的名字"幹剌义亦敦奔"，以及死亡时间全部记错。对此，王世贞抨击此书虽为内阁大臣主修却错误频出，与实录抵牾甚多，皆因修时"只遣人于各省采事实，而不知考国史也"③。王世贞的批评可谓一语中的。在重视考证之风还未能流行之时，即便是阁臣主持修史，有国史可供参校的情况下，也无人想要利用，出现官修史籍相互牴牾而不自知的情况也就在所难免。

除上述所举诸例之外，书中还有很多条对野史失真的考释。正是基于广泛的阅览、考据，王世贞得以在有充分事例的支持下提炼出了自己的理论观点，并为自身的当朝史撰述积累了丰富的史料。随着王世贞文坛地位的不断提高和《弇州山人四部稿》《弇山堂别集》等书的刊刻出版，在实录仍旧秘不示人、野史纷然的阶段，王世贞对社会流传范围较广的野史进行了辩驳考据，不仅能够厘清部分史实，也对扭转明代史学流弊起到了促进作用。从这个角度讲，王世贞的考据居功甚伟。

三　考家乘之"溢真"

司马迁为撰国史"采访家乘，上起黄帝，下穷汉武"④，充分说明了家乘对撰成一代信史的重要性。同样地，王世贞也非常重视家乘类史料的价值，在《史乘考误》中专列三卷独考家乘之误即为明证。经过他的考证，他提出家乘类史料最大的弊端是"谀枯骨谒金言"。通过对王氏考证结果的进一步分析，家乘类史料也还有不少记载缺漏和谬误之处。

家乘类史料中的溢美现象从未消亡，皆因其存在的目的之一就是为墓主歌功颂德，有违这个前提的事迹基本讳言之。王氏在考证中对此非常留

---

① 王世贞：《弇州续稿》卷 40《通州志序》，见《景印文渊阁四库全书》集部第 1282 册，台湾商务印书馆 1987 年版，第 534 页。
② 王世贞：《弇山堂别集》卷 21《史乘考误》2，中华书局 1985 年版，第 387 页。
③ 王世贞：《弇山堂别集》卷 22《史乘考误》3，第 397 页。
④ 刘知幾：《史通》卷 1《六家第一》，上海古籍出版社 2008 年版，第 16 页。

意。如倪文毅撰《郭定襄嵩墓志》，志中极尽赞美之能事。称郭嵩其人"笃于孝友"，不仅"伯叔母无嗣者，咸迎养于家"①，还"待宗党以和，驭卑下以惠"云云。全然一副正人君子之模样，堪为人之表率。然王氏发现《宪宗实录》则有截然相反的记载，感慨道："以文毅侃侃良史，而谀墓之言不可信乃尔。"② 又如袁永之所撰《定襄伯郭登传》《定襄碑志》俱云郭登在"斩首捕获二百余骑"③，然王世贞考之《英宗实录》则云："斩首捕敌仅十九耳。"王世贞认为，《英宗实录》所记当取材自当时的战争奏报，而"志""传"中所言则是后人为夸耀门第、夸大了战果，批评"志传之虚罔可知也"④。

除了驳正家乘中的溢美之言，王世贞还进行了大量的纠谬、增补工作。如卷首有杨士奇撰《朱东平墓志》，称朱能征安南佩"征夷大将军"印，而王氏据"实录制敕"等查证，当为"征夷将军"⑤。据祖宗官制，出任明代军事行动主帅的称号是不一样的，有"将军或大将军、前将军、副将军"⑥ 等，可见将军和大将军是两个完全不同的称号。一字之差，谬以千里。王氏为家乘增补者也甚多。如王鏊撰《闵庄懿珪志》只云加少保，而王氏考之闵珪因"皇太子出阁加太子少保，以九年满加太子太保"⑦。"志"不载确属缺略，但王氏也未提出自己补缺的来源。据笔者查证，实录有弘治十三年七月升闵圭"为太子太保，尚书如故，以九年秩满也"⑧ 的记载，王氏当据此补入。然闵圭主要在弘治年间活动，和王氏不同时期人，王氏补缺却又不注史料来源，未免难以使人信服，且《孝宗实录》其名为"圭"，不知王氏何故未改为"珪"。

虽碑志铭文多为门生故吏或同僚所撰，内容也以褒扬避讳为主，但怨怼之笔也非尽然全无，仍需小心辨别。如姚夔曾与王翱同朝为官"近一年"，在姚氏为王翱所撰的《王忠肃行状》中虽循例有所推奖，但其中却

① 王世贞：《弇山堂别集》卷28《史乘考误》9，中华书局1985年版，第507页。
② 王世贞：《弇山堂别集》卷28《史乘考误》9，第507页。
③ 王世贞：《弇山堂别集》卷28《史乘考误》9，第503页。
④ 王世贞：《弇山堂别集》卷28《史乘考误》9，第504页。
⑤ 王世贞：《弇山堂别集》卷28《史乘考误》9，第499页。
⑥ 张廷玉等：《明史》卷76《职官志五》，中华书局1974年版，第1858条。
⑦ 王世贞：《弇山堂别集》卷29《史乘考误》10，第515页。
⑧ 《明孝宗实录》卷164，台湾"中央研究院"历史语言研究所1966年版，第2974页。

有"性多猜疑，好笼驭人，坐是为小人窥觑，以左道投之，卒为所卖者多矣"① 的一段话。此语夹杂在一片褒扬之中，看似以同僚身份说出有根有据，甚至连王氏在乍看之下也有"近于直笔"的感觉。然据他仔细查证"虽近于直笔，而实与公不相类"②，并提出了自己判断的依据：

> 盖文敏之弟龙为福建左布政使，有吏才颇不饬簠簋。忠肃之乡人右布政刘让粗鄙，与龙不相得，龙之入觐，欲因文敏以去让，而忠肃并龙斥之。盖不能无怼笔也。③

王氏以此条事例证姚夔有怼笔之嫌，倒也符合常理。然王氏同样未能在书中指出此条史料的来源，且此二人均主要活动于英、宪二宗时期，王氏也不能亲见之，未免难以服众。

经查，王氏所书之事发生在成化二年，并为《宪宗实录》所记：

> 龙，浙江桐庐县人。与兄夔同登壬戌进士第。历官福建左布政使……时刘让为右布政……二人同官，每事恒相反。龙兄夔为礼部尚书，让，吏部尚书王翱乡人也。二人各有所恃，龙来朝觐，因吏部退官欲去让，翱并龙去之。④

对比此二条记载，王氏之语源自实录甚明。引之却不明言，实属考据大忌。

通过以上分析，我们可以更加确定王氏证史不是单纯为了考正误而为，不然他只需专列家乘中谀墓溢美之言，就足以证明家乘"谀枯骨谒金言"的典型弊端。在他证史是要为自己修史积累材料做准备的前提下，他所考的这些碑志铭状以高官疆吏为核心，而正是这些人构成纪传体国史中人物传记的主要内容。这些经过王世贞亲自考订的碑志铭状资料，将直接

---

① 王世贞：《弇山堂别集》卷 28《史乘考误》9，中华书局 1985 年版，第 506 页。

② 王世贞：《弇山堂别集》卷 28《史乘考误》9，第 506 页。

③ 王世贞：《弇山堂别集》卷 28《史乘考误》9，第 506 页。

④ 《明宪宗实录》卷 25，台湾"中央研究院"历史语言研究所 1966 年版，第 491 页。

保存起来"以备史氏之用"①。同时王氏还进一步将这些碑志铭状资料分类综合考量，有助于考察明中前期的制度变化，这一点在王氏《弇山堂别集》诸《表》中就有所体现。因此，单列三卷辨析其误是非常有必要的。

此外，王氏对明当朝史的考据不单局限在《史乘考误》之中，而是在其著作中随处可见，且多在行文中以夹叙夹考的性质出现，并以"按"字加以提示。如："今后赍赏遣内臣册封等礼，仍选廷臣有学问者充正副使。按，此内臣不封王之始也。"② 又如国初胡惟庸谋反一案牵连甚广，王氏先后专门撰文两篇进行考证，以自己亲身游历之所见综合史料记载，提出了自己很多的疑问，也辩驳了诸多实录之误，但终因兹事体大以"不敢饰其疑，以俟后考"③ 结尾。虽然我们不排除王世贞此举有避祸之嫌，但也充分体现了他求实求真的史学追求。

通过上文的分析可以看出，在考史是为撰信史的这个大前提下，王世贞对当朝史史著记载内容的考据，主要达到了以下两个目的：其一，王世贞对自己所拥有的史料有更加全面的认知；其二，纠谬之后的内容，成为王氏自身撰史的史料。从学术风气角度而言，王世贞在考据之时基本能够做到从实证的角度对三史的讹误缺漏一一纠正，在明代一片空疏浮夸的学术风气中实属难得。加上他自身强大的号召力，对明代学风由虚入实起到了很大的促进作用。

第三节　考据方法

得益于自身广博的知识和卓越的史识，王世贞对摆在自己面前丰富复杂的各类史料的优劣长短、真假是非有了较为透彻深刻的认识。在"天地间无非史"④ 的史料观下，王氏在考证过程中扩大了考证所用史料的来源，充分使用各种文献记载达到纠正谬误，追求史实真相的目的；在"家

① 李维桢：《大泌山房集》卷8《皇明名臣琬琰录序》，见《四库全书存目丛书》集部第150册，齐鲁书社1997年版，第468页。

② 王世贞：《弇山堂别集》卷92《中官考》3，中华书局1985年版，第1759页。

③ 王世贞：《弇州续稿》卷141《旧丞相府志》，见《景印文渊阁四库全书》集部第1284册，台湾商务印书馆1987年版，第77页。

④ 王世贞：《弇州四部稿》卷144《艺苑卮言一》，见《景印文渊阁四库全书》集部第1281册，第350页。

乘是而疑誉者，吾弗敢摘也，野史非而疑毁者，吾弗敢救也。其龃龉而两有证者，吾两存之，其拂而核者，吾始从阳秋焉。鄙人之途听而诞者也，纤人之修郤而诬者也，则弗敢避矣"① 为考证基本原则的指导下，则充分发挥、利用了各类史料的"真"来证其他记载的"假"，其考史主要使用的方法基本是互证法、以典章制度证史、以古证今三大类。

一　互证法

以当朝文献记载互相参校寻求史实真相，为王世贞考史中使用最多的方法。这当然不仅仅是以国史驳野史家乘之伪，以野史家乘证国史之失，或者三史之间的互证互考，还包括在考据过程中注意用旁证达到辨析正误的目的。

国史证野史家乘之误和野史家乘证国史之诬在上文中笔者已经举出多例，此处不再赘言。王世贞使用的互证法，在野史证野史之误中也有所得。如：

> 《闲中今古录》言：正统戊辰廷试，一日上梦儒释道三人来见，至揭晓，状元彭时由儒士，榜眼岳正幼曾为庆寿寺书记，探花陈鉴曾为神乐观道童也。按，考之诸野史，是士人戏为标目耳，非上果先有是梦也。②

此处考据王氏虽未举证，但从文中可知其考据史料来源是"诸野史"，是为一处典型的野史互证例子。

以音韵之书证史。王世贞作为文坛宗主高举复古大旗，在文学造诣上不可谓不深，对古音韵的了解也非一般儒者所能及，在考史中他这方面的才华也得到了展示。如陆子渊《玉堂漫笔》中云镇远侯顾玉卒后所赠，非读"夏国公"，当读"虔国公"。因为封号非"夏"字，实乃"夏"字上面少一笔，读"虔"。王世贞先是向顾玉后人求证，曰"不能对"，这有可能是侯家后人多纨绔，不记得的缘故。王氏谓己又再次求证于"《广

---

① 王世贞：《弇山堂别集》卷20《史乘考误》1，中华书局1985年版，第361页。
② 王世贞：《弇山堂别集》卷23《史乘考误》4，第417页。

韵》《玉篇》《洪武正韵》" 这类古今字书，"皆不载此字"①。为求慎重，王氏还参考了碑志及《太宗实录》仍旧一无所获。况且陆子渊连镇远侯名字都记载错误，当为顾成而非顾玉，足见是 "好奇之士不谙典章，乃尔不足信也"②。

以文集、年谱佐证野史之误。《双溪杂记》载王守仁闻名天下是在弹劾刘瑾，被杖刑贬谪龙场驿丞后。杨一清为王守仁父所撰《王海日公华墓志铭》说法相同，且更详细。王世贞便以《武宗实录》《王文成公年谱》《行状》《文集》四者综合参考，得出王守仁被贬，只是因为上疏救南京给事中戴铣等人且 "忤刘瑾，下狱杖谪"③，无弹劾刘瑾之事。

虽然王世贞并未在自己的著作中提出诸如 "要当旁证以求其是，不必曲为立说"④ 或 "孤证固疑，不可为典要"⑤ 等考据原则，但在王世贞使用当朝文献参校考证史事记载时，能够综合运用诸如文集、年谱、韵书、方志等诸多材料，在实际的考据工作中用行动实践了无征不信、孤证不立的考据原则，这是非常难能可贵的。

二 以典章制度证史

当朝的典章制度不仅是 "百司之所遵行，后世以之为据"⑥ 国家职能部门执政的行为准则，更因其会随着时局的变化调整，为历代官方所重视。在上文中，笔者已经指出朱元璋登基后制《诸司职掌》，为明初官修典章制度专书。此后明代官方还陆续有过四次修订。弘治十年三月，孝宗以明代典章制度散见简册卷牍，诸司职掌不清为由，令吏部尚书徐溥等人在 "本朝官职制度为纲，事物名数仪文等级为目"⑦ 的大准则下再修明代典章制度专书，赐名《大明会典》。书成于弘治十五年十二月却未有刊刻。武宗又命杨廷和、焦芳等人重新参校、上进，并在正德四年颁行天

---

① 王世贞：《弇山堂别集》卷 22《史乘考误》3，中华书局 1985 年版，第 401 页。

② 王世贞：《弇山堂别集》卷 22《史乘考误》3，第 401 页。

③ 王世贞：《弇山堂别集》卷 27《史乘考误》8，第 481 页。

④ 顾炎武：《日知录集释》卷 27《汉书注》，上海古籍出版社 2006 年版，第 1544 页。

⑤ 程瑶田撰，陈冠明校点：《考古创物小记·观古铜辖求知毂空外端轴末围径记》，见《程瑶田全集》2，黄山书社 2008 年版，第 46 页。

⑥ 《明世宗实录》卷 81，台湾 "中央研究院" 历史语言研究所 1966 年版，第 1796 页。

⑦ 《明孝宗实录》卷 123，第 2196 页。

下。嘉靖登基为以小宗入嗣大统，锐意改革之下旧有《会典》已经不适合当前需求，加之原有《会典》的确存在"记载失真，文辞抵牾"①的客观原因，故在嘉靖七年再一次修订，修成上进后却"留之禁中，不制序，不发刊"②。第四次修订是在张居正的主持下于万历四年开始，并于万历十五年五月"己卯，命礼部刻《大明会典》颁行天下"③。

不仅统治者重视《会典》的纂修，王世贞也认为此书是"祖宗经世大法，百司庶僚奉而行之"④，当代代相传。在其当朝史考据中，尤其在涉及官制、诸司职掌等内容之时，已有的典章制度常被王世贞拿来作为衡量史事记载正误的标准。如王琼《双溪杂记》载明废相、置三公于内阁，是因洪武八年相府事变被觉察故，王世贞考之"此时无内阁，虽有大学士，亦非三公，不参机务。又丞相废在十三年"⑤。王琼身居高位，不知典故，此处所记无一为史实。又如薛应旂《宪章录》记明立国之后参考前代任子制度，规定凡"在京三品以上官许荫一子入监"⑥。王世贞考之，据国初洪武十六年史部题准事例，确有从正一品到正从七品之间荫子的不同等级和职位，并补充说明了荫子中可能出现的各种情况，什么条件下不许荫、嫡长子残废如何处理、应叙之人铨住之地等，认为明代之所以对荫子情况规定得如此"详且渥"，盖是"斟酌宋元之典"⑦故。但同时他又指出：

> 然终高皇帝世，群臣不半岁非迁则死谪，未有能一人与者。至若宋濂之子璲、孙慎，刘基之子璟、孙荐，宋讷之子复祖，皆出特恩，非由荫叙。而至宣庙时，始以大臣蹇、夏、三杨身后一子官之。今云一品至七品皆得荫子，至是命在京三品以上官荫子入监，则始滥，而

---

① 《明世宗实录》卷 86，台湾"中央研究院"历史语言研究所 1966 年版，第 1944 页。

② 沈德符：《万历野获编》卷 1《重修会典》，中华书局 1959 年版，第 25 页。

③ 《明神宗实录》卷 186，第 3509 页。

④ 王世贞：《弇州四部稿》卷 106《应诏陈言疏》，见《景印文渊阁四库全书》集部第 1280 册，台湾商务印书馆 1987 年版，第 675 页。

⑤ 王世贞：《弇山堂别集》卷 20《史乘考误》1，中华书局 1985 年版，第 366 页。

⑥ 王世贞：《弇山堂别集》卷 25《史乘考误》6，第 445 页。

⑦ 王世贞：《弇山堂别集》卷 25《史乘考误》6，第 445 页。

今始裁之。非也，实推恩而为之制也。①

此条考证，王世贞不仅以国初典制补充了薛应旂文内对国初荫子制度的简单记载，更指出因国初屠戮功臣荫子制度未有机会实施，宋濂、刘基等人子孙为官是特恩之故，而非按照国初荫子之典。证据充分，不容反驳。

文中以典章制度考史的例子还有不少，大多简洁明了、一针见血。这种考史的方法，尤其对不谙国家掌故而书诬史的情况最有说服力，因此也很受王世贞青睐，在其考史中被大量使用。

三　以古证今

王世贞考据时也常常使用以古证今的方法，充分体现了他博综典籍、谙习掌故。在古代文献检索手段落后的情况下，此种方法不仅需要有过目成诵的天分，更需要后天博览群书的勤奋努力。尤其在明代一片束书不观，好高谈性命的大环境中，王氏能够洁身自好，不为流俗所动更为难得。

如在都穆所撰《谭纂》一书中，记有太祖时优人某投江不死，云见屈原，更有赋诗一事云云。王世贞指出此事在宋代高怿所撰《群居解颐》中已有记载，不过事情原本的主角是高崔嵬与齐文宣帝，所赋诗作主旨大意相同，只不过都穆书中的七言律诗变成了五言绝句。指出"附会前人之语"② 显然是都穆为了比附朱元璋是圣主。又如《西樵野记》载景泰间，石亨西征于凯旋途中得纳一美妾，名曰芳华，"裁剪补缀、烹饪燔燎"无所不能，待人接物皆落落大方，唯不见于谦，甚至有"武三思爱妾不见狄梁公之事乎"③ 云云。然王氏指出即便明言唐代有武三思之事，此处所记依旧是附会。况且陆亨在景泰朝并未离京西征，西征又发生在天顺初年，而此时于谦早已身死。双重证据可证《西樵野记》之附会。又如《客坐新闻》中沈周记载了一桩发生在弘治年间的奇事——三盗贼获鱼变异为死人，且文中所记见到此事的人有名有姓——"太仓孙廷慎"，

---

① 王世贞：《弇山堂别集》卷25《史乘考误》6，中华书局1985年版，第445页。

② 王世贞：《弇山堂别集》卷20《史乘考误》1，第370页。

③ 王世贞：《弇山堂别集》卷23《史乘考误》4，第416页。

发生地在安吉。王氏一针见血指出"此事《夷坚志》载之甚详，乃宋事也"①。

这样的例子文中还有多处。综合来看它们附会的都是前朝奇闻逸事，且多是从宋人那里剽窃而来。史家将其改头换面，移花接木到本朝，因迎合了市民缙绅追奇好异的口味而广为流传。在王世贞之前并未有人如此集中地指出来，若非博览群书如王氏者，如何得辨？

第四节　考据特点

王世贞作为明代第一个对当朝史进行较为系统考据的史家，首先必须要肯定其开创之功。他的考证不仅厘清了部分事实真相，并且由于其文坛宗主的身份，公开倡导求真求实，讲求考据，对扭转当时浮夸学风起到了积极作用。然也正是因为他的首倡者身份，此书体例甚无章法，在史实考辨中也存在诸如引文不注出处，推理不够严谨，有主观臆断嫌疑等缺点。并且受到自身经历的影响，其当朝史考据的内容表现出了明显的个人特色。

一　随手札记成书

笔者已在前文指出，王世贞考史是为其撰史做准备。因此，王世贞此时的当朝史考据和清代乾嘉考据，在考据目的上有根本不同。在清代，考据成为一种风尚和学术主流，众多学者是将考据作为治学方向而不断努力。而王世贞则不同，他考史的最终目的是要"整齐一代史事"。因此《史乘考误》虽可独立成册，王氏也粗略地将其分成了两个大部分，但此书在整体上难以自成体系。

首先，考据条目中史事发生的时间前后错互。纵览《史乘考误》全书，虽然王世贞在书前开宗明义点明此书宗旨是要辩驳野史家乘之误，有较明确的中心思想，且前八卷的史事考据能有一个较为粗略的时代前后顺序，但具体到每个朝代又具有随意性。囿于文章篇幅，仅以卷20中的考据条目加以说明。在此条目中，以驳《草木子馀录》中记高帝北征一事为始，然后是《高帝事迹》记李文忠守严州；继而是《枝山野记》记洪

---

① 王世贞：《弇山堂别集》卷26《史乘考误》7，中华书局1985年版，第464页。

武中官职；接着又是《蓟胜野闻》中太祖平伪周、斩杀李伯升、徐达追元顺帝、代王母；然后是《皇明世系》中记载朱元璋儿子所出；此后为《野记》记滁阳王之死；接着为《枝山野记》记癸卯八月战陈友谅；到《资治通纪》又言太祖出生异象、朱文正之死、汪广洋之死、胡惟庸谋逆、蓝玉之封，等等。可见，这些条目的排列，从事件发展顺序来讲是杂乱的，更应该是王世贞以撰史为目的，在积累文献素材时随手札记而成。

其次，从其考据所用史料来源来看，也是毫无章法。以卷23为例，此卷共计考史事约为27条，作为被考资料来源的书目按顺序如下：《枝山野记》《三朝圣谕录》《枝山野记》《天顺日录》《菽园杂记》《枝山野记》《宪章录》《立斋闲录》《馀冬序录》《枝山野记》《闲中今古录》《莘野纂闻》《枝山野记》《西樵野记》《客坐新闻》《西樵野记》《闲中今古录》《闲中今古录》《近峰闻略》《西樵野记》《莘野纂闻》"诸说家"《西南夷传》，除此以外还有四条没有明言史料来源者。如考祝允明《枝山野记》，此卷中前后共计出现五次却未能汇集一处，尽管也有同书相邻者，如《闲中今古录》，但从全书来看却也是分散诸卷之中。

最后，从其考史的内容来看，尽管丰富却也非为同类相聚。有考生卒年、死亡原因、官职升迁、人际交往、官场恩怨、番邦诸事等。考一人多事者也非常常见，考焦芳诸事，分别有卷24"何乔新"条，卷25"二十一年刘翔致仕"条、"弘治元年"条，卷26"彭华"条、"正德二年春"条以及卷29"四年二月"条等；又如在卷20中引《野记》考滁阳王之死，卷21又引郑晓《今言》考滁阳王之子。这些相同或相似的内容并未归类整理，均散见各卷。在除《史乘考误》之外的各考中，王世贞虽夹叙夹议地对某一类的史实加以辨证，但这也仅是受该文核心内容所限，并非从考据的角度而言。

由此可见，王世贞并未在自己的考据过程中有意识地将被考据的对象进行分类，有组织、有系统地展开考据，而是具有很强的随意性，体现出了非常明显的随手札记的特点。且他在前后两次汇刻成书时都没有对考据成果进行归类整理，而是保持了最初的样貌，就充分说明了对王世贞而言，他的当朝史考据是其治学的一种手段，考据的结果是为了分析史料、辨别真伪。因此即便是刊刻成集，此书的性质依旧是史料的汇集，不具备系统性。这一点同乾嘉考据在考据意识下支配的系统考据有本质上的不同。

二　以辩驳野史家乘舛误为主

在王世贞的当朝史考据中，尽管其娴熟地使用了三史互证的方法对三史皆有辩驳，但综合而言，明代繁盛的野史家乘才是其考据的主体。这一点不仅从他自己所言"自此以下凡 11 卷，皆考二史（野史、家乘）误"① 可知，《史乘考误》全书中考误野史家乘的条目几乎占到了全书总体内容的百分之八十以上即为明证。② 剩下为数不多的对国史的考据，也基本上是依靠野史家乘对国史所记或纠谬或补正。王世贞的当朝史考据之所以呈现出这个特点，不单是因为野史家乘数量远多于列朝实录的这个客观事实，更多的则是同王世贞对三史史料所具有的相对价值的深刻认识有关。他所提出的"国以草创之，野以讨论之，家以润色之"③ 的修史构想，不仅是他三步走的修史战略，也能代表他对三史史料相对价值的概括性认知。

在王氏心中，尽管国史也存在严重问题，如其在考证中屡屡批判的"革除靖难之际，其笔不能无曲与讳也，输款而美，其知义抗节，而诬其乞哀。乃至英、宪、孝之际，秉如椽者，陈庐陵、刘博野、焦泌阳之辈，往往鸥张其意，一人而代各贤否，一事而人各是非"④，但这毕竟在历朝实录所记诸事中只占据了一小部分。同时他也指出，即便是这部分记载有问题的实录，仍具有"叙典章、述文献"不可废的价值。因此，排除了这些人为原因造成的失误后，实录所记内容的重要性、真实性是排在第一位的，不然何来其撰史时以国史内容为草创之说。尤其是在考史中屡被当作是非准绳的典章制度、诏令文书等内容，绝大多数还是出自国史之中。

野史家乘的舛误之所以成为王世贞的考据重点，是因为社会上广泛流传的野史家乘要么剽窃成风，要么私骋胸臆，偶见瑰异可喜者，详细考之

---

① 王世贞：《弇山堂别集》卷 20《史乘考误》1，中华书局 1985 年版，第 362 页。

② 按：据孙卫国先生统计，在《史乘考误》一书中，对列朝实录的考据约有 50 余条。见《王世贞史学研究》，第 111 页。

③ 王世贞：《弇州四部稿》卷 71《皇明名臣琬琰录小序》，见《景印文渊阁四库全书》集部第 1280 册，台湾商务印书馆 1987 年版，第 218 页。

④ 王世贞：《弇州四部稿》卷 116《湖广第三问》，见《景印文渊阁四库全书》集部第 1280 册，第 811 页。

则"于事实茫无根据"①。这些作品的存在对史学本当具有的严肃性、真实性是个极大的冲击，是任何一个以修信史为己任的史家都不能容忍的。在搜集了大量野史家乘的基础上，通过三史记载内容的对比，王世贞总结出不仅私家修史中的个人品德能否"称公平贤者"会影响史著的内容，还提出私家修史失真失实，更多的还是因为个人力量、眼界等客观条件所限，不能获见朝政大事，得到一手文献资料。因此，他只是强调野史家乘在辨析"是非忌讳"、考订"宗阀官绩"上有较大价值。故相较而言，在他的当朝史考据中更多的是用国史、典制驳斥野史家乘之虚妄，或者用野史家乘互证发明的方法证其自身记载之误。

此际实录仍处在秘不示人的阶段，时人对当朝史的了解基本还是通过坊间大量流传的野史家乘，而购求百出的市场又一定程度上更加刺激了野史的兴盛。王世贞的考据对纠正当前史学中存在的不良因素，维护史学求真、写真的基本原则起到了积极的作用，这是王世贞当朝史考据中另一个突出的特点。

三　浓郁的个人色彩

王世贞的考据从时间上讲是对万历以前明当朝史的整体考据，但从其考据内容构成来看，王世贞重在考察明代的政治，又尤重人事。凡官职升迁、生卒年、政治斗争等皆为考察对象，而对经济、战争等方面关注的相对较少。这同王世贞的个人生活经历有着非常密切的关系。上文中笔者已经提到，王世贞一生仕途不顺，甚至连带其父亲王忬的死，在他看来皆是得罪权臣严嵩之故：

> 会兵部员外郎杨君继盛以论劾相嵩父子为所陷抵罪，府君闻之，恨弹指出血。不肖世贞又不幸尝从杨君游，颇为之经纪其丧。而乡人客相嵩所者文致其状，嵩父子怒切齿。丙辰秋防功不录，与滦河之役责重，皆坐此故也。②

---

① 陈于陛：《恭请圣明敕儒臣开书局纂辑本朝正史以垂万世疏》，《明经世文编》卷426，中华书局 1962 年版，第 4657 页。

② 王世贞：《弇州四部稿》卷98《先考思质府君行状》，见《景印文渊阁四库全书》集部第 1280 册，台湾商务印书馆 1987 年版，第 577 页。

嵩与世蕃止以睚眦不根之隙，巧诽阴胁，必致臣父死地。①

贞之先人以勋劳见忌谗者，遂陷吏网，盖八年……仅仅复官……②

　　王、严交恶的真实情况当时已是众说纷纭，现更难一一厘清，但从上面这段引文可以看出，王世贞自己对此是深信不疑的，甚至连初次升迁至正四品的山东按察司副使，他都认为是得罪了权贵严嵩"用违其才"之故，并还得出了"以青多盗，困之于青州"③的结论。不仅他自己得罪权贵仕途坎坷，他的至交好友中也有不少人因得罪权贵被谪、被贬。如兵科给事中吴国伦在嘉靖三十五年"奉诏考察不职科道官"④中被罢黜降调，王世贞在给友人的书信中指出吴国伦被调职，一来是"谈文章故。当事者几一网尽"，但最重要的恐怕还是受自己牵连，谓"仆乃其魁焉，所深恨"⑤。可见身处政治斗争旋涡，个人的政治前途、身家性命皆为权臣操控，备受其害。阁臣之名虽自大明始，然随着阁权实权渐重，已足以同宰相媲美。随之而来的是大臣为了入阁、争首辅，勾心斗角、拉帮结派从筹谋入阁就开始了。针对此种现象，王世贞甚至专撰《嘉靖以来内阁首辅传》对嘉靖至万历年间的内阁变迁做了整体探讨，足见其对此事的关注。况且，阁臣的争斗往往都伴随着重大的政治变化，也是国史稗乘的重点记载对象。如此一来，朝中政治争斗成为王世贞考史关注的焦点就不足为奇了。

　　（一）专考阁臣

　　专考其人其事者，以焦芳、严嵩为代表。焦芳握史权，在《孝宗实录》中肆意攻击政敌，以至于在《孝宗实录》修成，随表上进之时就已

---

　　①　王世贞：《弇州四部稿》卷109《恳乞天恩俯念先臣微功极冤特赐昭雪以明德意以伸公论疏》，见《景印文渊阁四库全书》集部第1280册，第720页。

　　②　王世贞：《弇州续稿》卷174《与杨太宰》，见《景印文渊阁四库全书》集部第1284册，台湾商务印书馆1987年版，第499页。

　　③　王世贞：《弇州四部稿》卷71《幽忧集序》，见《景印文渊阁四库全书》集部第1280册，第216页。

　　④　《明世宗实录》卷433，台湾"中央研究院"历史语言研究所1966年版，第7464页。

　　⑤　王世贞：《弇州四部稿》卷127《俞仲蔚》，见《景印文渊阁四库全书》集部第1281册，第130页。

有焦芳"人品庸劣，不为士论所重"的评语。不仅揭露他为贪恋权位不惜"附瑾获柄用"的卑劣行径，更指出焦芳出任总裁后，在实录中"凡其所褒贬，一任己私，以好恶定之"①。小人当道气焰嚣张，同僚皆避之如虎，"不敢为异同"。焦芳挟私改窜的地方成为王世贞考察《孝宗实录》的重点。如何文渊诸事，王世贞云"此亦焦泌阳怼笔也"②。《孝宗实录》记谢迁以"山陵之工未毕，谅阴之痛犹新"③为由，反对太监郭镛预选女子。谢迁此语本是为国为君，实乃忠义正直之谏言。然焦芳却于文后评论此是"谀词献诌"，更要为"孝庙继嗣之不广"④负责，甚至用"邪谋"形容谢迁的谏言。王世贞考之曰：

> 上春秋甫十九，中宫仅逾年，何以有擅夕之声于外，而谢已逆知权之在中宫，而从谏之？且谢以山陵未毕，谅暗尚新为词，其义甚正，胡可非也？小人哉泌阳，其无忌惮一至此！⑤

王氏裁定此事为焦芳怼笔合情合理。郭镛此议之倡在弘治元年二月，于情，甫时孝宗才刚册立"张氏鸿胪寺卿张峦之女"为皇太子妃不久，两人新婚不过一年，孝宗登基也不过半载，外臣如何得知有"擅夕"之事，又是如何知晓皇帝中宫之权为张氏所握？于理，此时宪宗身死不过半年就大选嫔妃，有悖儒家礼法。反观焦芳之论，小人之心昭然若揭。除时人指出的何乔新、谢迁、彭绍、叶盛四人外，王世贞还在《孝宗实录》中发现了焦芳诋毁别人的例子。如《孝宗实录》贬斥彭华甚力，将其描述为一个为人险诌、心机深沉的小人。王世贞认为此事极有可能也是焦芳所为，因焦芳曾一度因与尹龙交好而被贬为桂阳同知，且是彭华授意所致，"故怨之刻骨，而谤詈甚口"⑥。综合王氏考证结果可知，凡是同焦芳"有隙"者，皆要在实录中被"丑诋"一番，足见焦芳睚眦必报的小人性格。然就是这样的一个人，在李逊学所撰的《焦少师芳墓志》中却被描

---

① 《明武宗实录》卷49，台湾"中央研究院"历史语言研究所1966年版，第1122页。

② 王世贞：《弇山堂别集》卷24《史乘考误》5，中华书局1985年版，第434页。

③ 王世贞：《弇山堂别集》卷25《史乘考误》6，第454页。

④ 《明孝宗实录》卷11，第259页。

⑤ 王世贞：《弇山堂别集》卷25《史乘考误》6，第454页。

⑥ 王世贞：《弇山堂别集》卷26《史乘考误》7，第462页。

绘成了一个敢于同刘瑾抗争的、忠肝义胆的人。王氏不禁发出"志辞何尝有一实乎"的感慨，指责李逊学"不学无术，而敢为矫妄，其罪浮于泌阳矣"。①

倘王世贞对焦芳诸事的考据还仅是有感于古人之失，那么王世贞对严嵩的考据则因事关己之切肤之痛，言辞更显激烈。仇鸾以"通虏卖国"为名被"剖棺斩首枭示九边"，此中是非，扑朔迷离。以王世贞不甚灵敏的政治嗅觉也发现国史记载"曲得其情"，但王氏却没有发扬考据求真的精神，探究仇鸾被戮尸的真相是什么，反而仅仅是借此机会挖苦讽刺了严嵩。其言云严嵩听闻徐阶已先于己上疏，而"恨不先之，绕床走十余匝不能寝"②。此语实为无稽。王氏如何能知严嵩夜深人静事。历任首辅中，王世贞唯和徐阶关系稍好，在称赞徐阶"以威福还主上，以政务还诸司，以用舍刑赏还公论"③的施政方针的同时，又把严嵩父子、张居正拿出来讽刺了一番，其论曰：

> 彼不睹分宜父子窃威福之久，天下知其子而不知有父，知其父而不知有君，非一日矣……使此语在分宜时，分宜必不至败使；此语在江陵时，江陵必不至覆。④

王氏深觉正是因为本属天子的威福被权臣窃走，才使得自己及其亲朋不受权臣喜爱却又申诉无门，故而仕途受阻，甚至丧命。可见王世贞对严氏父子、张居正等人权倾天下，众人知臣不知君现象的极度不满。

（二）考权臣争斗

纵览王世贞《史乘考误》书中所考诸事，几乎涉及了历朝重臣，他们之间绝大多数的争斗虽没有焦芳、严嵩那么肆意突出，但围绕着他们发生的诸多政治风波也是王世贞考察的重点。

《宪宗实录》记商辂"尤与钱溥不相能，溥至为《秃妇传》讥之"⑤。

---

① 王世贞：《弇山堂别集》卷29《史乘考误》10，中华书局1985年版，第518页。
② 王世贞：《弇山堂别集》卷27《史乘考误》8，第491页。
③ 王世贞：《弇山堂别集》卷27《史乘考误》8，第496页。
④ 王世贞：《弇山堂别集》卷27《史乘考误》8，第496页。
⑤ 《明宪宗实录》卷280，台湾"中央研究院"历史语言研究所1966年版，第4723页。

王世贞留意到在尹直书中"记二事，史不载，而颇核者"①，就涉及了二人恩怨。尹直云商辂以"钱既越众升二级兼官，岂宜复升"为由，阻止了钱溥的晋升。王氏援引之，且云商辂虽最后入阁"官亦卑，然能于票拟间斟酌如此"②，认为此可以解释实录所记两人不和之缘由。王琼与杨廷和不和时人皆知，最突出代表就是平宸濠之乱后王琼不得封。虽王守仁上疏中有提及当封王琼，且强调倘若唯自己"独冒膺重赏，是掩人之善矣"③。但最终王琼不仅未能得封，反因"厚事钱宁、江彬等"下狱论死。后虽因力辩改谪戍绥德，但此时二人结怨已深，故王琼在《双溪杂记》中诋毁杨廷和甚重。王世贞一一辩驳并直指此事皆因"晋溪之怨杨公甚，小人恣行胸臆"④起。再如上文中已经论及的王守仁平定洪都之功，实录没而不书一事，其根本原因也是权臣纷争。

王氏不仅一一查证国史所记权臣不和者，还对野史中所涉及权臣矛盾诸事加以订正。如《客坐新闻》言天顺初陈循为首相，阻止学士陈文晋升，言之凿凿有据。然王世贞考之"正统末，循未为首揆，而文资尚轻。至景泰二年，文以大学士高谷荐为云南右布政使，英庙复辟之次日而循就逮遣戍，久之文始入为詹事，再以礼侍兼学士入内阁。其求荐与沮，当在何时也"⑤。王氏以此二人官职升迁不同步，驳沈周之谬误，甚确。尹直在《琐缀录》内云邱濬修撰《宪宗实录》中有"陈献章作十绝句媚梁芳"⑥之记载。薛应旂《宪章录》因之，但改此事是出自"张元祯笔"。王世贞认为实录"诋陈公亦甚矣，第不曾载十绝句媚梁芳事"⑦，尹、薛二人之语皆为不见实录的风闻之语。王氏怀疑在《小传》中质疑陈献章才华的"乡里前辈"为邱濬，然"实录既举之，则非文庄笔矣，元祯庶几为近"⑧，执笔的应该是一起参与修撰《英宗实录》的张元祯。

---

① 王世贞：《弇山堂别集》卷24《史乘考误》5，中华书局1985年版，第430页。

② 王世贞：《弇山堂别集》卷24《史乘考误》5，第431页。

③ 王守仁：《辞封爵普恩赏以彰国典疏》，见《明经世文编》卷131，中华书局1962年版，第1272页。

④ 王世贞：《弇山堂别集》卷26《史乘考误》7，第467页。

⑤ 王世贞：《弇山堂别集》卷24《史乘考误》5，第437页。

⑥ 王世贞：《弇山堂别集》卷25《史乘考误》6，第453页。

⑦ 王世贞：《弇山堂别集》卷25《史乘考误》6，第453页。

⑧ 王世贞：《弇山堂别集》卷25《史乘考误》6，第453页。

这样的例子书中还有多处。如考《琐缀录》里记李贤嗾御史弹劾众人事为假，考《宪章录》记费宏先是为了入阁排挤刘忠，后为了内阁位次又排挤梁储为假，读王鏊所撰《读李文正墓志》一文，认为文中所记多言过其实，不过是"文恪与西涯有隙，不无过于攻驳，然亦少足证"①等。这些考据，有的是作为考证对象出现，有的是专考其事，有的专论其书，有的援引考据，作用不一，足见王氏对国故了如指掌。而通过王世贞在考据过程中简短的揭示、点评诸语，也使观者对明前中期统治阶级上层的恩怨纠葛有一个相对透彻的认识。

第五节　考据的不足

王世贞虽开明代考当朝史风气之先，也为后来者的考据树立了很多的典范，但在他的考据中仍旧存在一些疏漏，有的或直接影响了他的考据结果，有的则容易给人以考据不严谨之感，进而影响人们对其考据结果的信服。明清时人对此已经有了一定的认识，如汪道昆认为王氏"核而不精"②，张岱则谓其"但夸门第"③，清代的考据大家钱大昕则认为王氏好"自矜强记，失于检照"④，引书不查原书，结果导致在考据中出现了多次征引失误的情况。今人对王世贞史学考据的评价，也似有过誉之嫌。如《论王世贞的考辨史学》⑤，通篇大谈王世贞的成就而一字未及不足。虽笔者也赞同王世贞的成就是主要的，其在考史上存在的不足，也有不少是当时时代学风所致，尽管如此，忽视其缺点也是不可取的。然此文以"论考辨史学"为题，明知有缺陷却不论之，显然和此文的题目不相符。姜胜利先生《王世贞与〈史乘考误〉》专设"关于《史乘考误》的几点评

① 王世贞：《弇山堂别集》卷29《史乘考误》10，中华书局1985年版，第520页。
② 汪道昆：《太函集》卷26《少室山房四稿序》，见《四库全书存目丛书》集部第117册，齐鲁书社1997年版，第350页。
③ 张岱：《嫏嬛文集》卷3《征修明史檄》，故宫出版社2012年版，第116页。
④ 钱大昕：《潜研堂文集》卷30《跋〈弇州四部稿〉》，见《嘉定钱大昕全集》9，江苏古籍出版社1997年版，第534页。
⑤ 徐彬：《论王世贞的考辨史学》，《史学史研究》2003年第4期。

价"① 一目，同样是就此书及王世贞的贡献发论，没有对此书及王氏考据的不足进行论述。孙卫国先生主要指出了王氏考史中不足之处有二："核而不精，考史出错"与"考史过于自负，亦有感情用事之嫌，因而难免偏颇"②，虽总结得十分精辟，但和书中其他部分的论述相比，分析稍嫌简单且所举实例不多，尤其未能重点指出引书不注出处这个缺陷。虽在这个方面王氏要好过同时期的多数史家，但同时也正因为此即便博洽如王世贞者都难免犯错，更加能够说明明人考据在学术规范上的不成熟，以至于清人在批评明人考据时常常以此发论，大肆批驳。因此，笔者认为总的说来，王氏考史之失主要包括了以下三个方面。

一 引文不注所出

在王世贞考史的绝大多数条目中，都能做到引而有征，注明引文来源，但也有一些条目没有注明，存在一定的随意性。这种现象比较集中地体现在对野史的征引中。自唐代明确史馆修国史后，野史几乎成为"非诬即妄"的代名词，征引野史考据更是要小心谨慎，王氏自己也深知这一点。因此在考史过程中，尽量标注出引用野史的书目、原文，但也不乏一些条目只引史料而不注所出，仅以"野史"或"小说"代之，不仅难以让人信服，也容易让人产生"校雠草率"之感。如：

> 偶见一野史，云文忠多招纳士人门下。③
> 野史附之，谓为太祖及懿文不享国之证。④
> 野史又载建文诗凡三首。⑤
> 小说云：尚书吕震有通才……⑥
> 诸说家记王靖远事……⑦

① 姜胜利：《王世贞与〈史乘考误〉》，《海南大学学报》（社会科学版）1997年第2期，第46—47页。
② 孙卫国：《王世贞研究》，人民文学出版社2006年版，第153—154页。
③ 王世贞：《弇山堂别集》卷20《史乘考误》1，中华书局1985年版，第369页。
④ 王世贞：《弇山堂别集》卷20《史乘考误》1，第370页。
⑤ 王世贞：《弇山堂别集》卷21《史乘考误》2，第389页。
⑥ 王世贞：《弇山堂别集》卷22《史乘考误》3，第408页。
⑦ 王世贞：《弇山堂别集》卷23《史乘考误》4，第418页。

　　这样的例子在《史乘考误》一书中还有多处。甚至在王氏的考证中还出现了"近见有演戏者"①云云。虽然此条资料的引用能够说明他于日常生活中留心学问，并非只是一个埋头书斋、不谙世事之人，但史学考证需要的是严肃谨慎，如此引用显然不符合考据精神。

　　在有的条目的考证中，被考证的对象甚至从头到尾连"野史云""小说云"这样标示史料来源的词语都未见。如：

> 冯宋公胜为征虏右副将军，引兵擅还京师，为上所切责。②
> 李景隆二十四年加止太子太傅，而永乐初称太子太师，盖建文所加官也。③
> 占城王子沙古卜剌请封……④

　　诸如此类的例子还有不少。如在考"张御史春"之事时，王氏征引史料长篇累牍，一直到引述完毕才出现"此同年周学宪闻张之子孙言其事而笔之书"⑤，充其量也只能称其注明了消息来源。虽然同全书征引有据的条目相比，此类问题占比确实较小，瑕不掩瑜，但也并不能因为这个原因就忽略它们的存在。

　　除了征引野史，王世贞在使用列朝实录时也存在这个问题。王氏好以"史""国史""正史"来指代实录。倘是因当时实录仍秘不示人，为避祸故意隐言之为他开脱，然在他考史引用中又频繁出现诸如"考之实录""按实录""史实录言""实录又称"此类提示读者史料来源的字眼，并且有的还详细指出"考之《宣庙实录》""据《英庙实录》"。这足以说明王氏在考史时并不存在为了避讳而隐言实录之名的情况。因此，这只能说明王世贞在征引实录时也较随意草率。

　　他的这种随意性还使其在引用《太宗实录》时出现了两种代称："永乐实录"和"文庙实录"。不仅如此，到他生活的万历时期，明代已有九部实录问世，王世贞在引用时也未能进一步指出是哪一部实录。对当时史

---

① 王世贞：《弇山堂别集》卷26《史乘考误》7，中华书局1985年版，第476页。
② 王世贞：《弇山堂别集》卷20《史乘考误》1，第372页。
③ 王世贞：《弇山堂别集》卷21《史乘考误》2，第387页。
④ 王世贞：《弇山堂别集》卷25《史乘考误》6，第451页。
⑤ 王世贞：《弇山堂别集》卷23《史乘考误》4，第420页。

家而言，或者不存在理解的困难，但在书中有具体标注过"某某实录"的情况下，对历朝实录以"史""实录"等词代称显然也是不严谨的表现。如"考实录不为显立传……然实录俱不载显梁国之封……实录又称蓝玉破北虏功最大……永乐实录三年五月内不载楚王奏"①。倘仅按王世贞文中所记，不详加思索，很容易会让人们形成此处4部实录都是永乐实录的第一印象。然实情并非如此。胡显在洪武二十三年封梁国公，永乐十三年卒。那么按照实录多在臣子卒年立传的惯例，不为胡显立传的是《太宗实录》，最初不载梁国之封的是《太祖实录》，而"蓝玉破北虏功最大"云云，则是源自《太祖实录》，也就是说此处合理的记载应是"考太宗实录不为显立传……然太祖实录、太宗实录俱不载显梁国之封……太祖实录又称蓝玉破北虏功最大……永乐实录三年五月内不载楚王奏"。然王世贞在考证中却笼统地称为实录，作为专门的史实考据而言这显然是不恰当的。

二　考证过程不严谨

王世贞认为"史官叙传，固以简严为体"②，但此论的前提是事有轻重大小，重要事件即便不大书特书，也当把基本情况记载清楚。故而，可以看到王氏在考据史事时，常有批评或讥讽某人、某书记载缺漏之语。如"文贞与公同朝，而纪事脱略如此"③，"文端之脱漏，一至于此"④，"事甚奇而志不载，可谓阙略之甚"⑤ 等。但王氏在自己的考据过程中也有这样的问题存在，如不征引原文，缺乏推理过程等。仅举三例说明。

如考《翦胜野闻》所记：

> 司徒李伯升先以国情输我师，帝以为佞臣，命斩以示士诚。《野记》言亦同。按，伯升降后，累迁中书平章政事，洪武中乃卒，子为世袭指挥。⑥

① 王世贞：《弇山堂别集》卷21《史乘考误》2，中华书局1985年版，第382页。
② 王世贞：《弇山堂别集》卷28《史乘考误》9，第499页。
③ 王世贞：《弇山堂别集》卷28《史乘考误》9，第502页。
④ 王世贞：《弇山堂别集》卷28《史乘考误》9，第504页。
⑤ 王世贞：《弇山堂别集》卷28《史乘考误》9，第504页。
⑥ 王世贞：《弇山堂别集》卷20《史乘考误》1，第363页。

按王氏所考结果，当是《蒹胜野闻》《野记》记载为误。然王氏所持论者，从何而来？他也并未说明这一点。查《太祖实录》，则有洪武三年十二月辛巳升"李伯升为中书平章……子孙皆世袭指挥佥事"①，而在洪武十三年夏四月"往漳州理军务至是俱遣使赍符召还"② 是李伯升最后一次出现在《太祖实录》中。王氏认为二野史记载有误当据《太祖实录》，然判断李伯升卒于洪武中就未知其从何而来。

又如，在考杨溥著《文贞神道碑》时，王世贞指出杨士奇一生事迹可载者甚多，然俱遗之，感慨"大抵文定自诧简严，没人善如此"③，批评杨溥自视甚高。然而，就在此条史料考证中，王世贞自己的疏漏也一览无遗——简是简了，不仅不严密，反而还出错了。其中部分考证之语为：

> 按，是时系狱，籍行李至，帝崩而后出之也。又蹇、夏二公辍部务后，赐珊瑚笔格研调旨。公于二碑皆不之载，岂以其近于侵阁权耶？何言信史也。④

此条考证问题不少。王世贞直接给出了考证结果——夏原吉不是罢官而是入狱，且出狱还是在太宗崩后。他在文中不仅没有说明得出这个结论的原因，也没有给出推理过程。查《太宗实录》记之甚明，在永乐十九年十一月丙子"上以北虏携贰，命尚书夏原吉、方宾、吕震、吴中等议，将亲征……上以边廪空虚不怿，召原吉颂系之"⑤，王氏得出夏原吉入狱的结论显然是从实录得来，但王世贞却没有援引实录，直接给出结论。在实录不能人人获见的情况下，何以服众？此为其一。赐珊瑚笔格等事也未见引文，直接裁定二碑不载，未免难以使人信服。况且若确有其事，如此盛宠何以不见蹇、夏二公自书文中，也不见碑文、墓志，同时考实录也未有，实不知王氏从何处得见，此为其二。据文意推之，王氏"公于二碑皆不载"之语，即云杨士奇撰有《夏忠靖神道碑》和《蹇公神道碑》，然查

---

① 《明太祖实录》卷59，台湾"中央研究院"历史语言研究所1966年版，第1163页。

② 《明太祖实录》卷131，第2079页。

③ 王世贞：《弇山堂别集》卷28《史乘考误》9，中华书局1985年版，第499页。

④ 王世贞：《弇山堂别集》卷28《史乘考误》9，第502页。

⑤ 《明太宗实录》卷243，第2296页。

杨士奇并未替蹇义撰过神道碑，只有《蹇公墓志铭》，而《蹇公神道碑铭》① 是杨文敏公杨荣所撰，墓志铭和神道碑铭显然是两种文章，混淆如此实在草率，此为其三。短短数十字疏漏至此，确不可取，可见钱大昕的批评诸语确属中肯。

再如，考《双溪杂记》中书刘吉营救李兴、彭程之事。王氏先引王琼文中所言，然后直接给出结论为：

> 博野虽小人，其救李兴为得大体。至谓九卿承旨论救，当时如王三原辈，岂承风旨者乎？彭程论成化间繁费，亦是其职，岂可深以为罪？虽于孝庙盛德无损，至谓一时宪体赖此平正。②

从行文中很明显看出王氏并未有推断过程。据《孝宗实录》，李兴下狱论死及得释充军之事属实，也只有"五府、六部、英国公张懋等"和吏部尚书王恕，即王三原上疏营救，言辞未及王琼。且实录所记最初议罪就只有"彭程并家属发隆庆卫充军"③，也未见王琼书中所云"已押赴市曹处决，释充军"者。更何况王琼在弘治年间并未在京，一直出任地方官。据王世贞文义，他是同意王琼文中所记的，然支撑史料从何而来？

三　有主观臆断之嫌

王世贞斥责著野史者好"臆"，在考证过程中一一批驳斥责，但在其考据当朝史的过程中也难免带入了自己的主观好恶。

如王世贞考《高帝事迹》所载林文忠诸事：

> 按文忠至亲勋臣，岂宜有此？纵有之，刘岂宜不少讳，而纪以上闻？盖是时景隆以嫌疑得罪，辰之此言，固上所不厌听也。④

王氏认为此事不当为真的理由之一，即李文忠乃"上甥也，自幼育之

---

① 杨荣：《故荣禄大夫少师兼吏部尚书赠特进光禄大夫太师谥忠定蹇公神道碑铭》，见《明文海》卷 447，中华书局 1987 年版，第 4784 页。

② 王世贞：《弇山堂别集》卷 25《史乘考误》6，中华书局 1985 年版，第 454 页。

③ 《明孝宗实录》卷 68，台湾"中央研究院"历史语言研究所 1966 年版，第 1302 页。

④ 王世贞：《弇山堂别集》卷 20《史乘考误》1，第 362 页。

赐以国姓"①,身份尊贵"岂宜有此"不忠不臣之举。然博洽如王世贞者,焉能不知自古叛乱始出帝王家中多不胜数?更何况明初有靖难之役,正德年间有宁王叛乱,皆为朱氏宗室,以此为据岂不可笑?王氏理由二,倘果有此事,刘辰当为文忠讳言之,而不是记下来等待被太宗发现。且李文忠镇浙东时"辟辰掌簿书"②,故刘辰就比别人更有可能接触到朱文忠诸事。然书至此,王氏不禁又怀疑刘辰此举有迎合太宗当时厌弃李景隆的嫌疑,此事才为太宗"不厌听也"。虽此处是非王氏并未给出答案,但从其推理过程而言,也是全凭主观臆断。

又如考马顺害刘球之事时,从耿九畴任职时间与刘球被害时间相对校,就完全可以断定薛应旂《宪章录》记载之非,然王氏还不忘辩驳"耿公正人,岂宜有此"③狎侮小校的举动。虽说王氏以时间差考订刘球被害的结论完全正确,但此处只以耿九畴是正人君子为由,得出耿九畴不爱年少俊美小校,更没有同此人来往一说,也是全无根据。这和他所批评的"矫诬"的薛应旂没有分别。又如,他认为《双槐岁钞》所记陈琏诸事同王家屏所撰的《陈公志》有一定出入,虽然最后参校国史和别的家乘,得出是《陈公志》内容缺失,但未考证之前仅以黄、陈二人是同乡故,就以"不应舛误"④为由存黄瑜记载,也未免有失草率。

王氏考史容易出现主观臆断、"辄以己意高下其手"⑤之处还表现在他对历史人物的好恶会影响他的考据结论上。如《太宗实录》中记方孝孺"叩头乞哀"一事,王氏认为"议者专罪"⑥杨文贞是不恰当的。他既没有指出"议者"是谁,又在没有事实根据的情况下以"三杨"皆参与《太宗实录》的修撰为由,认为此事未必尽出文贞手。这种分析显然也是带有主观色彩。姑且不论王氏征引不注出处,从《明太宗实录·修纂官》来看,总裁虽有"杨士奇、杨荣、金幼孜、陈山、张瑛、杨溥"六人,但按照古代惯例排名越前位越尊,权力越大,在当时的社会条件下专罪杨士奇是符合常理的。反观王氏之论,在没有任何事实依据的条件下替杨士

---

① 《明太祖实录》卷21,第311页。

② 《明太宗实录》卷130,台湾"中央研究院"历史语言研究所1966年版,第1112页。

③ 王世贞:《弇山堂别集》卷23《史乘考误》4,中华书局1985年版,第412页。

④ 王世贞:《弇山堂别集》卷28《史乘考误》9,第504页。

⑤ 吴炎:《吴赤溟先生集》书疏类《吴炎答陆丽京书》,国学保存会1906年版,第75页。

⑥ 王世贞:《弇山堂别集》卷21《史乘考误》2,第390页。

奇开脱，未免有辩护之嫌。从王氏其他诸处的考证来看，虽然对杨士奇也有批评，但显然在三杨中王世贞对杨士奇的好感是要多于其他二位的。如他指出"文贞于杨文敏居恒不甚合，而碑事详悉无遗，乃知二公之用意厚薄不伦如此"①，而"文定自诧简严"且"为碑志之类，尤寂寥不足道"②。

除此之外，王世贞对同其有私仇的严嵩的批评，看起来也有点意气用事，难免给人"溢恶"之感。如在严嵩为秦金所撰《秦端敏公金志》述其官职升迁为"庙工兴，改工部尚书，加太子少保，寻加太子太保，再改南京兵部尚书"③，王世贞考之曰：

> 端敏为工部，以庙工加太子少保，后上以其老改南兵部，因加太子太保以优之。据今问义，则无故而加少保，又无故而改南京也。分宜恃势忽略人，于行文亦尔，而自负以为简要，何也？④

查《世宗实录》有"复召为南京户部尚书，改工部，秩满加太子少保，寻加太子太保，改南京兵部以老致仕"⑤之语，同严嵩所记类似，换言之，《世宗实录》的纂修者认同了严嵩的记载。而王世贞所考之凭据，一者未能明言从何处得来史料，二者即便严嵩所撰有所略省，冠以"恃势忽略人"之语未免意气用事。

综上可见，王世贞在考据当朝史中确实存在考证过程不严谨的问题。本来考史就是一项精细缜密的工作，需要的是讲事实摆证据，王世贞在考据中不注引文出处，不摆证据直接给出结论，有时又好意气之争，自然容易给人考据不严谨之感。但作为明代考当朝史开创者而言，王世贞的这些不足多为当时学风使然，有待后来者改正。

---

①　王世贞：《弇山堂别集》卷28《史乘考误》9，中华书局1985年版，第499页。

②　王世贞：《弇山堂别集》卷28《史乘考误》9，第501页。

③　王世贞：《弇山堂别集》卷30《史乘考误》11，第535页。

④　王世贞：《弇山堂别集》卷30《史乘考误》11，第535页。

⑤　《明世宗实录》卷282，台湾"中央研究院"历史语言研究所1966年版，第5487页。

第三章

钱谦益

钱谦益同王世贞一样被奉为文坛宗主，他的明当朝史考据也受到了王世贞的影响，这一点在其考据当朝史的目的、所考的内容和考据使用的方法原则上都得到了体现。但与王世贞遍考其生前诸史不同的是，钱氏的明当朝史考据唯考洪武一朝史事。尤其在他获得洪武朝秘藏的机密史料，如朱元璋手诏、《昭示奸党录》等之后，在史料上就有了旁人无法比拟的优势。再加上他严谨、博求的治学态度，其考据的深度、广度、精细度都是前人所不能比的。在考据方法上，他使用三史互证也更加娴熟缜密。还凭借自己渊博的文史知识，在考据中完善、推广了以诗证史的考据方法。这些考据上的变化，不仅是钱氏自身治学旨趣在考据上的体现，同时也反映出晚明学风渐渐由虚入实带来的潜移默化的影响。

由于钱谦益自身所具有的话题性，如他的文学成就、藏书、与名妓柳如是的爱情与婚姻、降清后又为复明奔走等，都使其成为晚明的焦点人物，对他的研究也非常广泛。然钱氏虽享一代国史之才盛誉四海，史学著作在其总的撰述中却相对较少，学界的研究成果也相对较少。如吴晗先生"（钱谦益）所著《国初群雄事略》，《太祖实录辩证》二书，治明史这莫能废之"① 之语，充分肯定了钱谦益及其著作对研究明史的贡献及价值，可后来吴先生又改变了自己的看法，他说自己"很推崇"钱氏"对明初史料的贡献"，但后来又觉得钱氏"史学方面成就实在有限……第二人品实在差得很"②。可见，吴先生认为钱氏对史学的贡献唯有保存史料一项，

---

① 吴晗：《吴晗史论集》，《钱牧斋之史学——永宁札记》，光明日报出版社1987年版，第338页。按，此处云《太祖实录辩证》之"辩"书中原文如此，非为笔者笔误也。

② 吴晗：《吴晗史学论著选集》第2卷《"社会贤达"钱牧斋》，人民出版社1986年版，第570页。

至于史学成就实在不值一提，关键还是个"道地的完全的小人、坏人"。陈宝良先生则主张不应因人废言，"有必要对他的学术成就做出恰如其分的评判"①，肯定了钱氏至少在保存元末明初史料，补述明代诗史，借为他人撰述墓志、行状之机存史这三个方面的史学成就。《钱谦益史学思想评述》开宗明义地肯定了史学实乃钱氏学术中成就最大者，高度评价了钱氏"治学之经世思想，针砭时学之弊及对考据史学之真知灼见"②。钱茂伟先生在《明代史学的历程》一书中，也独辟"钱谦益：一代史学宗师"③一节，从史学编纂实践、史学理论两个方面论述了钱氏史学之地位，但对钱氏考据内容几乎没有涉及。段晓亮论及钱氏对明代史学的认识时，肯定了钱氏对明代史学的评论有一定的理论深度的同时，也认为钱氏的评论因"深受时代影响，批评有余，肯定不足，因而显得不够公允"④。从上述论文可以看出，近些年来学者对钱谦益的认识要客观公正得多，不再以所谓的于"大节有亏，实不足齿于人类"⑤而连带唾弃钱氏在学术上的贡献。然现今的研究更多的是在探讨他的史学理论、史学思想等方面，在分析钱氏的明史考证成就上稍显不足，很多重要的问题如《太祖实录辩证》史料来源、内容特点、成书原因以及钱氏考史对王世贞的继承与批评等，都还没有说清楚，已有的不少说法似乎还可以商榷，十分有继续深入研究的必要。

第一节　生平与考据学著作

钱谦益（1582—1664），字受之，号牧斋，晚年自号颇多，有绛云老人、东涧老人等。早年"文章为海内所推服崇尚，翕然如泰山北斗"⑥，一生却仕途多舛。更因身逢明清鼎革之剧变，变节事清备受后世訾议。不仅入《清史列传》之《贰臣传》，著作更是因其有"大节有亏"之名在乾

---

① 陈宝良：《论钱谦益的史学》，《明史研究》第6辑1999年版，第32页。

② 张永贵、黎建军：《钱谦益史学思想评述》，《史学月刊》2000年第2期，第19页。

③ 钱茂伟：《明代史学的历程》，社会科学文献出版社2003年版，第326—332页。

④ 段晓亮：《略论钱谦益对明代史学的认识》，《史学史研究》2012年第2期。

⑤ 无名氏：《清史列传》卷79《贰臣传乙·钱谦益》，中华书局1987年版，第6557页。

⑥ 程嘉燧：《牧斋先生初学集序》，见钱谦益《牧斋初学集》，上海古籍出版社1996年版，第2224页。

隆年间经由圣裁予以禁毁，甚至连书板都落得"勿令留遗"的下场。其政治生命的短暂与蹇滞，不仅在他的文学作品中烙下深深的印记，同时也对他的当朝史撰述与考据产生了极大的影响。

一　生平

书香门第，学殖鸿博。钱氏一族历史源远流长，钱谦益不仅特撰《牧斋家乘文》一卷详述其历史，也在《故叔父山东按察司副使春池府君行状》中做了简要回顾。从钱氏文中所记来看，其先祖曾一度位居人臣，不可谓不辉煌。这种荣耀不仅给了钱氏自信感和自豪感，同时也是其日后孜孜不倦追求仕途，以入阁执政为奋斗目标的重要原因。钱氏虽不是豪门大族，却依旧"僮奴数百"，有较为富足的生活和较高的社会地位。在这种情况下，钱氏从小就接受了系统的科举考试训练，但"少事科举之业，聊以掉鞅驰骋，心颇薄之"①，十分喜爱读史，谓己"少读班、马二史，欣然自喜"②"余十五六，喜读《吴越春秋》"③"少读《世说》"④，这些说明他对《三国志》《吴越春秋》《世说新语》非常熟悉。然中举之前，钱氏致力最勤的当属文学，正如其所云"空同、弇山二集，澜翻背诵"⑤。由此可知，钱氏不仅接受了进入仕途必备的科举训练，更是涉猎广泛，博而能精。

探花党魁，颠顿仕途。钱氏在万历三十八年拔得殿试探花，循例授翰林编修一职。未几因父丧归乡丁忧，却未料一去十年。实际上，钱氏看似光明的前途在其未入仕之前就已埋下了隐患，更紧系一生仕途荣辱。钱氏之父同顾宪成、张尚友等人交好，钱氏十五岁时"从先夫子以见于端文（顾宪成）"⑥，此后常来常往，被视为东林一派。而明代"党祸酝酿日

---

① 钱谦益著，钱曾笺注，钱仲联标：《牧斋有学集》卷45《家塾论举业杂说》，上海古籍出版社1996年版，第1505页。

② 钱谦益著，钱曾笺注，钱仲联标：《牧斋有学集》卷38《答杜苍略论文书》，第1306页。

③ 钱谦益著，钱曾笺注，钱仲联标：《牧斋有学集》卷46《跋吴越春秋》，第1517页。

④ 钱谦益著，钱曾笺注，钱仲联标：《牧斋有学集》卷14《玉剑尊闻序》，第689页。

⑤ 钱谦益著，钱曾笺注，钱仲联标：《牧斋有学集》卷39《答山阴徐伯调书》，第1347页。

⑥ 钱谦益著，钱曾笺注，钱仲联标：《牧斋初学集》卷61《顾端文公淑人朱氏墓志铭》，第1457页。

久，至庚戌而大作"①，万历三十八年的科考就是战场之一，钱氏更是深受其害。不仅状元头衔被抢，更因东林党式微，服阕后十年未能还朝。泰昌元年，钱氏任官原职，熹宗朝还曾充任浙江乡试正考官、参与《神宗实录》的修撰。然好景不长又被卷入两党争斗，以失察罚俸三月，后以疾告归。天启三年东林党再次主政得以起复，但很快阉党造东林党人同志录，钱谦益名列前茅，遭弹劾削籍归里。崇祯元年应召赴阙，会推阁臣之际钱谦益的政敌温体仁、周延儒利用崇祯刚愎自用、生性多疑的特点，诬钱谦益结党。钱氏因此被法司究问，后被免职回乡。崇祯九年温体仁又设计陷害钱氏，钱氏被逮捕至京，走太监曹化淳的路子得以解狱。这一系列的事情虽阻碍了钱氏仕途，但其清望与日俱增，声名鹊起。甲申事变后，因曾议潞王自危，诒马士英任礼部尚书。清兵南下钱氏迎降北上，顺治三年正月充《明史》副总裁，任职半年旋即告归。此后主要联络反清义士共襄复明大业不再出仕。然大错已成，无论降清缘由如何，唯一结果就是令其后半生饱受世人訾议。可见，钱氏虽用世心切，少有高才，在明代却始终深陷党争不能自拔，政治生涯屡屡碰壁，降清也未得重用。以至于登科三十六载，在朝不满五年。也就是说其一生基本是优游在野的状态，从客观上给了钱氏著书立说的充足时间。

藏书丰富，著作等身。钱谦益早年生活富足，性喜读书、藏书，为购求宋元古本更是不惜重金。为了增加藏书的种类和数量，钱氏也乐于抄书，美其名曰"钱钞，常熟钱牧斋谦益绛云楼钞本"②，日积月累之下终成"大江以南，藏书之富，无过于钱"③ 的盛况。尤为值得注意的是，钱氏曾借入史馆纂修《神宗实录》之机，抄录了不少大内秘藏珍本。仅据他所言就曾"托锦衣卫胡岐山于内阁典籍钞《昭示奸党三录》"④ 等。仕途不顺，抄书、藏书、读书、撰述的活动却一直在继续，而他这种勤奋好学的状态一直保持到老，被时人称为"老而好学，每手一编，终日不倦"⑤。钱氏博学多识，又勤于撰述，故得以"主文章坛坫者五十年，几

① 钱谦益著，钱曾笺注，钱仲联标：《牧斋有学集》卷16《范勋卿文集序》，上海古籍出版社1996年版，第746页。

② 叶德辉：《书林清话》卷10《明以来之钞本》，中华书局1957年版，第275页。

③ 佚名：《牧斋遗事》，见《丛书集成续编》史部第37册，上海书店出版社1994年版，第736页。

④ 钱曾：《读书敏求记校正》，《佚文·跋昭示奸党三录三卷》，中华书局1990年版，第231页。

⑤ 邹式金：《牧斋有学集序》，见《牧斋杂著》，上海古籍出版社2007年版，第952页。

与弇州相上下"①。

虽然钱氏在文学上地位超然，"为文博赡，谙悉朝典，诗尤擅其胜"②，《有学集》《投笔集》更是奠定了其在清代文坛的重要地位。然耗费其心力最甚者当属史学，为修纂国史"三十余年，网罗编摩，罔敢失坠"③，还在《国史问策》中详细地表达了自己对修史的见解。效力南明政权之际，还在弘光元年上疏福王，请求"退居修国史，即家开局"④ 未获准。钱氏后又在顺治六年出狱南归后，尽出所藏，哀辑史乘"颇可观览"者约二百五十卷。然其所著诸史多随绛云楼大火付诸一炬，靡有孑遗。

二　考据学著作

钱谦益考据当朝史的成果比较多，除了专以考据为内容的《太祖实录辨证》外，在其文集中还有四篇以"考"命名的文章：《鸡鸣山功臣考》两篇，《致身录考》《书致身录考后》。前两者专考太祖功臣位次，后两者则专辨《致身录》为伪书。此外，在其现存的作品如《国初群雄事略》⑤《列朝诗集小传》中也有涉及考据当朝史的内容。这些考据条目多散见书中，体

---

① 黄宗羲：《黄宗羲全集》第 1 册《思旧录》，浙江古籍出版社 1985 年版，第 374 页。

② 黄宗羲：《黄宗羲全集》第 1 册《思旧录》，第 374 页。

③ 钱谦益著，钱曾笺注，钱仲联标：《牧斋有学集》卷 14《建文年谱序》，上海古籍出版社 1996 年版，第 683 页。

④ 谈迁：《国榷》卷 104，中华书局 1958 年版，第 6186 页。

⑤ 注：《群雄事略》，在钱氏著作中又称《开国群雄事略》，《开国群雄事略序》一文为铁证；同时还名《群雄录》，有钱氏之"仆于《群雄录》中立元、宋之际月表，序见初学集"语为证；同时《绛云楼书目》又载有《开国群雄事略》一名，可见此书在钱氏笔下有四名之多，却无所谓《国初群雄事略》一名。蔡美彪先生考证以《国初群雄事略》命名此书较早出现在康熙四十一年的《佳趣堂书目》中，并且在乾隆销毁钱氏著作时，也以此名出现。据今本《国初群雄事略》出版说明只言明"本书《绛云楼藏书目》称《开国群雄事略》"，但不知缘何改为此名出版，甚至将钱谦益亲笔撰写的《开国群雄事略序》一文的名称改为《国初群雄事略序》之名。这样产生的结果有二：首先，不符合钱氏原意。"国初"也就是"明初"，但书中所记人物如小明王、陈友谅、徐寿辉等人，在朱元璋立国前就死了，如何能算得上是明初群雄。再者，今人易名出版，又不在前言中详述缘由，极易给后人造成钱氏所撰《国初事略》和《群雄事略》是一书之感，也容易让人误认为此二书均未亡佚，仍有存世。因此，以笔者愚见，当恢复《开国群雄事略》本来之名出版，或更有益于后学。蔡美彪：《钱谦益〈群雄事略〉沈抄张尔田藏本及章钰藏本后》，见《辽金元史考索》，中华书局 2012 年版，第 455 页。

现了钱氏对史事的留心和考据方法的运用。然钱氏的考据成果还是比较集中地体现在考据专书《太祖实录辨证》中。目前学界对此书成书有三种看法。第一，认为此书为专考《太祖实录》做，如谢贵安先生指出："（钱谦益）还对《太祖实录》作了精审的考证，著有《太祖实录辨证》。"① 第二，认为此书与《国初群雄事略》关系紧密，是同一系列的考证作品。如孙卫国先生认为："《太祖实录辨证》可以说是《国初群雄事略》的姐妹篇，从方法和内容上都是对王世贞《史乘考误》考辩诸史的继承。"② 第三，认为此书囊括了《国初事略》《群雄事略》《功臣事略》三书的考异内容，持此观点的以钱茂伟先生为代表。他在《牧斋史学新探》中指出："三书编完之后，牧斋又将其中的考异部分，汇编成《太祖实录辨证》5卷，收入《牧斋初学集》。"③ 显然上述这三种观点之间，存在相互抵牾，在一些具体史事的认识和分析方面，也有一定的模糊性。而造成这些问题最主要的原因，可能与这些学者在提出上述观点之时，并不是专门就钱氏《太祖实录辨证》所展开，因而他们相关论证的缺乏也必然会在所难免。然而，此书作为钱氏史学著作中最为重要的成果之一，不仅能够代表钱谦益的史学成就，较为全面地体现出他的史学见解，也是晚明至清史学逐渐由虚向实转变的代表作品之一，具有十分重要的地位，非常有必要对其成书的相关背景加以介绍。

钱氏在自己的文集中清楚地记录了《太祖实录辨证》的成书过程，同时，他的学生瞿式耜在给《初学集》所作序中也略微提到了一些，可以用来参考对照：

> 癸未岁，《国初》及《群雄事略》已削稿，瞿稼轩刻《初学集》，取其文略成章段者，为《太祖实录辨证》一编，以充卷帙。其实则初稿未成之书，阙误弘多。次后，涉经丧乱，羁囚南北，而编纂之事，未尝寝阁，增损刊正，遂与初稿顿异。又八年，劫火告灾，遂成煨烬。初后同异，不复记忆。今《列朝诗集》载刘颙、刘三吾及朝

---

① 谢贵安：《中国史学史》，武汉大学出版社2012年版，第372页。

② 孙卫国：《王世贞史学研究》，人民文学出版社2006年版，第249页。

③ 钱茂伟：《太湖文化研究》，中国档案出版社1998年版，第47页。此外，杨绪敏在《论钱谦益与明史的修撰与考证》一文中也提到"三书编写完成后，钱氏将其中考异部分编成《太祖实录辨证》"［《徐州师范大学学报》（哲学社会科学版），2012年第2期，第104页］。

鲜陪臣诸事，皆出于《太祖实录辨证》初稿之后，则此稿之不堪援据，从可知矣。①

乃固请于先生，出其所缮写，厘为一百卷，锲梓以公之当世。先生力禁之不得，复手削其什之四五，命其名曰《初学集》。②

此二文皆为当事者亲笔所写，属一手史料，具有较高的可信度。其中据钱氏自述可知，第一次刊刻时，此书不仅非他刻意所写，也绝非专为考辨《太祖实录》而做，而是钱氏的弟子瞿式耜在征得钱氏的同意后，从《国初事略》和《群雄事略》③中抽取部分自成章段的内容，经钱氏亲自过目，删定修改后汇集成册，并随其他诗文内容一起，合为《初学集》刊印。称"阙误弘多""以充卷帙"不免有自谦成分，但"未成"二字还是名副其实的，所以才有了下文所提之时隔不久的"增损刊正"事。文中"与初稿顿异"一语，应是此书有二稿的明证。以文意推之，在钱氏寓目修改增订之下，二稿的内容当更丰富、更准确，也当更加贴近此书的名称。不仅如此，从钱氏自述的"《群雄事略》今有传者，似是初稿……即《国初事略》亦然"④可知，《国初事略》和《群雄事略》本身也有增补更订。但顺治七年（1650）绛云楼一场大火，导致钱氏的大量藏书，包括这些二稿在内的钱氏著作皆被焚毁。文中"初后同异，不复记忆"之语，说明此书二稿不仅没有刊刻，且亦无副本留存。假若仍有副本，完全可以两相对照，也就不存在无法鉴别同异的慨叹了。

---

① 钱谦益著，钱曾笺注，钱仲联标：《牧斋有学集》卷38《与吴江潘力田书》，上海古籍出版社1996年版，第1319页。

② 瞿式耜著，江苏师范学院历史系苏州地方史研究室整理：《瞿式耜集·牧斋先生初学集目录后序》，上海古籍出版社1981年版，第305页。

③ 按：朱鸿林先生《钱谦益〈国初群雄事略〉撰作经过与成书年代推考》也对《太祖实录辨证》的内容来源有过详赡的考订，但令人疑惑的是朱先生同样是引用了《与吴江潘力田书》，肯定了《国初事略》的存在，也肯定了"编刻《初学集》时掇取二《事略》而成者"，但却从此文中得出了此书内容源自《功臣事略》和《国初事略》，颇为令人不解。除朱先生之外，学界对《太祖实录辨证》内容的来源更是少有探究，即便有学者涉及也多为一笔带过，少有分析说明。并且学者们的观点之间存在相互抵牾，在一些具体史实的认识和分析方面，也存在一定的模糊性。

④ 钱谦益著，钱曾笺注，钱仲联标校：《牧斋杂著》，《牧斋有学集文钞补遗·又与李映碧论史书》，上海古籍出版社2007年版，第491页。

在文中钱谦益还明言"刘崟、刘三吾及朝鲜陪臣诸事，皆出于《太祖实录辨证》初稿之后"。然检今五卷本，并没有收录这些内容，这或可作为今本实为《太祖实录辨证》初稿的又一力证？据今本《钱氏初学集》出版说明可知，《钱氏初学集》是"以邃汉斋本为底本，据《四部丛刊》影印明刻本及清刻笺注本再加校勘，改正误字以及当时避清讳而改书、在今日易混淆的字，必要时加按语。个别疑误而不能断定的字，仍存其旧"①。案，清末邃汉斋本是以"明瞿刻本《初学集》与笺注本（钱曾《初学集笺注》）两相对勘"②后合二为一出版。这也就是说，不仅《太祖实录辨证》二稿从未传世，且今本《太祖实录辨证》大体保留了瞿刻本的原貌。换言之，今本《太祖实录辨证》即为钱谦益删定的初稿。因此，这不仅能说明为何在钱谦益心中此书为"未成之书，亦国史未了之案"③，亦能解释此书在目录上的标题、书目与书之具体内容不相符的原因。

因此，据钱氏自述可知《太祖实录辨证》是抽取自《国初事略》和《群雄事略》二书，那么，究竟有没有可能钱氏所撰另外一本《功臣事略》也有内容选入，而钱氏没有提到呢？笔者认为这种假设是不存在的。钱氏撰史常以"发凡起例、文直事核如迁、固"④为己治史追求，其治学之严谨于晚明是相当突出的。在"文直事核""文从字顺"的治史标准下，如若钱氏确收录了《功臣事略》，必会同《国初事略》《群雄事略》一样，一一列举，抑或以"等"字暗示。然明示其他二书，独《功臣事略》没而不书，于理不通。况且，《功臣事略》"书成于丁卯（1627）之八月"⑤，《群雄事略》"之成书在天启七年（1627）"⑥，而"癸未

① 钱谦益著，钱曾笺注，钱仲联标：《牧斋初学集》，上海古籍出版社1996年版，出版说明第4页。

② 钱谦益著，钱曾笺注，钱仲联标：《牧斋初学集》，出版说明第3页。

③ 钱谦益著，钱曾笺注，钱仲联标：《牧斋有学集》卷39《复吴江潘力田书》，上海古籍出版社1996年版，第1350页。

④ 钱谦益著，钱曾笺注，钱仲联标：《牧斋有学集》卷38《答徐巨源书》，第1314页。

⑤ 钱谦益著，钱曾笺注，钱仲联标：《牧斋初学集》卷28《皇明开国功臣事略序》，上海古籍出版社1996年版，第844页。

⑥ 朱鸿林：《明人著作与生平发微》，广西师大出版社2005年版，第26页。另据《国初群雄事略》的点校说明，认为在天启六年前后。钱谦益撰，张德信、韩志远点校：《国初群雄事略》，中华书局1982年版，出版说明第1页。

（1643）岁，《国初》及《群雄事略》已削稿"。故从时间上看，刊刻《初学集》时，《功臣事略》同其他二书一样早已完稿，完全具备了入选《太祖实录辨证》一书的客观条件。正是基于此，我们完全可以推断，钱氏在谈及《太祖实录辨证》一书的内容来源时，只字未提《功臣事略》，说明此书不在选编之列。

故而我们可以肯定《太祖实录辨证》一书是钱谦益在《国初事略》和《群雄事略》二书撰成之后，从中抽取可单独成段的条目裒辑成册，汇入《初学集》一同刊刻，而非专为考据而作。

第二节　对明当朝史的史实考据

钱谦益虽是一代文宗，其诗更是有着"流风余韵，犹足耸人"[1] 的美誉，然"考异刊正，实获我心"[2] 之语却道出了他真正的治学兴趣，即考订史实异同，辨析史实正误才是他钟情之所在。考览其当朝史考据的相关内容，我们不难发现，钱谦益对明当朝史的考据时间上大体以洪武一朝为主，考据的内容则基本涵盖了洪武朝史事记载中最为后世争议的地方。

一　龙凤事迹

盖是因"帝王之兴，虽受命于天，未始不因乎人，盖必有所佑助维持而后成"[3] 之故，国初史臣在《太祖实录》中如实记载了朱元璋起自草莽，初见滁阳也只被任命为九夫长等诸事。然倘若滁阳之于太祖有佑助之恩，可提供捍蔽、借为声援的宋政权更该居功甚伟，《太祖实录》却"讳言龙凤事"[4]。为了撇清同韩林儿的关系，史臣不惜篡改史实，如不用其年号，讳言其所授官职等。《太祖实录》所剩与韩林儿有关的直接记载仅

---

① 沈德潜：《清诗别裁集》卷1《钱谦益》，上海古籍出版社2013年版，正文第1页。

② 钱谦益著，钱曾笺注，钱仲联标校：《牧斋有学集》卷39《复吴江潘力田书》，上海古籍出版社1996年版，第1350页。

③ 钱谦益撰，张德信、韩志远点校：《国初群雄事略》卷1《宋小明王》，中华书局1982年版，第62页。

④ 钱谦益撰，张德信、韩志远点校：《国初群雄事略》卷1《宋小明王》，第38页。

剩"汝、颍倡乱者杜遵道、刘福通等，自砀山夹河迎韩山童之子林儿为帝"① 和"群盗遍满中原……小明王称帝于亳"② 两条。钱氏对此非常不满，有"高皇帝未尝讳也，而载笔之臣讳之"③ 之语。经过钱氏仔细考据，还是在实录中发现了一些同韩林儿相关，却经史家篡改的蛛丝马迹。遂以多种史料证国史之讳，存史事真相。

　　若按《太祖实录》所记，韩林儿称帝后封朱元璋为左副元帅，但朱元璋以"大丈夫宁能受制于人"④ 为由没有接受，此后还有丙申"秋七月己卯朔，诸将奉上为吴国公"⑤ 之事，皆讳言为韩林儿之命。然钱氏指出从渡江开帅府，直至吴国公、吴王，"皆出龙凤之命，或如藩镇承制故事"⑥。同时又以俞本《记事录》、叶子奇之上书为据，指出朱元璋为吴国公当在辛丑正月，国史记载不仅时间有误，更用"部下尊奉"来掩盖实则被宋政权分封的史实真相。钱氏认为"帝王之兴，岂以区区封爵早晚为重轻"⑦，讥讽史臣此举实为无识之极。

　　韩林儿之死，实录不载。在《宋小明王》本传中，钱氏只书"十二月，宋主小明王韩林儿殂"⑧，并在其后详列《通鉴博论》《庚申外史》所载内容。虽此二书说法不一，钱氏却未有考论。在《太祖实录辨证》"洪武八年三月"条中，钱氏以《通鉴博论》是宁宪王奉敕编定"实我圣祖所注意者"⑨ 为由，推断书成上表进献，得朱元璋首肯之后，方能"镂版内府"，进一步肯定了《通鉴博论》的史料真实性。故而以此书为据，

---

①　《太祖实录》卷3，台湾"中央研究院"历史语言研究所1966年版，第29页。

②　《太祖实录》卷66，第1249页。

③　钱谦益著，钱曾笺注，钱仲联标：《牧斋初学集》卷90《国史问策》，上海古籍出版社1996年版，第1873页。

④　《太祖实录》卷3，第30页。

⑤　《太祖实录》卷4，第45页。

⑥　钱谦益著，钱曾笺注，钱仲联标：《牧斋初学集》卷101《太祖实录辨证一》，第2101页。

⑦　钱谦益著，钱曾笺注，钱仲联标：《牧斋初学集》卷101《太祖实录辨证一》，第2108页。

⑧　钱谦益撰，张德信、韩志远点校：《国初群雄事略》卷1《宋小明王》，第39页。

⑨　钱谦益著，钱曾笺注，钱仲联标：《牧斋初学集》卷103《太祖实录辨证三》，上海古籍出版社1996年版，第2123页。

断定在丙午年"廖永忠沉韩林儿于瓜步"①，实非自然死亡。

《太祖实录》连朱元璋与龙凤政权的隶属关系都不载，与明初君臣对韩林儿态度相关的记载就更无迹可寻。故而，刘基反对迎奉韩林儿之事虽别史多有载之，却独不见于《太祖实录》及《太祖实录·刘基小传》。钱氏据黄伯生所书《诚意伯行状》有刘基"骂曰：彼牧竖耳，奉之何为？遂不拜"②。钱氏以时局考之，认为朱元璋已奉龙凤正朔，而刘基为当世大儒谋略过人"不应孟浪若此"，推断此语"在癸卯克安丰之后"③更符合事理。且刘辰也于《国初事迹》中记刘基以"不应轻出，若救出来，发付何处"为由，反对朱元璋援安丰。钱氏认为此乃刘基不奉韩林儿之本谋。

二　争霸战争

元失其鹿，斩木揭竿而起者甚多。起义之初，郭子兴与朱元璋均处下风。同"汝、颍、徐、淮"相比，滁阳郭子兴既非最先举义旗者，亦非实力最强者。即使俱在濠州城中，与郭子兴一同起义的"俞、鲁、孙、潘"四人，出身一致、谋智和同，位皆在滁阳之上。而朱元璋本是布衣，家贫如洗，在"四境逼迫，讹言日甚"的情况下才投奔濠州，由滁阳亲兵起步，最终自立门户，渡江开府。虽强敌环绕，"处汉、吴二强寇之间，东西扫荡，从容指挥"④，并最终取元代之。因此明初史臣在撰述此段历史时，不单单要凸显朱元璋潜居民间时已有天命，更要对朱氏荡平强敌之武功大书特书。其中三家争霸诸事，史籍载之甚多，错互不一。无论是有意曲解，还是失察之过，钱谦益综合各方记载，厘清史实真相，直指各家记载得失。

力克陈友谅，是朱元璋争霸天下的关键一步。癸卯四月，陈友谅趁朱

---

① 钱谦益著，钱曾笺注，钱仲联标：《牧斋初学集》卷103《太祖实录辨证三》，上海古籍出版社1996年版，第2123页。

② 钱谦益著，钱曾笺注，钱仲联标：《牧斋初学集》卷102《太祖实录辨证二》，第2113页。

③ 钱谦益著，钱曾笺注，钱仲联标：《牧斋初学集》卷103《太祖实录辨证三》，第2123页。

④ 钱谦益撰，张德信、韩志远点校：《国初群雄事略》卷1《宋小明王》，中华书局1982年版，第40页。

元璋有事安丰，举兵东下进围洪都，却最终在八月泾江口之战中兵败身死。此间，双方交战多次，战况惨烈，史籍记载错漏百出。钱氏对陈友谅的考证主要围绕着这场交锋展开。如考鄱阳一役。此战为诸役最烈，朱元璋一度被困，形势危急，幸得常遇春射中张定边得解御舟之围，此事《太祖实录》记为七月戊子，朱善"奉诏"① 而书的《程国胜神道碑》记载相同，但宋濂"受诏……序而铭"② 的《开平神道碑》则有不同的记载，七月戊子仅有射中定边一事，至于胶沙脱险之时间，两者却"相去一月"③。同样是奉敕所撰，差别如此之大。钱氏以理考之：

> 鄱阳之役，两军相持，我军殊死力战，莫甚于戊子、己丑、辛卯三日。至禁江口则彼以战败突归，而我为邀击之师，其大势非前日比矣。御舟胶浅，及开平力战之事，其当在戊子无疑也。④

此二碑虽非一人所作，但皆属时人奉敕而撰，在证明此役上具有同等的史料价值。虽朱善所撰与实录相同，似已可以证宋濂之误，但钱氏还是结合当时实际的战争环境，从理证的角度进一步阐述了宋濂之误，可谓有理有据，言之凿凿。

"器小志骄则好生事"⑤ 的张士诚同样是朱元璋争霸道路上的心腹大患，钱氏不仅在《国初群雄事略》详列张士诚之事，对张士诚及其建立的东吴政权的考证涉及了很多方面，最突出的事例便是考张士德被擒。按《太祖实录》载，张士德为武宁王徐达于丙甲七月在常州设伏擒之，且有御制《武宁神道碑》为证。然宋濂奉诏所撰《梁国赵武桓公神道碑》却

---

① 朱善：《安定侯程忠愍公神道碑》，见《明文衡》卷72，吉林人民出版社1998年版，第673页。

② 宋濂：《銮坡前集》卷2《大明敕赐银青荣禄大夫上柱国中书平章军国重事兼太子少保鄂国常公赠翊运推诚宣德靖远功臣开府仪同三司上柱国太保中书右丞相追封开平王谥忠武神道碑铭有序》，见《宋濂全集》，浙江古籍出版社1999年版，第348页。

③ 钱谦益著，钱曾笺注，钱仲联标：《牧斋初学集》卷102《太祖实录辨证二》，上海古籍出版社1996年版，第2116页。

④ 钱谦益著，钱曾笺注，钱仲联标：《牧斋初学集》卷102《太祖实录辨证二》，第2116页。

⑤ 《明太祖实录》卷58，台湾"中央研究院"历史语言研究所1966年版，第1140页。

记在丁酉"秋七月丙子，攻常熟"①擒获张士德。如此开国大事，一边是"丰碑国史，简册昭然"，一边是奉诏撰写，必经呈进，而擒张士德的时间、地点、将领记载无一相同。钱氏综合参考《国初事迹》《辍耕录》《元史》《梧溪集》等官、私所撰史料，详加对比、排缵解剥。既有直举史实记载如"士德陷杭在七月，其败归平江当在八月"②，从时间顺序论其不可能在常州被擒；又有合理推论，如据《太祖实录》朱元璋擒张士德之后曾与张士诚有书信来往，其中有"生禽张，汤二将，尚以礼待，未忍加诛"③之语，钱氏推之擒贼擒王，倘抓获对方主帅张士德"何以匿而不言，但及张汤二将耶"④，直指各类记载错互抵牾之处有六。最终得出张士德被擒一事的相关记载当"以赵武桓之碑为正"⑤的结论。并以时人俞本所撰《皇明本纪》、永乐时期官修《天潢玉牒》《武桓碑》佐证自己的立论，加强可信度。不仅如此，钱氏还指出实录之所以失实，主观上是因为"误记士德被擒于前，而不欲泯其主谋降元之事，故曲为之辞"⑥。客观上，钱氏则结合实际情况，有一个推测分析：地点不一，为传写之讹误；主将不一，因武桓听从徐达调遣；时间不一，为用兵之际，奏报错互之故。事后书史又多据当时功状，当时不查就已经有错，事后再书更难发现。

同元朝之间的战争也是钱氏考据的对象之一。如徽州之战为朱元璋日后向长江上游的发展奠定了基础，是灭元之战中重要一役。据《太祖实录》此战杨完者率众十万来犯，明军大破之，"生擒其将胡辛等一百五十八人，苗众奔溃"⑦。如此大的胜利，钱谦益却发现我方主将记载不一，

---

① 钱谦益著，钱曾笺注，钱仲联标：《牧斋初学集》卷101《太祖实录辨证一》，上海古籍出版社1996年版，第2104页。

② 钱谦益著，钱曾笺注，钱仲联标：《牧斋初学集》卷101《太祖实录辨证一》，第2104页。

③ 《明太祖实录》卷4，第49页。

④ 钱谦益著，钱曾笺注，钱仲联标：《牧斋初学集》卷101《太祖实录辨证一》，第2104页。

⑤ 钱谦益著，钱曾笺注，钱仲联标：《牧斋初学集》卷101《太祖实录辨证一》，第2105页。

⑥ 钱谦益著，钱曾笺注，钱仲联标：《牧斋初学集》卷101《太祖实录辨证一》，第2105页。

⑦ 《明太祖实录》卷116，台湾"中央研究院"历史语言研究所1966年版，第1893页。

各有说辞。据《宁河神道碑》为邓愈与胡大海等将"分门并出,奋兵力战,大败其众"①,《越国新庙碑》所记则为"公自婺源兼程以进……众皆披靡而遁"②,凸显胡大海之神勇而一字未及邓愈。碑文不同,取证于实录。然实录之丁酉岁所记与《越国新庙碑》同,而《太祖实录·邓愈传》又与《宁河神道碑》基本相同,同为国史所载而前后错互。钱氏据当时明军守备考之,认为邓愈是徽州守将,而胡大海是外围援兵"此战两公共事无疑也"③,此论颇正。时徽州新克即命邓愈守之,元兵大举来犯,哪有守军如邓愈者不战,而仅以援军胡大海迎之之理,于理不通。当是二人合力击退元军更符合事理。至于时间上的不同,钱氏取征同为奉敕撰修的《程忠愍公神道碑》也记为十月,裁定时间上以十月为正。不仅如此,钱氏还以三碑互证,推断徽州之战相关事件顺序当为:邓愈、胡大海先克徽州在七月,留邓愈守,继而有"(汪)同与国胜等皆降"④在九月,才可"奉宁河调遣",十月杨完者率兵欲复徽州,胡大海率兵回防,与邓愈再次并肩御敌。

三　功臣之死

与上述两个方面不同的是,《太祖实录》在记载国初功臣之死时存在的问题非常明显。除去直书如蓝玉、李善长等人为诛死、自经外,剩下的多数功臣或仅以寥寥数言交代死亡时间,或虽为该功臣立传却对死因含糊其辞,或者干脆不书其所终。不仅"义例尤错互不一",还显得讳莫如深。相较之下,私家之史对功臣之死虽大书特书,却众说纷纭,让人莫衷一是。如黄金的《开国功臣录》云"凡功臣赐死与伏诛者,皆讳而书

---

①　朱梦炎:《卫国公增宁河王谥武顺邓愈神道碑》,见焦竑《献征录》卷5,上海书店出版社1987年版,第184页。

②　宋濂:《銮坡前集》卷5《胡越国新庙碑》,见《宋濂全集》,浙江古籍出版社1999年版,第435页。

③　钱谦益著,钱曾笺注,钱仲联标:《牧斋初学集》卷101《太祖实录辨证一》,上海古籍出版社1996年版,第2107页。

④　钱谦益著,钱曾笺注,钱仲联标:《牧斋初学集》卷101《太祖实录辨证一》,第2107页。

卒"①，郑晓则以蓝玉之"伏诛"区别李善长等人的"暴卒"，钱谦益认为此乃"晓之微指也"②。而钱氏因曾入馆修《神宗实录》，得以翻阅文渊阁秘藏诸书，获见众人未能见之史料，如朱元璋手诏、《昭示奸党录》《逆臣录》《公侯袭封底薄》以及各种奉敕所撰诸书，结合《太祖实录》所载相关史实，考证出多数功臣是遭国初胡、蓝谋反案所累，几乎被株连殆尽，得辨各书正误。这部分的考据也是钱氏着力最多者，通览全书有近三分之一的内容与此相关，足见国史之舛误和钱氏之重视。钱氏还据自己的考证结果，对《太祖实录》里记载的功臣之死进行了分类，大致包括了"直书自经及赐死者""直书其事而曰伏诛者"③ 等七大类。可见，明初官方不单是妄图掩盖事实真相，且史臣修史也是全无章法，钱氏讥讽史臣无识不无道理。

例如，作为影响明初政局最重要事件之一的胡、蓝谋反案件，不仅在时间跨度上基本贯穿了洪武朝中后期，在涉案人员上同样牵连甚广。仅胡惟庸一案，朱元璋以"肃清逆党"为由大肆株连，最终"词所连及坐诛者三万余人"④，蓝玉谋反案"族诛者万五千人"⑤。一番血腥清洗之后，丰沛旧臣所剩寥寥。相较记载其他开国元勋死事的三言两语、一笔带过，《太祖实录》言之凿凿地直书了胡蓝党狱首犯胡惟庸、李善长是谋反被诛。尤其胡惟庸从被告发到死，间隔非常短，当时也并未公布其罪状。朱元璋是在李善长被诛之后，才有《昭示奸党录》等内容刊行。在朱元璋的诏书、谕旨中对胡惟庸罪行的描述前后有一定的出入。最为典型的就是洪武十三年谕旨曰："岂意奸臣窃持国柄，枉法诬贤，操不轨之心，肆奸欺之蔽，嘉言结于众舌，朋比逞于群邪，蠹害政治，谋危社稷。譬堤防之将决，烈火之将燃，有滔天燎原之势，赖神发其奸，皆就殄灭。"⑥ 虽长

---

① 钱谦益著，钱曾笺注，钱仲联标：《牧斋初学集》卷105《太祖实录辨证五》，上海古籍出版社1996年版，第2151页。

② 钱谦益著，钱曾笺注，钱仲联标：《牧斋初学集》卷105《太祖实录辨证五》，第2151页。

③ 钱谦益著，钱曾笺注，钱仲联标：《牧斋初学集》卷105《太祖实录辨证五》，第2151页。

④ 张廷玉：《明史》卷308《奸臣传》，中华书局1974年版，第7909页。

⑤ 张廷玉：《明史》卷132《蓝玉传》，第3867页。

⑥ 《明太祖实录》卷129，台湾"中央研究院"历史语言研究所1966年版，第2049页。

达八十余字，实则即强调擅权。但洪武二十八年颁行《礼制集要》，朱元璋谈到胡惟庸的罪证时，却又成了"擅作威福、谋为不轨，僭用黄罗帐幔，饰以金龙凤文"①，而新增的这两条僭越行径，在当时与谋反无异。这种差异未能在实录中更正，加之国初文网森严，人人自危，几乎无人敢著史，随着时间的推移案件的面貌也就更加模糊不清。

因此，国史的前后不一让不少史家疑惑重重，更给了野史发挥的余地。解缙虽未有考证之语，但认为李善长已经位极人臣，即便是想犯上作乱都不见得说得通，更勿论事成"亦不过勋臣第一"②，与此时没有分别，完全没有反叛的必要。郑晓认为国初"诸狱未可知"③。谈迁有"或曰惟庸非叛也。素作威福……积疑成狱"④的评价，即谈迁认为胡惟庸是死于"积疑成狱"而非谋反，不然同罪同谋，何以李善长等人当时无事？当然，也不是所有明代史家都对此持怀疑否定的态度，沈德符以洪武二十六年诏书为据，推测"韩公之祸似未必甚冤"⑤。纵览上述明人观点，在表述时基本都采用了"或曰""似未"等这类表示推测的词。这一方面是因为《太祖实录》的记载含糊不清，让人怀疑处众多；另一方面也与缺乏一手文献资料密不可分。

钱氏在考证此事时底气十足。他以事发时案件的一手史料为基础，参照《太祖实录》等诸书所记反叛诸事，一一对照、详加考证。在《太祖实录辨证》中有两个条目专以胡、李为中心，其中之一更是独立成为《太祖实录辨证四》。除去此条考证篇幅确实过长的客观原因外，也能从一定程度上体现钱氏对考证胡党谋反案的重视。钱氏爬梳、辨析官方一手文献之后认为胡、李谋反确有其事，因此在他的考证中，就不存在论证胡、李是否确是谋反。而是在胡、李谋反的前提下，指出并纠正《太祖实录》、野史中所记与招供不相符的地方。对胡惟庸谋反的考证主要关注了云奇告发胡惟庸谋逆和胡惟庸私第位置。考李善长谋反诸事，目的主要是解《太祖实录》既书胡、李合谋造反，何以胡死于洪武十三年，而李死

① 《明太祖实录》卷 243，第 3529 页。

② 解缙：《代虞部郎中王国用论韩国公冤事状》，见《明文衡》，吉林人民出版社 1998 年版，第 72 页。

③ 郑晓：《今言》卷 2，中华书局 1984 年版，第 114 页。

④ 谈迁：《国榷》卷 7，中华书局 1958 年版，第 582 页。

⑤ 沈德符：《万历野获编》卷 5《李善长》，中华书局 1959 年版，第 136 页。

于洪武二十三年之惑，同时考辨对李善长的处置和李善长家人结局。

除了功臣死亡原因，钱谦益还在王世贞考功臣位次的基础上作《鸡鸣山功臣庙考》一文。既肯定了王氏"独考其误"之功，又要尽王氏"未及详"诸事。首先，旁征博引驳王氏功臣庙位次中的"虚位塑像"说。其次，考鸡鸣山最终定祀二十一人之确切时间。钱氏以同为官修的《太祖实录》《会典》《一统志》记载错互，野史更另有说辞的实际情况，认为"吾未有征也"①，充分体现了他"信以传信，疑以传疑"②的修史理念。

四　建文朝事

因建文史事"既无实录可考，而野史真赝错出"③的缘故，钱谦益在自己的当朝史考据中基本未涉及靖难、革除之事，但这并不代表他不关注此段历史。在其文集中，钱氏便专以《致身录考》《书致身录考后》两文对明季广为流传的、专记建文逊国诸事的《致身录》和《从亡日记》二书的真伪进行了详细的考辨，从其行文中也能看出钱氏对革除事迹的一些看法。有学者指出钱谦益在"靖难史观下主张文皇帝心事与让皇帝至德说，相信建文逊国出亡、诸臣从亡，认为逊国诸臣是忠臣"④，此论仅着眼于钱氏晚年作品，而未提及钱氏在早期之看法，也就勿论分析钱氏为何一事前后结论反差如此之巨的原因了。

建文逊国一说由来久矣。王世贞就曾在《史乘考误》中对此提出了自己的怀疑。随着时间的推移和建文事迹的逐渐发酵，社会上关于建文逊国的传说越来越多，亟须一个完整的、系统的说法将它们整合起来，于是层累的建文史就在《致身录》中被构建了起来。此书甫经问世"士大夫皆信之"⑤，足见社会反响之大。更有甚者，欧阳调律凭此上疏崇祯帝要求为史仲彬"请谥立祠，附方、铁诸公之后"，钱氏对此颇不以为然。遂

---

① 钱谦益著，钱曾笺注，钱仲联标：《牧斋初学集》卷22《鸡鸣山功臣庙考》，上海古籍出版社1996年版，第753页。

② 钱谦益著，钱曾笺注，钱仲联标：《牧斋初学集》卷22《书致身录考后》，第759页。

③ 钱谦益著，钱曾笺注，钱仲联标：《牧斋初学集》卷22《书致身录考后》，第759页。

④ 姜明会：《略论钱谦益对建文朝历史的认识》，《常州大学学报》（社会科学版）2014年第2期，第68页。

⑤ 张廷玉：《明史》卷143《牛景先等传》，中华书局1974年版，第4065页。

"以墓表暨录参考之，断其必无者有十"①。据钱氏文中所述，明确指出的参考史料包括了《清远史府君墓表》《明古行状》《朱吉墓记》《西村集》《逊国臣记》，通过文中所述"奉诏籍报民间废田，减邑税若干""入官元年谏改官制"以及王彝、张羽、解缙等人各自生平经历，可见至少还当参考了《太祖实录》《仁宗实录》，可谓将同此事相关的国史、野史、家乘悉数囊括在内。从史仲彬《墓表》没而不书其为逊国遗臣、史仲彬行迹、死亡原因和时间、谏改官制时间、路遇解缙等人时间、史鉴在《西村集》大书特书革除之事、独不载先祖史仲彬等十个方面力证此书为伪。为了进一步增强可信度，钱氏还举史家后人兆斗"先生之言"此书为伪"是也"之语，佐己所言不虚。

　　晚于《致身录》而出的《从亡日记》同样被钱氏证为"踵《致身录》之伪而为之者也"②。程济事迹，多为传会未必确也，虽随至南京，谁见之而谁识之？著作身份不清，此为其一。又从书籍流传角度，提出疑问"谁授之而谁传之？又将使谁正之乎"③，书籍来历不明，此为其二。钱氏认为，此二书期会出现，伪造后者不过是为"疏通证明"《致身录》中所谓的"程济亦有私记，载建文君出亡之始末"④一事，此为其三。因此钱氏不禁感慨"《日记》出而《致身录》之伪愈不可掩矣"⑤。不仅如此，钱氏还在文中附带说明了诸如懿文新月之句、铁氏二女教坊之作、《史翼》之载李祺、《吾学编》之载常升等诸事，皆系伪作。虽然钱氏也同情建文时期的忠臣义士，但倘若"过而存之"于史，不仅会使革除之书"且充栋宇，而其庙祀且遍阛阓"⑥，还会使成祖无所容于天地。

　　可见，此时期钱氏虽然对建文帝及死难诸臣深表同情，但因建文逊国诸事不但实录无征，更是传闻异辞、伪史杂出，同其一贯坚持的"信史可

---

① 钱谦益著，钱曾笺注，钱仲联标：《牧斋初学集》卷22《致身录考》，上海古籍出版社1996年版，第755页。

② 钱谦益著，钱曾笺注，钱仲联标：《牧斋初学集》卷22《书致身录考后》，第758页。

③ 钱谦益著，钱曾笺注，钱仲联标：《牧斋初学集》卷22《书致身录考后》，第758页。

④ 钱谦益著，钱曾笺注，钱仲联标：《牧斋初学集》卷22《书致身录考后》，第759页。

⑤ 钱谦益著，钱曾笺注，钱仲联标：《牧斋初学集》卷22《书致身录考后》，第759页。

⑥ 钱谦益著，钱曾笺注，钱仲联标：《牧斋初学集》卷22《书致身录考后》，第760页。

征百世"① 的修史理念相冲突。因此在对待此类事迹时，钱氏秉持了非常谨慎的态度。我们甚至可以认为在此阶段他连"过而存史"的行为都不愿为之。但钱氏的观点于明亡之后发生了剧变。在其所撰《建文年谱序》中一改往日初衷，以"信固当传，疑亦可恤。过而存之，不忍废也"② 为出发点，解释了自己为何此次没有"援据史乘，抗词驳正"，同时还赞许了赵士喆"会粹诸家记录"而"备国故，搜遗忠"的行为，国亡史存的遗民史家心态可见一斑。尤为值得注意的是，钱氏虽未有考证革除事迹真相，但从其言辞如"靖难犁庭，神武丕烈"③"文皇帝之心事，与让皇帝之至德"④ 等，我们似可以推断出钱氏是赞成太宗靖难，建文出奔一说的。他在明亡之后的这番说辞，不仅全了太宗之名，又替建文正了名，可谓是晚明时期史家对此二帝的典型认识。

通过上文的分析可知，《太祖实录辨证》一书收录的考据条目多以洪武朝敏感事件为主。但此书一稿成书、刊刻皆在明亡之前，尽管天下已然大乱，然正统仍在。在这种情况下，虽钱氏避免不了时代局限，对某些史事的辨析仍有疏漏，但他能在此时对洪武朝国史讳言的诸事进行如此深刻、全面的揭讳之举，不仅表明晚明史学在崇实黜虚思潮之下的发展进步，史学本该具有的真实性、严肃性得到了一定的恢复，更能展示钱氏扎实的史学功底，修成信史的愿望和行动，时至今日仍是值得肯定和褒扬的。

第三节　考据方法

正是因为钱谦益清醒地认识到"史家之难，其莫难于真伪之辨"⑤，在面对如此复杂多样的史料情况下，精准地把握考证方法尤为重要。今人对钱氏考史方法的总结中，陈宝良先生提出了以诗证史、本证法、旁证法三种。段晓亮在其硕士论文中则将钱氏的考证方法与特色合为一节讨论，

---

① 钱谦益著，钱曾笺注，钱仲联标：《牧斋初学集》卷56《按察萧公墓志铭》，上海古籍出版社1996年版，第1390页。
② 钱谦益著，钱曾笺注，钱仲联标：《牧斋有学集》卷14《建文年谱序》，第685页。
③ 钱谦益：《列朝诗集》乾集卷上《太宗文皇帝》，中华书局2007年版，第10页。
④ 钱谦益著，钱曾笺注，钱仲联标：《牧斋有学集》卷14《建文年谱序》，第685页。
⑤ 钱谦益著，钱曾笺注，钱仲联标：《牧斋有学集》卷14《启祯野乘序》，第686页。

其内容包括了"互相对勘比证；以诗证史；实事求是，存疑存异"① 三种。笔者认为此二位学者虽各自把握住了一部分钱氏考史的特色，仍探讨得不够全面，例证不够翔实，尤其段晓亮学者将方法与特色糅合到一起的做法笔者尤其不赞同。在笔者看来钱氏撰写《功臣事略》时，明言了自己 "先之以国史，证之以谱牒，参之以别录"② 的辨别史料真伪之方法，而事实上，兼取三史史料相互参证的考证原则基本贯穿了钱氏整个的考史过程，而以诗证史虽在当朝史考据中使用的较少，但毋庸置疑这也是钱氏考据的方法之一，此外还有理证之法也同样为钱氏考辨史事提供了思路。

一　三史互证

将史料分为国史、家史、野史的标准也得到了钱氏的认可，他在吸收王世贞三史失实原因分析基础上，结合自己的史学实践，对三史失实的具体原因及容易出现歪曲史实之处还进行了分析。在钱氏眼里，"国史伪"是由于旧有的修史机制如"丝纶之簿，左右史之记，起居召对之籍，化为煨烬"③，于是在朝官员便可以 "各以己意为记注"，肆意在国史中造假；而因官方记载的缺失，导致"史馆之实录，太常之谥议，琬琰献征之记载，委诸草莽"④，故而世家子弟便在家史撰述中 "各以私家为掌故"，随心所欲表彰先人功绩，而 "家史伪"；当人人皆可撰史，且好 "各以胸臆为信史"⑤ 时，史事的真实面貌已很难寻觅了，更不消说其中还不乏 "才华之士" 不自贵重，为了钱帛折腰，写一些与史实不符的文章，加剧了 "野史伪" 的程度。三史之伪各有不同，却都影响了史书内容的真实性。

在当时的时代背景下，钱氏对三史失实的批判、抨击存在一定合理性和理论深度，但其言辞激烈片面地否定野史、家乘的史料价值也是不足取的。事实上，虽然钱氏此处并未肯定三史有价值的一面，但在其实际的考

---

① 段晓亮：《钱谦益史学研究》，硕士学位论文，南开大学，2006 年，第 38—40 页。

② 钱谦益著，钱曾笺注，钱仲联标：《牧斋初学集》卷 28《皇明开国功臣事略序》，上海古籍出版社 1996 年版，第 844 页。

③ 钱谦益著，钱曾笺注，钱仲联标：《牧斋有学集》卷 14《启祯野乘序》，第 686 页。

④ 钱谦益著，钱曾笺注，钱仲联标：《牧斋有学集》卷 14《启祯野乘序》，第 686 页。

⑤ 钱谦益著，钱曾笺注，钱仲联标：《牧斋有学集》卷 14《启祯野乘序》，第 686 页。

据、撰史中还是对三史各自的优点加以利用。纵览钱氏全部考据成果，兼取三史史料，兼之以逻辑推理的考证原则基本贯穿了钱氏整个的考史过程。仅以两例加以说明。

如在《太祖实录》"癸巳冬"条下，考彭早住称王时间。钱氏先是引《太祖实录》所记，有"是冬者，癸巳之冬也"之明示。而《滁阳王庙碑》虽最后由张来仪撰写，但最初的手稿是朱元璋亲自完成。在皇权至上时期，张氏改动的可能性几近为零，故将其称为朱元璋之作也未尝不可。内载"二姓僭称，俱在壬辰奔濠之时"。此说还有旁证一则：《皇明本纪》所记同《庙碑》。此书乃时人俞本所撰，俞本从军"自元制辛卯，至大明之丁丑……历观兴口成败"①，是元明易代的亲历者。从其自述来看，基本追随的还是朱元璋这一支队伍。可见，国史所记同当时人所书的谱牒类、野史类资料均不相符。于是钱氏继续引朱元璋文集《高帝纪梦》所载，其曰"当年冬者，亦癸巳之冬也"，同《太祖实录》。然而《滁阳王庙碑》《高帝纪梦》同为朱元璋所撰，记载彭早住称王时间却不相同。于是，钱氏再佐以时势考之二人称帝"当在元兵解围之后"②，《实录》与《高帝纪梦》所言为是。

又如在"癸卯秋七月丁亥"条考韩成之死。此事可谓是国初功臣身亡之中最具传奇色彩的一件。鄱阳一役是朱元璋同陈友谅的生死决斗，《太祖实录》仅云韩成死事，反倒是黄金在《开国功臣录》中大书特书在朱元璋被困的危急关头，韩成"服御袍对敌自沉"之壮举，并云其因而得以首祀康山。此说为许多史家接受，还将韩成比之为汉将纪信，广为传播。流传日久且愈演愈烈，至正德中御史唐龙刻《群忠录》韩成已位列第一，明末祀典更是依此而行。钱氏认为此事舛误甚重，亟须改正，详列理由如下。第一，《太祖实录》仅记韩成战死，而无自沉之语。钱氏认为，若韩成果以代死，如此英烈壮举《太祖实录》必书之，即便是"国史故多讳辞，然以成之忠烈如此"③ 一字不提有违常理。此处为钱氏之理证。第二，据朱善奉诏所撰的《程国胜神道碑》有"公等反绕敌舰之后，

---

① 俞本：《记事录·自述》，见陈学霖《史林漫识》附录，中国友谊出版公司 2001 年版，第 460 页。

② 钱谦益著，钱曾笺注，钱仲联标：《牧斋初学集》卷 101《太祖实录辨证一》，上海古籍出版社 1996 年版，第 2099 页。

③ 钱谦益著，钱曾笺注，钱仲联标：《牧斋初学集》卷 102《太祖实录辨证二》，第 2115 页。

援兵不接力战死之"①，钱氏据此推断程国胜、韩成等人当是援绝而死。此条为碑文证据。第三，以当时战况而言，两军相持胶着，尚未一决雌雄。若主帅卒然身亡则"军心尽解，我将何以自固"？自乱阵脚实乃兵家大忌，朱元璋虽不是用兵如神，断也不会目光短浅至此。此条同为理证。第四，按黄金所记，享康郎山功臣庙中祭祀诸功臣，韩成位列第一。然查《太祖实录》中书省所列康郎山祭祀诸臣名册，韩氏位列第三，《大明会典》与之相同，与黄金所言相出入。此条证据摘自国史。以此四点为由，钱氏遂有"成若代死，则必首祀。成不首祀，则不代死"②之定论。在这条考据中，钱氏充分运用国史、碑文所记，综合逻辑推理来驳野史之舛误，无论从立论、举证、推理的角度都堪称完美，而黄金《开国功臣录》之谬误也就昭然若揭了。

从钱氏考证的整体来看，对三史史料价值判断非常灵活。如有当以《实录》为证者，也有以《实录》为误者，更有直斥"国史之不足征，一至于此"③者。野史中如刘辰《国初事迹》共佐证考证六条，有据理推断为误者，如"何以了不置喙"④；也有如"刘辰所记，盖不谬也"⑤的认同；有称赞碑文"纪其事最详"⑥者，也有"出于传会，不足信"⑦者。可见，在诸家记载不一之时，钱氏断定史料价值真实与否的最重要的原则非为其所属类别，而是根据实际情况，强调一手史料的价值。如在钱氏的考证中运用了不少朱元璋的御制文集以证《太祖实录》之伪，有相招胁

---

① 朱善：《安定侯程忠愍公神道碑》，见《明文衡》卷72，吉林人民出版社1998年版，第675页。

② 钱谦益著，钱曾笺注，钱仲联标：《牧斋初学集》卷102《太祖实录辨证二》，第2115页。

③ 钱谦益著，钱曾笺注，钱仲联标：《牧斋初学集》卷104《太祖实录辨证四》，第2136页。

④ 钱谦益著，钱曾笺注，钱仲联标：《牧斋初学集》卷101《太祖实录辨证一》，第2104页。

⑤ 钱谦益著，钱曾笺注，钱仲联标：《牧斋初学集》卷102《太祖实录辨证二》，第2118页。

⑥ 钱谦益著，钱曾笺注，钱仲联标：《牧斋初学集》卷102《太祖实录辨证二》，第2115页。

⑦ 钱谦益著，钱曾笺注，钱仲联标：《牧斋初学集》卷102《太祖实录辨证二》，第2117页。

迫祷于神之事、亲驰还是遣人追太祖之事、郭子兴次夫人之事、朱亮祖之死因等。在此类事件中，朱元璋作为最高当权者且为事件亲历者，钱氏认为他的记载比三修过的《太祖实录》真实性高，《太祖实录》当据御制文集改之。又如国初诸功臣之死，《太祖实录》、家史、野史造伪原因虽不尽相同，诸人结局也是往往各有说辞，但共同造成了记载的混乱。针对此种局面，钱氏在考证中牢牢把握以官方一手文件，如庚午诏书、《昭示奸党录》《逆臣录》等为准绳的原则，裁定诸书正误。钱氏也是由此才有"今幸有券文诏书可以考证"① 功臣死亡真相的感慨。

二　以诗证史

以诗证史早已有之，在钱氏这里被运用得更加纯熟。他不仅从《孟子》书中的"《诗》亡然后《春秋》作"一语为立足点，亮出了自己"《春秋》未作以前之《诗》，皆国史也"② 的看法，并将其作为自己以诗证史的理论依据，更因钱氏在明末文坛非凡的影响力，在客观上推动了此法的传播，为更多人所熟知。因此，钱氏考据方法中也属此法最为今人所称道，如陈宝良先生指出"'以诗证史'是一种钱氏前不曾有人用过的史学考证方法"③。然此语似有些武断，最起码郑晓在自己的考证中就用过此法，如：

> 国朝定鼎金陵，本兴王之地，然江南形势终不能控制西北，故高皇时已有都汴、都关中之意。观洪武元年诏曰……其以金陵、大梁为南、北京。方希古《懿文太子挽诗》曰：相宅图方献，还京疾遽侵。关中诸父老，犹望翠华临。盖有都关中之议，以东宫薨而中止也。④

郑晓此条考证以洪武时人方孝孺之诗，佐证洪武元年朱元璋之诏书所指，符合钱氏"以诗证史"之意，为此法非钱氏首创之明证。而在《〈钱

---

① 钱谦益著，钱曾笺注，钱仲联标：《牧斋初学集》卷 103《太祖实录辨证三》，上海古籍出版社 1996 年版，第 2123 页。

② 钱谦益著，钱曾笺注，钱仲联标：《牧斋有学集》卷 18《胡致果诗序》，第 800 页。

③ 陈宝良：《论钱谦益的史学》，载《明史研究》第 6 辑，1999 年，第 34 页。

④ 郑晓：《今言》卷 4，中华书局 1984 年版，第 158—159 页。

注杜诗〉中的诗史互证与时代精神》一文中，作者用不少的实例证明以诗证史"从宋人注杜开始，到钱氏的大量运用经过了一个从尝试到成功的阶段"①，更加可以说明此法非为钱氏首创，而是在钱氏这里被完善、并大量使用。

《太祖实录辨证》一书中涉及此例的有两条。"丙申七月"条下考张士德被擒之时间、地点。在此条的考证中，钱氏之所以会留意到诸书记载的差异，是因他于万历戊午读《夷白集》时发现陈基所记张士德被擒一事不同于"丰碑国史"。苦于证据不足，只得让"怀疑胸臆，如有物结塞者"②之感一直保留到天启六年发现一条新史料——《梁国赵武桓公神道碑》为止。钱氏之所以因陈诗起疑，则是陈基为元末名士，张士德入吴后网罗至自己帐下，士德被擒之时陈基也身在其中故。在考证过程中，钱氏又引"伪周"遗老王逢《梧溪集》中一首诗佐证"士诚之归元，其谋皆出于士德"，证《太祖实录》之误。

又"辛丑九月"条下考陶安官职变迁。陶安在乙未朱元璋渡江至太平时就已向他投诚，且颇受礼遇。然钱氏发现，陶氏官职自知黄州府到知饶州，诸书记载不同。无论是《太祖实录》还是《陶安传》都记陶安是自黄州知府直接调任为饶州知府，中间并未任其他官职。然钱氏发现徐纮《集传》和谢理《太平人物志》都有癸卯平黄州后以陶安为知府，后"改桐城令，寻移知饶州"的记载，从而使得陶安任黄州知府的时间和调任过程都存在区别。钱氏以《陶学士诗集》、壬寅（1362）年《忆别》诗、《书事》中记"今年春二月玺书命守土，两日抵黄州"③、《甲辰守黄州初至作》④诗，综合证明陶安是在甲辰出任黄州知府，徐纮《集传》为正。而陶安出任桐城令一事，国史、本传皆无。但陶安诗作中《十月七日舟发枞阳》自注"时迁往桐城旧县"、诗《腊八日发桐城》《千秋节》之作，皆是其在桐城的明证，因此可知"二传之有据，而《太祖实录》与本传

① 郝润华：《〈钱注杜诗〉中的诗史互证与时代精神》，博士学位论文，南京大学，1999年，第8页。

② 钱谦益著，钱曾笺注，钱仲联标：《牧斋初学集》卷101《太祖实录辨证一》，上海古籍出版社1996年版，第2106页。

③ 陶安：《陶学士集》卷1《书事》，见《景印文渊阁四库全书》集部第1225册，台湾商务印书馆1987年版，第583页。

④ 陶安：《陶学士集》卷4，第621页。

咸有脱误"①。在此处之考证中，陶安的诗作成为最关键的证据。在《列朝诗集》中钱氏当又发现了新史料，补书之"出知黄州，降桐城令，移知饶州，仍改知黄州"②。

除了收入《太祖实录辨证》一书中的这两条外，在《群雄事略》中也有一些以诗证史的例子。如考安丰之战主将人选。《平吴录》所记同于《太祖实录》，皆云"吕珍攻刘福通等于安丰"，俞本《记事录》有"安丰被张氏围困"③之语，却未明言张氏为何人。《月山丛谈》认为吕珍为前锋且张士诚亲自出马。同记一役，而主将姓名却各有不同。钱氏最后引陈基《癸卯二月十一日官军发吴门》诸诗，裁定"吕珍先将兵往，而士信率兵继之"④。

在《列朝诗集》中，钱氏于《宫女图》一诗下有考辨曰：

> 吴中野史载季迪因此诗得祸，余初以为无稽。及观国初昭示诸录所载李韩公子侄诸小侯爱书，及《高帝手诏》豫章侯罪状，初无隐避之辞，则知季迪此诗盖有为而作。讽喻之诗，虽妙绝千古，而因此触高帝之怒，假手于魏守之狱，亦事理之所有也。⑤

钱氏此考意义重大。吴中小说多云高启此人因诗见罪于朱元璋被诛，钱氏不信，后见国初诸录，考之，高启此诗确有涉讽刺朱元璋后宫之嫌，彼时虽未治罪已"触高帝之怒"。后来苏州知府魏观在张士诚皇宫旧制上翻修府衙，高启作文且有称颂张士诚之意，再次犯忌，下狱腰斩。此事野史载之甚多，如祝允明《野记》⑥书之甚详，《续震泽纪闻》中也有"坐观党死。以其《上梁文》有'龙盘虎踞'语"⑦的记载。可见，高启虽因诗见嫌于朱元璋在先，却没有被处死。死因最终落脚点还是在触动了朱元

① 陶安：《陶学士集》卷4，见《景印文渊阁四库全书》集部第1225册，台湾商务印书馆1987年版，第621页。

② 钱谦益：《列朝诗集》甲集卷11，中华书局2007年版，第1349页。

③ 钱谦益撰，张德信、韩志远点校：《国初群雄事略》卷7，第180页。

④ 钱谦益撰，张德信、韩志远点校：《国初群雄事略》卷7，第180页。

⑤ 钱谦益：《列朝诗集》甲集卷4下，第1079页。

⑥ 祝允明：《野记》，见《中华野史》卷7，三秦出版社2000年版，第5945页。

⑦ 王禹声：《编修槎轩高公》，见《震泽先生别集》，中华书局2014年版，第164页。

璋害怕手下"谋逆"的神经上。

通过这些考证可以看出，"以诗证史"达到的作用至少有：一是发现问题，如张士德被擒，高启之死；二是作为考据旁证，如张士诚归元之事；三是补充国史记载之阙，如陶安官职升迁；四是证《太祖实录》之谬误，如安丰之战谁为主将。当然，我们同样可以看到，使用以诗证史的方法对使用者的文学素养和史学素养都有很高的要求，二者缺一皆不能用。

三　本证及理证

除去三史互证、以诗证史这两种难度较高的考据方法外，钱氏在自己的考据中明言自己使用了一种所谓"以子之矛，陷子之盾"①的考据方法，也就是后来多被称为"本证"的方法。在此之前，明代学者陈第于《毛诗古音考》中提出"列本证、旁证二条。本证者，《诗》自相证也"②，焦竑将其诠释为"取《诗》之同类者胪列之为本证"③。钱氏将这种研究古音韵方法运用到史学考据中，也获得了一定的成绩。

首先在《鸡鸣山功臣庙考》中，钱氏以"同是祀典，同是国史，而前后舛错如此"④，初步断言虚位塑像一事为非。祀典、国史同为官修属性相同，即为焦竑所谓之胪列同类之本证。在"戊戌二月"条下考明玉珍陷嘉定路时间、称陇蜀王时间、攻克云南时间，《元史·顺帝纪》《太祖实录》所记无一相同，钱氏遂感慨"其错互不一如此"。因缺乏旁证，钱氏只能据二书以理证——修《元史》之时，明还未能攻克明玉珍之蜀地，"《实录》则平夏之后本其《载记》而存之"⑤，裁定记载断以实录为正。与此同时，钱氏考明玉珍之事，也能从一个侧面说明为何他对《元史》有"潦草卒业，实本朝未成之书"⑥的看法。

单独使用逻辑推理的考据方法，在《太祖实录辨证》中也有体现。

① 钱谦益著，钱曾笺注，钱仲联标：《牧斋初学集》卷22《鸡鸣山功臣庙考》，上海古籍出版社1996年版，第752页。

② 陈第：《毛诗古音考·自序》，中华书局1991年版，前言第2页。

③ 焦竑：《毛诗古音考·序》，见《毛诗古音考》，前言第1页。

④ 钱谦益著，钱曾笺注，钱仲联标：《牧斋初学集》卷22《鸡鸣山功臣庙考》，第752页。

⑤ 钱谦益著，钱曾笺注，钱仲联标：《牧斋初学集》卷102《太祖实录辨证二》，第2113页。

⑥ 钱谦益著，钱曾笺注，钱仲联标：《牧斋初学集》卷25《书瀛国公事实》，第686页。

如在"庚子六月"条下有考为：

> 郑晓《异姓诸侯传》载茂才与友谅书辞云云。当时仓卒致书，战后于敌舟卧席下得之，安得雕刻书尺，流传人间？此郑氏传会之陋也。①

钱氏此处考证并未博引其他文献记载，反驳郑晓之失，单从当时的实际情况出发，指出两军交战，战机稍纵即逝。时间仓促，哪来闲情逸致留存副本。郑晓此言有违常理。论证简洁明了，充分展示了钱氏的学识以及考史时的自信。

综合上文所举诸例来看，钱氏在考据明史时使用了各种考证方法，有的是前人已用，钱氏则使用得更加娴熟、细腻，如三史互证；有的是援用考经之法入史，如本证法；有的则是将其发扬光大，如以诗证史。而其考证之时援引的史料也更加广泛、丰富，不仅使得考据过程更加严密，考据结果更加令人信服，同时因其引文详载出处，客观上还起到了存史的作用。

第四节　考据特点

尽管钱谦益的当朝史考据从篇幅上来讲仅有薄薄一册共计52条，加上文集中所涉及的单篇考据，从数量和内容上讲在他的皇皇巨制中颇渺不足道。然这些考据的内容基本包含了钱氏在史学领域的诸多见解，甚至在一定程度上可以代表钱氏在史学领域取得的最大成就。他的当朝史考据不仅在史实上厘清了明初诸多疑团，展现了自己对史学求真务实、经世致用作用的肯定和发扬，更是通过在考据中穿插的点评之语充分表达了自己对史著、史家、历史撰述的种种观点，这些观点在其自身的撰述中也得到了充分体现。

一　详考太祖一朝史事，取鉴当代

因《太祖实录辨证》一书内的考据条目是抽取自《国初事略》和

---

① 钱谦益著，钱曾笺注，钱仲联标：《牧斋初学集》卷102《太祖实录辨证二》，上海古籍出版社1996年版，第2110页。

《群雄事略》，此二书又是以记载太祖朝史事为主，考辨内容主体是太祖朝史事不足为奇。然在钱氏文集中所涉及考据当朝史的单篇文章中，如功臣庙位次，建文帝生死，也是太祖朝事。《列朝诗集小传》中偶有考证，也多涉及明初之事。如钱氏列举的"出于《太祖实录辨证》初稿之后"的"刘膴，刘三吾及朝鲜陪臣诸事"：考"刘三吾"是为驳郑晓、王世贞等人的"暴卒"① 说，考"刘膴"是为证"《贴黄》载膴以袭封次年卒"为误②，"朝鲜陪臣"是指考洪武年间朝鲜李氏篡权，郑梦周"不附成桂之事"③。前两者同样是事关洪武朝功臣之死，后一条发生地虽在番邦朝鲜但也发生在洪武一朝，即其增订的史事也是以洪武一朝为主。可见，钱氏对当朝史的考据基本集中在太祖一朝，这是钱氏当朝史考据最突出的特点之一。

既然钱氏有撰史之志，也充分认识到修二百五十余年之史困难重重，也极有可能已经完成了一部分明史的修撰。④ 其他各朝实录失实之处也不在少，钱氏为何将自己的考史精力主要放在太祖一朝史事之上呢？据其自述可知，他显然是认为撰修国史虽难，而"尤难者则无甚于国初"⑤，并以龙凤事迹不载、伪周之事错互、韩成鄱阳代溺三例论证自己的观点。综合钱氏考异刊正诸文，此三例实则代表了他详细考证的三类史事，即：龙凤事迹，争霸战争，功臣之死。这些固然是国初诸家史籍记载失实的典型表现，也确实成为钱氏考辨的重点，但仍旧无法完整地解释钱氏专注考辨太祖朝之史的原因。

既然这些考据条目多数源自《国初事略》《群雄事略》二书，而钱氏考据又是为了撰史，也就是说钱氏撰此二书的动机和目的则直接同钱氏唯考国初之事密切相关。在流传下来的史料中，事关《国初事略》的记录甚少，但此三书内容间存在一定的交叉却是可以肯定的。如在《群雄事略》中有这样的四条记载：

① 钱谦益：《列朝诗集小传》甲集《刘学士三吾》，上海古籍出版社1996年版，第84页。
② 钱谦益：《列朝诗集小传》甲集《小诚意刘膴》，第72页。
③ 钱谦益：《列朝诗集小传》闰集《守门下侍中郑梦周》，第801页。
④ 按邹式金在《有学集序》中也提到其"留心于明史，博询旁稽，纂成一百卷"。见钱谦益著，钱曾笺注，钱仲联标《牧斋杂著》，《附录·有学集序》，上海古籍出版社2007年版，第953页。
⑤ 钱谦益著，钱曾笺注，钱仲联标：《牧斋初学集》卷90《国史问策》，上海古籍出版社1996年版，第1873页。

奔濠州者，当为彭大，其辨详见《滁阳事略》中。①

《平吴录》"士诚攻安吉，永安与战太湖被获。"误也。详见《永安事略》。②

伯升后坐胡党，见《胡惟庸事略》。③

脱脱既围高邮，即分兵西平六合，盖为此也。详在《龙凤事略》中。④

通过对比史料可知以下几点。第一，彭大奔濠州之事，《群雄事略·滁阳王》传中确有详辨，钱氏所言不虚。第二，永安、胡惟庸很显然是功臣，也就是说此二书在内容上有交叉，而这两条的详细考证当在《功臣事略》中。《功臣事略》全书完稿于丁卯（1627）八月，按钱氏书法之意推之，此二条辨析之所以简略且有"详见""见"的明确指向，当是撰《周张士诚》传时，《永安事略》《胡惟庸事略》已成。第三，所谓《龙凤事略》者，结合文义以及笔者所引其他三则史料推之，定属《国初事略》。而"详在"一词，推之以常理当是撰写此条考据内容时，脱脱之事已辨析分明，故是"在"《龙凤事略》中。可见，此二书不仅内容有交叉，且至少在撰写《周张士诚》传时，《龙凤事略》已经完成。综合考量三书内容上的互见，以及大概撰述、成书时间，此三者极有可能是并作，成书先后间隔也当不大。因此，虽《国初事略》《功臣事略》全书亡佚仅余《群雄事略》，然综合多处记载，我们还是可以对其三书的撰述原因做综合考察。

据钱氏自述可清楚知晓《功臣事略》撰述的基本情况。"是书经始于天启四年癸亥。又明年乙丑除名为民，赁粮艘南下，船窗据几，摊书命笔，归田屏居，溷厕置笔，越三年始告成事……谦益狂愚悖直，触忤权幸。幸圣朝宽仁，得以优游里闬。"⑤ 以此撰述时间，参以钱氏生平可知，

---

① 钱谦益撰，张德信、韩志远点校：《国初群雄事略》卷1《宋小明王》，中华书局1982年版，第10页。

② 钱谦益撰，张德信、韩志远点校：《国初群雄事略》卷7《周张士诚》，第170页。

③ 钱谦益撰，张德信、韩志远点校：《国初群雄事略》卷8《周张士诚》，第197页。

④ 钱谦益撰，张德信、韩志远点校：《国初群雄事略》卷7《周张士诚》，第142页。

⑤ 钱谦益著，钱曾笺注，钱仲联标：《牧斋初学集》卷28《皇明开国功臣事略序》，上海古籍出版社1996年版，第845页。

在天启元年（1621）之时他就因"权幸"陷害落入"科场关节"陷阱，以疾告归。虽天启四年（1624）升官起复，但很快就在魏忠贤等人把持朝政之下，遭到弹劾，天启五年（1625）再次出京。虽然钱氏在此处的叙述语气平缓，丝毫未见抱屈衔冤、怨天尤人之感，反倒写出了点感念天恩、悠然自得的味道。然在明亡之后，钱氏回忆起这段历史却又有了这样的说辞，"削夺之命骤下，踉跄出都门……于时党禁戒严，标题有'奸党'二字，缮写者援手昨指，早晚出入阁门，将钞书夹置裤裆中，仅而得免"①，前后描述差别不啻天渊！况且，想其早岁登科、踌躇满志，拟以"三不朽"立身，本该最易"立功"却因屡次触忤权幸而频频被逐。洪武时期功臣多因太祖猜忌而遭党案牵连惨遭屠戮，现今党案又起，自身仕途更是屡遭其害，以古鉴今难免有所感慨。又钱氏在天启壬戌（1622）得《司马文正公神道碑刻》，却到天启五年（1625）冬十一月才作《记温国司马文正公神道碑后》。文中不仅详述司马光死后的荣辱变迁，更是发出了"公墓志废兴，关于有宋之存亡"②的感慨。同病相怜，物伤其类之感呼之欲出。

《群雄事略》虽一早完成，却直到崇祯末年才另为其单独撰序。《开国群雄事略序》写就之时，不仅明之将亡，其在崇祯一朝的仕途波折也让他饱受屈辱。身为"爱官人"的他一生以入阁为终极目标，而枚卜的失利让他几欲成狂。在"十一月初六日召对感恩述事二十首"中，不仅以"宫邻初散鼠狐群，殷殷成雷又聚蚊"③表达了自己的愤怒，更云自己差点到了"伏阙引刀男子事，懒将书尺效江淹"④的地步。仕途受阻于奸佞小人和崇祯的不明事理，其愤慨可想而知。故钱氏在序文之中，先是浓墨重彩地讴歌了太祖朱元璋在元末天下大乱之际，从一个群雄间的微乎微者而成"建帝王万世之业"⑤，再顺势带出了对庚申帝的拷问。而此时不仅

---

①　钱谦益著，钱曾笺注，钱仲联标：《牧斋有学集》卷38《与吴江潘力田书》，上海古籍出版社1996年版，第686页。

②　钱谦益著，钱曾笺注，钱仲联标：《牧斋初学集》卷26《记温国司马文正公神道碑后》，上海古籍出版社1996年版，第816页。

③　钱谦益著，钱曾笺注，钱仲联标：《牧斋初学集》卷6《崇祯诗集二》，第188页。

④　钱谦益著，钱曾笺注，钱仲联标：《牧斋初学集》卷6《崇祯诗集二》，第186页。

⑤　钱谦益著，钱曾笺注，钱仲联标：《牧斋初学集》卷28《开国群雄事略序》，第846页。

天下局势同元末类似，崇祯也非亡国之君——不仅勤于政事，“批阅至丙夜不休”①，遇到紧急军情更是“忧劳国事，旨中夜数发”②，能够关心民间疾苦，京师大旱“苧袍步祷”，但崇祯好“自用聪明”③，重用诸如“为人外曲谨而中猛鸷，机深刺骨”④的温体仁等奸佞之人，更是“性多疑”而好宦官，同钱氏文中所举庚申帝何其相像！文末所言要人主“以庚申为前车”，联系文前对太祖的歌颂和文末对当世的讽刺，经世致用之思想表露无遗。因此，再加上《功臣事略》所述内容，钱氏详考太祖一朝史事，取鉴当代、借古喻今之意，大白于天下。

二 重视金石碑铭

笔者在上文讨论钱谦益的当朝史考据内容时已经指出，钱氏虽然对家史之伪大加批驳，但在实际的考据过程中，他对金石碑铭的重视程度非一般史料能比，甚至多处以碑志证国史之舛误。综合钱氏所著书目和其他各类的官、私书目来看，《太祖实录辨证》全书出现的家史类史料总共包括了《皇陵碑》⑤《天潢玉牒》、仁祖太祖及亲王的《主壻谱牒》，各类家传、行状、碑文等。用于考证的各类神道碑、新庙碑等更是多达 14 种，主要内容见表 3-1《钱谦益考据使用碑铭详情》。

表 3-1 钱谦益考据使用碑铭详情

碑名⑥	碑主	撰写人	撰写情况⑦	在《太祖实录辨证》中的使用	钱氏的考据结果	
					碑文	实录
《滁阳王庙碑》	郭子兴	张来仪	朱元璋亲稿以授	卷 1 · 壬辰闰三月	正	误
				卷 1 · 居数月	正	尽没其实
				卷 1 · 癸巳冬	误	正

① 李清：《三垣笔记》，《附识 · 崇祯》，中华书局 1982 年版，第 187 页。

② 张廷玉：《明史》卷 256《毕自严传》，中华书局 1974 年版，第 6612 页。

③ 《崇祯实录》卷 15，台湾“中央研究院”历史语言研究所 1966 年版，第 428 页。

④ 张廷玉：《明史》卷 308《温体仁列传》，中华书局 1974 年版，第 7932 页。

⑤ 按：《明史 · 艺文志》中《皇陵碑》属谱牒类。

⑥ 按：此处碑文名称直录钱谦益书中所书，和原碑名称略有出入；又凡《太祖实录辨证》明言撰述人者，遵从《太祖实录辨证》原文。无者另考之；又钱氏文中明示为敕撰者不再另考。

⑦ 按：凡皇帝亲旨令撰之者，谓之敕撰，而碑铭中不记，无所判断者，则空之。

续表

碑名	碑主	撰写人	撰写情况	在《太祖实录辨证》中的使用	钱氏的考据结果	
					碑文	实录
《武宁神道碑》	徐达	朱元璋	御制	卷1·乙未春正月	正	夸大
				卷1·丙申七月	误	误
《宋国公追封三代碑》	冯胜	刘三吾①	未标明	卷1·乙未六月	误	正
《东瓯神道碑》	汤和	方孝孺	敕撰②	卷1·乙未七月	正	脱略
				卷2·甲辰三月	误	实录正，实录汤和本传误
				卷2·洪武元年五月	误	误
《宁河神道碑》	邓愈	朱梦炎	敕撰③	卷1·乙未七月	正	脱略
				卷1·丁酉七月	正（徽州之战主将）	实录宁河本传正，实录误
					正（徽州之战时间）	误（徽州之战时间）
《梁国赵武桓公神道碑》	赵德胜	宋濂	敕撰④	卷1·丙申七月	正	误
《胡越国新庙碑》	胡大海	方孝孺⑤	未标明	卷1·丁酉七月	误（徽州之战主将）	实录误，实录宁河本传正
					正（徽州之战时间）	误（徽州之战时间）
				卷2·甲辰冬	正	误

① 刘三吾：《坦斋刘先生文集》卷上《大明敕赐开国辅运推诚宣力武臣特进荣禄大夫右柱国宋国公同参军国事冯胜追封三代神道碑并序》，见《北京图书馆古籍珍本丛刊》，《集部·明别集类》，书目文献出版社1998年版，第37页。

② 方孝孺：《信国公追谥襄武封东瓯王汤和神道碑》，见《献征录》卷5，上海书店出版社1987年版，第186页。

③ 朱梦炎：《卫国公增宁河王谥武顺邓愈神道碑》，见《献征录》卷5，第184页。

④ 宋濂：《銮坡后集》卷1《大明敕赐故怀远大将军金江南等处行枢密院事赠荣禄大夫江西等处行中书省平章政事上柱国追封梁国公赵公神道碑铭有序》，见《宋濂全集》，浙江古籍出版社1999年版，第569页。

⑤ 宋濂：《銮坡前集》卷5《胡越国新庙碑》，见《宋濂全集》，第435页；《献征录》卷6《越国公胡大海新庙碑》，上海书店出版社1987年版，第201页，此二书均署宋濂之名；《太祖实录辨证》卷二所记为方孝孺代宋濂撰。

续表

碑名	碑主	撰写人	撰写情况	在《太祖实录辨证》中的使用	钱氏的考据结果	
					碑文	实录
《安定伯程国胜神道碑》	程国胜	朱善①	敕撰	卷1·丁酉七月	正	误
				卷2·癸卯四月	正（戊子之战）	脱略（戊子之战）
				卷2·癸卯秋七月	正（程胜之死）	误（程胜之死）
				卷2·友谅骁将	正	略
					正	正
《胡深神道碑》	胡深	宋濂②	未标明	卷1·己亥十一月	正	误
《方国珍神道碑》	方国珍	宋濂	敕撰	卷2·壬寅六月	无关正误	无关正误
《开平神道碑》	常遇春	宋濂	敕撰③	卷2·友谅骁将	误（时间）	正
《郭英神道碑》	郭英	杨荣④		卷2·郭英	误	正
《陕国公神道碑》	郭兴	刘三吾⑤	敕撰	卷2·郭英	正	正

通过此表，可以看出碑文在钱氏证史中发挥了巨大的作用。使用碑文考证集中在前两卷的 15 条考据中，占一半以上。各类碑文共参与考证 25 次⑥，碑文有误之处 8 次，得证《太祖实录》舛误、脱漏、前后错互等共计 19 处。在"丁酉七月"条下考徽州城下之战，更是只引《宁河神道碑》《胡越国新庙碑》《程国胜神道碑》三碑以校《太祖实录》，不仅得考《太祖实录》记载自相矛盾、前后不一，还推断出《太祖实录》在记

---

① 朱善：《安定侯程忠愍公神道碑》，《明文衡》卷 72，吉林人民出版社 1998 年版，第 673 页。

② 宋濂：《銮坡前集·大明故王府参军追封缙云郡伯胡公神道碑铭》，见《宋濂全集》，第 370 页。

③ 宋濂：《大明敕赐银青荣禄大夫上柱国中书平章军国重事兼太子少保鄂国常公赠翊运推诚宣德靖远功臣开府仪同三司上柱国太保中书右丞相追封开平王谥忠武神道碑铭有序》，见《宋濂全集》，第 348 页。

④ 杨荣：《神道碑铭·开国辅运推诚宣力武臣柱国武定侯赠营国公谥威襄郭公神道碑铭》，见《文敏集（外三种）》卷上，上海古籍出版社 1991 年版，第 263 页。

⑤ 刘三吾：《坦斋刘先生文集·敕赠开国辅运推诚宣力武臣荣禄大夫柱国同知大都督府事巩昌侯追封陕西公谥宣武郭公神道碑铭并序》，书目文献出版社 1998 年版，第 33 页。

⑥ 按：全书共用考证 26 条，但钱氏引《方国珍神道碑》只是为了证明太祖朱元璋对察罕的重视，无关史事正误，故未包括在内。

载此战时把诸将七月拔徽州发生之事与十月杨完者率军欲复徽州而发生的城下之战混淆，"订《实录》之误"①。

钱氏在使用碑文进行考据的时候，也非常注意碑文的真实性，从两个方面有所体现。首先，属于敕撰类的碑文"奉诏撰碑，必经呈进"，在当时皇权至高无上的情况下，史臣撰碑必不敢夸大乱写，钱氏批评的"飞头借面，欺生诬死"更是不可能出现。更何况家史类史料在"赞宗阀、表官绩"方面还有"不能废"的典型长处，而钱氏拿来考辨的也多是如此。其次，钱氏在考据中有这样一段话：

> 洪武改元，革除龙凤之后，史家追改之，断非旧文，无可疑者。家有旧版《逊志斋文集》，摩挲此一行，楮墨模糊，刮剔之痕迹宛然，二百年来改窜之遗迹，犹可想见。②

钱氏此语可谓精辟至极。碑文多刻于石头上，一旦刻成更改极难，非毁坏而不能行。况且在占代宗法制下，坏人碑文事一般也不易达到。故碑文在不能被随意删改这一点上具有书籍无法比拟的长处，因此被钱氏拿来考订国史之误。前文中笔者已经指出，《太祖实录辨证》一书有三分之一以上内容同功臣之死有关，而这部分内容中全然不见神道碑的引用。这在当时的条件下是极为正常的。这些功臣基本都是受党案牵连至死，有的甚至还牵连族人，无人主持撰修神道碑之事也是平常，更何况即使有，也是满纸讳言。加之这些功臣的死亡原因国史中都语焉不详，在国初文网森严之下，几乎无人敢冒天下之大不韪替他们树碑撰文。

综合这些可以看出，钱氏不仅对碑文记载之长短了如指掌，同时也能充分地利用金石碑文达到考据目的。这是其当朝史考据中一个很突出的特点。

三　考史的编纂意识

笔者在前文中已经论述过，《太祖实录辨证》虽为考史专著，却并不

---

① 钱谦益著，钱曾笺注，钱仲联标：《牧斋初学集》卷101《太祖实录辨证一》，上海古籍出版社1996年版，第2107页。

② 钱谦益著，钱曾笺注，钱仲联标：《牧斋初学集》卷102《太祖实录辨证二》，第2119页。

是钱氏专门为考史而作。正如其所言"考核真伪"的目的是"可以据事迹，定褒贬"①，"疏通证明，然后知信以传信，可备著国史"②，撰成信史。因此在这一点上，他同王世贞一样。但相较王世贞而言，他的《太祖实录辨证》却是"取其文略成章段者"并"手削"之后才成，也就是说此书是在已有考据条目上经过"编排删定"后为之，即无论是在挑选考据条目、排定条目顺序上都是经过一番思量的。这是《太祖实录辨证》一个非常重要的特点。

　　钱氏对全书的思考、安排从第一步挑选史料就开始了。钱氏选编进入一稿的《太祖实录辨证》条目，虽不能涵盖其整个的当朝史考据成就，但入选的条目也基本囊括了洪武朝史事记载舛误最集中、最为后世史家诟病的地方，能够代表他对洪武朝的考据成果。从现存《群雄事略》一书保留下来的考据内容来看，还有不少未能收录进《太祖实录辨证》，如上文所举考安丰之战的将领。③又如明玉珍诸事钱氏在《群雄事略》中考之甚多，也不乏能"略成章段者"，但收入《太祖实录辨证》一书的仅有一条。这些未收入《太祖实录辨证》的考据条目，足以说明钱氏在选编时有足够多的素材可供挑选。再加上此书刊刻又无经济压力，完全有条件将所有考据成果全部收入，但钱氏却只挑选了52条，可见至少在一稿刊刻时，钱氏是非常认可这些考据条目的。《太祖实录辨证》在一定程度上可以看作钱氏给当时学界亮出的一份考据答卷，用它们来展示、代表自己的考据水平。

　　另外，《太祖实录辨证》全书以朱元璋的降生为卷首第一条。不可否认，这固然是同《太祖实录》的编排顺序有关。钱氏从考据角度出发，为朱元璋的神圣地位添砖加瓦：先以天象"娄星"隐喻太祖；继而考太祖所出之断梅山由来，"周世宗征淮，以荆、涂二山乃濠州之朝冈，有王者气，命断之。有梅族居此，因名断梅山"④；佐以元末童谣"但看羊儿年，便是吴家国"⑤，吴元年即为丁未羊。除了已有天象，在紧接着的第

　　① 钱谦益著，钱曾笺注，钱仲联标：《牧斋有学集》卷14《启祯野乘序》，上海古籍出版社1996年版，第686页。

　　② 钱谦益著，钱曾笺注，钱仲联标：《牧斋初学集》卷25《书瀛国公事实》，第686页。

　　③ 按：见上文"二　以诗证史"，第136页。

　　④ 祝穆：《方舆胜览》卷48《淮西路·濠州》，中华书局2003年，第864页。

　　⑤ 宋濂等：《元史》卷51《五行志二》，中华书局1976年版，第1107页。

二条的考证中，钱氏又用宋太祖南京高辛庙"过是则为天子"①类比朱元璋皇觉寺祷神"得毋当举大事"②，得出"帝王之兴，一何其相类也"③的结论。既有祥瑞之征兆，又有民心之所向，还有前代帝王之先例，有理有据地把天命当属朱氏的种种条件描述得清楚无疑。

然而，我们若是反查《太祖实录辨证》一书的史料来源，钱氏的这种良苦用心就会体现得更加明显。这两条考证全文虽未在《群雄事略》中出现，但其考据所用史料已有部分体现：

> 先是，童谣曰："富汉莫起楼，贫汉莫起屋，但看羊儿年，便是吴家国。"迨本朝定都建康，筑郊坛于南门，郊天受命，改至正二十七年为吴元年，实丁未也，岂不验哉！④
>
> 皇上潜居民间，为讹言所逼，惧祸将及，遂挺身入濠梁。⑤
>
> 壬辰二月二十七日，陷濠梁而拒守之，哨掠四乡，焚烧庐舍……四掠良民，以绛系首，称为乱民以献功。于是，良民受害，呼亲唤旧，相继入城，合势共守。予当是时尚潜草野，托身缁流。于是，祷于伽蓝，容予倡义，遂决入濠城。⑥

上述三条史料最终出现在《太祖实录辨证》首部位置约有两种情况：一是钱氏是在《群雄事略》史料的基础上，添加完善后放入第一条的位置；二是抽取自《国初事略》。在上文中笔者已经讨论过《国初事略》最起码是有《龙凤事略》一文，而从常理以及钱氏诸文推之，龙凤事迹当以韩林儿为主，考太祖出生之事也不当据此书之首。《国初事略》现已亡佚，无从考证。但在《群雄事略》中，全书第一条的考证为"奔濠州者，

①　钱谦益著，钱曾笺注，钱仲联标：《牧斋初学集》卷101《太祖实录辨证一》，上海古籍出版社1996年版，第2098页。

②　张廷玉等：《明史》卷1《太祖本纪》，中华书局1974年版，第2页。

③　钱谦益著，钱曾笺注，钱仲联标：《牧斋初学集》卷101《太祖实录辨证一》，第2098页。

④　钱谦益撰，张德信、韩志远点校：《国初群雄事略》卷1《宋小明王》，中华书局1982年版，第6页。

⑤　钱谦益撰，张德信、韩志远点校：《国初群雄事略》卷1《宋小明王》，第46页。

⑥　钱谦益撰，张德信、韩志远点校：《国初群雄事略》卷1《宋小明王》，第46页。

当为彭大"① 是毋庸置疑的，这条考证也被收录进《太祖实录辨证》，只不过在第一卷第五条。由"癸巳冬"条考辨位置的变化，再结合前两条考证有可能的来源，钱氏尊崇朱元璋，向往开国祖宗盛世的意图不言自明。

钱氏接下来的考证条目安排更加能够证明这一点。虽有天命，但在"外无尺土一民之助"② 的情况下，站稳脚跟、积蓄力量是争霸天下的第一步。在朱元璋初入濠州被门者所执，如何获救的问题上，各史记载已有分歧。钱氏《滁阳王传》——列举各家所说，而未有定论。明初史臣撰修《太祖实录》则另记"子兴遣人追至"，又不同矣。钱氏辨析《太祖实录》记载正误时，仅引《庙碑》所记内容，且以"《庙碑》为太祖亲稿以授张来仪者"③ 为由，裁定《太祖实录》记载有误。然查钱氏诸条考证，引用《高帝纪梦》一次④，《高皇帝御制文集》四次⑤，且均是作为一手史料佐证他书记载之误，充分说明钱氏对此二书史料价值的高度肯定。然在考本条内容时，二书所记内容不仅与《滁阳王庙碑》迥异，并且还被弃之不用。三文虽均为朱元璋亲笔所写，但"亲驰活之"与"良久得释"二语，不仅在获救时间上差别很大，滁阳王初见朱元璋时的态度也大不相同。联系《太祖实录辨证》上下文综合来看，钱氏独取《庙碑》以证实录之举，显然是别有用意。其一，选"亲驰"之说，显然对神化朱元璋更为有利。不仅能体现出钱氏所指的从字义上"缓急有间"之区别，还彰显了郭子兴之于朱元璋"脱危难，识潜微"⑥ 的恩德，更为重要的是能从侧面证明朱元璋确是真龙天子，与众不同。不然以郭子兴首领之尊，何

---

① 钱谦益撰，张德信、韩志远点校：《国初群雄事略》卷1《宋小明王》，中华书局1982年版，第10页。

② 钱谦益撰，张德信、韩志远点校：《国初群雄事略》卷2《滁阳王》，第62页。

③ 钱谦益著，钱曾笺注，钱仲联标：《牧斋初学集》卷101《太祖实录辨证一》，上海古籍出版社1996年版，第2099页。

④ 按：在《太祖实录辨证》卷1"癸巳冬"条，钱氏以《高帝纪梦》所记佐证"当年冬"为"癸巳之冬"。《牧斋初学集·太祖实录辨证一》，第2099页。

⑤ 此四条分别为《太祖实录辨证》卷1"壬辰二月"条证先有相招胁迫之事，后祷于神；卷3"洪武三年"条引《御制文集》中所存之高皇帝手诏；卷3"洪武十二年十二月"条引《御制文集》所存《废丞相汪广洋敕》；卷5"洪武十三年九月"条以朱元璋亲制《圹志》证《太祖实录》之误，而《圹志》存于《御制文集》中。

⑥ 钱谦益撰，张德信、韩志远点校：《国初群雄事略》卷2《滁阳王》，第62页。

故"亲驰"城门救一无名小卒。其二，此条考证位列《太祖实录辨证》卷一第三条。通过上文的分析可知，《太祖实录辨证》起首的两条考证，是从天人感应之"异象"来证明天命当归朱氏。此条考证位列第三，用滁阳王能识"真主于鱼服之中"，亲解困厄之举措，从人事的角度进一步证明朱元璋得天下是天命所归。联系此时时局，大明虽正统犹在，然大厦将倾，对朱氏天命、祖宗盛德的追忆也有了一丝别样的意味。

除去条目安排上对朱元璋的尊崇外，全书从整体安排上也有时间先后顺序。《太祖实录辨证》基本是按照考据时所引《太祖实录》条文的时间为序。这样一来，虽然考据涉及的内容会出现错乱，但文前的标目却是前后相继、井然有序的。尤其当阅览《太祖实录》时，倘以《太祖实录辨证》为辅，可一目了然地看到《太祖实录》中的错误，不用颠倒查询。这显然是钱氏有意为之，具备了一定的编纂体例。

四　为撰述立典范

钱谦益在文集中曾多次提到自己对史学撰述的看法，如他对马、班的推崇，"一则曰博求，二则曰虚己"① 的搜集史料方法，对史法、书法的强调等，这些都在钱氏考据里穿插的各种点评中得到了体现。他的点评基本也围绕着明当朝史撰述中存在的问题而来，而他所批驳的地方，也是他在自己的当朝史撰述中所要扭转、规避之处。因此，经删定之后成书的《太祖实录辨证》在一定程度上也就成为他的史学撰述思想在史学实践中的具体展示，倘若我们再将那些被他删改后收入《太祖实录辨证》的考据条目对比原文进行分析，就能够更为全面地了解钱氏的撰述原则。

（一）点评史著，强调博求

钱氏评论最多的就是考据时征引的史料。钱氏已经清楚认识到"昭代之人作昭代之史，忌讳弘多，是非错互"② 的明人当朝史撰述的整体现状。"史家异同，必取衷于国史"③ 一语，表明了钱氏对国史地位的肯定。

---

① 钱谦益著，钱曾笺注，钱仲联标：《牧斋有学集》卷14《启祯野乘序》，上海古籍出版社1996年版，第687页。

② 钱谦益著，钱曾笺注，钱仲联标：《牧斋初学集》卷28《少司空晋江何公国史名山藏序》，上海古籍出版社1996年版，第849页。

③ 钱谦益著，钱曾笺注，钱仲联标：《牧斋初学集》卷101《太祖实录辨证一》，第2106页。

他对"《实录》主存大体,故纪载颇略"①的点评,则道出了明实录先天的不足和限制。总体而言,钱氏对《太祖实录》的批评主要集中在书中的各种失实现象上。首先,为避讳而不载。朱元璋起自草莽,以韩林儿为主奉龙凤之命的历史颇为"载笔之臣讳之"②,导致连带元末群雄等事也是错漏百出。如张士诚的伪周,"无论事实牴牾,即岁月亦且互异"③。《太祖实录辨证》据他书以校,遂有"国史多忌讳,皆没而不书"④,"《实录》所载脱略"⑤,"《实录》之误,诚不可得而掩矣"⑥等语。除此之外,洪武年间受胡蓝二人谋反牵连的王侯众多,对诸人死因、死状等事《太祖实录》记载义例错互不一。钱氏考据之后总结道国史中凡是谓之功臣乃"自经赐死,皆史臣有隐之词,非事实也"⑦。其次,选取材料不恰当。不仅《太祖实录》于御制文集参考不多,如《滁阳王庙碑》为"太祖亲稿以授张来仪,实录不据"⑧,甚至于庚午(洪武二十三年)之诏书、《昭示奸党录》《逆臣录》等至关重要的官方文书也没有使用。最后,曲说失考。钱氏指出了不少《太祖实录》中因史官失察或为了掩盖错误,而错上加错之处。如"修《太祖实录》者,殆未及考耳"⑨,程国胜于两

---

① 钱谦益著,钱曾笺注,钱仲联标:《牧斋初学集》卷103《太祖实录辨证三》,上海古籍出版社1996年版,第2122页。

② 钱谦益著,钱曾笺注,钱仲联标:《牧斋初学集》卷90《国史问策》,第1873页。

③ 钱谦益著,钱曾笺注,钱仲联标:《牧斋初学集》卷90《国史问策》,第1873页。

④ 钱谦益著,钱曾笺注,钱仲联标:《牧斋初学集》卷101《太祖实录辨证一》,第2102页。

⑤ 钱谦益著,钱曾笺注,钱仲联标:《牧斋初学集》卷101《太祖实录辨证一》,第2103页。

⑥ 钱谦益著,钱曾笺注,钱仲联标:《牧斋初学集》卷101《太祖实录辨证一》,第2104页。

⑦ 钱谦益著,钱曾笺注,钱仲联标:《牧斋初学集》卷103《太祖实录辨证三》,第2126页。

⑧ 钱谦益著,钱曾笺注,钱仲联标:《牧斋初学集》卷101《太祖实录辨证一》,第2098页。

⑨ 钱谦益著,钱曾笺注,钱仲联标:《牧斋初学集》卷101《太祖实录辨证一》,第2100页。

庙皆不得祀，皆因"国史失于考核，遂成祀典百世之误"①等。这些加起来构成钱氏批评《太祖实录》之不足征的来源。

家史类材料在《太祖实录辨证》一书中主要以神道碑、行状、家传为主，虽在使用次数和种类上没有野史多，但在考证中也发挥了重要的作用。上文已经对敕撰碑文在考史中发挥的巨大作用进行了详细的论述，不再赘言。而家传类史料使用了两次，一处被评价为"郭氏家传亦不过载此疑似之词以夸示后世"②，一处为"家传特美其词，而国史因之也"③。出现在六条考证中使用的行状类史料，如《刘基行述》所述"金陵有天子气"云云被钱氏断为"门人子弟从而为之词，非公之本心也"④；在"洪武二十年"条考《开国功臣录》所载梁国公胡显事，钱氏以《楚昭王行实》《公侯伯袭封底簿》《太祖实录》等所载证《开国功臣录》之误。总的来说，钱氏既没有因为是御制、敕撰而盲从，也没有因其为门生故吏所书而一概否定。

钱氏考证中使用的野史材料还是相对较多的，如有刘辰《国初事迹》，黄金《开国功臣录》，郑晓《名臣记》《异姓诸侯录》，俞本《皇明记事录》，王世贞《功臣表》《史乘考误》《旧丞相府志》《开平世家》等，徐纮《集传》，苏伯衡《缪美传》，宋濂《张中小传》《铁冠传》，祝允明《九朝野记》，不书著者的有《国朝英烈传》《平吴录》《史翼》等，共计十余种。这类史料，经过钱氏的考证，有的颇为无稽，如评价《国朝英烈传》是"流俗"，在考胡美之死时，裁定"诸书皆缪，而《功臣表》蓝党之说尤为无稽"⑤，考常升之事，除《逆臣录》《袭封簿》以外的

---

① 钱谦益著，钱曾笺注，钱仲联标：《牧斋初学集》卷102《太祖实录辨证二》，上海古籍出版社1996年版，第2114页。

② 钱谦益著，钱曾笺注，钱仲联标：《牧斋初学集》卷102《太祖实录辨证二》，第2117页。

③ 钱谦益著，钱曾笺注，钱仲联标：《牧斋初学集》卷102《太祖实录辨证二》，第2118页。

④ 钱谦益著，钱曾笺注，钱仲联标：《牧斋初学集》卷102《太祖实录辨证二》，第2110页。

⑤ 钱谦益著，钱曾笺注，钱仲联标：《牧斋初学集》卷105《太祖实录辨证五》，第2144页。

"革除诸书所载，一切削去可也"①。也有野史记载可证国史、家史之伪，如"此国史之误，当以《国初事迹》正之"②，"非俞本之录大书特书，则宋、颖被诛之事遂不可考矣"③，故钱氏认为"《皇明驱倭录》谓野史之言皆僧徒粉饰，误也"④，即在他看来，野史还是能够保存一部分真实的史料。

在钱氏对三史展开的有针对性的批驳中，很多问题都可以通过使用他所主张的博求进而博证的方法避免。钱氏《太祖实录辨证》对考据过程的展示也是博求、博证的完美体现。如钱氏考史经典之一的张士德被擒一事，共计引《夷白集》《太祖实录》《武宁神道碑》《武桓公神道碑》《国初事迹》《辍耕录》《元史·顺帝纪》《元史·达识帖睦迩传》《梧溪集》《天潢玉牒》《皇明本纪》《平吴录》官私记载共计 12 种。

（二）点评史家，强调虚己

在钱谦益看来，时人著史好"各以胸臆为信史"，是造成野史舛误的一个重要原因。他对国初史家的点评主要以刘三吾、宋濂、俞本为主。"国初诸公记载之文，独刘学士最多讹缪，未可枚举"⑤，在《列朝诗集小传》中更是强调刘三吾"其文肤棘，不中程度，殊乖国初典雅之风"⑥。同为洪武时学士，"身任国史""记事最为详核"就已定下钱氏对宋濂评价之基调。即使宋濂记载有误之时，也只是感慨"史家记载之难如此"⑦，并未激烈批评。俞本的记载，钱氏也是比较信服的。不仅是因为俞本以骑

---

① 钱谦益著，钱曾笺注，钱仲联标：《牧斋初学集》卷 105《太祖实录辨证五》，上海古籍出版社 1996 年版，第 2147 页。

② 钱谦益著，钱曾笺注，钱仲联标：《牧斋初学集》卷 103《太祖实录辨证三》，第 2121 页。

③ 钱谦益著，钱曾笺注，钱仲联标：《牧斋初学集》卷 105《太祖实录辨证五》，第 2151 页。

④ 钱谦益著，钱曾笺注，钱仲联标：《牧斋初学集》卷 103《太祖实录辨证三》，第 2122 页。

⑤ 钱谦益著，钱曾笺注，钱仲联标：《牧斋初学集》卷 101《太祖实录辨证一》，第 2102 页。

⑥ 钱谦益：《列朝诗集小传》甲集《刘学士三吾》，上海古籍出版社 1959 年版，第 85 页。

⑦ 钱谦益著，钱曾笺注，钱仲联标：《牧斋初学集》卷 102《太祖实录辨证二》，第 2116 页。

士从征，是历史的见证者，主要在于其行文"次第载之甚详"①。

　　黄金、郑晓、王世贞是明中后期关注明初史实比较多的三位，也是钱氏征引诸家记载比较多的三位，对他们的评价各有不同。在钱氏的考证中，黄、郑二位记载得当之处甚少，钱氏在字里行间经常透露着对他们的鄙夷和愤怒。虽黄金《开国功臣录》有为钱氏采用者，但总体对黄金的评价常离不开"俗儒"二字。钱氏不是鄙夷他"俗儒肤陋"②，就是讽刺其"俗儒不达时务，误解诏书"③，更有甚者直言"黄金之徒，并为妄矣"④。钱氏引海盐郑晓之书包括了《名臣记》《异性诸侯传》《今言》《大事记》，不仅讽刺郑晓在选择史料时失察，"盖出稗史，近于戏矣"⑤，还说其在著书时有"传会之陋"⑥，曲解史料歪曲史实"近于郢书燕说，而大书特书"⑦。王世贞虽在明代享有很高声誉，钱氏早期也曾称赞他"其辨甚正"，但也没能减轻钱氏对王世贞的批评。如认为王氏"以己意杜撰传合"⑧，又或是讥讽他"以熟习典故自负，往往无所援据，凿空杜撰，聋瞀后世，以为无从驳正，而姑妄为之说"⑨，甚至认为王世贞《开

　　① 钱谦益著，钱曾笺注，钱仲联标：《牧斋初学集》卷101《太祖实录辨证一》，上海古籍出版社1996年版，第2108页。

　　② 钱谦益著，钱曾笺注，钱仲联标：《牧斋初学集》卷101《太祖实录辨证一》，第2101页。

　　③ 钱谦益著，钱曾笺注，钱仲联标：《牧斋初学集》卷102《太祖实录辨证二》，第2112页。

　　④ 钱谦益著，钱曾笺注，钱仲联标：《牧斋初学集》卷102《太祖实录辨证二》，第2115页。

　　⑤ 钱谦益著，钱曾笺注，钱仲联标：《牧斋初学集》卷105《太祖实录辨证五》，第2150页。

　　⑥ 钱谦益著，钱曾笺注，钱仲联标：《牧斋初学集》卷102《太祖实录辨证二》，第2110页。

　　⑦ 钱谦益著，钱曾笺注，钱仲联标：《牧斋初学集》卷103《太祖实录辨证三》，第2126页。

　　⑧ 钱谦益著，钱曾笺注，钱仲联标：《牧斋初学集》卷101《太祖实录辨证一》，第2103页。

　　⑨ 钱谦益著，钱曾笺注，钱仲联标：《牧斋初学集》卷103《太祖实录辨证三》，第2124页。

平世家》"尤为附会，不足置辨"①。

除去这些点名道姓的史家外，文中还有不少以"史臣""史家"为对象的总体评价，诸如媚臣腐儒、不悉本末、夸大之词、曲说、乖谬、无识等。可见，钱氏"虚己"观点的提出非常具有现实意义。倘明代史家撰史时能够自律、自觉、自省，不自傲、自负，那么诸如轻信流俗、引书无征、穿凿附会、人自为书等恶习就可以避免。

（三）用"史法""书法"规范史著

正所谓作史必有定法。钱谦益认为当用"史法"规范史书编著。如对明之国史编撰工作的组织和进行，要"必先网罗放失旧闻，摭经采传"②，而后"立长编，起凡例"，这还只是第一步，只有达到对史事、人物的"经纬错综，了然于指掌之间"③的这个标准，方能称为具备史法。在《太祖实录辨证》中则体现为钱氏认为编撰龙凤事迹当"以太史公秦楚月表之意求之，不没其实可也"④。因《太祖实录辨证》初稿从本质上来讲还不能算是完全独立的著作，所以其能体现出的"史法"非常少，但以"书法"强调文辞，贯穿了钱谦益的整个考史过程。

书法一词在史学领域的使用并非为钱谦益首创。如孔子就称赞董狐"书法不隐"，把秉笔直书的精神列为优秀史家必备的专业素质之一。事实上，"书法不隐"不仅要求史家如实记载客观事实，也暗含了用礼法来衡量是非曲直的含义，即所谓的"春秋笔法"。

钱氏著史也常以讲求"书法"自诩，并以"发凡起例、文直事核如迁、固"⑤为己治史追求，治学之严谨在晚明是相当突出的。钱氏所提之"书法"不仅包含了史官的撰史原则，更有对遣词造句的要求。《太祖实

① 钱谦益著，钱曾笺注，钱仲联标：《牧斋初学集》卷105《太祖实录辨证五》，上海古籍出版社1996年版，第2148页。

② 钱谦益著，钱曾笺注，钱仲联标：《牧斋初学集》卷28《皇明开国功臣事略序》，第844页。

③ 钱谦益著，钱曾笺注，钱仲联标：《牧斋初学集》卷28《皇明开国功臣事略序》，第844页。

④ 钱谦益著，钱曾笺注，钱仲联标：《牧斋初学集》卷101《太祖实录辨证一》，第2102页。

⑤ 钱谦益著，钱曾笺注，钱仲联标：《牧斋有学集》卷38《答徐巨源书》，上海古籍出版社1996年版，第1314页。

录辨证》中"丙申七月"条称赞"《元史》之书法甚明"①，即为肯定《元史》记载翔实可信；"洪武八年三月"条考廖永忠之死，"国史之书法为有隐"②，说的是《太祖实录》为廖永忠立传却不载死因，而"其词简而该，其义博而严"③ 则指的是《通鉴博论》在撰述的书法，此处"书法"依旧强调的是撰史原则；"洪武二十三年五月"条的"以书法推之"④，则指的是钱氏认为《太祖实录》既曰赐"亨等"死，同罪同罚，等字省略的就是已经提到的延安侯唐胜宗、平凉侯费聚、南雄侯赵庸三人，而这里"书法"的含义即是钱氏在叙述史实时对字词的要求。同理，"乙未六月"条考谁人擐甲侍帐中时，钱氏引《追封碑》《太祖实录》所载史料，分析此人当为冯国用而非冯胜。后又引王世贞《冯胜传》所书"独国用与胜擐甲侍帐中"⑤，直指"两人既并侍帐中矣，何云独乎"。

既然通过遣词造句之法考据史料为他所常用，钱氏自己做学问时于此颇有考究更是顺理成章。用词简赅、含义博严，正是其最核心的一条。如钱氏在《太祖实录辨证》一书中，裁定所引各类史料的正误时，若属于自己据文推测，没确定把握之处，一般多用"盖"字引出自己的看法；而基本属于有确凿证据可依，或者在当时条件下属于最合理解释时，则常用"必"字。试举数例加以证明。文中钱氏认为朱元璋之所以亲自撰写《滁阳王庙碑》，"盖亦深信著夫人之功"⑥。在考证李善长、胡惟庸谋反一案相关史实中，钱氏亦深觉国史于此事的记载颇肯定，遂有"国史叙事，

① 钱谦益著，钱曾笺注，钱仲联标：《牧斋初学集》卷101《太祖实录辨证一》，上海古籍出版社1996年版，第2105页。

② 钱谦益著，钱曾笺注，钱仲联标：《牧斋初学集》卷103《太祖实录辨证三》，第2123页。

③ 钱谦益著，钱曾笺注，钱仲联标：《牧斋初学集》卷103《太祖实录辨证三》，第2124页。

④ 钱谦益著，钱曾笺注，钱仲联标：《牧斋初学集》卷105《太祖实录辨证五》，第2148页。

⑤ 钱谦益著，钱曾笺注，钱仲联标：《牧斋初学集》卷101《太祖实录辨证一》，第2102页。

⑥ 钱谦益著，钱曾笺注，钱仲联标：《牧斋初学集》卷101《太祖实录辨证一》，第2099页。

盖用太史公淮阴诸传之法"①的叙述口吻。与此相应的是在出现"必"的地方，钱氏则显得底气十足，"奉诏撰此碑，必经呈进"②，明确表示此事乃板上钉钉、毋庸置疑之事。野史于鄱阳湖之战，对韩成穿龙袍代朱元璋面敌自溺而死之事，往往大书特书。钱氏考之则认为此当属齐东野语，并举《大明会典》所载康郎山忠臣庙祭祀排位作为例证，指出："成若代死，则必首祀。"③若真代天子而死，自然是居功至伟、理应第一，但是直到成化二十一年，韩成都不是首祀之人，故而可见其说之伪。

　　在钱氏删改的条目中，用书法来规范著述也表现得很明显，为方便对比，略去了钱氏考据所引的原文，仅留推理判断之语：

　　　　《滁阳王庙碑》及《皇明本纪》记二姓僭号，是在壬辰奔濠之时，与实录异。以《高帝纪梦》考之，则云……所谓"当年冬"者，亦癸巳之冬也。以时势言之，二姓虽草草僭王，亦当在元兵解围之后，而不在自徐奔濠之日，或当以《实录》为正耳。④

　　　　《滁阳王庙碑》及《皇明本纪》记二姓僭号，俱是在壬辰奔濠之时，与实录异。以《高帝纪梦》考之，则云……所谓"当年冬"者，亦癸巳之冬也。以时势言之，二姓虽草草僭王，亦当在元兵解围之后，而不在自徐奔濠之日，当以《实录》为正。⑤

　　第二条史料中的变化，一是增加了"俱"表示前引二书所记相同又皆与《太祖实录》异，二是删去"或""耳"，不仅改变了句子的语气，还增强了考辨的可信度，同是用词简赅、含义博严的体现。

① 钱谦益著，钱曾笺注，钱仲联标：《牧斋初学集》卷104《太祖实录辨证四》，上海古籍出版社1996年版，第2132页。

② 钱谦益著，钱曾笺注，钱仲联标：《牧斋初学集》卷101《太祖实录辨证一》，第2104页。

③ 钱谦益著，钱曾笺注，钱仲联标：《牧斋初学集》卷102《太祖实录辨证二》，第2115页。

④ 钱谦益撰，张德信、韩志远点校：《国初群雄事略》卷2《滁阳王》，中华书局1982年版，第49页。

⑤ 钱谦益著，钱曾笺注，钱仲联标：《牧斋初学集》卷101《太祖实录辨证一》，第2099页。

综上所述，钱氏对明当朝史的考据虽在时间跨度上远不及王世贞，但他对洪武、建文朝史事考据的深度却远是王世贞所不能及的。并且，虽然在钱氏的考据中也存在一定的史实错误，但诸如王世贞在考据中出现的引文不注出处、好主观臆断等缺点，在钱氏的考据中体现得不甚明显。这一方面可能存在钱氏考据内容较少，样本不足的客观原因；另一方面则当同钱氏自身对撰史原则的认识有关。因此，钱氏的当朝史考据对厘清明代史事真相和促进晚明考据学的发展有重要意义和作用。

第四章

潘柽章

潘柽章生逢明清易代，社会剧变之际，作为遗民史家中的一员，为故国撰史、总结明亡教训是其身为史家的自觉意识。在这个大前提下，潘氏考据明史是以广征博引、考辨明列朝实录为核心，以服务自身的明史写作为目的。因此不仅要辨实录的正误得失，更要揭示其之曲笔隐讳。在考据的内容、深度上都较前人有了很大的进步。同时，得益于此际动荡的时局，各类史料大量流散，潘氏也更容易接触到丰富的史料，为他考史、撰史提供了坚实的基础。然不幸的是，潘氏受庄氏史狱牵连盛年被诛，《国史考异》一书也仅有考辨国初史事的6卷存世，不能不说这是史学界的一大损失。以现存的6卷内容分析潘氏之考据，虽然在考据内容上不能窥见潘氏明史考据全貌，但却能够一窥其考据方法和考据特点，同时潘氏在考据中存在的不足和缺陷，此6卷中也有所体现，需要我们正视之。但瑕不掩瑜，潘氏取得的成绩是主要的。

当前学界对潘柽章的研究还不是很成熟，且分散在潘氏学术成就的各个方面。如梁启超先生《中国近三百年学术史》中对潘氏的成就有一个提纲挈领的介绍。文学方面，如《吴炎潘柽章新乐府研究》主要围绕吴、潘二人共同修撰的《今乐府》一书的创作起源、内容、史料价值等方面进行论述，指出此书最重要的价值在于"保存了大量真实的文献资料，这些资料有的可以与《明史》互证，有的亦可以补足正史之所缺"①。潘氏作为经隐诗社的一名重要成员，在《经隐诗社研究》② 中也多被论及，包括他的生平、交往、代表作品等。史学方面的研究代表作品有展龙等学者对潘氏参与撰写的未了之书《明史记》的"编纂缘起、基本体例、编纂

---

① 张煜：《吴炎潘柽章新乐府研究》，《乐府学》，社会科学文献出版社2006年，第311页。
② 周于飞：《经隐诗社研究》，博士学位论文，浙江大学，2012年。

分工、史料采集、史料来源及完成情况"① 进行了较为全面的分析；杨绪敏《论吴炎、潘柽章与〈明史记〉的纂修》② 一文容量非常丰富，不仅涵盖了对《明史记》大体框架的论述，还讨论了《国史考异》中的部分考异内容和《今乐府》的内容、褒贬，可谓是囊括了吴、潘二子主要著作；刁美林学者论及潘氏史学成就时，尤其称赞"《国史考异》考证精审，论述充分，在私家撰述中堪称上乘之作"③；马静以《潘柽章及其〈国史考异〉研究》④ 为题撰述了自己的硕士学位论文，是较早的一篇专门研究潘氏考据的学术论文，分析了潘氏的生平，《国史考异》的成书、流传和特点，以及对潘氏史学的评价。从上述研究成果可知学界对潘氏的研究还是有相当的空缺的，尤其在潘氏最具代表色彩的考据方面，成果不够突出。不仅未能深入探究其内容特色、考据特色、考据之不足，甚至在讨论潘氏考据内容时还存在一定的舛误和误读，同时也未能很好地把握其著作同王世贞、钱谦益的联系，对潘氏的评价也存在一定的过誉之处。

第一节 生平与考据学著作

潘柽章（1626—1663），字圣木或力田，生逢明末丧乱，国亡之时尚不足二十岁。入清后，心怀亡国之痛，隐居在乡埋头著述，常借诗作抒发自己拥明反清的情绪。值壮年之际，因"庄氏史狱"牵连以凌迟诛死，著作多散佚不全。在潘氏短暂的一生中，除了因国亡之痛使其抱有"以任故国之史事报故国"⑤ 的坚定信念外，其家族、朋友对他的影响也是不容小觑的。

---

① 展龙、耿勇：《〈明史记〉编纂考论》，《图书馆界》2011 年第 6 期，第 40 页。

② 杨绪敏：《论吴炎、潘柽章与〈明史记〉的纂修》，《史学史研究》2012 年第 2 期，第38 页。

③ 刁美林：《潘柽章、潘耒兄弟之明史学成就考述》，《贵州文史丛刊》2013 年第 1 期，第19 页。

④ 马静：《潘柽章及其〈国史考异〉研究》，硕士学位论文，辽宁大学，2011 年。

⑤ 全祖望：《鲒埼亭集》卷28《万贞文先生传》，商务印书馆1936 年版，第 355 页。

一　生平

潘家世代居吴江，却远非豪门望族，这一点我们可以从潘耒为其父所著《行述》中一窥究竟。潘氏称自高祖以上"皆潜德不仕"，直到曾祖时才中举入仕为官，"终广西布政司右参政"①。《明史》赞其"历官有声"②，且著有《山东问刑条议》《不遇纪事》二书。潘氏谓其父亲"天姿敏异，弱冠善属文"，从"高才绩学"③的评价也可知他的才华得到了众人认可。然潘父虽得补邑诸生，但在崇祯庚午当应乡试时，因"吴孺人病"没有参加。潘父虽心怀"经世之志"，然嫉妒者"渐众，或指为党人后劲焉"④，便"深自退匿，不与人事"，绝意于科举仕途，专心向学而"德望益高，士夫南北行过平望者，争愿交"⑤。可见，潘家虽有人曾在朝为官，但根基尚浅，算不上勋贵。唯有博学好古、胸怀经世之志能称得上是一脉相承。这自然会潜移默化地影响着潘氏兄弟。无论是潘柽章以己之力撰修《明史记》，还是其弟潘耒"以布衣试鸿博，授检讨，纂修明史"⑥都有这方面的原因。

潘家世代务农，直到曾祖才出仕为官，家计清贫。潘父好交游又"不问生事"，家中往往"宾客造门无虚日"⑦，产"甚薄"就不难理解了。尽管家贫，但潘氏兄弟的教育却从未被放松。据史载，潘柽章"生有异禀，颖悟绝人，九岁从父受文"⑧已可过目不忘，聪慧过人。潘父亡故

① 潘耒：《遂初堂文集》卷18《先考赠征仕郎翰林院检讨仲和府君行述》，见《四库全书存目丛书》集部第249册，齐鲁书社1997年版，第214页。
② 张廷玉等：《明史》卷223《潘志伊》，中华书局1974年版，第5870页。
③ 戴笠：《潘柽章传》，见《松陵文献》卷首，《四库禁毁书丛刊》史部第7册，北京出版社1997年版，第3页。
④ 潘耒：《遂初堂文集》卷18《先考赠征仕郎翰林院检讨仲和府君行述》，见《四库全书存目丛书》集部第249册，第214页。
⑤ 潘耒：《遂初堂文集》卷18《先考赠征仕郎翰林院检讨仲和府君行述》，见《四库全书存目丛书》集部第249册，第214页。
⑥ 赵尔巽等：《清史稿》卷484《文苑传》，中华书局1977年版，第1343页。
⑦ 潘耒：《遂初堂文集》卷18《先考赠征仕郎翰林院检讨仲和府君行述》，见《四库全书存目丛书》集部第249册，第215页。
⑧ 戴笠：《潘柽章传》，见《松陵文献》卷首，见《四库禁毁书丛刊》史部第7册，北京出版社1997年版，第3页。

后，潘母坚定地拒绝了别人"家酷贫，附他塾读书可省费"① 或"稍置田产"的好意，执意"开家塾"，并且为了给兄弟二人留住邑中有名气的童子师，尽心款待，最终使这位童子师"大悦，于是尽心力以教"。

在这样的家庭氛围中成长，潘氏兄弟未落入读书只求禄利的俗套，反而是通经博古，涉猎广泛，号称"肆力于学，综贯百家……靡不通晓"②。潘柽章更是在十五岁时就已有诸生身份，国亡之后弃之，"隐居韭溪……专精史事"③。在以"眷怀故明、耻事新朝"④ 为目的创建的惊隐诗社成立第一年就成为其中一员。据史载诗社中"高蹈而能文者"⑤ 可考的就有顾炎武、潘柽章、吴炎、戴笠等人。潘氏因此结识了一大批志同道合的朋友，他们时常以诗文唱和，互诉对故国的怀念。他们的学术旨趣不单单局限在诗文领域，共同想要"成一代史书，以继迁、固之后"⑥ 的愿望，把他们紧密地联系在一起。此史"辑太祖以来迄于思陵……名曰《明史记》"⑦，潘氏负责"本纪及诸志"⑧ 的撰写，他的好友吴炎负责世家和列传。正当此书有条不紊地撰述时，潘氏因"庄氏史狱"天降横祸，被害身亡。吴、潘二子究竟和此案关系如何，当时已有不同记载。⑨ 然无论真相是什么，二子却皆因此而死，还事连家人。他们已经撰成的《明史记》被焚毁，潘柽章的《国史考异》此后也散佚不全。

---

① 潘耒：《遂初堂文集》卷18《先考赠征仕郎翰林院检讨仲和府君行述》，见《四库全书存目丛书》集部第249册，齐鲁书社1997年版，第215页。

② 同治《苏州府志·人物·吴江县》，见《中国地方志集成》江苏府县志辑第20册，江苏古籍出版社1995年版，第691页。

③ 戴笠：《潘柽章传》，见《松陵文献》卷首，见《四库禁毁书丛刊》史部第7册，北京出版社1997年版，第3页。

④ 谢国桢：《明末清初的学风》，上海书店出版社2006年版，第187页。

⑤ 乾隆《震泽县志·旧事二》，见《中国地方志集成》江苏府县志辑第23册，江苏古籍出版社1995年版，第340页。

⑥ 顾炎武：《亭林诗文集》卷5《书吴潘二子事》，上海古籍出版社2011年版，第281页。

⑦ 吴炎：《上钱牧斋书》，见《吴赤溟先生集》，国学保存会1906年版，第33页。

⑧ 戴笠：《潘柽章传》，见《松陵文献》卷首，见《四库禁毁书丛刊》史部第7册，北京出版社1997年版，第3页。

⑨ 关于此案的讨论详情见赵园《清初"庄氏史狱"中的吴、潘二子》，《中华读书报》2013年4月10日第13版。

二　考据学著作

《国史考异》原书共计 30 卷，因受"庄氏史狱"一案牵连散佚，现仅存太祖、建文、永乐三朝史事考据共计 6 卷 111 条。潘氏"注重审查史实"[①] 的治学特点在此书中得到了很好的体现。同时，此书的成书与潘柽章的明史撰述密不可分。

撰史首先就要占有丰富史料，这是任何想以成信史为己任的史家都知晓的基本事实。吴、潘二人在"家无藏书，又局促闾巷"[②] 的情况下，为了撰成信史，尽心搜罗史料。据戴笠称，"私家最难得者实录，柽章鬻产购得之"[③]，此言不虚。实录全套卷帙浩繁，价格昂贵，潘氏又非富贵人家，鬻产筹钱丝毫不夸张。仅有疏略曲笔的实录一种材料，也是不能成信史的。当时熟于典故、家多藏书的学术大家如顾炎武、李逊之、陈济生、钱谦益等人，皆出家中所藏"以相佐让"。如顾炎武谓"尽以所藏关于史事之书千余卷归之"[④]，钱谦益不仅身体力行"助以藏书"，还呼吁"各出所撰著及家藏本授之二子"[⑤]。潘氏自己也还"旁搜人家所藏文集奏疏"[⑥]，注意寻访旧闻"折衷荐绅先生及世之能言者"[⑦]。而书商发现了一些罕见的明当朝史史籍，也好主动"辄昂其价，走力田"，皆因知潘氏定会倾力"必欲得书"。正是在众人的帮助和自身的不断努力下，潘氏搜集到了丰富的史料。

这些史料来源各异，价值各有不同，撰述时自然要加以考辨。潘氏之

---

① 梁启超：《中国近三百年学术史》，中国社会科学出版社 2008 年版，第 281 页。

② 吴炎：《答陆丽京书》，见《吴赤溟先生集》，国学保存会 1906 年版，第 74 页。

③ 戴笠：《潘柽章传》，见《松陵文献》卷首，见《四库禁毁书丛刊》史部第 7 册，北京出版社 1997 年版，第 3 页。

④ 邓之诚：《清诗纪事初编》卷 1《潘柽章》，明文书局 1985 年版，第 14 页。

⑤ 钱谦益：《为吴潘二子征书引》，见《牧斋杂著》，上海古籍出版社 2007 年版，第 501 页。

⑥ 顾炎武：《亭林诗文集》卷 5《书吴、潘二子事》，上海古籍出版社 2011 年版，第 281 页。

⑦ 潘柽章：《吴子今乐府序》，《今乐府》卷首，见《四库禁毁书丛刊》集部第 74 册，北京出版社 1997 年版，第 113 页。按，此处原文标注为吴炎所撰，然据文前两序的内容而言可知著者顺序应颠倒了。此问题在朱则杰先生的《清诗考证》中有详细的辩驳，可参校之。朱则杰：《清诗考证》，人民文学出版社 2012 年版，第 446 页。

胞弟潘耒为《国史考异》所作之序中这样写道：

> 博访有明一代之书，以实录为纲领……积十余年数易手稿，而成
> 《国史考异》一书……专言国史者。野史、家史不可胜驳，惟《实
> 录》有疏略与曲笔，不容不正，参之以记载，揆之以情理，钩稽以穷
> 其隐，划一以求其当，去取出入，皆有明征，不徇单辞，不逞臆见，
> 信以传信，疑以传疑，全史之良，略见于此矣。①

虽然此文是潘耒所作，然潘耒"史学则自少得诸兄柽章"②，且此文
还是潘耒为胞兄著作作序，文中所言当可代表潘柽章的看法。综合《国史
考异》和序文内容可知，此书是潘氏为撰史，搜集了三史资料之后"专
言国史"，花费十余年时间数易其稿之作。之所以未考野史、家乘之谬，
主要是它们数量过巨，难以胜驳之故。全书所考明代史事以实录为纲，并
参校诸家记载，达到"稽其异同，核其虚实"的目的。同时，考据去取
皆点明缘由，力图做到公正公平。

从时人评价来看，潘氏的目的显然是达到了。钱谦益称赞《国史考
异》"援据周详，辨析详密，不偏主一家，不偏执一见。三复深惟，知史
事之必有成，且成而必可信可传也"③，顾炎武也称"予服其精审"④。潘
氏以后学身份撰此书，并获当世大儒称赞，此书考辨定有过人之处。

第二节　对明史的史实考据

在《国史考异》仅存的 6 卷内容里，潘氏已将其分为了高皇帝 3 卷
55 条、让皇帝 1 卷 19 条和文皇帝 2 卷 37 条。这些考据涉及的内容十分广
泛，包括了考订时间、政治事件、攻伐战争、功臣之死、番邦诸事等，基

---

① 潘耒：《遂初堂文集》卷 6《国史考异序》，见《四库全书存目丛书》集部第 249 册，齐
鲁书社 1997 年版，第 791 页。
② 乾隆《吴江县志》卷 32《文学》，见《吴中小志丛刊》，广陵书社 2004 年版，第 506 页。
③ 钱谦益著，钱曾笺注，钱仲联标：《牧斋有学集》卷 38《与吴江潘力田书》，上海古籍出
版社 1996 年版，第 1319 页。
④ 顾炎武：《亭林诗文集》卷 5《书吴、潘二子事》，上海古籍出版社 2011 年版，第
281 页。

本涵盖了三朝发生过的重要事件。需要指出的是，在潘氏考据的这些内容中，有相当多的一部分内容是前人已探讨过的，潘氏在自己罗列资料时基本能够一一列举，并对其考据结果或吸收或驳斥。

一　考洪武朝史事

《太祖实录》所记国初诸事内容舛误、疏漏颇多，在潘柽章之前已有不少史家进行过探讨，尤以钱谦益成就最大。潘氏并未因此直接略过，而是结合自己占有的史料继续辨证。在高皇帝 3 卷 55 条的考据中，有 38[①] 条是王世贞、钱谦益考过或者有所涉及的。针对这部分的考据内容，潘氏基本是以补充新史料，推进已有考据成果或驳斥、推翻前人结论为主。剩下前人未涉及的内容，由潘氏自己发现问题，排比现有史料记载加以考订。

经前人考据过的内容，本身就说明《太祖实录》的记载存在问题。从潘氏的考据内容来看，他对前人的考据成果持比较客观的态度，基本采取的是结合前人考据成果和自己新发现的史料，提出自己的看法。最典型的莫过于三人皆考廖永忠之死。潘氏首先罗列与之相关的诸家记载，并加以评述。如《鸿猷录》记"丙午，宋主殂于金陵"[②]，潘氏却直曰"谬也"；《庚申外史》记载较别书详细，认为是在朱元璋派刘太保迎韩林儿归建康途中，船于瓜州遇风浪沉没，二人俱亡。潘氏认为此乃"有天意焉"[③]。继而列王世贞的《二史考》[④]引纪纲狱词，得出廖永忠固非令终的观点，以及钱谦益《钱氏辨证》则以宁献王奉敕编进之《通鉴博论》记载，裁定廖永忠之死皆因沉韩林儿于瓜步，而假以僭犯为词被诛。一一引用完毕之后，潘氏援《庚午诏书》所记"廖永忠党比其中，人各伏诛"以及方孝孺《詹鼎传》中"宪败，凡为宪用者，皆受诛"之语，认为廖

---

① 按：详见文后《潘王钱三家考据对比表》。
② 潘柽章撰，吴炎订：《国史考异》卷 1《高皇帝上》，中华书局出版社 1985 年版，第 25 页。按，《国史考异》一书在后文的讨论中涉及了两个不同版本，即中华书局本和《续修四库全书》本，如未有标注"《续修四库全书》本"，皆是源自中华书局本。
③ 潘柽章：《国史考异》卷 1《高皇帝上》，中华书局 1985 年版，第 26 页。
④ 按：潘柽章书中钱谦益的《太祖实录辨证》不用原名，以《钱氏辨证》代之。而王世贞的《史乘考误》在录入《弇州史料》时已经更名为《二史考》《家乘考》，潘氏文中所书当是据《弇州史料》本。为方便本书讨论，引文出现此二书之书名皆从潘氏所书。

永忠之死是因"党比杨宪耳，非以沉韩林儿故也"①。潘氏据其所列举史料，认为王世贞的观点过于浅显，谓钱谦益观点是"斯言也，诚辨矣"。在自己与钱谦益使用材料相同，却得出不同结论的情况下，如何阐述自己的观点和推理过程成为潘氏立论的重点。其言曰：

> 永忠卒于洪武八年三月，赙遗甚厚，以其子权袭爵。国史略无贬词，何缘定为赐死……瓜步之事，情状暧昧。若谓太祖心恶其不义而隐忍数年，信任不衰，卒以他事诛之，将使天下后世反有义帝江南之疑，岂若风浪掀舟之说彰彰可信哉？故论小明王事者，断以《庚申外史》为正。②

《通鉴博论》奉敕所撰，《庚午诏书》则为朱元璋亲笔，二书皆为帝王所注意者，从史料可信度上来看，差别不甚明显，故潘氏此论主要从理证出发，立足于人心、事理。

然而，钱氏对潘氏的论断颇不赞同，坚持廖永忠之死因当以《通鉴博论》为依据的观点，并两度书信来往与之辩。在第一封信中，钱氏强调《通鉴博论》是奉敕修撰镂版，内府"最为郑重"，书中所记皆为平常故事，唯"特记永忠沉韩林儿于爪步"，钱氏认为这完全是朱元璋特意标出，为的是"垂千万世"。《庚申外史》不过是"以北人纪南事，多所未核"，根本不足取。而《庚午诏书》所记内容虽皆"实事也，其所以然者，则又非臣子所当尽言"③。诸条反驳了潘氏的推论。虽然未见潘氏此次回复原文，但钱氏第二次回信时提到的"高明既执据坚确，何容固净"④，则说明潘氏依旧坚持己见，认为钱氏的结论不正确。此次钱氏似是失去耐心，没有继续争辩，只强调了在朱元璋"神武独断"的阶段，宁王断不敢"以开国大事，自立断案"⑤自寻死路这一点。从现今留存的结果来看，钱、潘二人虽唇枪舌剑了一番，但最终依旧各持己见不了了之。到清修《明史》解释此事时，认为廖永忠确实在"瓜步覆其（韩林

① 潘柽章：《国史考异》卷1《高皇帝上》，中华书局1985年版，第26页。
② 潘柽章：《国史考异》卷1《高皇帝上》，中华书局1985年版，第26页。
③ 钱谦益著，钱曾笺注，钱仲联标：《牧斋有学集》卷38《与吴江潘力田书》，第1320页。
④ 钱谦益著，钱曾笺注，钱仲联标：《牧斋有学集》卷39《复吴江潘力田书》，第1350页。
⑤ 钱谦益著，钱曾笺注，钱仲联标：《牧斋有学集》卷39《复吴江潘力田书》，第1350页。

儿）舟死"①，但此次朱元璋并没有处死他，只做了"封侯而不公"的处理。至于党比杨宪，也确有其事，但杨宪被诛"永忠以功大得免"，最终赐死则是在"僭用龙凤诸不法事"② 之后。可见，明史馆臣虽没有明言在廖永忠犯下的这么多条罪状中哪一条才是其致死原因，但没有赞同潘氏的论断却是一目了然的。

　　在王世贞的《史乘考误》中，对洪武朝史事的考据并不占重要地位，但潘氏对王氏考据的内容也有所关注。如卷1第4条考滁阳王子。王氏考此人是滁阳王族中的"年少长者"。潘氏认为老舍为滁阳王亲族而非幼子。虽与王氏结论相同，但根据不同。王氏用的是理证——洪武四年此人尚年幼"何以曰老舍"，此为其一；倘真是滁阳王子，以朱元璋对滁阳王的态度，即便没有"茅土之封，必罹金罂之赐"③，也不至此，此为其二。潘氏所据为"历朝实录"中郭氏家族来朝、奉祀的记载，认为老舍为"郭琥诈冒，成案昭然"，并批评王氏之推论是"臆度之论，未及深究"④。从考据的严谨性、客观性上讲，潘氏的推理建立在实证基础上，更胜一筹。再如卷2第21条考潭王之死，涉及朱元璋纳陈友谅妻"阇氏"生遗腹子为潭王一事。王氏据潭王出生时间和阇氏、陈友谅死亡时间相较，认为此事为传闻。潘氏另据俞本《记事录》相考，称赞"王氏驳之甚正"⑤，但指出王氏未考潭王之死的真正缘由。继而引《庚午诏书》证其死"亦为胡党所累"，将此事辩驳透彻，完成王氏考据未辨之疏漏。

　　钱谦益于太祖一朝史事用力颇深，辨之最多且成就不凡。对钱氏的考据结果，潘氏同样辩证对待。如卷2第12条考李善长谋逆，潘氏文前先引《太祖实录》所记，后取《钱氏辨证》之精华，佐以己读《昭示奸党录》、手诏，认为此事如果不是钱谦益深入考校，"千载而下有不以善长之死为疑狱者哉"⑥，对钱氏此条考据结果心服首肯。又如卷1第3条考彭早住、赵均用二人称王时间。钱氏最终依据《高帝纪梦》所载，并以

①　张廷玉等：《明史》卷129《廖永忠传》，中华书局1974年版，第3807页。
②　张廷玉等：《明史》卷129《廖永忠传》，中华书局1974年版，第3807页。
③　潘柽章：《国史考异》卷1《高皇帝上》，中华书局1985年版，第8页。
④　潘柽章：《国史考异》卷1《高皇帝上》，第8页。
⑤　潘柽章：《国史考异》卷2《高皇帝中》，第57页。
⑥　潘柽章：《国史考异》卷2《高皇帝中》，第44页。

"时势"推之二人称王"不在自徐奔濠之日"①。而潘氏则另引《元史·顺帝纪》《龙凤事迹》记载，认为"二姓僭称之事在壬辰癸巳间"。且针对钱氏的"时势"推论，潘氏也有截然相反的看法。在他看来，彭、赵二人本就是在"穷蹙"窘境下来濠，一旦"坐拥专城之柄"，小人之态萌发，有"僭拟称王之举"，是"草窃常态，无可疑者"②。贬低鄙夷彭、赵二人之情溢于言表。此处潘氏虽未明言钱氏之误，考据结果却截然相反，否定钱氏结论不言自明。《明史》记濠州"围解，大、均用皆自称王"③，采纳的是钱氏之说。

再如考朱元璋封吴国公之时间，《通纪》诸书皆因袭《太祖实录》所载云在丙申七月。潘氏先提出了自己的疑惑，乙未三月始奉宋封副元帅，郭天叙、张天祐皆在集庆一役中身死，才有太祖专制军事。此后一年内也仅得三四州郡，战事甚少。在诸将皆不得胜的情况下，以常理推之太祖也不可能有建号诸事。及考俞本《记事录》，有"吴公之建号在辛丑而非丙申明矣"④的结论。钱氏所考与其相同，潘氏引之。与此同时，潘氏还爬梳《太祖实录》，找到证据若干：

> 《实录·许瑗本传》：上取婺州，瑗谒上，但称阁下，此非即为平章时乎？辛丑七月，宋思颜言事始称上为主公，十一月刘基劝伐汉，亦称主公，则知是年已开吴国矣。自甲辰以后，省臣移书及王祎、许存仁等进对，皆称太祖为主上。然则自公而进王，即称号之间约略可见。孰谓文献不足征哉。⑤

潘氏心细如尘，从字里行间发现太祖封吴国公的蛛丝马迹，而所谓的"文献不足征"之语，当是暗讽钱氏好用"国史不足征"的对应语。在此条考证中，虽潘氏考据使用的关键材料同钱氏一样皆为俞本《记事录》，得出的结论也相同，但潘氏又另据《太祖实录》所记，补充加强了考据成果，是对钱氏考据结果的推进。

① 潘柽章：《国史考异》卷1《高皇帝上》，中华书局1985年版，第5页。
② 潘柽章：《国史考异》卷1《高皇帝上》，第6页。
③ 张廷玉：《明史》卷129《郭子兴传》，中华书局1974年版，第3618页。
④ 潘柽章：《国史考异》卷1《高皇帝上》，第9页。
⑤ 潘柽章：《国史考异》卷1《高皇帝上》，第10页。

上举四例是潘氏在前人考据基础上的继续深入，但他的考据也未止步于此，在研读文献中也有他自己的一些发现。如据《逆臣录》分别考杨春、曹泰之死。杨春者，《太祖实录》只记洪武二十一年平蛮还京师，而不知其所终。潘氏考之，杨春被以"散军归屯"之名，行"夺其事权"之实，且为"坐蓝党者"① 被诛死。宣宁侯曹泰卒"赗恤概未有闻，其子又不得嗣"②，潘氏证其亦非令终，实以"胡陈旧党"③ 被诛。

二　考让皇帝史事

建文帝以皇太孙身份才登基四载，就被皇叔朱棣以武力推翻。朱棣为了掩盖这段历史，不仅削去建文年号，焚毁建文朝史料，还在《太祖实录》中极力丑诋建文帝，并对不服自己统治的人实行血腥镇压。在这种情况下，几乎无人敢言建文事。此后虽文网渐驰，也不断有大臣上疏要求恢复建文年号，但终因事涉最根本的帝统合法性，在大一统的王朝时期未能达成。与此同时，对建文朝史事的考据一是因为文献记载甚少、无从下手，二是涉及帝王阴私，在明亡之前少有人系统考之。故而，在建文史事记载"惟《永乐实录》所载《奉天靖难事迹》及郑氏《逊国记》差存年月梗概"④ 的情况下，潘柽章也只能在此二书记载的基础上再"参以众说"，多以理证的方法"折衷之"。具体的史事考订也以潘氏发现问题，自行考据为主。涉及面比较广，主要围绕着帝位继承的合法性、建文帝自身、建文与朱棣间战争、建文朝臣结局四个方面展开。

考帝位继承。朱棣一直以嫡子身份自居，卷4第1条即考其身份。王世贞曾以《皇明世系》为据，裁定朱棣为嫡出。然潘氏发现《南京太常寺志》清楚地记载了此寺供奉的神位中有"右一位碽妃，生成祖文皇帝"⑤，且云祀典三百年未曾更改。但因该书所记诸妃位次淆乱，不能使人信服。潘氏又另据《大明会典》所云朱元璋的妃子皆陪葬孝陵，却有"二妃葬陵之东西"的特例，推断《南京太常寺志》中所记的妃子位次是

①　潘柽章：《国史考异》卷3《高皇帝下》，中华书局1985年版，第80页。

②　潘柽章：《国史考异》卷3《高皇帝下》，第81页。

③　潘柽章：《国史考异》卷3《高皇帝下》，第81页。

④　潘柽章：《国史考异》卷4《让皇帝》，第89页。

⑤　潘柽章：《国史考异》卷4《让皇帝》，第90页。

以"享于殿内者而言"①，来解位次淆乱之惑。虽能自圆其说，但依旧不能解释成祖为碽妃之子，却均被国史、玉牒讳言的原因。潘氏据中官故老皆言孝慈皇后无嫡子，所以对待诸妃之子"恩同己出"②的传闻，推测成祖有不得已的苦衷：

> 靖难师起，既已自名嫡子，传谕中外矣。及入缵大统，何敢复顾私恩，以忘高皇后均养之德与孝康一体之情？故于奉先殿则阙之，于陵殿则祀之，此亦恩义之不相掩者。③

抛开事实真相，单就潘氏推论而言，他的推论不仅完美地解释了明代官修典籍中成祖出身记载不一的问题，甚至还借机称赞成祖此举"恩义"两得。

既然燕王有继承权，那么《靖难事迹》所载高祖认为太子朱标柔弱"不称吾意"欲更立燕王诸事，真相又当如何？潘氏在卷4第2条以《太祖实录》所记孝慈之崩与蓝玉讨纳哈出时间，指出《靖难事迹》所记"先后倒置，不辩自明"，谓"废立之谋何其诬也"④。至于《靖难事迹》《逊国记》中所谓高祖在刘三吾劝诚后才改立建文一事，潘氏以"九月庚寅立皇太孙，夫懿文之葬在八月，而太孙之立即在九月"⑤的时间衔接顺序，指出高祖绝无迟疑之心，斥此二书所记"妄矣"。这两条考据分列"让皇帝"考证部分卷首的一、二条，潘氏先是肯定了朱棣的继承权，为朱棣正名，继而又揭露了《靖难事迹》所云废立朱标更立燕王之伪，不仅史事环环相扣，还暗示了潘氏对建文朝的基本态度。

考建文帝。建文下落不明，自焚说和出亡说皆尘嚣直上。卷4第13条考之，潘氏云以己之见闻"自焚之说可疑者有三"不足信，"逊去之说可据者亦有三"⑥。罗列史料逐条辨析之后，最终断言"金川夜遁之迹，

① 潘柽章：《国史考异》卷4《让皇帝》，中华书局1985年版，第90页。
② 潘柽章：《国史考异》卷4《让皇帝》，第90页。
③ 潘柽章：《国史考异》卷4《让皇帝》，第90页。
④ 潘柽章：《国史考异》卷4《让皇帝》，第91页。
⑤ 潘柽章：《国史考异》卷4《让皇帝》，第91页。
⑥ 潘柽章：《国史考异》卷4《让皇帝》，第105页。

于是乎益章明较著矣"①。同时还指出建文帝虽夜遁出亡，但宫破当日出奔走地道之说也未必可信。一则从实际地理环境来看"南京宫城之外，环以御河"，建文帝养于深宫如何会游泳？二则当是时"京师辽阔，东南一隅，燕师势难遍及"，完全没有必要假借地道。三则据建文当日尚能手诛徐增寿之事推之，认为建文帝非坐困宫中。但出亡实情究竟如何，潘氏谓"其事秘，吾不得而知之矣"②。

又如第十五条考革除缘由。潘氏首先指出"革除之名，不见于正史"，相传是由《逊国记》等书有"革除建文年仍称洪武"之说而来，紧接着潘氏考辨实录缘何不书建文年号。他首先大段引顾炎武《革除辨》所论朱棣无革除之意，称顾氏所言"尤辩驳，然核其实，则有未然者"③。因"革除"缘由根本就不可能有文献记载，所以顾、潘二人之考，皆是依托相关记载从理证的角度大胆假设。潘氏以朱棣继位诏书、《太祖实录》大臣的小传、《皇明通纪》《宪章录》所记为基础，认为成祖继位诏书仍用洪武纪年，是"用因而非用革"。国史中有此无号之元年，"为成祖而作，故专述靖难用兵始末"④。史家之所以在史书中采纳此记载，"谓改元之诏为矫，此去建文年号之本指也"⑤。总结起来，他的看法就是因靖难后"法禁甚严"，而士大夫一面心念旧朝一面又不敢直接宣之于口，遂以"革除"指代。结尾处"谓成祖未尝有革除之名，可也；谓未尝有追改之实，不可也"⑥一语，甚妙。潘氏以有限的史实记载为依托，通过连番推测诘问，最终巧妙地将明代国史革去建文年号等事件的主要责任推给了大臣，并将朱棣塑造成了一个未有废除建文年号之心，却终迫于"势不得不然"的君主。

考二者之间战争。《靖难事迹》记济南一役。李景隆大败，单骑驰逃，被他丢弃的济南被围三月后才攻克，"其间攻守胜败之势，史皆讳而不言也"⑦。潘氏以《立斋闲录》所载《高巍赠铁司马序》一文相考，认

---

① 潘柽章：《国史考异》卷4《让皇帝》，中华书局1985年版，第107页。

② 潘柽章：《国史考异》卷4《让皇帝》，第107页。

③ 潘柽章：《国史考异》卷4《让皇帝》，第111页。

④ 潘柽章：《国史考异》卷4《让皇帝》，第111页。

⑤ 潘柽章：《国史考异》卷4《让皇帝》，第111页。

⑥ 潘柽章：《国史考异》卷4《让皇帝》，第112页。

⑦ 潘柽章：《国史考异》卷4《让皇帝》，第99页。

为在李景隆逃走后守济南的是铁铉，并称赞此序"简而核"。而《革除遗忠录》所记铁铉为了给修补城墙争取更多时间，便在城坏处张贴高祖画像，使得成祖士兵因畏忌不敢投矢石。潘氏讽刺道："安得御容如此之多。"郑氏因在《逊国记》未采其文，得潘氏赞赏为"有见也"。既然野史所云为伪，那么济南能够坚守三月不下的原因又该作何解。潘氏的看法是铁铉此人"能婴城而不能决战"，适合据城守备。同时，成祖军队"已疲老，而盛庸又进逼德州"①，困顿之师还腹背受敌。机缘巧合之下，济南才得守三月未克。

考建文朝臣。建文朝臣中最著名者莫过于方孝孺。《靖难事迹》载方孝孺被擒之后有"叩头祈哀"之举，《长陵碑文》所记类似。潘氏斥之为"曲笔又不待言也"，并推断"作史者因其缓死，从而诬之，何其横也"②。同时，针对当时人所谓的"后来奸佞儒"即西杨辈者，则认为"专以罪"非无据也。立论所凭乃杨溥撰《西杨墓碑》"公为总裁，削有公论"之语，紧接着又以仁宗圣谕"若孝孺辈皆忠臣也"，裁定"御览改定"之说乃是后人"谤宣宗"。事实上，潘氏此论颇为牵强，一则未能注明仁宗圣谕来源；二则即便西杨杨士奇是实录总裁官，应当为此说承担部分责任，但实录修成上进呈御览，倘宣宗果以孝孺为忠臣，史臣揣摩上意也不敢如此曲笔诋毁；再者，杨士奇虽任总裁官，但依明代实录撰修惯例，总裁官基本不参与具体编纂，此项工作多由纂修官负责。此人在实录中如此书写，既没有被杨士奇改正，也没有受到宣宗惩罚，从这个角度看，至少可以认为在实录修成之时，朝野上下对方孝孺的态度还是很一致的。再以当时历史背景推断，史臣写方孝孺有叩头祈哀之举，宣宗当然要负主要责任。毕竟此时距朱棣朝未远，巩固朱棣一脉的统治，美化朱棣丑、诋毁建文君臣是主流政治方向。潘氏此论很明显的是要为宣宗开脱，才在引文不明、理论不严谨的情况下，坚决地把主要责任推给了杨士奇。

第19条考史彬及其所撰《致身录》。潘氏虽赞成建文逊国一说，但对真伪杂出的逊国诸书还是有着非常清楚的认识。事实上，潘氏对《致身录》的辨证在《松陵文献》中就曾出现过一次，与此处19条内容相较，又有所异同。《松陵文献》中，潘氏将考辨、推论之语娓娓道来：

① 潘柽章：《国史考异》卷4《让皇帝》，中华书局1985年版，第100页。
② 潘柽章：《国史考异》卷4《让皇帝》，第108页。

余读史氏《致身录》，曰异哉所闻！以吴文定所撰墓志及明古家状考之，乃知彬以税长，洪熙中尝上书阙下，盖富而好侠者也。且未曾入仕，何论从亡？余少时尝见明古所草《县志》，于仲彬事亦绝无记载，或以为畏祸故讳之耳。《西村集》于姚善、周是修之死，皆为立传，无所避忌，顾独于先世之隐德，没而不书，且并其官阀而削之，有是理耶？况孝庙时，法禁已弛，吴文定固贤者，又以著述自命，不宜汶汶若是。夫为人子孙者，其先祖有是善而弗传，是悖也；无善而强名之，是诬也。然则为此书者，不惟诬仲彬，且诬明古矣！余不敢信为录也。刘子威《先贤赞》，于明古颇多微词，要之其任侠负气，亦自有祖风哉！明古长子南园君，名永锡，为诸生；孙南湖君，名臣，为云南参议。其卒也，臣长子龙湾君，名长，为《行状》云：寒家文献，起于西村。然而补弟子员，自先父始入仕。自先君始长工书法。今此状真迹犹存，即刻本亦多传人间，可据证《致身录》之赝。①

在《国史考异》中他的言辞更加犀利。首先指出此类著作兴起的始作俑者是王诏《奇秘录》，史彬《致身录》不过是后起效尤之辈，对此二书直接给出了"浅陋不经"的评价。在论证中，潘氏先是节录钱谦益《致身录考》辨该书为伪的十个要点，再引弘光朝李清复辨其伪者四点，在此基础上又展开了自己的考据：

《（仲彬）行状》不载《西村集》中。然就其所云间膺荐命者，不过为税长课最，县官荐之耳。初无以明经入仕之事，而其叙下狱至死，谓所告事无纤毫实，则非以从亡被评也，可知矣。墓表不著此事，故钱氏谓彬未曾死狱。然彬即死狱，与从亡又何与乎？余家距黄溪史氏不数里，见闻最真。然邑志既不为彬立传，而史之后人，亦不能舍墓表、行状之外别有考证，余又何敢随声附和？故备录钱、李二公之论，以明非一人之私言也，天下之公言也。②

<hr />

① 潘柽章：《松陵文献》卷10《人物志·史鉴》，见《四库禁毁书丛刊》史部第7册，北京出版社1997年版，第97页。

② 潘柽章：《国史考异》卷4《让皇帝》，中华书局1985年版，第119页。

　　两相对照，《国史考异》中的推论更加凝练、精简。潘氏在保存了核心推理内容《行状》《县（邑）志》俱不载史彬是因从亡死狱的基础上，删减了自己的推论、感慨之语，添加了钱、李二公的推断，整体看来更有气势和说服力。

　　从本卷的考据结果来看，潘氏虽对建文帝及建文死难朝臣报有同情怜悯之心，如赞成建文帝逊位而出，方孝孺是死义之臣等，但从根本上还是维护朱棣的。而潘氏之所以对朱棣百般维护，许是因饱受亡国伤痛，对故国强盛时代的怀念。正如李贽所说，有明一代之所以到今天为止"士安于饱暖，人忘其战争，皆我成祖文皇帝与姚少师之力也"①，更有些史家认为朱棣能以守兼创，还将其比为武王，"不有武王，固无以安天下"②。而号称"于治乱得失直书无隐"③ 的《国史唯疑》，吹捧"文皇天表非常"而"建文素于亲藩寡恩"，力挺朱元璋中意燕王是"默定久矣"④。

三　考文皇帝史事

　　朱棣在位期间最重要的一件事情就是清理内政。不仅要封赏靖难功臣，更要处理建文遗臣。因事涉靖难，《太宗实录》所记含糊不清、多有避讳。故潘氏此处的考据，考订此两类臣子的事迹占据了一定的比重，即所谓的"上自公卿大臣，下至佣伍杂流"⑤ 一一辩驳。除此之外，永乐朝的内政外交也是潘氏考证的重要组成部分，如朝臣之死，边疆叛乱，和朝鲜相关事宜等。

　　卷5第1条，潘氏发现吏部尚书张紞在《太宗实录》中不见所终，而野史中所记张紞之死亡时间、原因、方式等均不同。潘氏首先据《太宗实录》谓张紞解职之命在文皇帝即位一个月之后，而野史中声称张紞"已前死者"属"溢美之谈"⑥，继而据《太宗实录》所记成祖"散官事"，推断张紞自经而死虽实录讳言，但仍有据可依：

①　李贽：《续藏书》卷9《荣国姚恭靖公》，中华书局1959年版，第151页。

②　张芹：《备遗录·备遗录引》，中华书局1985年版，第1页。

③　傅以礼：《国史唯疑跋》，见《国史唯疑》，上海古籍出版社2002年版，第382页。

④　黄景昉：《国史唯疑》卷2《永乐》，上海古籍出版社2002年版，第32页。

⑤　潘柽章：《国史考异》卷4《让皇帝》，中华书局1985年版，第116页。

⑥　潘柽章：《国史考异》卷5《文皇帝上》，第121页。

成祖语及散官事，叹息变色……乃进綧等谕之，不斥其前此纷更之失，而曰"视时政有戾旧制者，并向朕直言之"。词婉而意严，此綧所以惭惧而死欤……以官制之改职在冢宰，綧固有不得辞其责者矣。①

从潘氏文义和推理角度上讲，潘氏的结论完全成立，但云张綧"惭惧"而死，似值得商榷——"惭"未见得有，"惧"倒是完全有可能。况张綧不过是吏部尚书，改革官制一事最终取决于皇帝。潘氏此举，明显还是有维护成祖之意。

卷5第5条，考孙岳被免官发配海南一事的缘由。《太宗实录》与《逊国臣记》记载有异，多出"金川门不守，尚犹坚守中都"一条。潘氏认为郑氏溢出这条内容"似增饰之词"②。并结合当时史事给出了自己判断的缘由：孙岳如真据城抗命，法司万不会等到元年四月再发难，其罪责若有超毁朱元璋所建寺院木材修战舰者，朱棣对其的处置也就不当是"宥死安置"了。况且靖难一役，武臣殉节而死者甚少，孙岳即便臣服了朱棣"亦可无讥"，郑晓完全没有必要为其掩饰。

有罚自有赏。邱福（《太宗实录》为丘福）于靖难功臣中位列第一，实录在洪武三十五年九月"升赏奉天靖难诸将"中所记晋封、赏赐甚详，然其本传所记颇略。潘氏遂云其"攻战之绩无闻焉"。据《奉天靖难事迹》《异姓诸侯传》之记载，潘氏考邱福军功"显于白沟河，而淮上先登亦其次也"③，而之所以实录尽没其功，则是"既坐与高煦善……又以胪朐河之败"④故。邱福最终身死削爵，追夺诰券，徙其家于海南，未得善终。

潘氏对臣属下场的考证又不仅仅局限在此二类上。永乐朝臣的死因，国史、野史所记不相符者甚多。如解缙之获罪及下狱死，潘氏据杨士奇所撰《解缙墓碣》云解缙是"被谗至死"，认为"国史多所避讳"。之所以潘氏认为杨氏之说"最为详核"，乃是因杨氏于解缙有"有知己之

---

① 潘柽章：《国史考异》卷5《文皇帝上》，中华书局1985年版，第121页。
② 潘柽章：《国史考异》卷5《文皇帝上》，第127页。
③ 潘柽章：《国史考异》卷5《文皇帝上》，第124页。
④ 潘柽章：《国史考异》卷5《文皇帝上》，第124页。

感"。① 倘仅以此为据，不能服众。潘氏遂又旁引《頙缀录》《天顺日录》《实录·金忠本传》《至刚墓表》等，一一证《解缙墓碣》中所云解缙遭高煦、李至刚等人谗言之事为不假，实属三史互证发明的典范。与此同时，他也指出杨士奇在《解缙墓碣》中云解缙病死在狱中恐有误。以《正统实录》及王世贞《家乘考》所载来看，解缙当是被纪纲"以烧酒埋雪中，立死"②。然潘氏并未继续纠结于解缙到底是病死还是冻死这个问题上，直接指出"缙之大节在于安储，固不系乎病死与否也"③。此语虽短，却充分体现了潘氏考史是为了撰史这个目的——解缙之功及下狱之缘由，皆同拥立仁宗而得罪汉王有关，此事事关重大要辩驳清楚。但解缙究竟是病死还是冻死，对解缙及其家族而言意义非凡，却于国史益处不大。此等细枝末节与书写国史关系不甚紧密者，即便记载不一也没有必要纠结其中，做无意义之举，可见潘氏颇具史识。

《太宗实录》所载朝臣死因，也并非全无可取之处。如实录言平安永乐七年三月"以疾卒"，《逊国臣记》《野记》则言之凿凿其为自经死。潘氏理证之，平安虽为建文遗臣，但成祖早以惜其才故，收入麾下"委以居守之重"④，自此之后未见史载有大罪。即便成祖有"安乃尚无恙"之语，平安以此自疑且自裁，恐"不为"也。况且实录后记九年正月"平安之子宏，陈乞优给，特命月给指挥使禄"⑤，即为平安非死于成祖"宿憾"明证，否则其子怎能上疏乞恩，并最终"不失世职之禄"⑥。潘氏认为实录所记为实。

除了人事，潘氏还对永乐朝其他的一些内政、外交都有涉及。如卷6第7条，考用永乐十一年贵州宣慰使田琛等人作乱。此事国史、《炎徼纪闻》皆记，只在具体细节上有一定出入。潘氏先详引二书之所记，然后对书中差异一一辩驳。首先，关于田琛就擒时间，国史不载。田汝城《炎徼纪闻》记在永乐十一年十一月，潘氏谓其谬。国史中书贵州等处设"承宣布政使司"在十一年二月甚明，而布政司之设也只能是在废除贵州宣慰

---

① 潘柽章：《国史考异》卷6《文皇帝下》，中华书局1985年版，第149页。

② 潘柽章：《国史考异》卷6《文皇帝下》，第150页。

③ 潘柽章：《国史考异》卷6《文皇帝下》，第150页。

④ 潘柽章：《国史考异》卷6《文皇帝下》，第149页。

⑤ 《明太宗实录》卷112，台湾"中央研究院"历史语言研究所1966年版，第1435页。

⑥ 潘柽章：《国史考异》卷6《文皇帝下》，第148页。

司之后才有，故潘氏断言田琛"必于冬春之交"① 被抓；《炎徼纪闻》记载先有田琛自愿随蒋廷瓒入朝觐见，告发田宗鼎事，而实录载"田宗鼎既归朝，田琛尚拒命，然后使廷瓒召之"②，前后相继时间分明，《炎徼纪闻》误；《炎徼纪闻》所记田琛被擒之故，王世贞《二史考》中已辨其为伪，潘氏直接引之，并称赞王氏辨田书"旗校数人潜入二司，执琛、宗鼎去，非实录"之语为"其见卓矣"③。同时他又反对王世贞将田琛被擒之功全归顾成的看法。此事虽在《太宗实录》中无直接记载可依，但潘氏据事后国史所记"廷瓒尝与擒田琛等之谋，故升用之"之语，推断廷瓒"有功于是役"④，况且潘氏还发现《宣宗实录·孟骥本传》有贵州诸多创置"皆出右布政蒋廷瓒"之语，遂云此乃"庭瓒善后之劳，见于史者"⑤。潘氏此考，不仅驳正野史中所记贵州宣慰司叛乱，补国史记载之阙，也使蒋廷瓒之功大白于天下，功不可没。

朝鲜，在明初时称高丽，洪武三年之后确立了同明朝的宗藩关系，"贡献数至，元旦及圣节皆遣使朝贺"⑥ 始于此。洪武六年后朝鲜政局动荡，上层争斗不已。最终李成桂胜出，成为新国王。这段历史潘氏于卷3第9条在钱谦益已有考据的基础上，进一步指出李成桂、郑梦周二人已成水火，"非梦周杀成桂，则成桂必杀梦周"⑦，并以梦周对朝鲜旧皇室王氏的忠心类比陈桥兵变中唯一殉职的后周将领韩通。此番评价较之钱氏又提高了不少。朱棣迁都北京之后，"朝鲜益近，而事大之礼益恭"⑧，据《太宗实录》还有高丽女子入宫为妃。尤以贤妃权氏及其父权永均最为显赫，潘氏在卷6第1条考之。除《太宗实录》之外，《王氏奇事述》《列朝诗集》也皆有记载，潘氏考权永均封官事宜之余，还另据《仁宗实录》在洪熙元年有"遣中官往朝鲜"祭拜权永均的记载，证二野史"宣德中卒，

① 潘柽章：《国史考异》卷6《文皇帝下》，中华书局1985年版，第156页。
② 潘柽章：《国史考异》卷6《文皇帝下》，第156页。
③ 潘柽章：《国史考异》卷6《文皇帝下》，第156页。
④ 潘柽章：《国史考异》卷6《文皇帝下》，第156页。
⑤ 潘柽章：《国史考异》卷6《文皇帝下》，第156页。
⑥ 张廷玉等：《明史》卷320《朝鲜传》，中华书局1974年版，第8281页。
⑦ 潘柽章：《国史考异》卷3《高皇帝下》，第76页。
⑧ 张廷玉等：《明史》卷320《朝鲜传》，第8286页。

赐白金米布"① 之记皆误，可见潘氏读史之细心。

第三节　考据方法

在诸位前辈学者的努力之下，明史考据到潘柽章之前已经取得了一定的成果，王世贞、钱谦益二人还系统地提出了自己的辨史之法。在现存的潘氏文集中虽未见潘氏自述其考据原则，但在潘耒为《国史考异》所作序文中却明确提到了其胞兄考史时"参之以记载，揆之以情理"② 的方法。通过对潘氏现存六卷本《国史考异》的分析可以看出，潘氏考据之时不仅广泛参考各家记载，还注意保持较为客观的立场，将理证同文献记载相结合。除此之外，潘氏还吸收了钱谦益完善的以诗证史之法，并在自己的考据中充分运用，发挥了比较重要的作用。

一　理证法

潘柽章对理证法的娴熟使用在其考史中是比较突出的。之所以使用此法较多，主要是在潘氏所考史事中，不少史事文献记载相对较少，通过对文献记载进行合理的推理论证就成为考辨史料正误、追寻史事真相的一个有效办法，尤以卷四中的考辨建文史事为代表。此外，针对前人已有考证诸事，潘氏再考，除了依靠新发现的文献记载外，则对原有所引史料或已有的考据过程、考据结果进行再次分析，得辨前人得失并给出自己的考据结果。

如卷5第15条，《太宗实录》只记姚广孝在永乐二年六月有到往苏湖一带赈灾之举。而《震泽纪闻》《建文遗迹》皆云吴地有姚广孝之旧友、高士吴宾者，或谓姚少师拜访闭门不见，或谓斥责姚少师背恩不义。杨循吉《苏谈》一书更是记姚少师此次赈济孤身出门之时，还被县丞所笞，而姚广孝却未加罪于此人。同时，钱谦益《列朝诗集》为吴宾作传，大书二公人情往来，谓世传吴宾诋娸姚少师皆是委巷妄语。此事一无国史所书，二无家史可据，潘氏发现野史异辞，也只能结合当时背景而推理之。

---

① 潘柽章：《国史考异》卷6《文皇帝下》，中华书局1985年版，第148页。

② 潘耒：《遂初堂文集》卷6《国史考异序》，见《四库全书存目丛书》集部第249册，齐鲁书社1997年版，第791页。

潘氏谓坊间流传的吴宾之事，皆是吴人不满姚少师所做的"托词"。认为姚少师为人处世"不无可议"①，确未能保全忠节，然世人如此议论也是责备太过。而钱氏所赞的两公间的亲密"契分"，潘氏认为人情往还本属交道之常，并无值得夸赞之处。更何况，他推断成祖让姚少师归乡赈济，根本用心是要其衣锦还乡以示帝王恩宠。倘姚少师横受诃责而不加罪，即便自己能忍辱，却有损帝王声威。姚少师辅佐帝王多年，深谙为官之道又怎会如此行事。此条考证虽无确凿证据，步步考订也皆是推理，却言之有物令人信服。

又如卷4第4条考建文帝追封先祖等事。据潘氏读史发现，郑晓在《逊国记》中谓追封皇祖考、皇祖妣、母皇太子妃吕氏皆在洪武三十一年闰五月，而尊皇考、考妣，立马氏为皇后，分封三弟为王在建文元年二月。同为郑氏所撰，《大政记》则云尊吕氏为皇太后，立马氏为皇后并系于元年二月，时间处在"追尊考妣之下，分封三弟之上"。潘氏谓之"此郑氏之记事自相牴牾者也"②。国史不记，追封一事又涉及儒家礼法，只能结合常理大胆推测。潘氏此考的立足点即为儒家礼法，指出二书之误有三。第一，朱元璋卒于三十一年闰五月，辛卯葬于孝陵后，朱允炆为其上谥号是符合儒家礼法的。同理，朱允炆紧随其后为嫡母追封才是守礼。然据郑氏《逊国记》则是先封生母，再封嫡母，这是有违礼法的，故潘氏认为封生母当在为其父追尊兴宗之后。第二，追封嫡母、生母的时间若是在元年正月，有太迟的嫌疑，也不合礼法。第三，郑晓《逊国记》所录元年二月诏书，不仅三事并行不符政体，同时诏书内容词旨芜杂，条章疏阔，不合文体，为伪造无疑。而《革朝志》还额外窜入尊建文生母一条，二书之误就更不可掩了。

以上所举二例是纯以理证之法考史的典型代表。潘氏能够发现野史记载之差异，并在无其他类史料可依的情况下，结合时代背景，从事理出发驳斥野史之伪，充分体现了其不凡的考据功力。在潘氏的考证中，纯理证的考据虽仍有未举之例，但还是相对较少的，潘氏的理证多是结合其他考据方法一起使用，且主要是将已有史料结合时代背景、人物背景进行综合分析，从而得出结论。

---

① 潘柽章：《国史考异》卷5《文皇帝上》，中华书局1985年版，第135页。
② 潘柽章：《国史考异》卷4《让皇帝》，第94页。

　　结合时代背景进行推理的如在卷 1 第 12 条考《太祖实录》所记绍荣、赵继祖谋反伏诛一事。国史记此事是在壬寅（1362）七月丙辰被宋国兴告发。然潘氏考《宋晟本传》提到其兄国兴"积功至元帅"，却未有告变事，国史之自相矛盾如此。同时，潘氏发现在杨士奇所撰《西宁侯神道碑》中则记乙未"邵荣等潜有异谋，国兴察知以闻，荣等伏诛"①，即据国史，绍荣等谋反在壬寅（1362），而宋晟神道碑却记此事在乙未（1355），国史、家史所记相异。潘氏遂结合时代背景理证之：首先，国史所记绍荣战功赫然在册，还有在攻取台城之后者，国史所记不可能"尽赘误"；其次以常理推之，朱元璋初渡江之时，声势未显，位号未正"荣亦何所嫌忌，而欲为不利"②。此语甚确，倘谋变之事发生在乙未，朱元璋虽已显露头角却还不是滁阳王队伍的领袖，此时谋变没有动机，况且绍荣倘此时已诛，此后所获战功无法解释。由此推断，宋国兴告变之事当以国史为准。

　　又如卷 2 第 7 条考汪兴祖封侯之事。《太祖实录》及《汪兴祖本传》记云其东胜侯系追赠，而黄金《开国功臣录》、郑晓《异姓诸侯传》记载虽略有不同却均与实录相异。钱谦益在《太祖实录辨证》一书中已有详细考证。认为汪兴祖确在洪武三年封侯，然因杀降被告发故，夺券并谪居海南，四年以征蜀召还后卒。而潘氏则以《汪兴祖本传》结合时势给出了自己的判断。他指出洪武三年大封群臣，不当有同列皆封独留汪兴祖之举，并据此细化了钱氏考辨中汪兴祖的封侯、从征时间，且推断虽有谪守海南之命，却未能真正居之，未到海南便被召还。主要目的还是朱元璋希望让汪兴祖通过征伐蜀地获得军功，以图封王。实录之所以"录其前功而责其后效，此圣王使过之微权也"③。

　　结合人物背景进行推理的如卷 1 第 11 条考陶安官职时有家人易盐一事。俞本《记事录》谓为陶安等人"俱令家人私通敌境，于四沙易盐"④，此事不见别书记载。潘氏认为这种私通敌境卖国之事"主敬贤者决不肯为"⑤，是从陶安的品行出发，裁定记载正误。又如卷 4 第 3 条考燕王奔

---

① 潘柽章：《国史考异》卷 1《高皇帝上》，中华书局 1985 年版，第 21 页。

② 潘柽章：《国史考异》卷 1《高皇帝上》，第 21 页。

③ 潘柽章：《国史考异》卷 2《高皇帝中》，中华书局 1985 年版，第 39 页。

④ 潘柽章：《国史考异》卷 1《高皇帝上》，第 20 页。

⑤ 潘柽章：《国史考异》卷 1《高皇帝上》，第 20 页。

丧诸事。《逊国记》中记载燕王在高祖宾天后来朝，不仅行皇道，还登陛不拜等。潘氏先是据《太宗实录》所记朱棣在建文元年十一月"上书于朝"的相关记载，指出此乃"成祖自淮安归国之后，未尝奔丧入朝之明证"①。为了进一步证明此论的可信度，潘氏还将时势同成祖个人性格特征相结合，进行了合理的推论。潘氏指出当时皇室内部嫌隙已起，彼此之间"猜疑之形已著"②，倘燕王此时孤身入京，风险很大于常理不符，更勿论还做出"行皇道不拜"等授人以柄的举动。燕王不仅不是一个不学无术的藩王，反而少长习兵，深谙兵法，此等自毁长城的行为"智勇有大略"燕王又岂会为之。抛去成祖冠冕堂皇之语，潘氏此推论从谋略、利益出发，能够很好地佐证燕王定不会在太祖宾天之后入朝，陷自己于被动之中。

二　以诗证史

钱谦益使用娴熟的以诗证史之法，在潘柽章的《国史考异》中也得到了充分体现。从潘氏考史使用情况来看，他的以诗证史可分为直接证据和间接证据两类。前者可直接证考辨之事正误，后者则可起到辅助旁证之用。

潘氏以诗为直接证据的有卷1第11条、卷5第2条、卷4第17条为代表，仅以一例加以说明。卷1第11条，考陶安官职升迁变化。钱谦益据陶安诗作已有详细考订，然潘氏认为钱谦益在《太祖实录辨证》中考订"安守黄州在平陈理时，亦未尽然"③，且尽管钱氏"自觉《辨证》之误"，在《列朝诗集》中对陶安历职进行了修订，潘氏依旧认为有不符之处。潘氏考据使用的依旧是陶安的诗作，其一为《悼故妻喻氏诗》，不仅诗下自注其妻是"壬寅卒于官舍"，在潘氏看来此诗更是述陶安"履历甚详"。据此诗所记，陶安在壬寅（1362）冬已经任官黄州。其二为《癸卯闰三月十九日奉旨代祠宝公诗》，潘氏谓此诗当属"离黄还省以后作也"。这两首诗的内容和时间均同钱氏所考陶安官职变化矛盾，因此在综合各书记载的情况下，潘氏认为陶安当在辛丑（1361）首次出任黄州知府，两

---

① 潘柽章：《国史考异》卷4《让皇帝》，中华书局1985年版，第93页。
② 潘柽章：《国史考异》卷4《让皇帝》，第93页。
③ 潘柽章：《国史考异》卷1《高皇帝上》，第20页。

年之后即癸卯（1363）招还从征鄱阳，时隔不久便又复典黄州，但正式
文书却是在甲辰（1364）下达。还另据《甲辰书事诗》中所记，推断俞
本《记事录》中癸卯陶安家人易盐之事，疑似为船兵所诬。而《洪武元
年送夏允中总制浙东兼巡抚诗》就是"允中尚在，安得云沉江而死"① 的
明证，驳俞本《记事录》之误。在此条考证中，无论是钱谦益的考证，
还是潘氏的考证，在关键问题的考证上都是以诗为依据，其重要性不言
而喻。

潘氏所引之诗被用为间接证据者，如卷 3 第 3 条考刘基之孙刘廌之死
亡时间。潘氏指出实录不载，《兵部贴黄》云其洪武二十四年九月卒，郑
晓《异姓诸侯传》载洪武二十五年卒，而钱氏《列朝诗集》据刘廌《盘
谷集》及陈谷《闲闲先生传》考刘廌"永乐中尚无恙"②，潘氏另据方孝
孺《送刘士端归括苍诗》内容推断建文中还"尝以墓碑为请"，卒于洪武
二十五年就是无稽之谈了，也就能够说明"卒于永乐时何疑焉"③。潘氏
此条考证新增的史料，为钱氏原有之考证增加了一条旁证，增强了钱氏考
证结果的可信度。

从上述考证可见潘氏学识渊博以及对以诗证史之法的透彻了解和运
用。尤其在考陶安官职变迁条，钱、潘二人同据陶安诗作考其官职，虽潘
氏为后来者，但他发现了新史料，不仅指出钱氏之误，还解开了陶安曾两
任黄州知府的谜团，更考钱氏未了之事，足见潘氏青出于蓝而胜于蓝。

三 互证法

互证法乃是考证史事正误最基本的方法。通过互证法，潘氏不今发现
了诸书记载中存在的错互之处，再排比史料，得以考订正误。在上文列举
过的诸例中，基本都涉及了史料间的互证发明。此处则主要从三史分类互
证的角度，对潘氏此考据方法进行说明。

以三史互证，辨各家记载得失。如卷 1 第 7 条，据实录所记，则徽州
之战在丁酉（1357）七月，汪同等人来降则在丁酉九月。潘氏先引钱谦
益在《钱氏辨证》中主要使用参战诸人碑文与实录所记互证，得出徽州

---

① 潘柽章：《国史考异》卷 1《高皇帝上》，中华书局 1985 年版，第 20 页。
② 潘柽章：《国史考异》卷 3《高皇帝下》，第 65 页。
③ 潘柽章：《国史考异》卷 3《高皇帝下》，第 66 页。

之战在十月，汪同之降在九月的已有辨证，然后又在增加了考据史料的基础上，再一次对此进行辨证。潘氏指出"徽州之战诸书所载互异"①，如《皇明通纪》记丁酉七月邓愈、胡大海先拔徽州，汪同降，九月杨完者率军来攻欲夺回，是时邓愈守城，胡大海率部分军队攻婺源不在城中，闻讯速归，同邓愈一起在十一月大败杨完者；《皇明本纪》则谓汪同之降在九月，同实录所记。潘氏推测《皇明通纪》云汪同降在七月"盖据赵汸所撰《汪同传》"②，然《汪同传》所记攻伐诸战甚详，时间却不尽详明，当是"至徽郡在七月，而见相国在九月，即实录所云'上命仍其官'之日"③，再综合《元史》《程国胜神道碑》所记，潘氏谓"汪同先以都元帅镇休宁，既降，而帖木儿等尚据婺源。至明年正月，邓愈遣王弼、孙虎与同等率兵拔之，遂以同镇婺源，则越国之攻婺源为帖木儿等耳，于同何与"④。在这条考证中，潘氏不仅使用了钱谦益在辨证徽州之战时所用碑文铭刻，还增加了《元史》《汪同传》两条，在丰富了钱谦益徽州之战论证的同时，还另考汪同来降是在七月而非钱氏所认为的九月。

以国史证野史之误。卷5第16条考李景隆死亡时间。《太宗实录》只记李景隆屡遭大臣弹劾，在成祖为保全勋贵之意下，永乐二年八月丙戌将其所有"庄田佃仆，俱没入官"。而郑晓《大政记》记李景隆此年十二月被禁锢，《皇明通纪》更云李景隆在同年十一月"有罪下狱死"，罪名是听信奸人谓其"十八子当有天下"之妖谶。国史、野史所记差异如此之大。潘氏考之，在永乐七年六月成祖谕诸勋臣文中，专门提到了李景隆"造为妖谶，觊觎神器"之语，与《皇明通纪》之说相符。又据永乐十六年四月成祖敕周王谕旨，则知李景隆"十六年尚系北京，而其家属则多骈死者"⑤，故《皇明通纪》谓景隆下狱之事为史实，但云其"死则不然"。《公侯伯袭封底簿》记李景隆在正统十三年"奉英宗皇帝圣旨开门闲住"，潘氏以《英宗实录》正统十三年正月所记相考则证明确有其事，谓"是时景隆、增枝等自北京归故第，拘系年久，始得赦出耳"⑥。郑晓《大政

---

① 潘柽章：《国史考异》卷1《高皇帝上》，中华书局1985年版，第13页。

② 潘柽章：《国史考异》卷1《高皇帝上》，第13页。

③ 潘柽章：《国史考异》卷1《高皇帝上》，第13页。

④ 潘柽章：《国史考异》卷1《高皇帝上》，第14页。

⑤ 潘柽章：《国史考异》卷5《文皇帝上》，第136页。

⑥ 潘柽章：《国史考异》卷5《文皇帝上》，第137页。

记》云景隆下狱四十五年而卒，潘氏据此反推之则景隆"卒于赦出之
后"，佐证了实录的说辞。至此，李景隆生平诸事已大略可见——其先是
恃宠而骄，图谋不轨，廷臣累发其罪，成祖为曲赐生全，拘系于京，正统
十三年得赦出。在潘氏看来，李景隆之罪与胡蓝二人无异，但其能"得全
首领于牖下，非列圣亲亲之恩，何以及此。而载笔者阙而不宣，亦可怪
也"①。虽然实录未曾给李景隆立传，下狱时间、卒时卒因都未有详细记
载，但潘氏以国史、野史等参校考证，逐步将清史实真相，此条末尾所举
《皇明记略》《岐阳王世家》二书记载舛误不言而喻，是为"不考之过"。

国史所记缺略，以野史所记相互参校补之。如卷3第5条考迁都之
议。《太祖实录》只记太祖在洪武二十四年八月以"天下山川，惟秦中号
为险固"为由，命皇太子朱标巡抚陕西。朱标十一月自陕归，次年四月
薨，丝毫未提及太祖有迁都西安之意。潘氏引郑晓《今言》、姚福《青溪
暇笔》皆言太祖已有"都关中之议，以东宫薨而中止也"②。实录虽未直
书太祖有迁都之愿，但在洪武九年六月书太祖称监察御史胡子祺请都关中
之疏为"善"，据此潘氏称太祖"欲迁长安非一日矣，顾时未可耳"③。此
事朱国祯在《大政记》中更有详细描述，潘氏推断此事《太祖实录》不
载主要原因是"太祖末年，大政大议悉付太子暨太孙参决"④，换言之，
洪武末年朝政同成祖关系不大，倘实录据事直书那么就和朱棣声称的太祖
属意其为天子的意图相冲突，难以自圆其说。因此，国史唯有一概削而不
纪，从而使得"迁都之议，亦几于湮没，可叹也"⑤。

第四节　考据特点

潘柽章考史是为了撰史，《国史考异》首先在撰述目的上就体现了这
个特点。也正是因为要满足撰史需要，潘氏考据时又好以辨实录得失正误
为核心，具体考辨史事时多将同类或者互相关联的事件归入一条考据之
中。与此同时，他还继承了前人将考史与评史相结合的方法，结合自己的

---

①　潘柽章：《国史考异》卷5《文皇帝上》，中华书局1985年版，第137页。

②　潘柽章：《国史考异》卷3《高皇帝下》，第68页。

③　潘柽章：《国史考异》卷3《高皇帝下》，第68页。

④　潘柽章：《国史考异》卷3《高皇帝下》，第69页。

⑤　潘柽章：《国史考异》卷3《高皇帝下》，第69页。

考据结果，对考据中涉及的明代史事、人物、史著等一一点评。尤其要注意的是，因潘氏身处明清鼎革之际，时代大背景的影响不单体现在其敢于考据明官方讳言的建文朝史事、靖难战争等内容，还更加细腻地体现在文中简短的史评里。此外，我们也要正视潘氏考据中存在的不足，既不能过分拔高其所取得的成绩，也不能漠视其考据的缺陷。

一　仿《通鉴考异》之作的考据专书

前文笔者已经指出《国史考异》一书是潘柽章为撰修明史，参校诸家记载、考辨实录之作。综合潘氏自述及各家记载来看，《国史考异》虽也为撰史而作，但从一开始就属于潘柽章撰史计划的正式组成部分。也就是说，此书的撰修是潘柽章有计划、有目的、有意识的行为，伴随着其修史计划的展开也一并提上了日程。潘氏考据的这个特点在晚明当朝史考据中是非常特殊的。

潘氏治明史，最初并非打算采用纪传体，这一点从其自序可知：

> 余又好言史，好读左氏、司马书，即穷其堂奥……司马《通鉴》，总荀、袁诸氏之长，虽以质胜，要亦编年之善也。尝与吴子言而又然之。然余固不能为，尝作《通鉴后纪》，起有宋，迄蒙古。其入国朝，则为长编，颇采实录、家传，旁及辎轩，列成数百卷。而吴子适过余，深言"编年之体，往往一人一事而跨越数世，文易牴牾，义难综贯，又况律历兵刑之事，本末不备，故自汉以来，守太史公家法，本纪年表，犹编年之纲，而世家列传，其目也。余窃欲续《史记》，述汉太初以后迄宋祥兴，本纪略具，而载乘繁芜，未遑卒业。今以子之志，盍相与为《明史记》，网罗天下放失旧闻，取材于长编，而折衷于荐绅先生及世之能言者，以成一代之书"。余又闻而然之。①

此语可充分说明，潘氏在未和吴炎等人合作撰《明史记》前，就已经开始了独撰明代史事的活动，即其所谓的广采实录、家传等而成数百卷

① 潘柽章：《吴子今乐府序》，《今乐府》卷首，见《四库禁毁书丛刊》集部第74册，北京出版社1997年版，第113页。

的"长编"。而他最初撰史采用的是编年体，这显然与其好读《左传》《资治通鉴》，推崇司马光有密切关系。后来他之所以改变了看法，有了同众人合著的纪传体明史著作《明史记》，当是吴炎对编年、纪传二体优劣长短的分析打动了他的缘故。

潘氏之所以初编明史称"编年之善"，主要是赞同司马光撰史的方法、步骤。宋人李焘将其总结为"先使其僚采摭异闻，以年月日为丛目。丛目既成，乃修长编"①，此外司马光"又参考群书，评其异同，俾归一途，为《考异》三十卷"②。

此法得到了潘氏的继承，据载：

> 亡兄（潘柽章）与吴先生草创明史，先作长编，聚一代之书，而分划之……汇群言而骈列之，异同自出，参伍均稽，归于至当，然后笔之于书。③
>
> 亡兄（潘柽章）尤博极群书，长于考订，谓著书之法莫善于司马温公其为《通鉴》也，先成长编，别著考异，故少牴牾。④
>
> 亡兄（潘柽章）有意编纂明代之书……崇祯一朝无实录，取十七年之邸报，与名臣章奏、私家记载，采辑成书。用编年体，排日系事，不漏纤毫。依司马温公先丛目、次长编、后通鉴之法……提纲缀目，有条有理。⑤

从这三条史料可知，潘氏虽然最终赞同了以纪传体勒成有明一代史事为《明史记》，但前期的准备工作却完全是依照司马光撰史之法进行，即搜集史料，编写长编，另著考异，再撰《明史记》，而潘耒所谓的"不失

---

① 李焘：《进续资治通鉴长编表》，见《续资治通鉴长编附拾补》，上海古籍出版社1985年版，前言第3页。

② 司马光：《进资治通鉴表》，见《宋文鉴》卷65，商务印书馆1938年版，第907页。

③ 潘耒：《松陵文献序》，见《四库禁毁书丛刊》史部第7册，北京出版社1997年版，第2页。

④ 潘耒：《遂初堂文集》卷6《国史考异序》，见《四库全书存目丛书》集部第249册，齐鲁书社1997年版，第791页。

⑤ 潘耒：《遂初堂文集》卷6《寇事编年序》，见《四库全书存目丛书》集部第249册，第793页。

古人著书之法"当也指的是其胞兄等人撰《明史记》的顺序与司马光撰《资治通鉴》的顺序一致。

不仅如此，《国史考异》全书在内容编排上也与《通鉴考异》相似。潘氏虽未如司马光一样给全书的考据条目增加标题，但却也皆以数字标明先后顺序，段落分明，这一点在《续修四库全书》影印的"潘氏原刻"①中体现得淋漓尽致，此为其一。在具体内容的编排上，《通鉴考异》是以所考事件的时间先后来安排书内顺序。司马光之所以如此安排，一方面自是同《资治通鉴》内容相呼应，另一方面也是《通鉴考异》最初独立成书的需要，后来《通鉴考异》散入《资治通鉴》原文之下，也是胡三省所为，非司马光本意。《国史考异》在这一点上采用了司马光的做法——全书基本是以实录所记内容为每条考据之首，偶见别以他载为首，为首这条史料的记载时间也基本严格地遵守了全书时间上的先后顺序，此为其二。试举三例加以说明：

> 卷1第9条：《实录》辛丑三月丁丑（1361）……②
> 卷1第10条：《元史》至正二十一年五月癸丑（1361）……③
> 卷1第11条：《实录》辛丑八月丙午（1361）……④

很明显，卷1第10条起首史料出自《元史》而非《实录》，但在时间上处于前后两条之间。又如卷2第4条为"广东行中书省实录不载初置，考《张以宁文集》有《送东参政周祯序》云：二年三月肇建山西、陕西、福建、广东、西中书行省五"，即此条考证首引第一条史料为洪武二年三月。第3条则为"洪武二年二月"，第5条为"洪武二年九月"；又如卷4第9条"《逊国记》建文二年十月"⑤，第8条则为"《靖难事

---

① 按：参见潘柽章《国史考异》卷首，《续修四库全书》史部452册，上海古籍出版社2002年版，第1页。

② 潘柽章：《国史考异》卷1《高皇帝上》，中华书局1985年版，第16页。按，《国史考异》一书在讨论中涉及了中华书局1985年本和《续修四库全书》本。

③ 潘柽章：《国史考异》卷1《高皇帝上》，第18页。

④ 潘柽章：《国史考异》卷1《高皇帝上》，第19页。

⑤ 潘柽章：《国史考异》卷3《高皇帝下》，第100页。

迹》二年五月"①，第10条为"《靖难事迹》四年四月"②。可见，潘氏在编排史料上绝不是率性而为之，当有一番考量。

由此可以知道，潘氏撰《国史考异》是其在撰史之时，效仿司马光为撰《资治通鉴》另著《通鉴考异》的作品，在考据过程中已有了汇集考据内容独立成书的意识。且从文义推之，《国史考异》当先于《明史记》成书。不然倘若史实没有考辨完成，如何撰史。而顾炎武"潘子刻《国史考异》三卷寄予于淮上"③ 和钱谦益"伏读《国史考异》"④ 之语，也可佐证此书最低有部分内容在《明史记》修成前已经刊刻。

二　专言国史，以类相从

通过笔者上文的分析可知，无论是依潘末序文还是据潘柽章《国史考异》本身，潘柽章的国史考据确实具有"以实录为纲领"辩驳实录正误的特点。而潘氏之所以选择以实录为纲，除了序言中明言的野史、家史不可胜驳，实录不容不正的原因之外，笔者在综合了潘氏生活经历以及其书中考据过程之后，推测应当还有两个原因。

其一，潘氏更认可《明实录》的史料价值。首先，在王奎一案中，虽然其祖父潘志伊认为案情有疑点，反对判刑结案但未成功，至真相大白却遭此牵连贬职，潘氏谓此事内中详情，"非国史大书特书，则先公明允之绩，终湮灭而不彰矣，可胜叹哉"⑤，因此其家族的真实经历就说明国史之记载是有可取之处的。其次，在潘氏具体考证中也可以看出潘氏对明实录地位的肯定。这一点不仅表现在潘氏对实录的批评相对诸野史较为温和，如其批评国史时是"国史会典，承袭疑舛，无所厘正，此岂独有司之责乎"⑥，

---

① 潘柽章：《国史考异》卷3《高皇帝下》，中华书局1985年版，第99页。

② 潘柽章：《国史考异》卷3《高皇帝下》，第102页。

③ 顾炎武：《亭林诗文集》卷5《书吴潘二子事》，商务印书馆1937年版，第281页。

④ 钱谦益著，钱曾笺注，钱仲联标：《牧斋有学集》卷38《与吴江潘力田书》，上海古籍出版社1996年版，第1319页。

⑤ 潘柽章：《松陵文献》卷6《潘志伊》，见《四库禁毁书丛刊》史部第7册，北京出版社1997年版，第55页。

⑥ 潘柽章：《国史考异》卷2《高皇帝中》，第32页。

"实录书法赘误，不辨自明"①，实录"可谓疏误之极"②，而批评野史
"何以传信"③"鄙妄尤不足辨"④，同时潘氏还在考证之中数言实录非
"不足征"，"当以国史为信"⑤ 者。

其二，以实录为纲，包含了潘氏考史、撰史的思考。上文笔者已经论
述过，《国史考异》是潘氏有目的、有意识的撰述行为。在他的明史考据
中，不少条目都不只唯考一事，而是将联系紧密诸事综合起来归入一条进
行辨证，充分体现了以类相从、核其虚实的特点。这样做的好处自是为了
在日后撰史时方便取材，这一点在潘氏自己提出疑问，进而辨证、考据的
条目中表现得最为突出明显。从现有六卷考据内容来看，有事件相互关联
者串联考之，也有同属一类事件归入一条考之，也有围绕一人考其相关
诸事。

事件相互关联者入一条。如卷 1 第 9 条，先是引实录所记枢密院更名
为大都督府在辛丑（1361）三月，又甲辰（1364）三月定大都督府官制，
吴元年（1367）十一月再次更定官制。潘氏据时势分析，朱元璋初为吴
国公根基不稳，诸子年幼，唯兄子朱文正年富力强，因此特设大都督以其
任之，巩固自己的地位和统治。但朱元璋也是刚刚过江开府，诸事未备，
故枢密院之官也不仅是任人以亲，如《赵武桓公神道碑》就有赵德胜曾
在壬寅（1362）四月任"金江南行枢密院事"的记载，此碑为宋濂奉旨
敕撰当无误，故潘氏直言此时即为"枢密院未改都督府之明验"。⑥ 同时
也肯定了国史所记甲辰改官制的说法，此后"都督专掌戎机，非亲信之臣
不授"⑦，而国初信任之臣中惟冯胜、康茂才等二三人任此官，而"冯胜
之入都府，自丁未以前史皆不载"⑧。于是乎，此条考证接下来就以《太
祖实录》及《冯胜本传》《异姓诸侯传》《国初事迹》相互参证，得出吴

① 潘柽章：《国史考异》卷 2《高皇帝中》，中华书局 1985 年版，第 34 页。

② 潘柽章：《国史考异》卷 2《高皇帝中》，第 58 页。

③ 潘柽章：《国史考异》卷 1《高皇帝上》，第 16 页。

④ 潘柽章：《国史考异》卷 5《文皇帝上》，第 139 页。

⑤ 潘柽章：《国史考异》卷 6《文皇帝下》，第 149 页。

⑥ 潘柽章：《国史考异》卷 1《高皇帝上》，第 16 页。

⑦ 潘柽章：《国史考异》卷 1《高皇帝上》，第 16 页。

⑧ 潘柽章：《国史考异》卷 1《高皇帝上》，第 16 页。

元年之时"治都府事者胜也"①，并用吴元年九月平吴师还论功行赏之时，高祖称冯胜"守京城，军府之事，独任其劳，亦宜受赏，而封宋公"②之语即为明证。潘氏还指出冯胜的官职在洪武元年因高祖登基为帝"推恩例，加右都督，仍同知都督府"③，并据此及明初官职等级，证王世贞《二史考》中"宋公因从品改官？将有别故镌秩"之猜想是"何论焉"，实乃"不考官制之故"。在此条考证中，潘氏从国初枢密院更名以及其内部官职变化入手，引出身任其官职中唯冯胜入府国史记载不详，再到证王世贞所考冯胜官职变迁之误，前后相继、步步推进。

同类事件归入一条考证者，如卷1第16条考大明攻陷诸地，《太祖实录》甲辰九月不书取天临路，然《邱广本传》却载克潭州。同为明代官修，《元史》于同年也记大明兵取潭州等路，而"潭州，元之天临路也"④，且《通鉴博论》亦有相同记载，故潘氏谓"从之"补实录于甲辰九月记载之阙；又如，实录先记乙巳（1365）正月取宝庆路，后又在洪武元年（1368）二月有攻陷之事，潘氏云"其中必有再陷之事，而记者失之"⑤。以《元史》记载，考有"乙巳六月，辛丑湖广行省左丞周文贵复宝庆路"⑥。综合《太祖实录》《元史》"以日月先后考之"，潘氏认为实录关于周文贵及宝庆路的记载缺略，"当依元史补入"⑦。在此条考证中包含了大明对两处区域的攻伐，而潘氏之所以将它们归入一条考证共存之，是因为此实录对此二地攻伐的记载均出现了缺失，而潘氏则另据别书证其失。

围绕一人或一事展开，这种综合考证在潘氏以类相从进行的明史考据中数量最多。如卷2第21条，潘氏先引实录所记潭王妃家族在洪武二十三年坐事，潭王不自安，遂与妃自焚死，又书王世贞《二史考》中辨证野史所记潭王身世之事。潘氏谓王世贞驳潭王生母之事甚正，却"未悉妃

---

① 潘柽章：《国史考异》卷1《高皇帝上》，中华书局1985年版，第17页。
② 潘柽章：《国史考异》卷1《高皇帝上》，第17页。
③ 潘柽章：《国史考异》卷1《高皇帝上》，第17页。
④ 潘柽章：《国史考异》卷1《高皇帝上》，第25页。
⑤ 潘柽章：《国史考异》卷1《高皇帝上》，第25页。
⑥ 潘柽章：《国史考异》卷1《高皇帝上》，第25页。
⑦ 潘柽章：《国史考异》卷1《高皇帝上》，第25页。

家坐事之实"①，继而以《庚午诏书》所记先点明"潭王之死，亦为胡党所累"；而潭王妃家族涉胡党案中，另有涉案人员为封绩者。潘氏又另据《奸党录》考封绩之事，并指出实录所记与封绩"招辞无一合者，又不明言于妃家坐事之状，可谓疏误之极"②。潘氏此条考证是围绕着潭王及潭王妃展开，不仅考潭王生母非陈友谅之妻，同时又考潭王之死因，及潭王妃家族涉胡党案的原因及相关涉案人员。看似多绪形散，实则始终围绕着潭王夫妇展开。

三　直言无讳，寓评于考

到潘柽章考据明史时，明王朝已是分崩离析。虽有南明政权以江南地区为依托，还在谋划挥师北上、重拾山河，但农民起义的风起云涌，明清鼎革的强烈震撼，都促使遗民史家开始对整个明代的历史进行反思，史著就成为他们记载史事，品评人物的重要载体。潘氏作为遗民史家中的一员，他的作品也具有这个特征。虽然《国史考异》是潘氏为撰史而著的考据专书，潘氏也以考订史事见长，但这些都不妨碍他结合所考内容，对涉及的历史人物、所引史著及史家进行评价。尽管这些评价多简短不成系统，但由于有史考做基础，潘氏的评论基本做到了有的放矢，是有根之言。

（一）品评人物

在目前仅存的六卷内容中，潘氏对历史人物的评价相对较少，且多是点评帝王，整体的基调又是以歌颂为主。如朱元璋猜忌功臣、刻薄少恩一直为史家所批评。王世贞考汤和何以能够在"毗陵之欠忠，瞿塘之退缩"简册昭然的情况下，还有"恩礼优崇，有群公所不敢望者"③的待遇。原因不外乎有二：首倡解兵，归权于皇帝；汤和晚年得了风疾，不能言动形似废人。但潘氏考证时，强调的是太祖朱元璋顾念旧恩、仁慈英明。又如明代史家一直"于龙凤间事，多所避讳"④，然潘氏在卷1第5条考朱元璋封吴国公时间时，引太祖自序《世德碑》中所记"龙凤九年三月十四

---

① 潘柽章：《国史考异》卷2《高皇帝中》，中华书局1985年版，第57页。
② 潘柽章：《国史考异》卷2《高皇帝中》，第58页。
③ 王世贞：《弇山堂别集》卷20《史乘考误》一，中华书局1985年版，第372页。
④ 潘柽章：《国史考异》卷1《高皇帝上》，第9页。

日，内降制书：'曾祖考为江南等处行中书省右丞上护军司空吴国公，祖考为……吴国公，先考为……吴国公，妣皆吴国夫人'"，以此为据力证太祖"不以禀命为嫌"①，将《太祖实录》"尽没其实"的责任推给史臣，驳史家评论太祖讳言龙凤。再如，太祖诛杀国初功臣甚多，钱谦益评论道："宋、颖诛而开国之元功尽矣。丰、沛旧臣，如晨星之仅存者，惟长兴、武定耳。"② 而潘氏在卷 2 第 8 条考靖海侯吴祯爵位得失时，先是以《太祖实录》及刘嵩《靖海侯谥襄毅吴祯神道碑》所记相互考之，指出吴祯洪武五年收辽东未附之地，未升反降为定辽卫指挥使，盖是因追究"纳哈出寇辽，焚仓粮十万余石，没军士五千"③ 故，而实录不为吴祯立传，仅附书其兄长吴良江阴侯本传之后。潘氏据《庚午诏书》考，"祯亦名列胡党……阙传国史之义例也"④。然而，通胡谋逆公侯甚多，子皆不得嗣，而吴祯之子袭封如故，甚至吴祯本人也依旧享功臣庙东序之祀。潘氏遂以吴祯及其家族有罪却终始保全之例，驳史家"谓圣祖待功臣少恩"⑤之说。

潘氏对朱棣更是不吝赞美。在上文分析潘氏对文皇帝的考证中，笔者已经有所提及。在卷 4 第 1 条潘氏通过考辨已经能够证明成祖之生母为碽妃，根本不是孝慈皇后的情况下，还能找出理由为其辩驳，声称成祖朱棣不认生母是"不得已"⑥。卷 4 第 9 条考野史中所谓建文帝"无使朕负杀叔父名"之说为伪，全条收录王世懋《窥天外乘》此条辨证，又以成祖类比唐太宗，赞同王氏在辨证中提到的"自古帝王之兴，皆有天命"⑦ 的结论。也就是说，潘氏认为建文失国虽值得同情怜悯，然成祖之兴更是"天命"，当从之。潘氏对明帝王的回护也表现在对宣宗的评价上，这一点前文中笔者在讨论潘氏考让皇帝诸事中已经有过详细论述，此处不复赘言。但仍需要强调的是，潘氏将方孝孺"叩头祈哀"之记载的主要责任

---

① 潘柽章：《国史考异》卷 1《高皇帝上》，中华书局 1985 年版，第 10 页。

② 钱谦益著，钱曾笺注，钱仲联标校：《牧斋初学集》卷 105《太祖实录辨证五》，上海古籍出版社 1996 年版，第 2151 页。

③ 潘柽章：《国史考异》卷 2《高皇帝中》，第 40 页。

④ 潘柽章：《国史考异》卷 2《高皇帝中》，第 40 页。

⑤ 潘柽章：《国史考异》卷 2《高皇帝中》，第 40 页。

⑥ 潘柽章：《国史考异》卷 4《让皇帝》，第 90 页。

⑦ 潘柽章：《国史考异》卷 4《让皇帝》，第 90 页。

全部推给杨士奇，为宣宗回护开脱，与其对太祖、成祖的赞美、回护是一脉相承的，是他身为遗民史家对旧朝故主怀念的一种体现。

不仅如此，从潘氏对靖难之际朝臣的评价上也能看到他对成祖的回护。卷 3 第 9 条考朝鲜郑梦周之事时，潘氏称赞梦周是朝鲜旧皇室"王氏之韩通"①，对其忠心和节义都大力褒扬。而在潘氏并不认为成祖靖难是"篡"的前提下，潘氏对靖难之际群臣的行为评价则显得中庸了许多——既不称赞死节者，也不贬低迎降者。如在卷 5 第 5 条考孙岳免职原因时，潘氏"壬午之役，武臣殉义寥寥，如孙岳者，亦可无讥，但当据事直书，则美恶自见"②的评论就很好地体现了这一点。卷 5 第 15 条考姚广孝事时，认为世人以姚广孝不能保全忠节佐成祖靖难，是"责备之太过"，反倒潘氏称其"佐命之功，自不可没"③。将潘氏对靖难朝臣的评价与成祖、建文帝结合起来，我们更能清晰地看出潘氏对成祖的拥戴。

（二）评论史著、史家

据学者统计，在现存六卷本的《国史考异》中，潘柽章共计引书 145 种。④ 潘氏往往会结合考证的具体内容对所引史著和史家进行评论。谬误不足辨之处明言之，记载翔实无讳同样不吝赞美，体现了潘氏一分为二、实事求是的态度。除了上文中已经探讨过的潘氏对国史一分为二的认识外，他的这种对待史著、史家的态度也在家乘、野史中得到了体现。

潘氏考辨时征引的家乘、野史是非常多的，并未因其是私撰就一概否定，而是结合考证内容，从实际出发一一点评。如《剪胜野闻》载太祖微时，为郭氏五男所恶，尝以事幽之空室中，潘氏谓："其语尤为无稽，不足置辨。"⑤ 且不论幽之空室不见别书所记，《太祖实录》明确记载滁阳王只得三子，连基本事实都记载错误，故徐祯卿此语荒诞无稽，一眼便知其伪，潘氏直云己都不想驳其误。有鉴于俞本跟随太祖征战四方的生活经历，其《记事录》的价值被钱谦益充分肯定，潘氏在考证中也非常注意引其书中所记辩驳正误，如在考陶安等令家人易盐一事之时，云此事"俞

① 潘柽章：《国史考异》卷 3《高皇帝下》，中华书局 1985 年版，第 76 页。
② 潘柽章：《国史考异》卷 5《文皇帝上》，第 126 页。
③ 潘柽章：《国史考异》卷 5《文皇帝上》，第 135 页。
④ 展龙：《〈明史记〉编纂考论》，《图书馆界》2011 年第 6 期。
⑤ 潘柽章：《国史考异》卷 1《高皇帝上》，第 9 页。

本所记当不谬"①。但书中又记夏允中被"置于黄鹤楼下大浪中，凡三日沉江而死"一事，潘氏考之，夏允中洪武元年还曾"总制浙东兼巡抚"，据此评价"俞本所纪未足信也"②。

在其征引的野史中，郑晓的作品当是出现频率最高的。整个第四卷辨建文帝诸事基本上都是以《吾学编·逊国记》和《靖难事迹》为基础，全书对郑晓所撰之史的引用还包括了《今言》《吾学编》中其他的内容等。从整体上来看，潘氏对郑晓的记载批评的多，赞扬的少。如卷1第4条考郭老舍时，潘氏评论郑晓《今言》所记乃是"未见国史，故姑为存疑之词"③，还算温和。评价郑氏"失考""不察""妄言""所记几于戏"等语屡见书中，更有甚者斥郑晓在《逊国记》中首书"刑部侍郎金公"之事，后世史家因之并加以发挥，在弘光朝礼臣失考的情况下，使此子虚乌有之人滥竽充数，获得了国家赠谥，潘氏遂称"郑氏之罪人也"④。卷4第8条中，郑晓书铁铉守城时，博采众说，唯舍挂太祖御像于城坏处之说不载，潘氏称其"独削不取，亦有见也"⑤。卷6第5条考周文褒得罪始末，涉及了迁都之事。《蓉塘诗话》记力赞迁都的大臣中"萧仪言之尤峻"。而萧仪此人记载较少见，有者也多谓"与陈瑛忿争阙下"。郑晓《今言》谓有永乐二十年有萧仪之祸时，"陈瑛已于永乐九年有罪下狱死"⑥，潘氏肯定了郑晓的考证，称郑晓"业辨其诬"⑦，然紧随其后潘氏指出"《名臣记》复误采之"。二书同为郑晓所撰却自相矛盾至此，更令读者对郑晓诸书记载产生不信任感。但需要指出的是，郑晓书中出现如此多的失实现象，主要是郑氏未见国史及官府秘藏档案之故，同时也是受到明代学风疏陋的影响，不能将所有的责任都归咎于郑晓自身。

除了辩驳野史，潘氏对王世贞、钱谦益的考辨也结合自己的考据结果有所评论。如有称王世贞"臆度之论，未及深究"⑧者，也有称赞其"驳

① 潘柽章：《国史考异》卷1《高皇帝上》，中华书局1985年版，第20页。
② 潘柽章：《国史考异》卷1《高皇帝上》，第21页。
③ 潘柽章：《国史考异》卷1《高皇帝上》，第8页。
④ 潘柽章：《国史考异》卷4《让皇帝》，第105页。
⑤ 潘柽章：《国史考异》卷4《让皇帝》，第100页。
⑥ 郑晓：《今言》卷2，中华书局1984年版，第86页。
⑦ 潘柽章：《国史考异》卷6《文皇帝下》，第153页。
⑧ 潘柽章：《国史考异》卷1《高皇帝上》，第8页。

之甚正"① 者。对钱谦益考据的结果，如辨张士德被擒，潘氏谓"此论最核"②，认为李善长谋逆之事正是在钱谦益的"钩考而参订"③ 下，才使得后人不以李善长之死为冤屈。潘氏对钱谦益辨证之不足也毫不讳言，如卷2 第 20 条考南征封侯之事，潘氏谓"综其实乃有不尽然者"④，潘氏在文中还借点评钱氏考证，道出自己"考核之难也"⑤ 的心声。

第五节 考据的不足

在上文中笔者已经较为详细地阐述了潘柽章在国史考据中取得的成就。虽然他的明史考据在深度和广度上比前人有了不少的进步，但他考据中存在的一些硬伤也是非常突出的。尤其潘氏此书还未经校勘，基本保持了刻本原貌。本书使用的是中华书局据"功顺堂丛书本排印"本，而此本的祖本是清代潘祖荫在光绪年间的刻本。此外，现存还有《续修四库全书》本，则是影印了潘耒的原刻本，并云"潘文勤功顺堂刻即从此出"⑥。笔者详细对比了此二书内容，只有极细微的一些差别，此说当为真。加之潘耒刊刻时提及"今惟存六卷……不忍其泯灭，支缀旧刻，使之流通"⑦，也就说明潘耒刻本当据潘柽章"旧刻"翻刻，因此现存版本当十分接近潘柽章的原本。故以《续修四库全书》本为底本，再参照功顺堂刻本，讨论《国史考异》中存在的硬伤是可行的。

一 对书名处理草率

考辨著作本就以排比证据，考辨史实为主要内容，对所引"证据"的可靠性同样有要求。在这一点上潘柽章显然不够严谨，随意更改书名就是其中之一。

① 潘柽章：《国史考异》卷 2《高皇帝中》，中华书局 1985 年版，第 57 页。
② 潘柽章：《国史考异》卷 1《高皇帝上》，第 12 页。
③ 潘柽章：《国史考异》卷 2《高皇帝中》，第 44 页。
④ 潘柽章：《国史考异》卷 2《高皇帝中》，第 56 页。
⑤ 潘柽章：《国史考异》卷 1《高皇帝上》，第 14 页。
⑥ 《国史考异》卷首，见《续修四库全书》史部第 425 册，上海古籍出版社 2002 年版，第 1 页。
⑦ 潘耒：《遂初堂文集》卷 6《国史考异序》，清刻本。

被多次引用的钱谦益《太祖实录辨证》一书，或是出于讨论方便特意简称的缘故，潘氏称其为《钱氏辨证》。姑且不论此书本有书名，随意改之不符合学术规范，单就潘氏自改之名来看，还有《钱氏辨证》与《钱氏辩证》两种。虽"辩"字"俗多与辨不别"①，但辩"治也。治者，理也"，而"辨者，判也"，二字本就有区别。用在书名当中，更应该根据原书作者而定。然潘氏"辨证""辩证"混用之。据笔者统计，在潘氏前三卷对钱氏《太祖实录辨证》的引用中，第一卷全部为"《钱氏辩证》"，后两卷基本以"《钱氏辨证》"为主。笔者认为书名使用的混乱是潘氏撰述时便已如此，非为刻工刊刻导致。第一，在上文中笔者已经指出，潘柽章在世时《国史考异》最低当有部分刊刻问世，这是毋庸置疑的。从潘耒《国史考异序》中可知其搜集到的六卷本，当是完整的潘柽章原刻，即《续修四库全书》本应该同潘柽章原刻一致。第二，潘柽章虽不记《国史考异》的刊刻过程，但据常理推断，当不会出现刻工私自改变书中内容情况。况且，此书为潘氏耗费心力所作，刊刻之后还送去钱谦益、顾炎武等处交流探讨，潘氏对此书的重视可见一斑，不当出现刊刻之误。第三，潘耒的刻本，是为纪念亡兄并使其著作能够继续流通才翻刻的，更当遵从其兄原本，何况潘耒也未在文中提及自己有勘定诸事。第四，值得注意的是在《续修四库全书》本中，卷3第1条文末所引为"《钱氏辩证》"，紧接着卷3第2条又变成了"《钱氏辨证》"②，是"《钱氏辨证》"唯一一次出现在后两卷中。倘为刻工刊刻粗心、随意所致，何以出现此唯一一处错乱？且功顺堂丛书本第3卷第1条为"《钱氏辩证》"③，此本是经过清代李文田句读过的，全书也只改动了这一处。由此笔者认为书名上的差异，是潘柽章在书写时就已经如此。

事实上，潘氏不仅仅是只给钱谦益的《太祖实录辨证》换了名称，《国史考异》在征引诸书书名的简化上还有多处。为了能够更形象地说明这个问题，此处的论证我们以潘氏原刻，即以《续修四库全书》本为依据，因为潘氏原刻中书名好以"［　］"表示，使它们可以更直观地看到。

---

① 段玉裁：《说文解字注》卷14下，上海古籍出版社1988年第2版，第742页。

② 潘耒：《国史考异》卷3，中华书局1985年版；《续修四库全书》本，上海古籍出版社2002年版，第43页。

③ 《国史考异·高皇帝下》，第63页。

如潘氏曾引"王世［家乘考］"之中有程敏政"宗人长史通传"① 一书，王世贞引用之时就已将《长史程公传》② 简化，潘氏再用时，不仅没有纠正王世贞的问题，而是更进一步将其简化为"通传"③，而且还没有"［　］"。单从字面来看，《长史程公传》与《通传》不仅没有丝毫联系，反而很容易引起歧义、误解。又如，潘氏谓"［陈敬宗撰黄淮墓志］"④ 云云，实际上陈敬宗所撰此墓志全名为《明故荣禄大夫少保户部尚书兼武英殿大学士谥文简黄公墓志铭》⑤，此人"讳淮"，如此简称尚可以理解。但随后在卷 6 第 10 条中，潘氏又将此书称为"陈敬宗［志黄淮墓］"⑥。把敖英《绿雪亭杂言》简化为"［敖英杂言］"⑦，李诩的《戒庵老人漫笔》简化为江阴"［李诩漫笔］"⑧ 和"［江阴李氏漫笔］"⑨，甚至李诩一书两引还出现了两个不同的名字。倘读者不加思量，将它们当作两本书也未可知。这个情况在潘氏使用王世贞《史乘考误》上也有体现。从文中王氏此书被引情况来看，潘氏所用《史乘考误》当为《弇州史料》中的《二史考》《家乘考》这个版本，但潘氏引文中也出现过《史乘考误》一名，也可谓是一书二名矣。

　　虽然在潘氏整个的考据中只是对其中几种书名做了简化或更换，但也

---

　　① 《国史考异》卷 5，中华书局 1985 年版；《续修四库全书》本，上海古籍出版社 2002 年版，第 83 页。

　　② 程敏政：《篁墩文集》卷 49《长史程公传》，见《景印文渊阁四库全书》集部第 1253 册，台湾商务印书馆 1987 年版，第 180 页。

　　③ 《国史考异》卷 5，中华书局 1985 年版；《续修四库全书》本，上海古籍出版社 2002 年版，第 84 页。

　　④ 《国史考异》卷 5，中华书局 1985 年版；《续修四库全书》本，上海古籍出版社 2002 年版，第 85 页。

　　⑤ 陈敬宗：《明故荣禄大夫少保户部尚书兼武英殿大学士谥文简黄公墓志铭》，见《明文衡》卷 89，第 810 页。

　　⑥ 《国史考异》卷 6，中华书局 1985 年版；《续修四库全书》本，上海古籍出版社 2002 年版，第 107 页。

　　⑦ 《国史考异》卷 5，中华书局 1985 年版；《续修四库全书》本，上海古籍出版社 2002 年版，第 86 页。

　　⑧ 《国史考异》卷 5，中华书局 1985 年版；《续修四库全书》本，上海古籍出版社 2002 年版，第 97 页。

　　⑨ 《国史考异》卷 6，中华书局 1985 年版；《续修四库全书》本，上海古籍出版社 2002 年版，第 109 页。

不能因为数量少就忽略问题的存在；相反，这恰恰能够说明潘氏考证同样存在不严谨之处。

二　埋没"前人之名"

万历时胡应麟就已经提出"昔人之说，有当于吾心，务著其出处而疋之；亡当于吾心，务审其是非而驳之"①的观点，强调征引别人观点时必须标明出处，不能据为己有。早于潘柽章出生十五年的方以智进一步引申为"此书必引出何书，旧何训，何人辨之，今辨其所辨，或折中谁是，或存疑俟考，使后者之因此加详也。士生古人之后，贵集众长，必载前人之名，不敢埋没"②，即征引史料也需要注明出处，不能埋没前人已有功绩。可见，已有学者认识到考据中的学术规范问题。纵览潘氏六卷考据，虽在多数情况下能做到引而有征、标明出处，但依旧存在不注出处，不云前人已有考据成果的陋习。这种情况基本集中在王世贞、钱谦益皆有考证的洪武朝史事中，截至本书完成时，笔者共发现了6③条。

卷1第2条考太祖加入起义队伍前后诸事。潘氏据《太祖实录》《太祖纪梦》《俞本记事录》《皇陵碑》及《天潢玉牒》参互考之，得出"盖先有相招迫胁之事，而后决于神，迫入濠被收为步卒，两月余才为亲兵耳"④的推论，但此条钱谦益在《太祖实录辨证》中卷首第二、三条已有考证，所据史料同潘氏类似，唯结论不同。然潘氏却未指出这一点。

卷1第13条主要考安丰之战起因。潘氏综合《太祖实录》《国初事迹》《俞本记事录》综合考之，认为太祖亲率军解安丰之急前，安丰没有被张士诚攻破，刘福通、韩林儿也没有死。并还在此条末尾考刘基不奉韩林儿之事，指出"《刘基行状》原无'宋主还金陵'一语……中书省设御座……未必宋主亲至金陵也"⑤。此事王世贞、钱谦益也有考证，潘氏文中只引：

《史乘考误》引此条作"丙午三月，太祖取林儿安置"。按诸本

---

① 胡应麟：《少室山房笔丛》卷39《华阳博议下》，上海书店出版社2009年版，第409页。

② 方以智：《通雅凡例》，见《通雅》卷首，中国书店出版社1990年版，前言第17页。

③ 按：详见附表《潘王钱三家考据对比》。

④ 潘柽章：《国史考异》卷1《高皇帝上》，中华书局1985年版，第5页。

⑤ 潘柽章：《国史考异》卷1《高皇帝上》，第22页。

皆无"安置"之语，此《考误》之误也。①

然在《群雄事略》一书中，钱氏辨证道：

> 《史乘考误》载《国初事迹》云："丙午三月，太祖取林儿安置"。今据《国初事迹》云："丙午三月，太祖取安丰。"无"安置"之语，诸本皆然。此《考误》之误也。②

据《国史考异》卷1第3条潘氏"钱氏《群雄事略》云"之语，潘氏读过钱氏《群雄事略》一书毋庸置疑。然潘氏不仅未提及钱氏所论，也未提王世贞考之认为刘辰所记为误，更是几乎原文抄录钱氏辨《史乘考误》为误之语，这同考据的基本精神是相违背的。

卷1第17条考李文忠征闽。宋濂《章溢神道碑》与《章溢本传》所记时间相同，而与《太祖实录》和《岐阳王神道碑》所记时间不同。潘氏援引野史中有"文忠取建宁，屯浦城，以候舟师"，认为"文忠以偏师先趋建宁，摧其门户，为大军声援，初未深入也。平闽之后，金子隆等残寇未殄，更命文忠率兵讨之"③，即李文忠曾两入闽地。且潘氏引《封曹国公诰词》"再入瓯闽，削平余寇"④，作为自己推断的辅证。然此条考证，钱谦益在《群雄事略》中也有几乎类似的表述：

> 上问平闽诸将于章溢，即日诏李文忠出师，从浦城取建宁。《章溢神道碑》，《实录本传》同，《实录》载在洪武元年二月，《岐阳神道碑》同。⑤
>
> 上诏文忠出师，以溢子存道率乡兵从之。文忠率部将缪美、镇抚谭济等兵三万攻浦城……美、济兵屡不利……文忠不敢轻进，乃屯浦城，待海师消息。友定大惊，自率兵至延平，复遣兵至邵武建宁。郭

---

① 潘柽章：《国史考异》卷1《高皇帝上》，中华书局1985年版，第22页。
② 钱谦益撰，张德信、韩志远点校：《国初群雄事略》卷1《宋小明王》，中华书局1982年版，第40页。
③ 潘柽章：《国史考异》卷1《高皇帝上》，第27页。
④ 潘柽章：《国史考异》卷1《高皇帝上》，第27页。
⑤ 钱谦益撰，张德信、韩志远点校：《国初群雄事略》卷13《福建陈友定》，第291页。

撰《友定传》。按：郭《传》载攻浦城事，不见他书，其记文忠出师，与《章溢神道碑》合，可以补罗史之阙，故存之。①

可见潘氏此条所考问题，钱氏在《群雄事略》中已经提出了问题，还详引《友定传》中所记李文忠何以会兵屯浦城，以待海师。钱氏指出此条证据虽与《章溢神道碑》同，可补国史之阙，但因不见他书所记，故仅在文中收录存其史，充分体现了他考史的谨慎。然潘氏此条考证，一是不指出钱氏已在书中提出问题，有所考证；二是潘氏考证中最重要的依据，即"考之野史"云云，却不谓"野史"来源；三是他最后另引的《封曹国公诰词》虽钱氏未引，但正如潘氏文中所说"盖指此耳"，也不能成为他推论的直接证据。综合此三点，再加上潘氏读过《群雄事略》，可以断定潘氏在客观上抄袭了钱谦益的考据成果。

卷 5 第 17 条考梅殷之死。潘氏谓"国史所书殷之被杀，最为详明"②，据国史所记驳郑晓《逊国臣记》记载之误。并考梅殷三子中，第二子名永贞者，在梅殷死前就已经逝世。永乐十四年时，永贞子永善荫袭了其父的职位，尽管"食禄不视事"，但"受恩者不独二子也"。用具体史实记载驳《枝山野记》所载之"鄙妄"。事实上，此事王世贞也有考之。王氏虽未辨郑晓《逊国臣记》一书，但得出的结论同潘氏是类似的，其考之曰：

> 按谋杀梅殷者，都督佥事谭深、赵曦，而发其事者都督许成，亦无所谓许至与王驸马也。深、曦挟私恨及窥伺有之，奉旨则误矣。二子皆指挥使，一为都督同知。③

此条考证同样被收录到王氏《二史考》中，潘氏没有理由不知。即便二人考梅殷之死时征引野史不同，但得到的结论基本是一致的。更何况，潘氏在此条考证末尾云"而《野记》谓……其鄙妄尤不足辨"，直指祝允明《枝山野记》之误，虽和王世贞考证时引用《枝山野记》的原文

---

① 钱谦益撰，张德信、韩志远点校：《国初群雄事略》卷 13《福建陈友定》，第 292 页。

② 潘柽章：《国史考异》卷 5《文皇帝上》，中华书局 1985 年版，第 138 页。

③ 王世贞：《弇山堂别集》卷 21《史乘考误》二，中华书局 1985 年版，第 402 页。

内容不同，但总体意旨却是一致的，潘氏仍旧一字不及王氏，实属不妥。

三　引文不规范

首先，在潘氏前六卷的考证中出现了几处引文不注出处的地方。如卷1第17条考李文忠征闽，潘氏以"考之野史"作为核心论据。又如卷6第9条中有"及考之野史，李谦即保儿，云南人"①，皆不具名"野史"是何书？何人所记？又如潘氏直引钱氏"太庙之黜郧国，未必出圣祖意"②云云，却不注出自钱氏何文。

实际上，在潘氏引文不规范的这个问题里，不注出处仅是其中很小的一个方面，更主要的问题是出在潘氏的引文常和正文"词相连属"，难以辨识上。这一点清人在销毁潘柽章《国史考异》时，已经有所发现，其文曰："《国史考异》引钱谦益说甚多，而不著其名，且词相连属，难以删削，应行彻毁。"③然而，综合潘氏全书的引文使用情况来看，这个问题并非单单只体现在引用钱氏之说上，而是几乎贯穿了潘氏考证之始末。尤其潘氏在考证过程中，常大段摘录被征文献或前人考据成果，不仅随意删减，且同自己考据之语区别不明显，极容易造成误读。全书此类情况非常突出，囿于文章篇幅，仅举数例加以说明。

卷1第7条，考徽州之战时，潘氏引文如下：

> 《钱氏辩证》云，徽州城下之战，《宁河神道碑》记……而实录从之。按是时宁河守徽州，越国进取婺源。完者兵寇徽州，宁河以守将御寇，而越国还兵合击之，则此战两公共事无疑也。碑载是战在十月，实录在七月。考《程国胜神道碑》国胜以是年十月从卫公战败苗军，则当以十月为正。奏报偶异，史家之参错多矣。又《国胜神道碑》载汪同与国胜等偕降。徽州城下之战，国胜已在行间，则较实录所载，盖大相矛盾矣。考《宁河神道碑》城下之战在是年十月，惟战在十月，故国胜既降，遂得奉宁河调遣。如战在七月，而同等降在

---

① 潘柽章：《国史考异》卷6《文皇帝下》，中华书局1985年版，第159页。

② 潘柽章：《国史考异》卷2《高皇帝中》，第33页。

③ 王重民编：《办理四库全书档案》下册，国立北平图书馆排印本1934年版，第11页。

九月则绝不相蒙矣。按徽州之战，诸书所载互异。《皇明通纪》云……①

在此条考证中，出现表示考证的"按""考"等语有四处之多。实则只有最后一处"按徽州之战"是潘氏所考，此外皆为引钱氏《太祖实录辨证》之文。在全书都没有句读的情况下，倘未读钱氏之书者，又该如何分辨何为引文，何为潘氏所考？

卷2第13条考林贤谋反之事，潘氏撰文为：

《大诰三编》云：前明州卫指挥林贤，出海防倭……洪武十九年，朕将本人命法司问出造反情由，族诛了当。呜呼，人臣不忠者如此。林贤年将六旬，辅人为乱，致黔黎之不宁，岂不得罪于天人者乎？遂于十九年冬十月二十五日，将贤于京师大中桥及男子出幼者皆诛之，妻妾婢之。是林贤之狱成于十九年，距归庭用之贡已十年，距胡惟庸之死亦六年矣。②

姑且不论潘氏对《大诰三编》的删改没有说明，引文到"妻妾婢之"结束，紧接着从"是林贤之狱"开始为潘氏自己的考证，引文与考证中间没有任何的转折提示。

卷3第5条考迁都之事中，潘氏其中一条引文为：

郑晓《今言》云：国朝定鼎金陵，本兴王之地，然江南形势终不能控制西北，故高皇时已有都汴都关中之意。方希古《懿文太子挽诗》曰：相宅图方献，还京疾遽侵。关中诸父老，犹望翠华临。盖有都关中之议，以东宫薨而中止也。姚福《青溪暇笔》亦云……③

在此条引文中，方孝孺的这首《懿文太子挽诗》实际也是包含在郑晓《今言》之中的，但从字面来看，未读郑晓书者，如何分辨此处引文

---

① 潘柽章：《国史考异》卷1《高皇帝上》，中华书局1985年版，第11页。
② 潘柽章：《国史考异》卷2《高皇帝中》，第45页。
③ 潘柽章：《国史考异》卷3《高皇帝下》，第68页。

仅是源自《今言》和《青溪暇笔》，而非《今言》《懿文太子挽诗》《青溪暇笔》？

为了能更好地展示潘氏考证引文、正文难以辨识的全貌，笔者选取卷4第9条考建文"不杀叔"，将此条总内容从格式、数字上量化，使说明更为直观。此条共计19列半。潘氏先引《逊国记》《靖难事迹》相关记载4整列。然后是潘氏的评论"然无诏旨不杀之说……不然，左右何以有亟出之请乎"，2列半，此处讨论潘氏只用"然"字做转折，别无其他提示。接下来潘氏全文收录了王世懋《窥天外乘》中对此说的辨证，"建文君敕诸将……讵非其效欤"①，约9列。后夹杂了潘氏自己的一句辩驳，"余谓成祖用兵绝类唐太宗……势不得不然也"②，1列半，紧随其后的一条内容为改编自朱国桢《大政记》中内容，"世所传八骏图……故不受伤耶"，计1列半，然后结尾"王氏归之天命，当矣。建文此诏，阙之可也"又是潘氏之结论。从此条分析可以看出，潘氏考证时边引边论，自己所论处又不能较好地提示读者，稍不留神极易出现误读误解，将前人的论断冠之道潘氏身上。单就本条考据来说，共计19列半766字，引史料4列160字，王氏考据之言9列365字，朱氏考据之言约2列57字。可见，属于潘氏考证者仅有184字，且他的考证没有太大贡献。王世懋基本上已经表达完全了潘氏的论点，潘氏所补充的用兵类似唐太宗诸语，不过是佐证了成祖身先士卒，弃之并不能对考据此事结论产生重要影响，况且他最后考据落脚点仍旧是回到了王氏论证身上。

除"词相连属"情况外，潘氏在引用史料时喜好根据自己需要进行删改，时而说明，时而忽视，非常随意。如卷1第6条考张士德被擒。钱氏考据之时旁征博引，潘氏倘在自己文中全部征引也是不合适的，故潘氏云"《钱氏辩证》引之，以订实录之误。其略曰……"③ 非常明确地表明下文所引为删减过史料。此类用法还如卷4第19条考逊国诸书真假，摘引钱谦益《致身录考》时潘氏曰"其要云"④。然而，相较于现存六卷中的引文来说，潘氏对自己删改引文加以说明的比例还是非常小的。不仅如

---

① 王世懋：《窥天外乘》，中华书局1985年版，第13—15页。
② 潘柽章：《国史考异》卷4《让皇帝》，中华书局1985年版，第101页。
③ 潘柽章：《国史考异》卷1《高皇帝上》，第11页。
④ 潘柽章：《国史考异》卷4《让皇帝》，第117页。

此，潘氏的删改不单只是针对野史，官修诸书也在此行列中。如上文中提到的卷2第13条中出现的《大诰三编》，潘氏引文：

> 前明州卫指挥林贤出海防倭，接至日本国王使者归廷用入贡方物，林贤移文赴都府，都府转奏，朕命以礼送至京。廷用王事既毕，朕厚赏令归，仍命林贤送出东海归本国……呜呼，人臣不忠者如此！林贤年将六旬，辅人为乱，致黔黎之不宁，岂不得罪于天人者乎！①

然朱元璋原文为：

> 前明州卫指挥林贤，帅兵守御，以备东海。所任之职，务在精操士卒，仿古名将，务在军民安妥，使境内外无虞，竭忠事上，显扬父母。贵其身名，荣及妻子，同诸名将书史册，垂年不朽，岂不伟哉！本官出海防倭，接至日本国王使者归廷用入贡方物。其指挥林贤移文赴都府，都府转奏，朕命以礼送来至京。其归廷用王事既毕，朕厚赏令归，仍命指挥林贤送出东海，既归本国……呜呼！人臣不忠者如是。且昔者天下大乱，有志有德者，全民命，全民居。无志无德者，焚民居而杀民命，所过荡然一空。天下群雄以十数为之，其不才无志者诚有七八。惟姑苏张士诚，虽在乱雄，心本智为，德本施仁。奈何在下非人，兄弟不才，事不济于偃兵。然而相从者父母妻子，当归我之时，各各见存。其余从诸雄者，十七八年间，日迁月播，略无宁息。以其妻之说，朝为己妻，暮为他人之所有。若此者互相生离，后嗣不能立，父母不能奉。不几年，诸来从朕者，一夫之后，再无异居。妻室为之己有，男女岁为生产，祖宗后嗣已立，天下大定，守在四夷。其指挥林贤年将六旬，又将辅人为乱，致黔黎之不宁，伤生所在，由不得罪于天人者乎！②

　　两相对比，即便我们能够忽略有可能是传抄导致的若干字词的改动，

---

① 潘柽章：《国史考异》卷2《高皇帝中》，中华书局1985年版，第45页。

② 朱元璋：《御制大诰三编·指挥林贤胡党第九》，见《洪武御制全书》，黄山书社1995年版，第896页。

而近三百字的阙文却不是这个理由所能解释的。虽然潘氏将它们删去并未对此条考据造成影响，但他却没有任何说明，更何况并非所有删减都能如此。如在卷 4 第 6 条的考证中，潘氏引文如下：

> 《靖难事迹》载元年十一月，黄子澄等知李景隆败，匿不言，遂遣人密语景隆，令隐其败勿奏，景隆如指。由是内外蒙蔽，朝廷所得军中奏报，皆非实事。夫军机奏报，兵部实主之，言子澄而不及泰，何也。[1]

而《太宗实录》中原文是：

> 黄子澄等知李景隆败，匿不言。建文君间问子澄曰："外间近传军中不利，果如何"？子澄曰："闻交战数胜，但天寒士卒不堪。今暂回德州，待来春更进"。子澄遂遣人密语景隆，令隐其败勿奏。景隆春如指。由是内外蒙蔽，朝廷所得军中奏报，皆非实事。景隆之为将也，盖子澄荐之故，所言悉听云。[2]

从《太宗实录》原文记载的上下文意思来看，似可认为存在这样一种因果关系：黄子澄、齐泰等人皆知李景隆败，但建文君选择询问的是黄子澄而非齐泰，黄子澄既然已经替李景隆隐匿战败消息，再由黄子澄密告李景隆才是顺理成章之事。而潘氏删掉了原文中建文君与黄子澄的对话，也就删掉了其考证时所云的言黄子澄而不及齐泰的缘由，从而使得他依删减之后的证据得出的推论的可信度大大降低，故随意删改引文实不可取。

除了上述这些问题外，依笔者陋见，全书条目顺序也似有错乱之处。如卷 4 第 4 条为 "《逊国记》：洪武三十年闰五月（1398）"[3]，第 5 条为 "《靖难事迹》云：齐泰等密谋令人上变告"[4]。而据实录此条时间当在

---

① 潘柽章：《国史考异》卷 4《让皇帝》，中华书局 1985 年版，第 96 页。
② 潘柽章：《国史考异》卷 5《文皇帝上》，第 50 页。
③ 潘柽章：《国史考异》卷 4《让皇帝》，第 94 页。
④ 潘柽章：《国史考异》卷 4《让皇帝》，第 95 页。

"元年三月（1399）"，第 6 条为"郑氏《今言》云：洪武三十一年六月（1398）"①，第 7 条则为"《靖难事迹》云：元年十月甲寅（1399）"②。倘从全书时间安排上来，或将第 5、第 6 条位置互换似更合体例安排。

有鉴于此，我们当对潘氏的考证一分为二地看待，既要肯定他在厘清明初史事中起到的积极推动作用，即后人所谓之"多以诸书证实录之误，极为精审，修明史者不可无此书也"③，同时也要正视他的问题，不能犯了和古人一样的毛病，将不属于潘氏的考据成果张冠李戴。

---

①　潘柽章：《国史考异》卷 4《让皇帝》，中华书局 1985 年版，第 96 页。

②　潘柽章：《国史考异》卷 4《让皇帝》，第 97 页。

③　李慈铭撰，山云龙辑：《越鳗堂读书记》，中华书局 2006 年版，第 417 页。

第五章

明当朝史考据的其他代表成果

除了上述王世贞、钱谦益、潘柽章对明史进行考订并有专著问世之外，晚明时期还有其他的一些学者也涉及了明当朝史的考据。虽他们的考据，无论是在考据方法、考据内容、考据深度上都难以与此三人相提并论，有的甚至出现了严重的抄袭、剽窃现象，但在他们自己的发明创建中，还是能够厘清一部分的明代史实。更为重要的是，他们的努力和参与，不仅反映了明代有识学者正自发自觉地纠正明代浮夸的学风，同时也对明代考据之风的发展和兴盛起到了推动作用。从这个角度讲，他们的努力是值得肯定和赞扬的。

第一节　焦竑

"自杨慎之后，博洽者无过于竑。"① 焦竑不仅博极群书，个人撰述也十分宏富，在考据方面，如考订经书、文字、前史误者等处，也取得了不俗的成绩，更是率先提出了"古诗无叶音"② 的见解。焦氏虽对明当朝史内容考据甚少，却在考据原则、考据方法、考据内容上深深地启迪了后来者，对明代考据的发展起到了积极的推动作用。

焦竑一直是明代学术的研究重点。专著中比较有代表性的，如李剑雄先生的《焦竑评传》，专门研究其思想的有刘海滨先生的《焦竑与晚明会通思潮》。林庆彰先生在探讨明代考据学成就时，也为焦氏独立一章。此外，各类学术论文、学位论文更是不计其数。如在焦竑的综合研究方面，

① 纪昀等：《钦定四库全书总目》卷146《庄子翼》，中华书局1997年版，第1936页。
② 焦竑：《焦氏笔乘》卷3《古诗无叶音》，中华书局1986年版，第83页。

向燕南先生在《焦竑的学术特点与史学成就》①一文中结合焦氏著作高屋建瓴地总结了焦氏的学术特点，并结合《献征录》与《国史经籍志》点评了焦氏的史学成就；王勇刚《焦竑的史学思想》则对焦氏史学思想做了全面评价，尤其在与本书内容密切相关的考据方面，他指出四库阁臣"过分夸大了焦氏的不足……他对经史的考辨，对名物典章的研究，以及他在考辨中注意'千古事非，未可臆决'的态度，都对后世产生了深远影响"②。除此之外，学界对焦竑所撰各类著作的专书研究也有很多，充分说明了焦竑成就之高以及后世对他的推崇、认可。然而，在焦竑的考据成就中，因为他对明当朝史的考据成果不突出，考据内容更是零碎地散见于各书之中，所以学界专门研究焦竑当朝史考据的成果相对而言非常少，故很有必要集中加以论述。

一　生平

焦竑（约 1540—1620），字弱侯，号澹园、漪园、澹园老人等，是晚明学界的领军人物，有"以理学倡率，王弇州所不如也"③的美誉。四库馆臣在评价焦竑时提出"明之中叶，以博洽著者称杨慎……次则焦竑"④，肯定了焦竑的博学，然"喜考证……动辄牵缀佛书，伤于芜杂"⑤。清人的批评虽失之偏颇，有贬低、诋毁之嫌，却也并非全无根据。

焦竑不仅仕途不甚顺遂，科举之路也是颇为曲折。虽其闻道甚早，二十四岁已举应天乡试，但此后参加会试屡遭碰壁。于科场蹉跎至五十岁，终在万历十七年（1589）一举夺魁高中状元，并如愿进入翰林院成为一名编修。然焦氏性格耿直，官场上的倾轧和勾心斗角都让其深觉"身心俱不得闲"⑥。但他仍旧勤于政事、恪尽职守，不仅热心政务上疏建言，还积极参与到陈于陛纪传体国史的修撰中去。在担任皇长子的讲读官时，独

①　向燕南：《焦竑的学术特点与史学成就》，《文献》1999 年第 2 期。
②　王勇刚：《焦竑的史学思想》，《殷都学刊》2001 年第 3 期，第 48 页。
③　黄宗羲：《明儒学案》卷 35《文端焦澹园先生竑》，见《黄宗羲全集》第 8 册，浙江古籍出版社 1985 年版，第 83 页。
④　纪昀等：《钦定四库全书总目》卷 119《通雅》，中华书局 1997 年版，第 1594 页。
⑤　纪昀等：《钦定四库全书总目》卷 119《通雅》，第 1594 页。
⑥　李贽：《李温陵集》卷 4《复焦秭陵》，见《四库全书存目丛书》集部第 126 册，齐鲁书社 1997 年版，第 52 页。

立完成了"采古言行可资劝诫"① 太子的《养正图解》一书，更加受到同僚的嫉恨。于是焦氏主持了万历二十五年（1597）丁酉科乡试后，在朝中政敌的操控下，流言四起、物议藉藉。言官上疏弹劾焦氏等人在乡试中"贿通关节"。焦氏虽上疏抗辩，然神宗却未能为其主持公道。焦氏最终仍以科场风议被调为"外任行人"，再贬为同知，并于第二年的官员考核中又一次"以浮躁降处"。焦氏不堪其辱，愤然辞官。尽管万历三十七年皇长子正位东宫，诏复为南都国子监司业，焦氏也不为所动，终身未再出仕。由此可见，在焦竑六十岁之前，一直被俗务缠身，无论是五十岁之前的漫漫科举路，还是在中举之后的十年宦海沉浮，都耗去了焦氏大量的心力和时间。

尽管如此，焦竑仍在学术上取得了很大的成就。在漫长的备考中，焦氏并未被四书五经束缚头脑。不仅对"唐疏宋注，锢我聪明，童习白梦，翻成玩狎"② 这种死读书不思考的陋习有清醒认识，并且于广泛阅读和周游讲学有着浓厚的兴趣，而焦氏也是在这段时间里"博极群书，束修讲德"③，成长为王学左派的中坚力量。崇正书院"以竑为之长"④ 更使其声名鹊起，还开始了对训诂考据之学的研究与撰述，《焦氏笔乘》《焦氏类林》等书都发端于此。入职史官之后，虽政务繁忙，个人撰述作品相对减少，但焦氏仍凭借着自己史官的身份优势，广采"累朝训录、方国纪志与家乘野史"⑤，为"一代史材，犁然大备"⑥ 的《国朝献征录》打下基础。同时，他的目录学代表作《国史经籍志》也开始动笔。随着焦氏的归隐，其修撰活动更是进入了高峰期，不仅刊刻出版大量自己的作品，如《澹园集》正、续集，《焦氏笔乘》正、续集，《玉堂丛语》等，而且还汇集刊刻了李贽《续焚书》、杨慎《升庵外集》、张载《张横浦先生集》等。

---

① 焦竑：《澹园集》卷 15《养正图解序》，中华书局 1999 年版，第 144 页。

② 焦竑：《焦氏笔乘续集》卷 2《支谈》，中华书局 1986 年版，第 228 页。

③ 钱谦益：《列朝诗集小传》丁集下《焦修撰竑》，上海古籍出版社 2008 年版，第 623 页。

④ 张廷玉等：《明史》卷 288《焦竑传》，中华书局 1974 年版，第 7393 页。

⑤ 顾起元：《国朝献征录序》，见《献征录》卷首，《续修四库全书》史部第 525 册，上海古籍出版社 2002 年版，第 2 页。

⑥ 顾起元：《国朝献征录序》，见《献征录》卷首，《续修四库全书》史部第 525 册，第 2 页。

二　《玉堂丛语》

《玉堂丛语》及《皇明人物考》为焦竑史著中常被提及包含当朝史考据内容者，非常有必要详细讨论。

刻于"万历戊午（1618）夏"的《玉堂丛语》在焦氏作品中最晚问世，书成后不久焦竑便辞世了。从《玉堂丛语》书前自序可知，此书以综核明代"公卿事迹"为核心，"体裁仍之《世说》，区分准之《类林》"①，性质和《焦氏笔乘》类似，而焦竑撰修此类作品的目的是"欲以为训意"②。《玉堂丛语》所引条目的内容和分类的确彰显了顾起元于序言中所称道的"义例精""闻见博"，反倒是"权量审""取舍严"则因书中辩驳、分析的例子过少，体现得不甚明显。谢国桢先生在评价《玉堂丛语》时提及的"征引赅博，皆注出处"③，中华书局点校本《点校说明》中"凡引他书，皆一一注明出处"④之语，似有夸大嫌疑。据点校说明可知，此书流传不广，仅有两次刻本，比较两次版本"除个别字句有异同外，有些条目也有改易之处"，点校出版时"校改之处，在校勘记里一一注明"。也就是说，除标明校改处外，今版中华书局本当和明代初版相差无几。在这个大前提下，标明出处来源的约有121条。⑤没有标注出处、剩下的近500条内容中，也绝非全为焦氏自己所能耳闻目见的，还有相当多的内容是引自他书而未注出处。因此"皆注""一一"之语或仅能指文中标注出来的条目而言。即便如此，似也有过誉之嫌。

首先，虽标明出处但来源不一定皆正确。如卷一记：

> 吴文定公忠信弘厚，全德不可胜记。未第时，家应织人役，征扰百状。公见重于有司，其父不以有公怠事。或当苛甚时，稍谓公："盍亦白之上官？"公曰："譬我不作秀才已矣。"乃潜入金胥徒辈，以宽其事，父不知也。里傀子以私憾，公同夫人出，随罟公于车旁，从人欲一较，公召戒勿应而已。又刊去公所为郡学碑刻名，上官追

---

① 郭汝荐：《玉堂丛语序》，见《玉堂丛语》，中华书局1981年版，序言第4页。
② 姚汝绍：《焦氏类林序》，见《焦氏类林》，中华书局1985年版，序言第1页。
③ 谢国桢：《明清笔记谈丛》，上海书店出版社2004年版，第20页。
④ 《玉堂丛语·点校说明》，见《玉堂丛语》，中华书局1981年版，卷首第2页。
⑤ 按：详细内容见附表《〈玉堂丛语〉焦注史料》。

究，公曰："吾文诚不足存。"无已，令校官重刻而已。县官矫激，束缚公家人，固无所可罪，至事公礼仪，亦矫而简慢，公殊不介意。县官述职，公正佐吏部，冢宰欲黜此令，问公，公曰："谓之最，固非公；以黜，则亦未至尔。"冢宰即从之，迁佐别郡。①

文下标注此条史料源自"《水东日记》"，且在《国朝献征录》② 中有相同记载，当为焦氏原注。然查今中华书局点校本《水东日记》并无此条及相似内容记载，且据《水东日记》点校说明可知，即便综合多种版本校对，中华书局版"仍有多处空缺，现因无法补足，只好一仍其旧"，也就是说今本《水东日记》虽有缺漏，但至少这一条叶盛确实未录。反倒是在焦竑征引过的《野记》③ 中有相同记载。

其次，文献来源正确，引文有删改。在《玉堂丛语》中标注史料来源为《水东日记》的还有卷三：

仁庙于官僚邹济、徐善述、王汝玉以及杨士奇、梁潜、蒋御医用文等，皆被诗文、宝翰之赐甚多。近得天台徐氏所藏令旨一通，永乐十六年三月初二日皇太子书一通，冬至赐诗一首，永乐十五年、十六年九月二十二日慰问古诗各一首，十月二十七日呈试王业古诗一首，录之令旨、书、诗各一，以见昭皇帝崇文礼贤之盛德云。……④

查《水东日记》确有此条记载，但文辞多有删改，其文曰：

仁庙好文之主，官僚邹济、徐善述、王汝玉以及杨士奇、梁潜、蒋□，御医用文等，皆被诗文宝翰之赐甚多。予前年议事，同轩、崔二宪长于兵部后堂阅马尚书赐物，见刻本仁庙御制诗文，内多具焉。近得天台徐氏所藏令旨一通，永乐十六年三月初二日皇太子书一通，

---

① 焦竑：《玉堂丛语》卷 1《行谊》，中华书局 1981 年版，第 11 页。

② 焦竑：《国朝献征录序》，见《献征录》卷首，《续修四库全书》史部第 525 册，上海古籍出版社 2002 年版，第 724 页。

③ 祝允明：《野记》，见《丛书集成初编·历代小史卷七十九》，商务印书馆 1936 年版，第 105 页。

④ 焦竑：《玉堂丛语》卷 3《宠遇》，第 82 页。

冬至赐诗一首、永乐十五年□□□□十六年九月二十二日慰问古诗各
一首、十月二十七日呈《试工业》古诗一首。圣制必已具刻，兹不
尽录。录令旨、诗、书文各一，以见昭皇帝崇文礼贤之盛德云尔。其
文曰：……①

即便仅比较笔者所引的内容，就能很明显地看出焦竑在转引并没有明
言的情况下，对原文进行了改动删减。又如焦竑引《寓圃杂记》云"昆
山夏太卿，年少登科，丰姿甚美……"②查原文当为"夏昶年少登科，丰
姿甚美"③。这样的例子在焦氏标明史料来源的条目中就已经比比皆是，
综合笔者全文来看，实属明人引文不规范的又一典型例证。

最后，标注出处，却极不规范。有随意更换书名者，《玉堂丛语》中
有两处征引条目为：

《国琛集》云：杨廷和，新都人。久入阁，漫无所建白，人易之。
武皇南巡，天下汹汹，倖臣窃国柄……④
《国琛录》云：石公珤，澹约性成，翂翂自戢，位跻台鼎，供具
如寒素士。正德末造，侈局肇开，公不逐世好，亦不迥立异帜……⑤

经查，"杨廷和"条在《国琛集》中确有原文记载，⑥"石公珤"条
在《国琛集》中为：

石珤，藁城人。澹约性成，翂翂自戢，位跻台鼎，供具如寒素
士。正德末造，侈局肇开，公不逐时好，然亦不迥立异帜……⑦

---

① 叶盛：《水东日记》卷11《仁庙赐徐善述书诗》，中华书局1980年版，第118页。
② 焦竑：《玉堂丛语》卷3《宠遇》，中华书局1981年版，第79页。
③ 王锜：《寓圃杂记》卷9，中华书局1984年版，第73页。
④ 焦竑：《玉堂丛语》卷2《筹策》，第61页。
⑤ 焦竑：《玉堂丛语》卷5《廉介》，第169页。
⑥ 唐枢：《国琛集》卷下，见《丛书集成初编》第3392册，中华书局1985年版，第
130页。
⑦ 唐枢：《国琛集》卷下，见《丛书集成初编》第3392册，第135页。

可见,《国琛录》当为《国琛集》。又如,焦竑所引其他诸书如《今言》《双槐岁钞》《水东日记》等都是只有书名,但文中出现"陆俨山外集"两处,据"明嘉靖二十四年刻本"① 可知,陆深此书名为《俨山外集》无疑。此举何意?

有不标明具体内容者,如书中多次出现的《年谱》《本传》《行状》② 等,一无著者,二无全称,不加查找如何能得知源自何处?即便是有撰者姓名,如"杨士奇撰《碑》""吴宽撰《传》"等,焉知取自何书?这些注释上的随意性都和焦竑声称的在考辨中"千古事非,未可臆决"的谨慎态度相违背。

再来讨论书中没有标明出处的条目。《玉堂丛语》收录的引文,加按语的有两处。李焯然先生认为按语是焦竑所附,且以此为据证明焦竑有"力求资料的真实可靠"③ 的举措。然经笔者所考,事实恐非如此。

一处按语是卷三《宠遇》"杨文贞公在内阁"条,其下按语曰:

> 征明云:文贞薨时,夫人犹在,且不闻有封婢之说,或他日以导推恩,容或有之。按,文贞元配严夫人,继郭夫人,即此婢也。朝廷特降制封之,其制词载在《文贞续集》附录内,安得云无?衡山一时未之考耳。④

单从此条内容上看,似是焦竑考据无疑,然据笔者查证实则不然,此条考证当出自陆容《菽园杂记》,原文谓之:

> 文征明云:文贞薨世时,郭夫人犹在,且不闻有封赠之说,或他日以导推恩,容或有之。粲按,文贞元配严夫人,继郭夫人即此婢也。朝廷特降制封之,其制词载在《文贞续集》附录内,安得云无此说也?衡山公一时偶未之考耳。⑤

---

① 吴希贤辑汇:《历代珍稀版本经眼图录》,中国书店 2003 年版,第 323 页。
② 按:详细内容见附表三《〈玉堂丛语〉焦注史料》。
③ 李焯然:《焦竑及其〈玉堂丛语〉》,《文献》1982 年第 2 期,第 179 页。
④ 焦竑:《玉堂丛语》卷 3《宠遇》,中华书局 1981 年版,第 84 页。
⑤ 陆容:《菽园杂记》卷 5,中华书局 1985 年版,第 57 页。

此二条内容仅有个别词语不同。而《菽园杂记》一书流传最广的是"嘉靖年间，陆仲粲、毛仲良校刻的十五卷本"①。从此条按语的"粲按"来看极有可能是陆仲粲加上的。而在焦氏书中，"粲"字被删去，更何况此条史料摘引的内容也没有注明史料出处。如此一来，此条考证就约定俗成地变成了焦竑的考据。

另一处按语为卷八"陈（音）尝自院中归"条，下按"此节与北齐刘仪同相类，初疑讹传，及闻蔡林屋云，尝见吴匏翁述之为笑谈，乃信真师召事也"②。此条文献同样不注征引来源。然蔡林屋即蔡羽，吴匏翁为吴宽，此二人皆生卒年皆早于焦竑，焦竑如何能"闻"蔡林屋"云"？笔者虽未能找到此条按语的出处，但从三人生卒年而论，笔者对此条考据出自焦竑之手持十分怀疑的态度。

除此以外，因焦竑在此书中引文多不注出处，后世学者稍有疏忽，便会因焦竑的失误将明人的考辨成果归美于焦竑。如卷八"焦芳为《孝庙实录》总裁官"条，实源《明武宗实录》：

> 焦芳为《孝庙实录》总裁官，笔削任意，尤恶江西人，一时先正名卿，无不肆丑诋，以快其私忿。所书多矫诬不根，往往授意所厚若段炅辈，使笔之，挟瑾威以钳众口。同官避祸，皆莫敢窜定一字。③（《玉堂丛语》）
> 芳为《孝庙实录》总裁官，笔削任意，尤恶江西人士，一时先正名卿，无不肆丑诋，以快其私忿。所书多矫诬不根，往往授意所厚若段炅辈，使笔之，挟瑾威以钳众口。同官避祸，皆莫敢窜定一字。④（《武宗实录》）

上下两条几近雷同。况且焦竑在《国朝献征录》中全文收录《国史实录·前大学士焦芳传》，其言曰：

---

① 伍跃：《谈〈菽园杂记〉十五卷本》，《文献》1987 年第 4 期，第 240 页。

② 焦竑：《玉堂丛语》卷 8《纰漏》，中华书局 1981 年版，第 283 页。

③ 焦竑：《玉堂丛语》卷 8《纰漏》，第 284 页。

④ 《明武宗实录》卷 147，台湾"中央研究院"历史语言研究所 1966 年版，第 2874 页。

芳为《孝庙实录》总裁官，笔削任意，尤恶江西人，一时先正名卿，无不肆丑诋，以快其私忿。所书多矫诬不根，往往授意所厚若段炅辈，使笔之，挟瑾威以钳众口。同官避祸，皆莫敢窜定一字。①

按撰述顺序可知，《玉堂丛语》条收录的这条史料源自《武宗实录》毋庸置疑，而非焦竑的见解。因不注出处，被谢贵安先生误认为"明代大学者焦竑在其《玉堂丛语》卷八《纰漏》页284中也对焦芳及所纂《孝宗实录》的曲笔诬饰现象进行了抨击"②。而在第三次的修订版中，谢先生虽换了一种说法，没有强调"一时先正名卿，无不肆丑诋"的评价源自焦竑，但在文下注释中依旧标明此条评语源自"《玉堂丛语》卷八《纰漏》"③。且有谢先生这种看法的还不止一人。足见引书不注出处之害。

事实上，正如李焯然先生"丘浚的五条史料为例，进行追查，发觉都可以找到出处"④的观点，即便是焦竑没有标注出处的条目，也基本上各有来源。为增加可信度，笔者按照《点校说明》中所列六例的先后顺序再加以探讨。

卷二"弘治丁巳"条刘大夏收市法的内容，点校者称"《明史·大夏传》即据此润色而成。这则材料，对于研究明代的边政是颇有助益的"⑤。且不论《明史》的修撰并未声明采用史料源自此，焦氏下注"邵宝撰《传》"也或是因为资料散佚，笔者未能在邵宝专著中找到，反而是在隆庆二年全部刊刻完成的《吾学编》中有《太保刘忠宣公》一文，同焦氏所节选内容相似度极高，而焦氏曾在自己的史著中多次引用《吾学编》的内容，肯定见过此书。

卷二"天下盐额"条，可在《献征录》中收录的王世贞所撰"《大学士高公拱传》"⑥中找到相同记载。

① 焦竑：《献征录》卷14《前大学士焦芳传》，上海书店出版社1987年版，第479页。
② 谢贵安：《明实录研究》，台湾文津出版社1995年版，第378页。
③ 谢贵安：《明实录研究》，第365页。
④ 李焯然：《焦竑及其〈玉堂丛语〉》，《文献》1982年第2期，第179页。
⑤ 焦竑：《玉堂丛语》，《点校说明》，中华书局1981年版，卷首第3页。
⑥ 焦竑：《献征录》卷17《大学士高公拱传》，第611页。

卷二"徐公阶念虏移庭牧"条，见《献征录》中王世贞"《大学士徐公阶传》"①。此两条史料明显是源自王世贞，却皆不言明。

卷二"凡投选及各项文移"条见《献征录》中何世守所撰"《霍文敏公韬行实》"②。

卷二"世庙初即位"条，见王世贞所撰《嘉靖以来首辅传》中记"杨廷和"③，虽然此文未被焦竑《献征录》收录，但从王世贞所撰徐阶、高拱等人入选的情况来说，焦竑也是见过此书的。

卷一"朝廷修《永乐大典》"条，则见于《献征录》中存金寔所书"《陈公济行状》"④。这些被认为"有价值的记载"其实皆有各自出处，非焦竑所撰。

综上分析笔者认为，焦竑《玉堂丛语》的最大价值和贡献，应该是在保存了史料的同时，按照自己的观点和褒贬，分门别类地节取了别书所录明当朝史的记载，并通过对这些条目的分类、排列，表达了自己对历史事件和人物的看法。

三 《皇明人物考》

书题"焦竑编次，翁正春校"⑤的另一部当朝史作品《皇明人物考》，今存六卷，所记人物以洪武至万历年间的帝王、驸马皇亲、功臣、文臣鸿儒为基本内容，共计410人。林庆彰先生称此为焦氏"考订明名臣之生平传略，成《皇明人物考》"⑥。然此书是否为焦竑所撰，清代时就有了分歧。据《千顷堂书目》记"薛应旂《明朝人物考》，七卷，饶郑以伟注评"⑦。至今学界

① 焦竑：《献征录》卷16《大学士徐公阶传》，上海书店出版社1987年版，第592页。

② 焦竑：《献征录》卷18《霍文敏公韬行实》，第727页。

③ 王世贞：《嘉靖以来首辅传》卷1《杨廷和》，见《明清史料汇编》初集第1册，文海出版社1976年版，第85页。

④ 焦竑：《献征录》卷19《陈公济行状》，第784页。

⑤ 焦竑：《皇明人物考》，见《明代传记丛刊》第115册，台湾明文书局1991年版，卷首第1页。

⑥ 林庆彰：《明代考据学研究》，台湾学生书局1983年版，第358页。

⑦ 黄虞稷：《千顷堂书目》卷10《传记类》，上海古籍出版社2001年版，第268页。

仍旧看法不一。① 此书虽名为"考"，书中却基本没有考订过程，实际是"考订明名臣之生平传略"② 之后的一部传记类史著。尽管书中所记内容具有较高的文献价值，即便我们暂且搁置刻印、编次等有可能是刊刻造成的失误外，其内容本身的分类不当、体例不一、记载同别史有出入等问题也举目皆是。

分类不当者。如第一卷名为《圣朝帝王考》，也确实是按照朝代顺序分列从太祖至穆宗小传，然卷尾却多出"庆成王生一百子，俱成长"③ 云云。即便此人是太祖嫡孙，也不当入帝王传中。从书中已有卷目来看，庆成王也无法归入书中任何一卷，故此条当不是由书中别卷内容窜入，而是撰述时就已有内容，诚无识也。分类不当的例子还有很多，如卷一子目中已有《开国元勋考》，罗列徐达、常遇春、李文忠等人，这些人在开国时期为了大明朱氏王朝出生入死，列为开国元勋理当其所。然卷二卷首又有《开国元勋考》，结果所列入"忠国公石亨……正统十四年为都督同知"④，"保国公朱永……成化二年平荆襄流贼进封侯"⑤，"成阳侯张武……奉天靖难推诚宣力武臣"⑥，此三人前后相继，不仅时间错乱，其中的石亨、朱永如何能归入开国元勋中，误也。

体例不一者。焦竑身为史官，更是参加了陈于陛的修正史活动，肯定翻阅过历朝实录，这也能从《国朝献征录》中节录的文献中看出。然而，在《皇明人物考》书众人之死时，体例殊为不一。徐达、常遇春、李文

---

① 按：关于此书是否为焦竑所撰，学界看法大致有三种。多数学者认同此书为焦竑所撰；另外一种指出其他书题为"薛应旂撰"，但并未给出定论，此种看法以李剑雄先生和向燕南先生为代表；第三种看法则认为此书为书商所为，以德国的傅吾康先生为代表。然因此书记载的缺乏，这三种看法都是建立在合理推测的基础之上。想要得出确定无疑的答案，还需要借助更多史料的发掘。详见李剑雄《焦竑评传》，南京大学出版社 1998 年版，第 327 页；向燕南《焦竑的学术特点与史学成就》，《文献》1999 年第 2 期，第 167 页；［德］傅吾康编《明代史籍汇考》，台湾宗青图书出版公司 1978 年版，第 93—94 页。

② 林庆彰：《明代考据学研究》，台湾学生书局 1983 年版，第 352 页。

③ 焦竑：《皇明人物考》卷 1《圣朝帝王考》，见《明代传记丛刊》第 115 册，台湾明文书局 1991 年版，第 51 页。

④ 焦竑：《皇明人物考》卷 2《开国元勋考》，第 94 页。

⑤ 焦竑：《皇明人物考》卷 2《开国元勋考》，第 94 页。

⑥ 焦竑：《皇明人物考》卷 2《开国元勋考》，第 95 页。

忠、汤和等人皆曰"薨"。冯胜则曰"二十八年，以有宿过不食卒"①，看似当是冯胜有过，故而曰"卒"而不曰"薨"。然紧接着的两条则曰"楚国公廖永安……破张士诚，兵深入，被执不屈，诏遥封之，寻卒"②，傅友德"征北虏有功，二十七年卒"③。廖永安不屈死，按照前文惯例当曰"薨"却为"卒"，同样的倘按此书记载，傅友德也无过错却曰"卒"，显然不符合笔者刚刚的推论。综合起来，只能说明撰述之时体例不一。况且，按照《太祖实录》所书，除了和文中所记类似的有"太傅魏国公徐达薨"，"开平忠武王常遇春薨"等善终的公侯用"薨"外，如"信国公汤和卒""卫国公邓愈卒"，唐胜宗、陆仲亨实录不书所终，同《皇明人物考》所书又不同，也可说明此书所记也不取法实录，更加说明此书体例不一。

记载有出入者。如卷一《开国元勋考》中有"徽光伯桑先"④诸事云云，然查此人国史野史无一所记，《太祖实录》中却有"桑敬"者同此人经历类似，其文曰：

> 洪武二十三年九月，封中军都督府都督佥事桑敬为徽先伯……尔桑敬父世杰，率舟师来归……既而殁于战阵，已赠侯爵。然功在国家，朕不能忘……朕嘉尔忠，特封为推忠协谋武臣、龙虎将军、上护军、徽光伯，食禄一千七百石，子孙世袭。⑤

实录不记其所终，《明史》只云其"坐蓝党诛除"⑥，同无时间可考。由此可见，《皇明人物考》所记人名、封爵时间为误确定无疑。又如，卷二所记有"华盖殿大学士，文达公李善，宣德八年举进士……景泰初立，上正本十策。天顺元年入内阁兼翰林学士。山东饥请发内帑金……上问公

① 焦竑：《皇明人物考》卷1《开国元勋考》，见《明代传记丛刊》第115册，台湾明文书局1991年版，第67页。

② 焦竑：《皇明人物考》卷1《开国元勋考》，见《明代传记丛刊》第115册，第68页。

③ 焦竑：《皇明人物考》卷1《开国元勋考》，见《明代传记丛刊》第115册，第69页。

④ 焦竑：《皇明人物考》卷1《开国元勋考》，见《明代传记丛刊》第115册，第89页。

⑤ 《明太祖实录》卷204，台湾"中央研究院"历史语言研究所1966年版，第3055页。

⑥ 张廷玉等：《明史》卷105《功臣世表》，中华书局1974年版，第3083页。

迎复事……卒赠大师谥文达公"①，查实录无此人。据《明史·李贤传》则记"李贤……宣德八年成进士……景泰二年二月上正本十策……英宗复位，命兼翰林学士，入直文渊阁……山东饥，发帑……及亨得罪，帝复问贤'夺门'事……帝震悼，赠太师，谥文达"②。从具体事迹相似度上来说，《皇明人物考》所书李善为李贤之误。

除上述所举各例之外，文中失误之处还有很多。不仅包括内容上的错误，同时也还有体例标目上的不相符。最明显的例子就是上文中已经提到的"卷二《开国元勋考》"，而在书的标目中，此处却注为"文皇帝功臣考"③。将这些错误综合在一起，不仅体现了此书在刊刻时的粗糙，更反映了文本内容的纰漏，从焦竑"博极群书……善为古文，典正驯雅，卓然名家"④ 来看，此书显然是不合格的。

四　焦竑对明代考据的贡献

通过前文的分析可知，焦竑的学术生涯十分充实。然这样一位博洽征实的学者，不仅有宏富的当朝史著作，如《玉堂丛语》《国朝献征录》《熙朝名臣实录》《逊国忠节录》等，还"藏书两楼，五楹俱满"⑤，也有"多考证旧闻"⑥，涉及经、史、子、集全方面的《焦氏笔乘》，"刊正伪字"的《俗书刊误》。可谓是既坐拥丰富可靠的资料，也具备考据当朝史的能力，更不用说其曾身为史官参与撰修国史的经历，何以焦竑没有当朝史考辨著作，甚至其考辨当朝史的广度和深度都不及没有出任史官的王世贞等人呢？这当同焦竑个人的学术兴趣相关。

人的精力总是有限的。通过上文的分析可以看出，焦竑在头五十年虽也热衷博览群书，但一直在为科举及第而奋斗，这种行为本身就会耗去大

① 焦竑：《皇明人物考》卷2《文臣拔尤考》，见《明代传记丛刊》第115册，台湾明文书局1991年版，第160—162页。

② 张廷玉等：《明史》卷176《李贤传》，中华书局1974年版，第4674页。

③ 焦竑：《皇明人物考》，《名目》，见《明代传记丛刊》第115册，第23页。

④ 张廷玉等：《明史》卷288《焦竑传》，第7394页。

⑤ 祁承爜：《澹生堂藏书训约》，《藏书训略》，见《经籍会通外四种》，北京燕山出版社2008年版，第77页。

⑥ 纪昀等：《钦定四库全书总目》卷128《焦氏笔乘》，中华书局1997年版，第1709页。

量的时间和精力。更何况焦氏还兴趣广泛，不仅"于古注疏，有闻必购读"①，"得《左传》《国语》《战国策》《史记》《庄》《骚》，读而好之，摹拟为文"②，同时喜好纵游山野，赋诗赠答，还曾主掌崇正书院讲席，这些内容综合起来构成焦竑此阶段的主要活动。焦氏的考据之作《焦氏笔乘》首次刊刻也在此阶段，据其万历丙午（1606）所书的自述：

> 曩读书之暇，多所札记。万历庚辰（1580）岁，友人取数卷刻之……追牵丝入仕，随所见闻，辄寄笔札。寻以忤权见放……散轶者十有五六……筠州谢君吉甫，见而惜之，手自排缵，并前编合刻之，以付同好……其间订经子之伪，补史传之阙，纲罗时事，缀辑艺文，不谓无取；而肤浅杜撰，疑误观听者，往往有之……当不以余之鄙而废之也，在览者择之而已。③

可知此书是焦氏的读书笔记，初刊于焦氏筹备科举考试阶段，而科举考试又以四书五经为基本内容，因此，书中有大量对经书的考订也就不足为奇了。而且在此阶段，焦氏不仅未能接触到金匮石室所藏的实录，且史学不是科举的主要考试范畴，故对当朝史的考据也就无从谈起。

焦氏入仕之后即为史官，虽有机会接触到实录，但此时政务缠身，即便对修纪传体国史提出了很多中肯的意见，如强调"史之权，与天与君并，诚重之也"④，对史职、官修制度也有自己的看法，如"权不他移，事有所统"⑤，但处理官场政务是焦氏此时期活动的主旋律，同样不具备考据当朝史的条件。尽管焦氏声称自己"自束发，好观览国朝名公卿事迹"⑥，但真正开始全面关注明当朝史的各项内容却是自其身兼史职始。正是这段史官的经历，让焦氏有条件搜罗了丰富的当朝史资料。

① 焦竑：《澹园集续集》卷1《刻两苏经解序》，见《四库禁毁丛刊》集部第61册，北京出版社1997年版，第547页。
② 陈懿典：《尊师澹园先生集序》，见《澹园集》附编2，中华书局1999年版，第1214页。
③ 焦竑：《焦竑自序》，见《焦氏笔乘》，中华书局1986年版，第1页。
④ 焦竑：《澹园集》卷4《论史》，中华书局1999年版，第19页。
⑤ 焦竑：《澹园集》卷4《论史》，第21页。
⑥ 焦竑：《书玉堂丛语》，见《玉堂丛语》卷首，中华书局1981年版，前言第5页。

　　从李焯然先生的《焦竑著述考》① 和李剑雄先生的《焦竑著述小考》② 可知，归隐之后焦竑的撰述编纂活动达到了其一生的最高潮。此时他已功成名就，没有了头五十年中孜孜苦读"不忍怠弃，欲因之稍稍树立，不愧家声"③ 的压力，也没有了官场中尔虞我诈的烦恼。尽管"家事萧条如洗"，焦氏也"全不挂意，只知读书"④。那么，有如此闲适的环境，又有史料，又喜考据，何以仍旧未有专考当朝史之著作问世呢？

　　倘我们仔细爬梳焦氏辞官之后生涯就会发现，或者最根本的原因还是兴趣广泛而精力有限，根本无暇专注于此。虽然焦氏对自己已经搜集到的史料"时为雠校，绪成其业"⑤ 终成《献征录》，并在万历丙辰（1616）于南京正式刊刻，万斯同也公允地评价此书"搜采最广"，"虽妍媸备载"史料价值高低不同，但具备真史才的学者自能辨别，更认为明代所有当朝史史著中"可备国史之采择者，惟此而已"⑥。然这也只是焦氏晚年诸多撰述中的一种。焦氏晚年作品不仅数量多，而且门类多样，文、史、哲均有涉及。况且此时他已名震天下，慕名而来找其写序跋、志状、碑铭的更是不计其数。他还整理刊刻了李贽、杨慎的文集。尤其焦氏生平服膺杨慎之学，毕生致力于搜集整理杨慎撰述，顾起元在给焦竑万历四十五年（1617）刊刻《升庵外集》时所作序就指出，"吾乡澹园先生……生平读其（升庵）书而好之，凡所为闷而弗传者，广为搜辑……手自排缵，汇为内外二集"⑦，耗费了不少精力。除此之外，归隐之后的焦氏更是有大量闲散时间可以游历寺院，与禅师论道，并对众多佛经进行了注释评述，如《法华经精解评林》《楞伽经精解评林》等，为晚明佛教的传播做出了积极的贡献。焦氏早岁就钟爱的讲学更是在此时期多次开展，最著名

　　① ［新加坡］李焯然：《焦竑著述考》，见《学术论文集刊 二集》，新加坡国立大学中文系出版发行 1987 年版，第 199—229 页。

　　② 李剑雄：《焦竑著述小考》，见《澹园集下·附编五》，中华书局 1999 年版，第 1312 页。

　　③ 焦竑：《澹园集》卷 13《与日照宗人书》，中华书局 1999 年版，第 95 页。

　　④ 李贽：《续焚书》卷 1《复刘肖川》，中华书局 1975 年版，第 29 页。

　　⑤ 顾起元：《献征录序》，见《澹园集下·附编三》，中华书局 1999 年版，第 1277 页。

　　⑥ 万斯同：《石园文集》卷 5《寄范笔山书》，宁波出版社 2013 年版，第 262 页。

　　⑦ 顾起元：《升庵外集序》，见杨慎《升庵著述序跋》，云南人民出版社 1985 年版，第 59 页。

的有三次。如新安之会吸引了"自荐绅先生以至儿童牧竖四方之人"①，在当时听众"二千"的规模非同一般，足见声势之浩大。再加上日常的友人往来，焦竑晚年的生活是充实而丰富的。在这种情况下，焦氏想要静心、系统地考据几乎是不可能的。

尽管如此，焦竑对明代考据的发展和学风的由虚转实也做出了极大的贡献。② 除了明确提出"本证"法外，《焦氏笔乘》则更是凝聚了焦氏考证的全部心血，体现了其在文献考据上的成就。尤其在考据方法上，焦竑对理证、文献互证、以金石证史等方法的运用已经非常纯熟，并在考据方法、考据内容上启发了后来者，因此焦氏虽对考据明当朝史内容贡献甚少，但却在考据原则、考据方法、考据内容上起到了推波助澜的作用，不容忽视。

第二节　张朝瑞

无论是学问还是政绩，张朝瑞在明代都不是特别显眼，但他的两部著作《皇明贡举考》《忠节录》在论及明人当朝史考据时都非常值得一提。因为其不仅体现了考据之风在明代的逐步发展，而且在他考证中存在的问题也非常具有共性，是明代考据还未发展成熟的代表作之一。

一　生平

张朝瑞，"直隶海州"③ 人，明隆庆二年（1568）戊辰科第三甲第二百四十八名。《神宗实录》无传且所记事迹较少，万斯同《明史稿》有传。综合焦竑所撰《张公朝瑞墓表》和海州当地地志记载，能够对其生平梗概有较为完整的了解。据《天启淮安府志》载：

> 张朝瑞，字子祯，海州人，隆庆戊辰进士。会州有（捿）［倭］警，筑城损坊，资佐其急。令鹿邑时，清卫豪侵地七千余顷。以不附

---

① 焦竑：《澹园集》卷48《古城答问》，中华书局1999年版，第727页。

② 按：焦竑非对当代史考据成果详见林庆彰《明代考据学研究》中的第六章。

③ 朱保炯、谢沛霖：《明清进士题名录索引》，见《近代中国史料丛刊续辑》，台湾文海出版社1981年版，第496页。

江陵，第量移南行人副，累升金华守，岁饥，全活近百万人。葺书院，市腴田二千余亩以赡师儒。参政杭嘉湖时，矿役兴，抗疏直陈利害。转南大鸿胪，奏《分黄导淮之说大失策》，人服其先见。后摄大京兆，以疾逝。①

焦竑所撰墓表记张朝瑞事迹与地志脉络相同，但内容更加详细，结尾有"累推光禄大常卿，命未下，疾作，一日端坐而瞑"②。嘉庆年间修《海州志》依据旧志增补了《明神宗授张朝瑞南京鸿胪寺制》和《神宗谕祭张朝瑞文》③ 二条史料，尤其后者记录了神宗对张氏政绩的高度评价。同《神宗实录》中记万历三十五年"故南京鸿胪寺卿张朝瑞，请恤典如例与祭一坛。礼臣称其清畏人知，晦而明用。历官至京堂，仕宦三十载。卒之，日无以为殓。真所谓忘身忘家，尽瘁无二者"④ 相符。可见，张朝瑞虽仕途稍有波折，但能为官三十年，且于任上多有政绩，也足以说明张氏不仅颇有能力，还称得上是位勤政爱民的好官。

二　《皇明贡举考》

张朝瑞不仅颇有才干，于政务繁忙之外撰述也颇多。其中《皇明贡举考》一书为研究明万历十一年癸未科之前"昭代取士之制"的重要文献，因而得到的关注相对较多。如陈长文经过研究后之指出"《皇明贡举考》一书也充分利用了《进士登科录》和当时所存诸本"⑤，邱进春则通过对比文献之后，认为"《皇明贡举考》的可信度相当的低"⑥。黄振材的硕士论文《〈皇明贡举考〉研究》⑦ 从文献学的角度专门对此书的版本、体

———————

　　① 天启《淮安府志》卷16《人物二》，见《淮安文献丛刻》，方志出版社2009年版，第738页。

　　② 焦竑：《澹园集》卷27《中宪大夫南京鸿胪寺卿张公朝瑞墓表》，中华书局1999年版，第397页。

　　③ 《嘉靖海州直隶州志》卷23《人物传二》，见《中国地方志集成》，江苏古籍出版社1991年版，第403页。

　　④ 《明神宗实录》卷435，台湾"中央研究院"历史语言研究所1966年版，第8231页。

　　⑤ 陈长文：《明代进士登科录研究》，博士学位论文，浙江大学，2005年，第112页。

　　⑥ 邱进春：《明代江西进士考证》，博士学位论文，浙江大学，2006年，第11页。

　　⑦ 黄振材：《〈皇明贡举考〉研究》，硕士学位论文，辽宁师范大学，2013年。

例、内容、价值与不足等方面进行了探讨。这些论文基本都是围绕着各自撰述的重点，从史料的角度谈论此书的价值，却鲜少论及此书中的考据内容。

此书第一卷为总论明代科举制度的沿革变化，剩下后七卷是对明从开科取士到万历十一年间历次考试情况的记载。据书中序言可知，张氏撰此书目的即"备二百年来人士奋迹之实录"①，言当代士人之得失"为举子业设也"。张氏在行文中也涉及了一些对明代科举方面的考据，尤以第一卷的总论体现得最为明显，考据内容以辨误和补注为主。

因张朝瑞已在《凡例》中指出"儒先论奏有可以发明科举事例者，依类附之"②，而这些论奏又多语焉不详，故张氏在自己的按语中依别记补之甚多。如《登科考》只云洪武三年曾下诏号召同明朝有宗藩关系的高丽、安南等国中的"经明行修之士，各就本国乡试，贡赴京师会试，不拘额数选取"③。张朝瑞在其下补注为"按，洪武四年会试，高丽国入试者三人，惟金涛中式，登三甲，授东昌府安丘县丞，寻以不通华言，请还本国。诏给道里费送归"④。考辨史实正误的也有一些。如在"洪武初，翰林院官皆由荐举进"条下，张氏注"按，此条见《殿阁词林续记》，内原称洪武丁丑复试，一甲皆修撰。今考《吾学编》《宪章录》不然，故削之"⑤，乃以野史所记相互参考的典型。

张氏此书虽辑录了很多史料，内容也较为丰富，但此书最突出的一个缺陷就是书中所记很多史料皆不注出处来源，这在张氏所加的按语中表现得尤为明显。除了上文所举之例外，又如：

---

① 李桢：《皇明贡举考序》，《皇明贡举考》卷首，见《四库全书存目丛书》史部第269册，齐鲁书社1997年版，第429页。

② 张朝瑞：《皇明贡举考》卷1《凡例》，见《四库全书存目丛书》史部第269册，第430页。

③ 张朝瑞：《皇明贡举考》卷1《取士之地》，见《四库全书存目丛书》史部第269册，第460页。

④ 张朝瑞：《皇明贡举考》卷1《取士之地》，见《四库全书存目丛书》史部第269册，第460页。

⑤ 张朝瑞：《皇明贡举考》卷1《一甲进士选格》，见《四库全书存目丛书》史部第269册，第477页。

按，此乡会试之月日遂为定制。①

按，元年二月，改北平府为顺天府，革北平都司、布政司、按察司。②

按，后宣德二年，交趾叛。十年，革交趾布政使司。然永乐、宣德间，交趾人未有登进士者。至景泰五年，黎庸、阮勤并登进士。岂交趾人而愿留中国者欤？③

这样的例子在文中随处可见。张氏所加按语本就是为增补史料、考订正误之用，但他却在征引史料时不注出处来源，不能提供最基本的文献线索，大大降低了史料的可信度。不仅按语如此，还有诸多条目注其来源是以"宋氏濂曰""邱氏濬曰""王氏鏊曰"等"某某曰"的形式出现，这种标记文献出处的方式对查找史料来源意义不大，也是不符合学术规范的，将张氏治学中存在的疏漏、轻率暴露无遗。这种情况在与张氏之书性质类似的《明三元考》中也有不同程度的体现。

三 《忠节录·考误》

张朝瑞供职南京时，因见南京表忠祠中所祭祀的逊国诸臣事迹"为未备"，所以主动搜罗史料，考订人数并为诸臣做传，且辑为"《忠节录》一编，以垂久远"④。此书卷首为《纶音》，罗列自永乐至今皇帝敕令善待建文君臣的谕旨，点明此书之修"非私撰"⑤，而是与历代朝廷所主张的大表建文诸臣之忠义密不可分。剩下的六卷内容中，头五卷为建文忠臣的人物传记，最后一卷为《考误》，是本书需要重点考察的对象。

《考误》共计十五条，主要以野史中所记建文诸事为考辨对象。四库

---

① 张朝瑞：《皇明贡举考》卷1《试士之期》，见《四库全书存目丛书》史部第269册，齐鲁书社1997年版，第455页。

② 张朝瑞：《皇明贡举考》卷1《试士之地》，见《四库全书存目丛书》史部第269册，第461页。

③ 张朝瑞：《皇明贡举考》卷1《试士之地》，见《四库全书存目丛书》史部第269册，第461页。

④ 焦竑：《澹园集》卷27《中宪大夫南京鸿胪寺卿张公朝瑞墓表》，中华书局1999年版，第397页。

⑤ 纪昀等：《钦定四库全书总目》卷62《忠节录》，中华书局1997年版，第861页。

馆臣对其评价较高，其言曰"第六卷曰考误，如辨建文于天顺中由滇至京，唯太监吴亮识之，当时三杨皆其旧臣，不应仅一吴亮能识旧主，而建文时年六十四，亦不得有九十余岁，其考证最为明确"①。因《忠节录》一书长久以来不为学界所关注，书内《考误》一卷的考据成就更鲜为人知。吴德义教授曾略有涉及，认为此书的考据"比较有价值"，有"这些考误（第2、3、9条），极为得当，不过亦有考误不当处"②的评价，主张一分为二地看待张朝瑞的考据成绩。由于今人对《忠节录·考误》的研究不够深入，因此非常有必要逐一分析。

第一条考"建文之出奔"③，也正是此条为清人所称赞。然据笔者对比发现，张朝瑞此条考证中所书内容，同王氏《史乘考误》二之"建文之出奔"条内容完全重合。唯王氏考据条目中还详细列举了世传建文三诗以及王世贞穿插其中简单地介绍和评论之语，即"其一，牢落江湖四十秋……似不及前诗之悲切而自然"④，张氏书无。有鉴于王氏之书最迟刊刻于万历十八年，我们完全有理由怀疑张朝瑞此条考证抄自王氏。不然何以能够解释全文雷同之缘由？清人治学好以谨严相标榜，《四库全书总目》号称"每一书上，必校其得失"，此条考证有抄袭嫌疑，却获得了清代官方认可，足见考辨之难。另外，第十一条考《枝山野记》中所记驸马梅殷之死，张朝瑞所书略去王世贞此条考证之末"二子皆指挥使，一为都督同知"⑤一语外，仅有个别字词与王世贞不同。此外，完全相同的还有第七条"《谷府左长史刘璟传》"，见王世贞《史乘考误》二中"《谷府左长史刘璟传》"⑥条；第九条"《闲中今古录》"，见王世贞《史乘考误》三中"《闲中今古录》"⑦条。此四条考据，从引用史料到考辨过程，均于王世贞原文基本一字不差，当为抄袭。

---

①　纪昀等：《钦定四库全书总目》卷62《忠节录》，中华书局1997年版，第861页。

②　吴德义：《政局变迁与历史叙事：明代建文史编撰研究》，中国社会科学出版社2013年版，第189页。

③　张朝瑞：《忠节录》卷6，见《四库全书存目丛书》史部第97册，齐鲁书社1997年版，第650页。

④　王世贞：《弇山堂别集》卷21《史乘考误》2，中华书局1985年版，第389页。

⑤　王世贞：《弇山堂别集》卷22《史乘考误》3，第402页。

⑥　王世贞：《弇山堂别集》卷21《史乘考误》2，第387页。

⑦　王世贞：《弇山堂别集》卷22《史乘考误》3，第394页。

除去上述四条基本相同的考证条目之外，还另有三条与王氏考证高度相似，分析如下。

第二条考"《枝山野记》言张太后大渐"之事，张、王二人所引《枝山野记》内容完全一样，考据云：

> 按，张太后遗诏今存，未闻有此三事也，即有之，实录何以不书以失国之君加神圣之谥？尤为不伦。且《孝孺集》成化时始出。① （张朝瑞）
>
> 按，张太后遗诏今存，未闻有此三事也，即有之，何以实录遗而不修？《孝孺集》成化时始出。② （王世贞）

在考辨之时，引文完全相同情有可原。然考证《枝山野记》所记为伪的三个立论，仅在第二个上表述不同而核心思想相同，剩下两点则连表述都一致，谓张氏抄袭不为过。

第十条考"李文达《天顺日录》记铁鼎石"之事。张朝瑞所引较王氏缺"以献，文皇曰：'彼终不屈乎！'乃赦出之，皆适士人。按二诗"数语，剩下考证之语，二书则分别为：

> 按，《立斋闲录》云，公于三十五年十月十七日遇害，子福、安发河池千户所充军，父仲名年八十三，与母薛安置河南。一女四岁，发教坊。似与文恪少异。二诗或出好事者之口，亦未可知。然当时以鼎石非内朝臣，故虽数窘上，且不屈，而尚未至族诛。③ （张朝瑞）
>
> 按，《立斋闲录》云，公于三十五年十月十七日典刑，子福、安发河池千户所充军，子安先于鞍辔局病故。父仲名年八十三，与母薛安置河南。一女四岁，发教坊。文恪以精核名，而所纪之不审如此。二诗必出好事者，然当时以鼎石非内朝臣，故虽数窘上，且不屈，而尚未至族诛。④ （王世贞）

---

① 张朝瑞：《忠节录》卷6，见《四库全书存目丛书》史部第97册，齐鲁书社1997年版，第651页。
② 王世贞：《弇山堂别集》卷23《史乘考误》4，中华书局1985年版，第411页。
③ 张朝瑞：《忠节录》卷6，见《四库全书存目丛书》史部第97册，第654页。
④ 王世贞：《弇山堂别集》卷22《史乘考误》3，第393页。

虽文辞略有不同，但基本内核相同，尤其在断言铁鼎石何以未被族卒之缘由上，两者完全一致。

第六条考张紞之事，张朝瑞引"《西樵野记》言张紞"诸事，而王世贞是引"《客坐新闻》言"，二人所引事件内核相同而表述不同，具体到考证中：

> 按，紞以建文元年入为吏部尚书，此云太宗召回，非也。乔世宁作《耀州志》备载紞于成祖即位时，自缢于吏部后堂，以死绝，无投渊之说。且言有子三人，敔豆篹，后敔举怀材仕为四川按察司经历，相随入水之事，亦未尝有。乔为张乡人，言必有据，《野记》真野人语。① （张朝瑞）
>
> 按，张紞洪武末以云南左布政召回，拜吏部尚书，壬午初谒太宗，赐敕慰谕，最后乃经于后堂耳。启南所纪，无一实者。② （王世贞）

此条辨证粗看于王世贞之语差别较大，然仔细分析可知，张朝瑞此条考证同王世贞之辨核心思想仍旧是一致的。首先在张紞归京问题上，都是以时间论太宗召回之伪，继而以张紞之死真相辨二野史投潭之死为伪。至于野史中所谓的妻妾子仆之死，王氏仅以"无一实者"所代替，而张朝瑞则言"亦未尝有"。此条考证的原创性同样值得怀疑。

此卷共十五条考据，除去上述七条与王世贞《史乘考误》高度相似外，张朝瑞也有些自己的发现，从中能看出其考史时对互证法的娴熟使用。如第五条考《吉安志》中所记王艮死亡时间，用"吴康斋述所目睹"之语辨之，是以野史证官修地理志之伪；第八条考薛应旂《革朝遗忠传》中刘璡之死，张朝瑞引"《苏平仲集》有《璡墓志□》，可证应旂当为影撰语"③，是以家史考野史之伪；第十二条考《显忠录》所记黄观夫人翁

---

① 张朝瑞：《忠节录》卷6，见《四库全书存目丛书》史部第97册，齐鲁书社1997年版，第653页。

② 王世贞：《弇山堂别集》卷22《史乘考误》3，中华书局1985年版，第390页。

③ 张朝瑞：《忠节录》卷6，见《四库全书存目丛书》史部第97册，第653页。

氏及儿女之死地，先以实录所记证翁氏等"投通济门河以死，非淮清桥也"①，并指出后人不仅在淮清桥祭祀翁氏及女且并祀黄观，不知此桥"实非当时死所"，为国史考野史之伪；第十三条以陈敬宗中进士在"永乐甲申"驳"《革除录》言陈敬宗于靖难初迎附"②之虚妄，第十四条也是以刘忠愍中进士在永乐十九年驳《颜伯玮传》中所谓刘死于"建文壬午之难，真成梦语耳"③，此二条则皆是以时间为基准驳野史所记之伪。

此外，书中第三、第四条考辨也有值得注意的地方。在第三条的考证中，张氏虽仅以"文学柄用之臣，欲自饰其非，为史肆以丑言诋之"④引出考据内容，实指《太宗实录》中所书方孝孺"叩头乞哀"。此事王世贞也有考证，并认为"议者专罪杨文贞，恐未必尽出文贞手"⑤。也就是说王氏认为此事方孝孺断没有做过，然也未见得是杨文贞所书。张朝瑞显然不这么看，"文学柄用""自饰其非""丑诋"三词并用，就认定了此事杨文贞当负主要责任，又引彭韶《过江南》诗证杨文贞之伪，得出"方之大节不待此而明，辄附载之"的结论。⑥可见，虽二人皆认为方孝孺没有叩头乞哀之举，却在杨文贞要不要负责这个问题上有截然相反的看法。考此事二人皆无凭证，事实上也不可能有凭证留下。王世贞当是从杨文贞个人品节出发，认为此事是"议者专罪"杨文贞，张氏则谓是杨文贞"自饰其非"。可见在理证过程中，个人的观点看法会对考证结果产生极大的影响。另外，张氏所引彭韶《过江南》一诗也存在一定的问题，此诗内容、名称皆不见《彭惠安集》记载，且此诗无论是内容、诗名，别史记载皆有出入。如郑晓、姜清皆记诗名为《哀江南》，张氏所记则同宋端仪的《立斋闲录》。以张氏书中所引宋端仪书来看，此条证据张氏也当是转引自宋书，并未考证异同。

再看张氏的第四条考证，其文曰：

---

① 张朝瑞：《忠节录》卷6，见《四库全书存目丛书》史部第97册，齐鲁书社1997年版，第655页。

② 张朝瑞：《忠节录》卷6，见《四库全书存目丛书》史部第97册，第655页。

③ 张朝瑞：《忠节录》卷6，见《四库全书存目丛书》史部第97册，第655页。

④ 张朝瑞：《忠节录》卷6，见《四库全书存目丛书》史部第97册，第652页。

⑤ 王世贞：《弇山堂别集》卷21《史乘考误》2，中华书局1985年版，第390页。

⑥ 张朝瑞：《忠节录》卷6，见《四库全书存目丛书》史部第97册，第652页。

《开国功臣录》及《革除遗事》皆载长兴侯耿炳文殁于战阵，与《吾学编》稍异。《功臣录》乃定远黄金所辑，金与炳文为同乡，其考据必核。《吾学编》当是传闻之误耳。①

王世贞在《史乘考误》中也引了相同的史料辨耿炳文之死。然与张朝瑞不同的是，王氏考辨野史正误所用的旁证乃是实录所记朱棣"敕谕各镇大将复任，炳文在焉"②和永乐二年"礼部言炳文家用龙凤服饰"，认为李炳文并未阵亡，死因当为郑晓所记"被劾自尽"。此说显然比张朝瑞以"同乡"为由裁定黄金所记为正来得更有说服力。二人史才史识立见高下。总的来说，张朝瑞自己的考证虽也能自圆其说，但考据内容都相对简单，且以考据的广度和深度来论，皆不及王世贞，史料价值也不是特别突出。

综上所述，张朝瑞在卷六《考误》考证时出现的问题和《皇明贡举考》一样，不仅有的考据不注史料来源，抄袭前人之说者更是占其考据条目的一半之多，但此部分的考据内容仍是同《忠节录》所述内容相关，非随意放入，服务于史著而考辨的目的十分清晰。

第三节　朱国祯

曾出任过天启年间首辅的朱国祯为明代史家里官职最高者。他同样没有专门的当朝史考据专著问世，但在他的当朝史作品，如《皇明史概》和《涌幢小品》中，采取了叙论结合的方式对当朝史有所辨证。虽然考据内容较少，有的也不失精当，同样属于晚明史家对当朝史考据的组成部分，不容忽视。

从当前学界的研究成果来看，虽对朱氏的研究不及王世贞、焦竑等人那么普遍深入，但还是有一些成绩的。如上文曾提及的钱茂伟先生曾专门就《皇明史概》一书进行过较为详细全面的论述，其中还特立"详于考

---

① 张朝瑞：《忠节录》卷6，见《四库全书存目丛书》史部第97册，齐鲁书社1997年版，第652页。

② 王世贞：《弇山堂别集》卷22《史乘考误》3，中华书局1985年版，第397页。

核"① 一目对朱氏书中的考据进行了一定的评述，而杨艳秋《朱国祯〈皇明史概〉考析》一文则主要是从"编纂、书法、史论、史料"② 四个方面评述此书价值，对考据内容涉及较少。《涌幢小品》一书今人研究得更少，考据条目又散于书中，不成系统，研究得就更少了。然内容少、不成系统，并不能代表其考据没有价值，或对明代史实的澄清没有贡献。相反，朱国祯作为明代史家官阶最高者，能光明正大地接触到各类官方密档，他的史书和考据更加值得细细挖掘。

一　生平

朱国祯（1558—1632），字文宇，号平涵、虬庵居士。实录无传，《明史》有传但仅有梗概。查朱国祯有《自述行略》一文，载己之事迹甚详。据其文所记，朱氏曾在"四岁失旧居"③，可见家境并不富裕。但朱氏之父仍十分重视对他的教育，六岁时就外出读书。然朱氏少时"嬉戏不肯读"举子业诸书，却对史著情有独钟。叔父家中"有《纲目》一部，全刻精好"，可"日阅一本，能记忆，不三月而遍"④。万历十七年（1589）中进士，其年父丧回乡守制。万历二十五年（1597）才得补翰林院检讨。适逢陈于陛主持修国史，朱氏云自己仅得入史馆三日，国史修撰便停止了，直叹自己与修史"无缘如此"。此后仕途不甚顺遂，这种局面在天启改元之后有了改观，四年（1624）时升任内阁首辅，未及一月为阉党不容，致仕归。卒于崇祯五年（1632），赠太傅，谥文肃。

在朱国祯的经历中有两点对他日后的撰史产生了深刻影响。其一，家贫。此点在《自述行略》中屡被提及，"所居狭甚，丐亲友，构一居""鄙人以农家而忝士大夫之列""自家根基薄"等。的确朱氏家族并不旺盛，祖父时就"且贾且耕，困于赋役"⑤。朱氏虽曾官至首辅，仍未能改变家贫的状况。如此一来，一是家无余财，藏书有限。自语"家罕藏书"过矣，但比不得王世贞等人却是实情，故修史考订之时自然而然会受到影

① 钱茂伟：《明代史学的历程》，社会科学文献出版社 2003 年版，第 302—303 页。

② 杨艳秋：《朱国祯〈皇明史概〉考析》，《南开学报》1999 年第 1 期，第 76 页。

③ 朱国祯：《朱文肃公集·自述行略》，见《续修四库全书》集部第 1366 册，上海古籍出版社 2002 年版，第 332 页。

④ 朱国祯：《朱文肃公集·自述行略》，见《续修四库全书》集部第 1366 册，第 332 页。

⑤ 同治《南浔镇志》卷 12《朱守愚传》，清刻本。

响；二则"不能鸠工竣事"，无力刊刻完成全部著作。致使《皇明史概》只留下了近一半的内容，剩下的因未刊而散佚了。其二，参与修正史。朱氏对史学感兴趣在其未中举之前就有体现，入仕之后身任史官，撰史"自是职掌"，利用职务之便可以"参黄扉，窥金匮石室之藏"①。此后更是机缘巧合下，得以参与明代唯一一次官修纪传体国史活动。而此次官方修史的失败，让朱氏深觉"有愧其名甚矣"，也直接促成了朱氏私人的当朝史撰述。

正是因朱国祯身任史职，利用职务之便可取"阁本"实录一观，最大限度地保证了自己撰史时所用实录材料的准确性，这一点是与其同期修史的史家所不能比拟的。但朱氏并未止步于此，在其撰述选用的史料中，仅实录除"巨室原本，诸家抄本亦有二"②，足见其撰述时谨慎的态度。同时，退居时期的朱氏"无他嗜好"，书斋之中积累的都是"朝家典故与志、传之类，中多涂抹点窜"③，可见修史之勤。然无论是观览实录还是搜集史料修史，都和朱氏身任史职参与修正史的经历有关。

二　《皇明史概》

《皇明史概》，也称《史概》，是朱国祯私撰的一部"皇明之史"。原计划全书由五传、五记组成，展现了朱氏对撰史体裁的积极探索，也得叶向高称赞为"兼诸家之体，各开门户，成一家之言"④。因后来刊刻和清朝禁毁的原因，此书所剩内容按原有标目，被割裂为三记"《大政记》《大事记》《大训记》"和二传"《开国臣传》《逊国臣传》"。从朱国祯的《史概自序》看，此书从收集史料到撰述虽"先后三十余年"，却似有仓促成书之嫌。据朱氏自述，此书刊刻起因是 74 岁的朱氏差点在庚午年（1630）因病去世，在"念岁不我与"又担心书稿会于己身亡后散佚的情况下，以"临别旧稿弁之"⑤，仓促定稿刊刻。从全文文意推断，此书似未校订完毕。

《史概》虽以记载史事为主，但也夹杂了不少朱氏的评论和对当朝史

---

① 朱国祯：《皇明史概自序》，见《皇明史概》卷首，文海出版社 1984 年版，第 35 页。

② 朱国祯：《皇明大政记引》，见《皇明史概·大政记》卷首，第 3 页。

③ 叶向高：《史概序》，见《皇明史概》卷首，第 6 页。

④ 叶向高：《史概序》，见《皇明史概》卷首，第 13 页。

⑤ 朱国祯：《皇明史概自序》，第 34 页。

的考据。考据的内容比较集中地反映在《大政记》的《补遗》《存疑》以及《开国臣传》《逊国臣传》的小字注解或评论中。其中，《存疑》一目唯《大政记》有，且"皆附于各朝之后，惟世宗享国长久，事体多端，分为二"①。按文义，全书共记 11 帝，有《存疑》12 处。然查第十卷洪熙朝史事，仅有《补遗》而无《存疑》。从文末"皇明大政记卷纸十终"来看，当不是文献散佚，而是朱氏撰述时此卷即无《存疑》。极有可能在朱氏撰史计划中是每朝一目《存疑》，但仓促成书之间未及考或漏掉了也未可知。

之所以会有《存疑》出现，当同朱氏撰述《大政记》筛选史料"从省从真，亦从其重"②的原则，以及对三史史料长短的认知有关。朱氏身为史官获见国史，对实录有着非常直观、深刻的认知，其言曰实录中"惟戎祀大端，兴革升除大较"③的部分是编纂官直接"取诸司章奏"，未经修改可信度极高，剩下的内容往往经过了"褒贬笔削"需要甄别。如孝宗朝《存疑》一目中专列"实录之舛"④一条，对《孝宗实录》《光宗实录》因奸佞当权、褒贬任意造成的曲笔大力驳斥。此外，朱氏指出甄别史料真伪的具体方法就是"合前三书比对，增之损之"⑤，后来在获得了《名山藏》《副书》之后又"各有摘补，而总附于政之后"⑥。这个"增之损之"的过程就是朱氏考辨史事的过程，其中有一部分就保留在了《补遗》《存疑》里。

文献互证法在朱氏考证中使用的较为频繁。首先，以实录证野史之伪。如朱氏发现有野史记载秦纮巡抚陕西时，与秦王有隙。秦王不堪忍受上疏谓其"欺灭亲王"，遂有秦纮下狱且其家贫止有黄绢一匹诸事。朱氏考之，谓此二人确有"不叶"，并在此条考证之末点明自己考据所用史料"见本传"⑦。查《武宗实录》中确有《秦纮传》，其中所记秦纮事甚详，

---

① 朱国祯：《大政记》卷 29，文海出版社 1984 年版，第 1789 页。

② 朱国祯：《皇明大政记引》，文海出版社 1984 年版，第 4 页。

③ 朱国祯：《皇明大政记引》，第 3 页。

④ 朱国祯：《大政记》卷 21，第 1310 页。

⑤ 朱国祯：《大政记》卷 21，第 1310 页。按：三书指郑晓《吾学编·大政记》、雷礼《大政记》、邓元锡《皇明书·帝典》。

⑥ 朱国祯：《大政记》卷 6，第 401 页。

⑦ 朱国祯：《大政记》卷 19，第 1171 页。

同朱氏所云。再者，以官方文书证野史之误。建文一朝史事在朱棣不遗余力的"革除"之下，实录舛误甚多。而私家记载彼此错互，让人莫衷一是。然"一代之统自在，四年之行事自不可灭"①，事物息息相关、史事环环相连，总有蛛丝马迹留下。如考建文登基继位时间。朱国祯指出虽《吾学编》《明书》皆记"辛卯皇太孙即位。是日，葬孝陵"②。但终因此事涉及国初大忌，史家要么不敢记，有记者或认为建文登基过速，不合常理而推至六月初一。朱国祯遂以燕王移檄中所含建文"罪证"中"去高皇崩仅七日，即于是日完葬事"③ 之语为证，断言建文继位和高皇帝下葬皆在"闰五月十六辛卯"。然何以建文有此不符礼制之举？朱国祯则从理证的角度给出了自己的解释，他认为速葬、速继位皆是朱元璋的旨意，目的是"以速葬消诸藩入临觊望之心"④。朱氏以朱棣亲自发布的檄文为据驳野史之妄，立论甚高、甚巧。《明史》虽未使用朱氏关于"建文登基过速"的原因分析，但在建文登基时间上也使用的是闰五月"辛卯，即皇帝位"⑤。可见明史馆臣与朱氏一样，也是赞同实录所记建文登基时间的。

朱氏对家史类材料也十分重视。如在《开国臣传》卷四考程国胜、韩成之死。他以国史记韩成死"在上舟胶浅之先一日"⑥，从时间上判断不可能有服龙袍投水事；又以及康郎山祭祀牌位无程国胜为据，推断"国胜实死于洪都被围之初"⑦。而之所以众书皆云程国胜死于康郎山，"大约起于《朱学士升墓志》"⑧，但是在文末他也提出了自己的怀疑：如果《墓志》所记内容不实，但"同时同朝之人耳目必贞，又未必可轻议也"⑨。也就是说，他虽然已经觉察《墓志》所记应不实，但却无法解释何以当时无人发现、纠谬的实际情况。因此只能以"未必可轻议"结尾。此后，钱谦益综合《太祖实录》、朱善所撰《程国胜神道碑》，并结合当

① 朱国祯：《大政记》卷7，文海出版社1984年版，第454页。
② 朱国祯：《大政记》卷7，第433页。
③ 朱国祯：《大政记》卷7，第433页。
④ 朱国祯：《大政记》卷7，第434页。
⑤ 张廷玉等：《明史》卷4《恭闵帝纪》，中华书局1974年版，第59页。
⑥ 张廷玉等：《明史》卷4《恭闵帝纪》，第59页。
⑦ 朱国祯：《开国臣传》卷4，文海出版社1984年版，第7199页。
⑧ 朱国祯：《开国臣传》卷4，第7199页。
⑨ 朱国祯：《开国臣传》卷4，第7199页。

时时代背景，对此二人死亡时间一一加以推理分析，认为程国胜、韩成俱于鄱阳一役"援绝而死"，推理详细严密超朱氏甚多，《明史》所记与此相同，了却一段公案。

典制证史法。如考明代谥法，朱氏首举洪武赠赐谥号诸例，认为"太祖亲定，明明以二字为重"①。永乐时期仍是如此，谥号多赠二字，因此是常例。赠一字少之，所以才称为特例。据此朱氏指出，当今人们论及亲王谥号隆重与否，好"归重只在末一字，以特为尊"②。若果真如此，何以比亲王尊贵得多的太子庙谥"又皆二字"？朱氏所举的这个例子甚是有力。因此朱氏谓明代庙谥"毕竟以多为贵"③，这是祖宗法度如何能改。而所谓的"一字王、二字王"皆是俗说，没有丝毫根据可言。此条辨证说明朱氏对国家礼法典故了然于心，以典制证私史、俗说之误。且此条辨证更是被明末清初的孙承泽原封不动地收录进《春明梦余录》中的"谥法"④，后世也多将此条考据归美于孙氏，诚误也。

以地理位置考史法。此法王世贞在《旧丞相志》中以胡惟庸府的地理位置考胡相谋变诸事时用过，朱国祯同样运用起来得心应手。如朱氏发现有野史记载明初时"改詹事府为御史府"，紧接着在新署赐宴群臣。席间还以"都察院在太平门，不便朝参"⑤为名，赐衣于监察御史。看似有理有据，但在朱氏眼中事情完全不是这样。三法司官衙相连，职权相类，洪武二十三年才下诏改到太平门，"改则俱改，何以止改御史府"落下刑部、大理寺？改詹事府为御史府更为无稽，詹事府洪武二十五年才正式有之，是明朝负责教导太子的重要机构，"当时已立太子矣，又改在何处"⑥？又如有史谓"承运库火，累朝宝物皆烬"。朱氏辨之首先指出"承运库在文华殿之前，门皆北面"，不仅地理位置偏前，不在大内。且门皆朝北，很难受火灾牵连；再者此库实际功能是"收外来丝绢、香料杂物之类"。而大内珍藏皆入"大内诸库，何自而毁"⑦。用实际的地理位置参照

① 朱国祯：《大政记》卷6，文海出版社1984年版，第397页。
② 朱国祯：《大政记》卷6，第397页。
③ 朱国祯：《大政记》卷6，第397页。
④ 孙承泽：《春明梦余录》卷40，北京古籍出版社1992年版，第762页。
⑤ 朱国祯：《大政记》卷7，第446页。
⑥ 朱国祯：《大政记》卷7，第446页。
⑦ 朱国祯：《大政记》卷36，第2152页。

史事记载，往往可以使考辨内容简单明了、干脆利落，能够一针见血地指出记载之谬，因而获得了众多史家的青睐。

理证法。此法朱氏使用也较多。尤其建文朝史事史籍记载多缺失，在考辨中需要结合时势，用理证方法来裁定正误。如朱元璋谥号被定为"钦明启运俊德成功统天大孝高皇帝"①。朱氏认为此谥号必定是永乐时"改定"的。理由就是此若为建文所定，"决抹去一字不用矣"。此事史籍无载，全无旁证。朱氏则是结合当时社会背景，以朱棣对待建文朝史事全部销毁的基本态度为据，还是非常有道理的。又如当时野史记建文帝有"不杀叔父"之敕令，所以导致每每朱棣亲自上阵，而建文兵将皆不敢加刃。此事国史也不可能有记载，只能理证，朱氏谓：

> 建文此令应亦有之。然燕所乘八骏，其二曰赤兔，战于白沟河，中箭。都指挥亚失铁木儿拔之，其七皆然，后绘图以示子孙。岂南军射马不射人，莫敢加耶？天命有在，自不受伤，唐太宗亦然。②

朱氏所考此事，前人如王世懋者已经在《窥天外乘》中有所理证。所不同的是，王世懋认为燕王上阵有之，建文此令无之。既然如此，战场乱箭齐发何以燕王没能中箭，只有马中箭呢？朱氏则认为燕王类唐太宗，同属天命有之。可见在没有其他书证的情况下，不同史家立场、观点不同，单纯依靠理证得出的结论完全有可能相反。此事究竟如何，现在更不得而知。值得注意的是，在论及此书的史料价值时，不少史家好简单引用清初史家吴炎"颇此抵牾，前后倒置"③甚至读来有令人昏昏欲睡之感的评价。然而，吴炎的好友潘柽章在《国史考异》中曾数次使用"朱国祯《史概》"④中的记载和考证，但在卷四第九条同样考证建文有无此敕令时，潘柽章不仅只字未提朱国祯的考证内容，反而将朱氏的结论稍加变动作为自己的观点使用：

---

① 朱国祯：《大政记》卷7，文海出版社1984年版，第441—442页。

② 朱国祯：《大政记》卷7，第446页。

③ 吴炎：《吴赤溟先生集·上钱牧斋书》，国学保存会1906年版，第33页。

④ 按：见《国史考异》，第40、108、128页等。

世所传八骏图，其二曰赤兔，战于白沟河，中箭，都指挥亚失铁木儿拔之。其七皆然，此成祖命图之以示子孙者也。岂南军射马不射人，故不受伤耶？①

属上文笔者所述潘氏考证中埋没"前人之名"的又一力证。

此外，对自己发现的史料不能判断正误的，则录之以存疑。如在卷十五中，朱国祯罗列了"郧县人李著以监生为御史"的一条史料，主要记载的是李著因不尊"郕王"景泰帝而被诛，此后又得英宗赐葬的诸事。朱氏写到"事不经见，且甚骇人"②，对此事的真实性深表怀疑。但是因为这条史料是"《名山藏》收之"，他深觉何乔远的"博洽多闻"在己之上，此事记载"必有所据"，所以最终保留下这条记载"有以俟考"。可见，朱氏既不偏听盲从，也未坐井观天，其撰史谨慎、客观的态度由此可见一斑。

从上文所举例子来看，朱氏考辨史事时使用方法多样，且均运用得十分熟练，考据中尤其强调实据，而"目击其事，当必不误"是他重视实据的出发点。同时朱氏考据史事的范围也较广，除了上文中提到的这些明朝内部的事情之外，朱氏还对番邦之事有所考辨。如朱氏谓"海外诸国，其君臣兄弟自相攻杀，都不告于朝，朝亦未尝诘问，故止绝其贡"③。结合明史，此事应指当时高丽内乱，明朝虽未干涉高丽此次的内部动荡，却拒绝接受他们的朝贡。可见《大政记》虽名为"政者，国家典制"，然朱氏撰史、考辨之时，却并未将目光单单局限在明朝内部事务上，而是从时势大局出发，将对外交往也纳入其中。

此外，成祖朱棣时期的郑和下西洋不仅是明代航海史上的壮举，在中国也是空前绝后。关于郑和下西洋的真正目的也成为明代历史中的千古疑案，自明代起就众说纷纭，这种情况自然被朱国祯留意到。首先朱国祯对郑和的身份做了确认，考之曰与郑和"出使同行者有冯三保；使西域者有杨三保，一曰三宝，又称三航，言下海之多也。讹曰三王，非郑和"④，

① 潘柽章：《国史考异》卷4《让皇帝》，中华书局1985年版，第101页。

② 朱国祯：《大政记》卷15，文海出版社1984年版，第915页。

③ 朱国祯：《大政记》卷6，第396页。

④ 朱国祯：《大政记》卷7，第450页。

即成祖时名"三宝"者有三位，事迹却截然不同。史家记载以讹传讹，混淆史实。其次，朱氏对郑和下西洋的目的也有自己的看法。他从明初时势出发，认为成祖令郑和下西洋，是因为太仓之地还有张士诚所遗留的海船与士兵，他们不仅不服从明朝，而且还和倭寇相勾连，威胁到了明代的海防安全，所以要"尽驱之出洋"①。至于世间盛传的郑和此举是为了探访建文帝之说，朱氏则认为"建文仁弱"，君临天下之时就无力与成祖抗衡，保不住皇位，更何况皇位被夺之后再"窜入蛮夷中，其何能为"②。朱棣完全没有必要为了一些捕风捉影的传闻，做此前后七次的大动作，并再次强调"圣人所重，断不在此"。朱氏驳访寻建文一说却颇有胆识。建文相对成祖来说确实"仁弱"太多，而看似森严的封建礼法在强权面前实际却是不堪一击。朱氏还谓下西洋是要驱逐张士诚的士兵的看法也较牵强。果真如此的话，郑和随船携带那么多宝物岂不是与人作嫁衣？

朱国祯不仅考据方法多样，考据内容广泛，还喜欢在考据中结合所考之事，对列帝进行评价。这些评价不仅体现了朱国祯身为封建史家写史时的双重性，也能够代表昭代人撰昭代史的局限。如朱元璋驳孟子之书，还要罢孟子配享。最终在臣子的劝阻下作罢，却也颁布《节略孟子》一书"志愤"。此事"国史讳之，诸史皆不敢及"③，朱氏认为大可不必。先以时代背景的变化替太祖发怒生气辩解，指出在"朝为君臣，暮为仇敌"的战国时代，讲君臣大义不现实，而"太祖一统"则必须以此大义律天下，孟子的观点显然是不适合的。朱氏书人之不敢书，更道出帝王心事，彰显了史家秉笔直书的一面。然而他又借此夸赞太祖是"英雄本色"，实属溢美之言，又体现了其身为封建史家、御用文人的局限性的一面。这一点在考辨功臣之死中也有体现。他一方面考据功臣之死的真正原因，并表达自己的同情，另一方面同样忍不住替太祖辩护。如在考宋公之死因后指出"功臣非谋逆而受祸者，其根必有自起"④，即功臣自己的责任是"根"，太祖的"疑忌杀戮"退居一旁。又如，朱氏敢于大胆肯定建文登基的合理性、合法性，认为"皇太孙宫官仍太子之号"⑤是太祖用心良

① 朱国祯：《大政记》卷9，文海出版社1984年版，第596页。
② 朱国祯：《大政记》卷9，第597页。
③ 朱国祯：《大政记》卷6，第400页。
④ 朱国祯：《开国臣传》卷2，文海出版社1984年版，第6975页。
⑤ 朱国祯：《大政记》卷7，第432页。

苦、大有深意，批评成祖将建文帝"于帝纪革除"，是"洩其愤而通其穷也"①，却又辩解成祖"天表雄奇，才干超绝，绝非人臣之相"②，是"天命有在"。在朱氏考据结果中体现出来的复杂、矛盾，是所有当朝史撰述中都无法回避的问题，它们不仅说明朱国祯有探求史事真相的勇气，敢于触碰一些禁区，而他的赞美、回护更能凸显出史家不论考史、论史，不仅不可能超然于时代之外，反而受制于时代背景的真实情况。因此，对朱氏考据中的溢美之言我们要结合当时的时代背景，客观公正地看待。

三 《涌幢小品》

《涌幢小品》是朱国祯的一部明代掌故笔记，内容丰富且有一定的趣味性，较《史概》流传广泛。钱大昕"不为深刻之论，盖明代说部佳者"③ 的评价甚是贴切。

结合朱国祯所撰的《自述行略》《涌幢小品自序》《跋》，可对此书整体状况有一个比较清楚的了解。此书虽为朱氏"闲居无事"所撰，然"起己酉（1609）之春，至辛酉（1621）冬月"④，花费时间却不短，属"上不用之道德，下不用之文章"⑤ 的"自喜"之作。朱氏谓此书刊刻之后，自阅感到"等于嚼蜡"几欲销毁。除去朱氏有可能的自谦之语外，他的态度也点明了此书的特点——不讲义例，不论笔法，即兴随写。如此之作自然不及《史概》在朱氏心中的分量。此书最开始撰述时，朱氏称自己"仰视容斋，欣然有窃附之意"⑥，想以洪范的《容斋随笔》为模板，故有"取国史，辑为小品"⑦ 的举动。但后因书中还收录了大量的"可弄可笑者"⑧，自审此书达不到洪迈的高度，同时又担心会遭"优孟之诮"，遂以"小品"名之，取"《杂俎》遗意"。故此书内容从整体上体现出

① 朱国祯：《大政记》卷7，文海出版社1984年版，第456页。

② 朱国祯：《开国臣传》卷8，第7513页。

③ 钱大昕：《十驾斋养新录》卷14《涌幢小品》，上海书店1983年版，第328页。

④ 朱国祯：《涌幢小品·跋》，见《涌幢小品》卷首，中华书局1959年版，第2页。

⑤ 朱国祯：《涌幢小品·跋》，见《涌幢小品》卷首，第2页。

⑥ 朱国祯：《涌幢小品自序》，见《涌幢小品》卷首，中华书局1959年版，第1页。

⑦ 朱国祯：《朱文肃公集·自述行略》，见《续修四库全书》集部第1366册，上海古籍出版社2002年版第339页。

⑧ 朱国祯：《涌幢小品自序》，中华书局1959年版，第1页。

"非经史，非禅玄，亦非谐稗"的特点。换言之，书中既有掌故朝典、考据辨析，也有社会风俗、鬼怪神异。从整体上看，前半部分内容因朱氏以洪迈为榜样，内容较精审有据，而越到后面则越向笔记小说《酉阳杂俎》靠拢，史料价值降低不少。

因得益于朱氏长期对当朝史资料的搜集和整理，《涌幢小品》中的当朝史考据部分具有较高的史料价值。且此书先于《史概》成书，也能看到二者在考据内容上的重合和变化。同时，朱氏在考据同一件事情上的遣词造句的变化，也体现了《涌幢小品》与《史概》因性质不同导致的行文上的差异。

如笔者在上文中提到的朱氏在卷六中替太祖辩护罢黜孟子配享一事，在《涌幢小品》中朱氏也有论及，其文谓：

> 太祖欲黜孟子配享，固因钱唐等力谏而止。然其时风雷示异，太祖业心动。所谓岩岩气象者，亦真可畏也。至《孟子节文》乃刘昆孙等奉旨所为，后昆孙以科场事坐死，说者谓《节文》报应，岂孟子乃一迁怒而然。[1]

然在《史概》中，却是"钱唐力谏，闻其时有风雷之异，乃得止"[2]。两者相较，删去了起承转合的"固、然"以及"太祖业心动"的《史概》，更加凸显了太祖善于纳谏、圣明英武的形象。反观《涌幢小品》，行文突出的是"风雷示异"似的"神异"，撰《节文》者坐死则是因果报应等，来吸人眼球。一条考证两般处理，符合了各自定位。

又如同考"建文军令"，《涌幢小品》言：

> 小说中谓文皇靖难。建文有令："毋使朕负杀叔父名"。故文皇阵中诸将皆不敢加害。然初用兵时，固已削属籍矣。其后建文或有此令，以示亲亲之情，而军中恐未必然。安平持槊垂及，有龙申爪拿其臂，马蹶而止。叹曰："真命天子"……又所乘八骏……皆中箭……可见矢石交下，天命所在，特不着玉体，亦岂南朝之令，射马不射

---

① 朱国祯：《涌幢小品》卷16《配享孟子之始》，中华书局1959年版，第357页。

② 朱国祯：《大政记》卷6，文海出版社1984年版，第400页。

人，而诸将及军士拣择而射，不敢一矢加遗耶？况文皇是时杂诸将中……中间不无坐失机会。要之，皆天意也。①

对比上文已引的《史概》中所考之语，朱国祯这里的考证，多了安平和文皇混在将中二事，与八骏中箭细节却着墨不多。综合来说，安平马蹶、八骏中箭、混杂将中，突出的都是成祖有"天命"，建文不能伤。而在《史概》中只剩重新考订过的骏马中箭的细节，也是朱氏断言成祖有"天命"证据中唯一实录有记载的。虽据笔者反复查证，实录中虽确有"《四骏图》"，具体内容却是"黄马战于白沟河……赤兔战于灵璧，皆中流矢"②。此处当是朱氏征引错误，但仍旧能够体现朱氏在《史概》考证中的谨慎。

类似上文中可以参互对比的例子还有多处，足可证明《史概》并非如钱谦益所指责的"信手告成"，朱氏有自己的权衡和原则包含其中。反倒是《涌幢小品》因自身笔记的性质，能够容纳更多的野史杂说，显得不如《史概》严肃。但这也并不意味着朱氏在《涌幢小品》中的考据不足取，有一些朱氏在《涌幢小品》中进行了考证，却未收录进《史概》。

如考《蓟胜纪闻》中所载徐达、常遇春追元顺帝一事。朱氏曰：

> 太傅终身未尝一当元主，且及少主也。太祖威严，太傅敬慎，一出入，一号令，必且谘禀。平章敢驰归，太傅敢擅还军，甚至突入禁门，斩阍史，夺关而出，坐龙江舟，胁圣驾自临耶？齐东之语，莫此为甚。③

朱氏在考此事时，先是详叙徐、常二人的经历，并以此为据指出徐达在王保保死前一直在陕西，从燕王北平后终身再未出塞，抗元主是子虚乌有，更何况徐达甚敬朱元璋，更不可能做出犯上忤逆之举。朱氏此辨证据充分，逻辑严密，驳《蓟胜纪闻》甚力。但在《开国臣传·中山徐武宁王》中未考此事，或是认为此事虚妄至极，于私修国史中都不值得提及。

---

① 朱国祯：《涌幢小品》卷 1《建文军令》，中华书局 1959 年版，第 8 页。
② 《明神宗实录》卷 50，台湾"中央研究院"历史语言研究所 1966 年版，第 1158 页。
③ 朱国祯：《涌幢小品》卷 1《不经之语》，第 7 页。

又如，朱氏发现世宗朝中宫废立之缘由"史官不着一字，野史亦无有及者"①，忆及他年幼时，曾听一老儒详述张后被废是因为张延龄兄弟的缘故。此时，朱氏在"考之史录，日月正相值"的情况下，仍旧辨析道：

> 世宗以母后不顾燕婉之好，诚刚诚孝，而张后之不幸已甚……昭圣在孝庙时，专宠骄妒，致孝庙终身无他嫔御，养成二张之恶。武宗立，母族甚见疏外。昭圣默默，已不能得之于子。胎祸极于世宗，所存者一虚名耳。孝宗在天之灵，将何以慰耶。②

虽然朱氏在文中并未回答老儒之言究竟是真是假，但从其内容来看，他还是认同老儒的说法的，即张皇后之废是因为孝宗妻弟之故。他还进一步分析了此事根源就是孝宗专宠皇后，即后来的昭圣皇太后，连带放纵皇后家人张氏兄弟四处为恶。结果不仅导致武宗与母族关系淡漠，更是在世宗朝导致张皇后被废、被施杖刑。在此事中，他称赞世宗在"已怒"的情况下仍满足了皇太后的意愿，是"诚刚诚孝"。而孝宗独宠昭圣，最终酿此大祸"将何以慰"。朱氏敢于直书孝宗之错，是其秉笔直书精神的体现，但却只对张皇后的遭遇表示同情，未能点出皇后被废被杖的直接原因是被世宗迁怒，朱氏的批评还是有所保留的。

除了考据史籍记载，朱国祯对当时社会上口口相传的史事也有所考订。如时至今日依旧被提及的朱元璋"高筑墙，广聚粮，缓称王"的九字方针，国史无载。朱氏称此言在明代就已有朱升或陈碧峰两种说法。据他考证，朱元璋在至正十五年初得和阳之时，就已有"分地鳌城"之举，"此时谋臣尚未令，隐士尚未搜也"③，继而都金陵之时，"作新宫于钟山之阳"的缘由，也不过是因以"元南台为之宫，稍庳隘"。甚至连成祖都北京甚久，有营宫殿之举，也仍"未闻有所改作也"。言已至此，朱氏虽未下结论，此事真假已不辨自明。从文义推之，朱氏以太祖的实际行动为依据，考证此九字方针纯属子虚乌有。然清修《明史》时仍将此贡献书

---

① 朱国祯：《涌幢小品》卷1《中宫废立》，中华书局1959年版，第15页。
② 朱国祯：《涌幢小品》卷1《中宫废立》，第15页。
③ 朱国祯：《涌幢小品》卷4《都城》，第73页。

之于朱升"召问时务"① 之语，诚疏漏也。

又如对焦芳、严嵩的贤肖，朱国祯也有自己的看法：

> 王怗云中丞集有祀焦少师乡贤文。焦，泌阳人。刘六入泌阳，焦
> 遁去。跪其衣冠斩之，曰："吾为百姓泄此愤"。过钧州，以马少师
> 家在城，去之。二人之贤不肖，草贼尚自分明。焦之入祀，必居乡果
> 有善状，人不能忘耳。分宜之恶，谭者以为古今罕俪，乃江右人尚有
> 余思，袁人尤甚。余过袁，问而亲得之，可见舆论乡评，亦自有不
> 同处。②

从中可以看出，朱氏是将严嵩与焦芳相提并论的。然如此不肖大恶之
两人，也能于乡里有善，故一个得祀乡里，一个尚存余思。而乡评与舆论
的不同，也说明了当时社会上对此二人的认识还有不同的一面，朱国祯注
意到了这一点，并记载到自己的书里。这对我们现今了解此二人提供了一
条别样的记载。

王世贞和严嵩二人的恩怨在当时朝中尽人皆知，王世贞也利用手中史
笔对严嵩大加贬斥，这一点笔者在第二章中已经有所提及。而朱国祯另外
指出，王世贞之所以在《首辅传》中对高拱也是"极口诋毁"，根源仍在
王氏家难上。在朱氏看来，之所以王忬下狱而高拱未能及时援救的原因有
三。一是"自知无可用力"，此事皇帝已下定决心要处死王忬，自己也无
能为力。这一点徐学谟在《世庙识余录》中说得更加直接，详见后文具
体分析。二是"与严氏父子无交"，高拱与严家没有情分，说不上话也不
想出力。三是"思质贵盛时相待甚薄"③，此语颇为意味深长。既然王忬
盛宠在渥时不广结善缘，对高拱甚薄，王忬落难高拱袖手旁观也不算太过
分。朱氏作为旁观者，分析得清楚直接，但王世贞作为局中人显然不是这
么认为。王忬被处死之后，王世贞心怀不满。高拱入阁之后，又力阻王氏
"上疏求申雪"的举措，王世贞更是"怨甚"。分析了王、高二人之恩怨

---

① 张廷玉等：《明史》卷136《朱升列传》，中华书局1974年版，第3930页。

② 朱国祯：《涌幢小品》卷9《焦严始终》，中华书局1959年版，第185页。

③ 朱国祯：《涌幢小品》卷9《中玄定论》，第190页。

纠葛之后，朱氏指出王世贞《首辅传》"非实录也"①。在此事的评论中，朱氏不仅是点明了高拱确有阻挠王世贞为父申冤的一面，但也强调了王世贞由于一己私怨对高拱的恶意诋毁之行为。朱氏这种辩证看待问题的态度和方法对正确认识历史事实来说是非常值得肯定和赞扬的，他在自己书中记录的史料也为我们现今评价王世贞其人其书提供了"反面"的史料，当予以重视。

当然，他考证中存在的缺点也是显而易见的。首先，在朱氏的考证中，几乎看不到征引文献的出处，这一点和王世贞截然相反。王氏考证，不注出处的只占少数，而朱氏考证，有出处的寥寥无几。这一点不仅体现在《史概》中，《涌幢小品》的考证一样表现得非常明显。朱氏处理史料出处的做法在《史概》中多是以"一云""又云"代替，《涌幢小品》中则是以"小说""野史"代之，引文不规范程度之深至此。

其次，也有抄袭之嫌。如卷一《补遗》中有一条记载是这样的：

> 九月，张士诚执送京师。周伯琦伏于后。上问为谁，对曰："前元参政周某。"帝曰："元君寄汝心膂，乃资贼以乱耶？"伯琦惶恐不能答。先赐三日大醉，以酬其功，后杀之。一曰放归田里，久之卒。（按）前说出《翦胜纪闻》，谓与李伯昇先戮，非也。②

此条辨《翦胜野闻》之误。几乎同王世贞的考证一模一样：

> 《翦胜野闻》言太祖平伪周，见周伯琦伏张士诚后，问为谁，对曰："前元参政周某。"帝曰："元君寄汝心膂，乃资贼以乱耶？"伯琦惶恐不能答。先赐三日大醉，以酬其功，后杀之。按，伯琦放归里，久之乃卒。③

而从《皇明史概》《涌幢小品》引用史料时多次出现的《弇州外史》《弇州别集》字样来看，朱国祯见过《弇山堂别集》无疑。王世贞在考证

---

① 朱国祯：《涌幢小品》卷9《中玄定论》，中华书局1959年版，第190页。
② 朱国祯：《大政记》卷1，文海出版社1984年版，第76页。
③ 王世贞：《弇山堂别集》卷20《史乘考误》1，中华书局1985年版，第363页。

之时就没有注"周伯琦放归田里"一说源自何处，朱国祯更是直接引用了王世贞的结论，辨《蒭胜野闻》之误，更将《蒭胜野闻》换成了《蒭胜纪闻》。

尽管存在这些不足，在当时众人多"喜为空谈，而不求诸实践"[1] 的明代，朱国祯的努力和贡献才是更应该值得肯定的。尤其是他能在自己的修史中保持较为客观公正的立场，不仅替建文、景泰二帝立传，敢于直书、批评帝王之失，还能辩证地看待三史史料价值，遇到记载矛盾之处详细考之，不盲从不偏袒，也不轻易下结论。这是所有史家都该拥有的品格。

第四节　周之纲

周之纲《史乘纂误》一书基本不见于明清公私藏书目记载。新中国成立后编撰的《中国古籍善本书总目》著录为"《史乘纂误》不分卷，明周之纲撰，明万历四十一年刻本，八行十七字白口四周双边"[2]。由于一直未能刊刻，学界对此书知之甚少。2003 年，北京线装书局据国家图书馆馆藏的明万历刻本将其影印出版，对学界开展此书的研究提供了极大的便利。据笔者研究，此书主体内容为抄袭王世贞《史乘考误》而来，基本不具有史料价值。

一　生平

周之纲，实录、《明史》皆无传，主要事迹杂见《神宗实录》《熹宗实录》《崇祯长编》以及明清地志之中。地方志对周之纲事迹记载较为系统，如雍正年间所修的《河南通志》以及乾隆时期的《光州志》等，但存在一定的出入，其文如下：

> 周之纲，字冲白，固始人。万历甲辰进士，户科左给事中。时逆珰魏忠贤肆虐，纲特疏纠之。岁甲子，副陈子壮典试浙闱，已陛辞，

---

① 焦竑：《澹园集续集》卷 2《神交馆集序》，见《四库禁毁丛刊》集部第 61 册，北京出版社 1997 年版，第 575 页。

② 翁连溪编校：《中国古籍善本书总目》，《史部·史评》，线装书局 2005 年版，第 772 页。

会副都御史杨涟疏列忠贤二十四大罪，之纲为停装，诸同僚谓："已奉差出，讵又言事耶？"不顾，乃拜微臣今已陛辞，权珰终难缄口一疏。疏上，整衣冠，坐听处分。勒令闲住。崇祯中，升南京兵部右侍郎，卒。①

周之纲，字振之，商城人。万历甲辰进士，授济南府推官，调广平。廉慎自持，执法无枉，擢兵科给事中。熹宗即位，诸寺人以侍卫东宫予荫。之纲即以世袭原关国典。圣恩岂宜滥加一疏，恺切直言其事，赖以中寝。及魏忠贤、客氏表里为奸，肆行荼毒。之纲拜疏极谏，魏逆尤深衔之。甲子（1624）秋，僭陈之壮典试浙闱，束装将行，会副都御史杨涟疏列忠贤二十四罪。之纲曰："杨公有掣天志，吾能不极力襄之"。即停装，继劾忠贤疏上，整衣危坐，静听处分。而是疏竟留中不报。趣入浙，所拔士如翁鸿业、凌义渠、俞志虞等九十六人，皆一时名俊。后翁以提学死德州之难，凌于甲申亦殉节北都，人皆谓之纲衡鉴不爽云。归复命，涟已系狱，之纲抗疏力救，忠贤遂摘试录中语多触犯，矫旨削职闲住。崇祯改元，起补提督四译馆，寻升南京光禄寺正卿，进兵部侍郎。崇祯十四年卒。②

另有修于顺治年间的《固始县志》记周之纲"商城籍"③，乾隆年间再修又变为固始籍。

除此之外，天启崇祯时人金日升所辑《颂天胪笔》中有《周给谏小传》，述周之纲事甚详。文中所记又于《光州志》有出入，略去相同部分后其言曰：

公名之纲，号冲白，河南商城人。举……进士，授山东济南府推官，调广平。清慎持平，执法无枉无纵，两郡颂声鹊起。甲寅（1614）选入谏垣……熹庙登极，以侍卫东宫寺人袭荫……公即阅《大明会典》，遂引例特疏。于是事定，无敢越祖制。以此魏进忠暨

---

① 雍正《河南通志》卷60《人物四》，《景印文渊阁四库全书》史部第537册，台湾商务印书馆1987年版，第610—611页。

② 乾隆《光州志》卷52《仕贤列传三》，中州古籍出版社1985年版，第368页。

③ 顺治《固始县志》卷6《进士》，书目文献出版社1992年版，第116页。

诸监及奸姆客氏等皆衔之，稍敛戢焉。甲子（1624），公奉旨偕陈太史子壮较士浙闱……疏上……竟留中不报。趣入浙矣……乙丑（1625）抡资升太常正卿。公预不安，而陈太史于十月间借他事被削，公即请告，遽奉命闲住。公清修恬退，方遂初志。杜门著书，教子课文，欣欣若三公不易焉。今上知其清忠亮节，召复原官，忌者畏之。寻迁留都光禄卿，公于升沉显晦咸置度外云。①

同时代的刘侗《帝京景物略》也收录"商城周之纲"② 所赋《金山寺》诗一首。且据《明清进士题名录索引》所记，周之纲为"河南商城"③ 人，为明万历三十二年（1604）甲辰科第三甲第一百一十二名。

综合上述史料所载，周氏的仕途经历，地志、杂史和实录各有缺略。虽文献记载不足，细节难以考证，但还是能描绘出周之纲任职经历的大体轮廓。周氏在万历三十二年中进士已是毋庸置疑，但其任官济南、广平之事实录不载。查道光《济南府志》记明代济南府推官中有"周之纲，河南商城进士"④，却将周氏误入到嘉靖朝。据《重修广平府志》记载，永年县知县"周之纲，商城进士，由推官署"⑤。具体的任职年限，因"旧志所列职官均无履任年次"重修也不得知，却皆可佐证《光州志》所记为确。《明神宗实录》最早一条关于周之纲的记载是万历四十六年（1618）九月戊申，刑科给事中姚若水题奏"乞以考选本科周之纲署掌印务"⑥，故可推测周之纲当是在地方任职颇有官绩，调任刑部"执法无枉"，才能被推荐掌印。既然天启二年（1622）九月"复除吏科给事中周之纲"，就说明除官之前已经调任吏部。又据《熹宗实录》，周氏先是在

① 金日升：《颂天胪笔》卷13《周给谏》，见《四库禁毁书丛刊》史部第5册，北京出版社1997年版，第697—698页。
② 刘侗：《帝史部》第5册《京景物略》卷7《西山下》，上海古籍出版社2001年版，第444页。
③ 按：书中只指出其籍贯记载不一，并未指出具体差异。朱保炯、谢沛霖：《明清进士题名录索引》，见《近代中国史料 丛刊续辑》，台湾文海出版社1981年版，第2206页。
④ 道光《济南府志》卷27《秩官五》，见《中国地方志集成》，凤凰出版社2004年版，第524页。
⑤ 光绪《重修广平府志》卷6《职官表》，清光绪二十年刻本，第19页。
⑥ 《明神宗实录》卷574，台湾"中央研究院"历史语言研究所1966年版，第10859页。

天启三年（1623）五月升为兵科右给事中，然后在当年十二月又再次升为户科左给事中。尚有《颂天胪笔》中所记天启三年七月兵科右给事中周之纲题《为世袭原关国典，圣恩岂宜滥加，恳祈皇上慎重纶音，无轻传授，以杜希幸疏》①，以及天启四年六月户科左给事中周之纲题《为微臣今已陛辞，权珰终难缄口，恳祈圣明毅然一断，以消隐祸，以快中外听闻疏》② 二疏证明实录所记不虚。天启四年（1624）甲子五月庚辰"户科左给事中周之纲主试浙江"③，六月杨涟上疏弹劾魏忠贤，时间上所记同《光州志》吻合。天启五年八月升太常寺少卿，天启六年闰六月周氏以"依附邪党著冠带闲住"④，崇祯元年（1628）三月随大批被处官员起复，崇祯四年辛未九月升"南京光禄寺卿"⑤，此后升任兵部侍郎诸事不详，当依照《光州志》补入。

因周之纲不闻于世，史料记载较少。从目前笔者搜集到的史料来看，周之纲此人关心国政，为官尽责有担当，仕途基本比较顺利。仅在天启六年六月闲住，很快就又在崇祯元年三月起复，中间也未超过一年时间。也就是说，周之纲大量的时间都被为官从政所占用，能花在做学问上的时间之有限可想而知，更不用说极其耗费时间和心力的史学考证了。因此，虽然《光州志》对周之纲生平诸事记载颇为翔实，但收录著作非常少，仅有《请慎恤名医疏》和《忆君子亭有感文受寰司马》《游铁佛寺》诗二首，只字未提《史乘纂误》，可见周之纲撰述之少以及《史乘纂误》作为自刻本流传范围之窄。

二 《史乘纂误》

线装书局影印的《史乘纂误》，从内容上看可以分为以下四个组成部分：卷首为黄秉石撰写的《刻史乘考误序》以及方承郁手书《史乘纂误序》的两篇序言，皆题作于"万历癸丑暮春"⑥；第二部分为《庙号》，

---

① 金日升：《颂天胪笔》卷13《上起用》，见《四库禁毁书丛刊》史部第5册，北京出版社1997年版，第698页。

② 金日升：《颂天胪笔》卷13《上起用》，见《四库禁毁书丛刊》史部第5册，第701页。

③ 《明熹宗实录》卷42，台湾"中央研究院"历史语言研究所1966年版，第2370页。

④ 《明熹宗实录》卷73，第3549页。

⑤ 《崇祯长编》卷50，台湾"中央研究院"历史语言研究所1972年版，第2901页。

⑥ 周之纲：《史乘纂误》，见《稀见明史史籍辑存》第8册，线装书局2003年版，第8页。

只有从太祖至穆宗十一位皇帝的庙号、皇陵名称；第三部分为《历朝诸臣名氏爵里》；最后是《史乘纂误》，并在开头处附纂修人、校勘者的姓名。从此书影的上书口位置所刊刻的"史乘纂误"四字来看，《庙号》《历朝诸臣名氏爵里》都属于此书原有组成部分，不存在误入的情况。且另据书影版心下方的模糊不清的页码，极有可能序言部分有所缺页。另外，在此书的天头部分还间或有阅读者所书按语。按照《史乘纂误》书中顺序一一讨论之。

（一）《历朝诸臣名氏爵里》

书中的《历朝诸臣名氏爵里》，约列举了从洪武至嘉靖共计一百三十三位大臣的名氏爵里。一位大臣一条，基本由五个部分组成：姓名、字号、乡里、官爵、谥号，内容非常简单，如"刘基，字伯温，青田人。弘文馆学士，封诚意伯，谥文成"①。但也不是所有的条目都包含了这五个部分的内容，如"章溢，字三益，龙泉人，御史中丞"，就没有谥号"庄敏"；而李善长、蓝玉、吴良、吴祯等人，则没有字号。除了内容上的不统一，在收录大臣时似乎也没有一定的标准。仅从洪武一朝开国功勋的收录来说，就存在随意性。蓝玉、李善长在明代为朱元璋钦定的逆党，文中将其与徐达等人一并收录，但与蓝、李类似的，如胡惟庸、胡美、叶升、廖永忠等又统统不记。从收录顺序上来说，基本是按照官员任官朝代划分先后，但也有不和谐之处。如按照原文顺序：

> 开济，字来学，一字学臣，洛阳人，刑部尚书。
> 方孝孺，字希直，宁海人，文学博士。
> 吴良，名郭兴，赐名良，定远人，封江阴侯，赠江国公，谥襄烈。
> 吴祯，明国宝，赐名祯，定远人，封靖海侯，赠海国公，谥襄毅。②

此处将方孝孺放在吴良、吴祯之前，显然是不合适的。而开国元勋之一的"傅友德"条又在沐晟后，与宣德五年进士廖庄、宣德八年进士徐

① 周之纲：《史乘纂误》，见《稀见明史史籍辑存》第 8 册，线装书局 2003 年版，第 23 页。
② 周之纲：《史乘纂误》，见《稀见明史史籍辑存》第 8 册，第 23—24 页。

有贞等毗邻，显得十分突兀。

　　除此之外，书中还有一些明显的错误，仅举几例加以说明。如：胡广据《太宗实录》为"吉安吉水人"，书中记"庐陵人"①；周氏谓"祝允明，字希哲，吴人，通判"②。据史载，祝允明，长洲人，"由给事中历山西参政"，除字外无一合者。又如，周氏记吴国伦是参政，而参政何其多耶？据史载，其为河南左参政。

　　综上所述，从史料价值方面讲，此部分不仅没有新发现，还出现大量的记载错误，价值不大。从编撰体例上讲，更是存在各种疏漏，如单条内容当全不全，收录人物没有统一标准，收入条目安排不合理等。

　　(二)《史乘纂误》

　　今本周之纲《史乘纂误》现存考据条目137条。据书中考据内容及书影自身的残存页码来看，至少到最后一条"明卿为《江都御史潮墓志》"前不存在缺页的情况，具备整体分析、抽样调查的条件。

　　开头处周之纲详列校对者之名讳，分别是关中魏运开、淮阳黄秉石、大梁郭世忠、莆田方承郁。此四人，仅《明神宗实录》中有武选司主事魏运开"刚明果毅，绰有担当，今事急矣，量才委任"③，其他诸人皆不见记载。综合周之纲生平以及各人任官时间等因素综合考量，此四人生平或如下：魏运开，陕西蒲城人，为万历三十八年庚戌科三甲进士，④任官可查者仅为武选司主事。黄秉石，字复子，高淳人，别号耿山，万历中以推官至严州府同知。郭世忠，书中云其为大梁人，而明代并无此郡，唯有大梁道者。而据"汉都关中，宋都大梁"之语，可见大梁指河南开封。考康熙年间所修《泰安州志》，有知州者名为郭世忠，其下曰"河南太康县人，由举人万历四十二年任"⑤，太康在明代隶属开封府，当为此人。

　　① 周之纲：《史乘纂误》，见《稀见明史史籍辑存》第8册，线装书局2003年版，第24页。

　　② 周之纲：《史乘纂误》，见《稀见明史史籍辑存》第8册，第42页。

　　③ 《明神宗实录》卷580，台湾"中央研究院"历史语言研究所1966年版，第11009页。

　　④ 朱保炯、谢沛霖：《明清进士题名录索引》，见《近代中国史料丛刊续辑》，台湾文海出版社1981年版，第811页。

　　⑤ 康熙《泰安州志》卷2《秩官志》，台湾成文出版社1968年版，第67页。

方承郁，福建莆田人，为万历二十六年戊戌科三甲进士①，《闽书》记"隆庆十六年戊子……方承郁，叔猷孙。俱府学"②。由此可见，此四人无一为当世大儒。

经过笔者仔细核对研究，周氏书中现存条目除一些非常细微之处外，同王世贞的《史乘考误》完全重合。笔者在前文已经指出，王世贞《弇山堂别集》在万历十八年已经刊刻出版，而周氏万历三十二年才中进士，《史乘纂误》初刻于万历四十一年。即便是在书籍流通远不及今的明代，周之纲完全具备了获取此书的客观条件。加之几近雷同的内容，以剽窃称之，绝不为过。详细页码对应见文后《〈史乘纂误〉与〈史乘考误〉史料对比表》，此处仅随举一例加以说明。

周之纲《史乘纂误》：

> 《近峰闻略》言，国初命百官，礼仪皆尚左，改右丞相为左丞相，余官亦如之。按，汉尚右，如周勃为右丞相，陈平为左丞相是也。岂尚左之说因循至我朝始定，而其间有因革耶？夫丞相以下，惟秦及西汉尚右，东汉尚左，历代皆尚左，至元复尚右，此岂僻事耶？③

王世贞《史乘考误》：

> 《近峰闻略》言，国初命百官，礼仪皆尚左，改右丞相为左丞相，余官亦如之。按，汉尚右，如周勃为右丞相，陈平为左丞相是也。岂尚左之说因循至我朝始定，而其间有因革耶？夫丞相以下，惟秦及西汉尚右，东汉尚左，历代皆尚左，至元复尚右，此岂僻事耶？④

两条内容如出一辙，且几乎满篇如此。王氏《史乘考误》出之在先，

---

① 朱保炯、谢沛霖：《明清进士题名录索引》，见《近代中国史料丛刊续辑》，台湾文海出版社 1981 年版，第 2579 页。

② 何乔远：《闽书》卷 108《英旧志·兴化府莆田县》，福建人民出版社 1995 年版，第 3262 页。

③ 周之纲：《史乘纂误》，见《稀见明史史籍辑存》第 8 册，线装书局 2003 年版，第 89 页。

④ 王世贞：《弇山堂别集》卷 21《史乘考误》2，中华书局 1985 年版，第 380 页。

天下皆知，周氏剽窃不言而明。因此，此书虽也确属"专业历史事实考据"① 之作品，但将其称为周之纲的"著作"却是名不副实的。

然而，王世贞《史乘考误》有十一卷，内容几倍于周氏之书，而周氏何以独选中这一百三十七条内容据为己有？经过详细对比查证后，发现周氏在摘录王世贞《史乘考误》一书时似无规律可言。首先，周氏摘录的条目并非平均分配到王氏十一卷之中，而是多寡不均。如"《史乘考误》九"的内容，仅在周氏之书中收录了"《解学士年谱》""袁永之《定襄伯郭登传》"和"《安远柳武肃侯溥墓志》"三条。同为王氏的家乘考误，周氏对"《史乘考误》十"的内容却收录了八条②之多。这种情况在抄录王世贞《史乘考误》前八卷野史考误的内容中也有体现：收录最少的是"《史乘考误》三"十一条，最多的是"《史乘考误》七"十八条。但总的说来，周氏所抄王书内容，前八卷比例较重且每卷内容相对平均，而后三卷整体偏少。其次，对条目内容的选择也较为随意。有的是按照王世贞原文顺序摘录，有的则相隔数条摘录。如按照周氏之书从第三十六条到第四十一条的摘引顺序："《传信录》言：我朝宣宗章皇帝"，"《陕西通志》载"，"《枝山野记》言"，"《双槐岁钞》言"，"《传信录》言"，"《野记》言：永乐初状元"③。对比王世贞"《史乘考误》三"④，在"《传信录》言：我朝宣宗章皇帝"条后还有近十多条内容被周氏省略，紧接着从"《陕西通志》载"条到"《传信录》言"同王氏所书，而最后的"《野记》言"实际又跳过两条。最后，对考订史料的分类也没有特殊选择，国史、野史、家史都有摘录。如第一百条"《近峰闻略》言张永初出师"，第一百〇一条"《震泽纪闻》言赵鐩乱河南"都是王世贞考野史之误；第一百一十七"史于仇鸾败事"，第一百一十八"史于四十年二月壬午"，皆为王世贞考辨《明世宗实录》；第一百三十四"《王文成行状》"，第一百三十五"《翟文懿行状》"是王世贞考家乘之误。故综合来看，《史乘纂误》的抄袭表现出完全的随意性。笔者推测此书很有可能是周氏在阅读《史乘考误》的过程中随手摘抄下来汇集而成。

---

① 钱茂伟：《明代史学的历程》，社会科学文献出版社 2003 年版，第 365 页。

② 详见附表一《〈史乘纂误〉与〈史乘考误〉史料对比》。

③ 周之纲：《史乘纂误》，见《稀见明史史籍辑存》第 8 册，线装书局 2003 年版，第 119—129 页。

④ 王世贞：《弇山堂别集》卷 22《史乘考误》三，中华书局 1985 年版，第 397—406 页。

虽然周之纲《史乘纂误》考据条目皆是源自王世贞《史乘考误》，但就其自身而言，存在的问题也不少。首先，格式不一致。周氏之书，半页8行，每行17字。在全书初始之处，书名前空一字，独列一行，如第一行为"□《翦胜野闻》言"，另起一行录其内容。然很快就出现了另外一种写法：书名定格书写，空一字，再录入内容，如第十六"《草木子》谓□上有佳句"① 条。此外，不空格直接接正文的也有不少，如第七十六"《琐缀录》言：廷鞫于、王少保日"② 条，第七十七"《野记》言：杨昌平俊、范都督广"③ 条均没有空一格。更有甚者，将一条考据混入上一条中的情况出现。如第三十一"《客坐新闻》言……不宜与方铁诸公同"④ 条本是完整的一条内容。据周书自己的格式而言，下一条考据当另起一行，然"《文庙实录》是三杨诸公手笔"⑤ 一条却直接紧随三十一条结尾"与方铁诸公同"的后面，使前后衔接成为一条内容。另外，第一百二十七"戚编修澜墓志"⑥ 条本为完整一条内容，却毫无前例地在"为文祭之"之后不空格，又在"云于……"后另起一行，为此书中独有一例。

其次，抄录之时另生讹误。既然周氏所抄为万历初刻本，而中华书局1985年点校本是以清光绪年间的"广雅本为底本，通校了万历初刊本……（另外）用《弇州史料》来校勘……还参校了《明实录》《明史》《明史稿》"⑦ 等书，已经改正了万历初刊本中的诸多错误，所以笔者特选《四库全书》收录的万历初刻本相考校，更能凸显周书之误。因文中错误太多，仅举几例加以介绍。

例一，脱，如：

---

① 周之纲：《史乘纂误》，见《稀见明史史籍辑存》第8册，线装书局2003年版，第68页。

② 周之纲：《史乘纂误》，见《稀见明史史籍辑存》第8册，第217页。

③ 周之纲：《史乘纂误》，见《稀见明史史籍辑存》第8册，第218页。

④ 周之纲：《史乘纂误》，见《稀见明史史籍辑存》第8册，第111页。

⑤ 周之纲：《史乘纂误》，见《稀见明史史籍辑存》第8册，第112页。

⑥ 周之纲：《史乘纂误》，见《稀见明史史籍辑存》第8册，第337页。

⑦ 魏连科：《弇山堂别集·点校说明》，见《弇山堂别集》卷首，中华书局1985年，第11页。

第十六"《草木子》谓"条脱"高帝集无此二句"① 一整句；

第三十七"《陕西通志》载"条，脱"举人"② 二字；

第五十七"《西樵野记》言"条，"正德中襄愍公宽"当为"正德中才襄愍公宽"③，脱"才"字；

第七十二"（《宪章录》）又言"条，有"复言东宫生，朝英……"当为"复言东宫生日，朝英……"④ 脱"日"字；

第九十七条"《双溪杂记》言"只全文摘录了王世贞所引《双溪杂记》的内容，即到"遂乱新政"⑤ 止，王世贞考辨的内容则全部脱落。下一行紧随其后摘录第九十八"史谓王云凤"⑥ 条考辨内容。可知，此处不是书页脱落而造成所引不全，而是原文本身脱落。

例二，讹，如：

第五十七条"《西樵野记》言"，将"裂其尸"书"烈其尸"⑦、"诗谶"书"诗懺"；

第七十条"史言"，将"天监正彭德清"书"天监正彭得清"⑧；

第九十七条"《双溪杂记》言"，将"诒谀"书"韶谀"⑨；

第一百一十三条"《交事纪闻》纪"，将"大标铜柱"书"太标铜柱"⑩；

第一百零九条"史于王文成洪都之功"，将"身趋道南昌"书"届趋道南昌"⑪。

例三，删，如：

---

① 王世贞：《弇山堂别集》卷20《史乘考误》1，见《景印文渊阁四库全书》史部第409册，台湾商务印书馆1983年版，第409—261页。按，为了同中华书局《弇山堂别集》本区分开来，下再引此本，仅以《景印文渊阁四库全书》第409册代替。

② 《史乘纂误》，第121页；《景印文渊阁四库全书》第409册，第288页。

③ 《史乘纂误》，第165页；《景印文渊阁四库全书》第409册，第299页。

④ 《史乘纂误》，第210页；《景印文渊阁四库全书》第409册，第314页。

⑤ 《史乘纂误》，第260页；《景印文渊阁四库全书》第409册，第338页。

⑥ 《史乘纂误》，第260页；《景印文渊阁四库全书》第409册，第339页。

⑦ 《史乘纂误》，第165页；《景印文渊阁四库全书》第409册，第299页。

⑧ 《史乘纂误》，第207页；《景印文渊阁四库全书》第409册，第313页。

⑨ 《史乘纂误》，第260页；《景印文渊阁四库全书》第409册，第338页。

⑩ 《史乘纂误》，第308页；《景印文渊阁四库全书》第409册，第354页。

⑪ 《史乘纂误》，第292页；《景印文渊阁四库全书》第409册，第350页。

第二十条"海盐王文禄有《名世学山》",仅有原文的"其一",却删去了文中原有的"其二、其三、其四"①;

第六十九条直接引为"又言"②,而原书中则是以上一条同为"《宪章录》言"而简言为"又言",此处删去了原书上一条之语,"又"字所指为何?周氏之妄矣。

例四,衍,如:

第七十四条"《野记》言","尹直以旻为吏部"一句,文中所书为"尹旻直以文为吏部"③,不仅在"尹直"中衍"旻",又将"旻"漏书"曰"成"文";

第一百二十条"(《徐文贞公传》)又谓公","与工程"一句中衍"督"④字。

例五,改,如:

第九十五条"《双溪杂记》言",将"移日"改为"凡","朝政"改为"新政"⑤;

第九十七条"史实录言",将"敢谢诺"改为"敬谢诺"⑥;

第三十条"《客坐新闻》言",将"字光有"改为"字季昭"⑦,据《明史》张紞确实"字昭季"⑧,此处周氏之改动为订正王世贞之误,当从之改。

以上所举仅为周氏书中舛误的一小部分,尤其改动王氏原文基本不具有任何意义,不可取。

(三)天头按语

周之纲《史乘纂误》书中天头处,有些条目上有读者所书按语。从其内容来看多为对王世贞考证的点评,间或也有读者考据之语,基本是粗鄙无识不足辨。

---

① 《史乘纂误》,第75页;《景印文渊阁四库全书》第409册,第265页。
② 《史乘纂误》,第210页;《景印文渊阁四库全书》第409册,第314页。
③ 《史乘纂误》,第218页;《景印文渊阁四库全书》第409册,第316页。
④ 《史乘纂误》,第325页;《景印文渊阁四库全书》第409册,第362页。
⑤ 《史乘纂误》,第260页;《景印文渊阁四库全书》第409册,第338页。
⑥ 《史乘纂误》,第262页;《景印文渊阁四库全书》第409册,第340页。
⑦ 《史乘纂误》,第111页;《景印文渊阁四库全书》第409册,第277页。
⑧ 张廷玉等:《明史》卷151《张紞传》,中华书局1974年版,第4176页。

点评王氏之考证者。如第六"《资治通纪》言"条，王世贞考太祖初生时异象，认为红罗浮来之说为"传闻之误"。天头按语却谓之"帝王之兴，自有神异。此亦汉高祖斩白蛇类，何必辨误"①。此语甚是无谓。王氏考辨红罗一说不足征，立论之根据就在于《太祖实录》所载朱元璋生平之事祥瑞甚多却"独不载此"，足以说明此事没有得到官方认可，而并非否定了朱元璋之兴的神异。受时代局限，王世贞虽未能剥去所有史臣赋予朱元璋的光环，却敢于指出野史中描述帝王神迹之虚妄，充分展现了其在君权之下还能坚守史家的独立人格。而加按语者却深信此乃朱元璋之兴的神迹，不应也不用加以考辨，无识程度可见一斑。又如第二十一条王世贞考辨"《名世学山》"记刘基夜半开宫门与太祖下棋之事，此事无他书记载，王世贞据常理推断刘基与太祖间关系不可能"相厚至此"。读者按语持完全相反的观点，其语云"夜半开门弈棋、告变，此正诚意神算，且太祖与诚意同起艰难，其相厚□至此"②。此考无旁证可佐，故王氏与加按语者皆是结合当时时局进行理证。两相对比，显然加按语者对帝王威严认识不足，刘基在朱元璋建国之后的朝中地位更能体现其与太祖并非"相厚"到此地步，显然王氏之论当更接近史实。又如第二十五条王世贞考辨《枝山野记》中宋濂方孝孺之事时，指出"宋公以洪武十三年卒，方君年二十余，其上书试补汉中教授在公卒十余年后，此非实也"③。王氏此条考证以时间为基准，辨《野记》之虚妄可谓是铁证如山。然加按语此人却谓"此正是太祖知人养士、鼓舞豪杰，固宜方以死报国也"④。此人罔顾史实，强为说辞，无识甚矣。

补证王氏考证者。如王世贞考《翦胜野闻》所记代王母，周书增按语为"按，蜀王母乃郭滁阳季女，故郭老舍遂为王护卫，蜀岁遣官祭滁阳坟，不闻与谷同母"⑤。惠妃确为滁阳季女，然其同为蜀王椿、代王桂、谷王橞三子之母，实录载之甚明，读此书者不见实录明矣。又如，王世贞考辨《天顺日录》及《震泽纪闻》书中铁铉二女事为伪时，提到了二女

---

① 周之纲：《史乘纂误》，见《稀见明史史籍辑存》第 8 册，线装书局 2003 年版，第 49 页。

② 周之纲：《史乘纂误》，见《稀见明史史籍辑存》第 8 册，第 77 页。

③ 周之纲：《史乘纂误》，见《稀见明史史籍辑存》第 8 册，第 92 页。

④ 周之纲：《史乘纂误》，见《稀见明史史籍辑存》第 8 册，第 92 页。

⑤ 周之纲：《史乘纂误》，见《稀见明史史籍辑存》第 8 册，第 48 页。

所作之诗，周书在第 33 条上增按语"□记次诗首句'洗却铅华出教坊'有欣幸而无酸楚，未似原不屈节者、君子当为阙□"①。此论虽可取，然证据却有误，不仅王鏊原书记为"教坊脂粉洗铅华"②，而且诸书皆同，却不知此人从何处抄来此条诗文。

综其所论，为周氏之书加按语之人可谓是"不识理势，且又不读书，不考其时事"的典型代表，不能辨史事是非，充分体现了明人好奇言怪的一面。然按语中却传达了一个非常重要的讯息，即其知晓此书为王世贞所作！在《史乘纂误》摘录的第四十四条王世贞考辨"《枝山野记》云"刘定之母亲身份中，全条未见有明示、暗示王世贞身份之语，然在其上的按语云"读之事甚奇，然叙中颇费折转。以漂水之女载而归，归而送还，又载归。则《野记》之说果附会也。弇州辨之极确"③，弇州即为王世贞。可见，此人是知晓《史乘纂误》史料来源的。再看文前黄秉石所作序言：

> 夫一斑窥豹，一节观歌，君之擘画筹措，其伟且密，如是书乎。昔魏弱翁当汉七帝之盛，好观汉故事及故贾、董所陈说，卒条上施行之，相业炳焉。今其时矣。予从君乞一帙，若挽星辰而下际，惊其言河汉无极也。君异声特起，将橐笔相天子，端拜而议其宪章文武，辚汉而上遑论弱侯哉。④

从文义推断，满篇赞誉而丝毫未及王世贞，似是未读过王世贞之书，也不知周氏《史乘纂误》史料之来源。然此序题为《刻史乘考误序》，方承郁之序却又题《史乘纂误序》⑤，同为一书作序，连所序之书的名称都不统一，前后矛盾如此！然而，因文献记载的缺失，今亦难知其故。

通过对周之纲《史乘纂误》的分析，可清楚地看到此书完全是摘抄自王世贞的《史乘考误》，铁证如山不容否认。然此伪书是否定为周之纲

---

① 周之纲：《史乘纂误》，见《稀见明史史籍辑存》第 8 册，线装书局 2003 年版，第 114 页。

② 王鏊：《震泽纪闻》卷上《铁布政女诗》，见《震泽先生别集》，中华书局 2014 年版，第 86 页。

③ 周之纲：《史乘纂误》，见《稀见明史史籍辑存》第 8 册，第 135 页。

④ 周之纲：《史乘纂误》，见《稀见明史史籍辑存》第 8 册，第 1 页。

⑤ 周之纲：《史乘纂误》，见《稀见明史史籍辑存》第 8 册，第 9 页。

自撰，似也未能断言。地方书贾为了多出"新书"牟利，假托于小有名气的周氏，改名重刻以利销售，也未可知。明人坊刻中的盗版翻刻、肆意拼凑、易名挖版等现象就已颇遭清人诟病，如《纬略类编》是"取杨慎《丹铭诸录》，稍颠倒窜乱其旧次，抄合成编"①，《搜采异闻集》是"剟取洪迈《容斋随笔》而颠倒其次序"等。然将此书与四库本《弇山堂别集》相对照，或可以佐证点校本存在的一些不足。如"史于王文成洪都之功"② 条，《史乘纂误》与四库本《史乘考误》皆到"嘉靖初从昭雪"③ 为止，而"四年，江西按察使陆完升右佥督御史"④ 条不仅考据内容于"史于王文成洪都之功"条不相关，且在四库本中也分属两条不同考据，但在中华书局本中却并为一条，当为不妥。又如"安远柳武肃侯溥墓志"⑤ 条，《史乘纂误》与四库本《史乘考误》皆到"又不言罢太傅，皆谬"⑥ 止，而"廖学士撰《茹忠诚瑺传》"条不仅考据内容与前者不相关，在四库本中也分属两条不同考据，在中华书局本中却也并为一条，当为不妥。类似此种分属两条内容，却在中华书局点校本中并为一条的例子还有多处。尽管如此，此书最珍贵的价值或许也就是作为明代稀见古籍存在，基本不具有史料价值。

第五节　徐学谟与张燧

倘若从传统的考据学定义，即"广集材料，鉴别真伪，究明正诂，分类归纳，以求得对正确解释历史问题的史料依据"⑦ 的标准来看，此部分选入的著作，徐学谟的《世庙识馀录》以及张燧的《千百年眼》，显然是不能称为一部合格的考据学著作的。然也正是基于此，对他们的著作进行分析反而能使本书的讨论更为全面。因为，在以徐氏《世庙识馀录》为

---

① 纪昀等：《钦定四库全书总目》卷126《纬略类编》，中华书局1997年版，第1681页。

② 王世贞：《弇山堂别集》卷27《史乘考误》8，中华书局1985年版，第483—485页。

③ 《史乘纂误》，第302页；《景印文渊阁四库全书》第409册，第352页。

④ 王世贞：《弇山堂别集》卷20《史乘考误》1，见《景印文渊阁四库全书》史部第409册，台湾商务印书馆1983年版，第352页。

⑤ 王世贞：《弇山堂别集》卷28《史乘考误》9，第540页。

⑥ 《史乘纂误》，第337页；《景印文渊阁四库全书》第409册，第368页。

⑦ 白寿彝：《史学概论》，宁夏人民出版社1983年版，第111页。

代表的历史叙事类作品和以张氏《千百年眼》为代表的史论类作品中都可以看到当朝史考据的影子，对他们著作中考据内容的分析，不仅可以更为全面地展示晚明兴起的考据之风已经扩散至史学的各个领域，对明代整个的历史撰述产生了积极影响，而且能够更为完整地体现出晚明明人考据的全貌，从而加深我们对晚明时人当朝史考据的认识。

一　徐学谟

身历嘉靖、隆庆、万历三朝的徐学谟凭借自己多年供职中央的优势，搜罗积累了大量嘉靖朝原始史料并撰有《世庙识余录》一书。在书中，徐氏根据自己的亲见亲闻对嘉靖朝诸多史事展开了点评或者驳正，这些内容基本保存在徐氏书中的按语里，对研究嘉靖朝的历史有非常重要的参考价值。

然学界目前关于徐氏及其著作的研究非常有限，且多集中在文学成就方面，① 并以此为立足点对其交游、生平等方面进行综合论述，徐氏史学上的成就鲜有论及。吴丰培先生曾在《古籍题记选录（二）》一文中对《世庙识余录》有过专门的分析，在指出书中不足的同时，从记事直笔和详尽两个方面评价"此书为明代史籍中上乘之作"②。吴先生此论颇为有识却惜于简略，尤其在本书所要关注的"于《世宗实录》多所驳正"③ 方面讨论稍显不足。除此之外，今人提及此书多是照搬清人之语，未做进一步研究。因此，对此书进行较为详细的研究是很有必要的。

（一）生平

徐学谟（1522—1593），号太室山人，字叔明、子言等。据其自述可知虽"上世无显者"，但从"雄于赀""治酒肆"看，家庭条件尚可。徐家五世一直经营酒肆，到徐氏父亲的时候"始知以经术振其家"④，后又将振兴家族的希望寄托在徐学谟身上。徐氏不负众望，"始显"其家族于世——不仅自己官至礼部尚书，还使其父与祖父皆"以公（徐学谟）贵

---

① 如：王晴璐《徐学谟的生平交游、文学思想与诗文创作初探》，硕士学位论文，复旦大学，2010 年；叶仁美《晚明文人徐学谟研究》，硕士学位论文，浙江工业大学，2010 年。

② 吴丰培：《古籍题记选录（二）》，《上海高校图书情报学刊》1994 年第 2 期，第 56 页。

③ 纪昀等：《钦定四库全书总目》卷 53《世庙识余录》，中华书局 1997 年版，第 748 页。

④ 徐学谟：《徐氏海隅集》文编卷 20《先考祠部府君妣陈安人行状》，见《四库全书存目丛书》集部 124 册，齐鲁书社 1997 年版，第 614 页。

赠礼部尚书"①，达到了光宗耀祖的目的。

徐氏"少有文誉"②，并与"最称莫逆"的王世贞"同举于乡"③。虽中第较王世贞晚了三年，仕途也有些波折，却总体较王氏顺遂。徐氏入仕正值明代党争最为激烈的阶段之一，即使再谨言慎行也难逃牵连。更何况从徐氏为官经历，看得出他还是一个颇为正直、无意阿谀奉承、愿意为民造福的人。这样一来得罪同僚、引人訾议也就不难理解了。如仇鸾借筑堡之机"冒领食金"，徐氏到任后尽去其弊而"鸾大恨"；不肯逢迎严嵩作青词，拒绝提拔严氏亲信等事，严嵩"恨公（徐氏）之深也"④；"引故事拒"吏部右侍郎冯天驭希望司务代祭诸陵的要求，冯氏怀恨在心，纠集一帮徐氏平日"多相失者，出公为荆州守"⑤；因沙市之事又得罪景王，遭景王上疏弹劾"有诏逮问……减罪归家"⑥；又因辽王案被"同事者谗之"⑦，以"守荆州无状"为由遭御史重劾，再次罢官归里；万历十一年，因挑选万历陵寝位置与同官意见不合，又受邹元标等人"始结居正，继附时行"⑧的弹劾。徐氏宦海沉浮三十载，屡遭同僚排挤，深觉自己"妨路之日久"⑨，遂在万历十一年（1583）辞归乡里，与亲友一起度过了最后十年欢乐的时光。后人在评价徐氏时，往往因袭《明史》、茅本《嘉靖以来首辅传》所述，认为他是"始结居正，继附时行"的巴结权贵、奸佞

① 王锡爵：《王文肃公集》卷5《太子少保礼部尚书太室徐公神道碑》，见《四库禁毁书丛刊》集部第7册，北京出版社1997年版，第139页。

② 王锡爵：《王文肃公集》卷5《太子少保礼部尚书太室徐公神道碑》，见《四库禁毁书丛刊》集部第7册，第139页。

③ 徐学谟：《归有园稿》卷14《弇州公像赞》，见《四库全书存目丛书》集部第125册，齐鲁书社1997年版，第617页。

④ 王锡爵：《王文肃公集》卷5《太子少保礼部尚书太室徐公神道碑》，见《四库禁毁书丛刊》集部第7册，第139页。

⑤ 王锡爵：《王文肃公集》卷5《太子少保礼部尚书太室徐公神道碑》，见《四库禁毁书丛刊》集部第7册，第139页。

⑥ 韩浚：《万历嘉定县志》卷11《人物志·贤达》，台湾学生书局1987年版，第780页。

⑦ 王锡爵：《王文肃公文草》卷5《太子少保礼部尚书太室徐公神道碑》，见《四库禁毁书丛刊》集部第7册，第139页。

⑧ 张廷玉等：《明史》卷243《邹元标传》，中华书局1974年版，第6304页。

⑨ 徐学谟：《归有园稿》卷2《归有园稿序》，见《四库全书存目丛书》集部第125册，第463页。

投机之辈，然从上述所举他得罪同僚的缘由，并结合刘霞学者于古籍版本学角度考辨王氏《嘉靖以来首辅传》"对徐学谟诬陷之语乃篡改者所为"① 的结论，可以看出事实绝非如此。

徐学谟的官宦生涯虽有波折、起伏，但总体而言为官居任的时间是要远大于闲居时间，且能称得上是为官一任、造福一方的好官。因此，在勤于政务的前提下，留给他做学问的有效时间是非常少且零碎的。《世庙识余录》一书也是在他"癸卯（万历十一年）归田"② 后才得空汇编成集的。况且，从他的诗文集中也能看出，徐氏是一位交游广泛、生活丰富的人，归田之后多是在"烹葵钓鲜之余，惟肆志艺园"③ 的悠闲时光中度过，从未见徐氏流露出有搜集史料以成信史之志。因此，在徐氏没有大量闲暇时间，又无心于史的实际情况下，没有太多史学作品问世也是常情。

（二）《世庙识余录》

《世庙识余录》虽汇刻于徐学谟归家之后，但书中所载史料多言而有据，它们一部分是徐氏凭借自己曾"入内阁管制敕"④ 以及任祠部郎能"随尚书走对西内"⑤ 时抄录而来，徐氏未通籍做官之前的部分则多是由"故老口授"，皆具有较高的史料价值，是我们认识嘉靖朝历史的一个重要来源。

第一，补嘉靖帝诸事。

此书既被徐学谟以"世庙识余"名之，徐氏又声称自己"闻上起居颇悉"，故书中对嘉靖皇帝的举动言行多有记载。徐氏更于自序中对嘉靖帝大加褒奖，盛赞他在位期间"文谟武烈，咸秉睿裁，更革变通，超轶三五"⑥。然细读徐氏之文，会发现徐氏的真实看法。

嘉靖以小宗入嗣大统，朝臣围绕着"继统"还是"继嗣"问题展开

---

① 刘霞：《〈嘉靖以来首辅传〉的最早版本及徐学谟形象之辩诬》，《宁夏师范学院学报》（社会科学版）2013 年 10 月。

② 徐学谟：《世庙识余录序》，见《四库全书存目丛书》史部第 49 册，齐鲁书社 1997 年版，第 192 页。

③ 徐学谟：《归有园稿》卷 2《归有园稿序》，见《四库全书存目丛书》集部第 125 册，第 463 页。

④ 徐学谟：《徐氏海隅集》文编卷 17《亡妻欧王二安人祔葬志铭》，见《四库全书存目丛书》集部 124 册，齐鲁书社 1997 年版，第 589 页。

⑤ 徐学谟：《世庙识余录序》，见《四库全书存目丛书》史部第 49 册，第 192 页。

⑥ 徐学谟：《世庙识余录序》，见《四库全书存目丛书》史部第 49 册，第 192 页。

了旷日持久的争论。朝堂各派势力之间明争暗斗，有借此机会平步青云者，也有看不清形势跌入谷底者。徐氏入朝为官之际，这场争论已经以嘉靖为代表的继统派的全面胜利而告终。作为后来者的徐氏对此事前后种种看得非常清楚。当他记下嘉靖宣扬自己出生时有"宫中红光烛天"① 的异象时，就说明嘉靖已为自己是真龙天子造了很好的势——明代谁人不知太祖出生之时也"红光满室"。在这种情况下，徐氏认为嘉靖早在"自安陆车驾驻行殿"时，对统、嗣问题"心已确有定见"②，于是才有了嘉靖对长史所云的"我嗣皇帝位非皇太子"的说法。然而，当时深陷局中为"继嗣"力争的诸臣没有想到这一点，所以失败后丢官弃职、牵累家族。而嘉靖帝"心有定见"并不仅仅体现在这一点上。徐氏文中还有"圣母入门之仪"一事。查《明世宗实录》所记大体相同，却未明言当时礼部最初是"欲以藩妃礼行"之，而徐氏笔下的"上竟不允""圣意已定，礼官遂不敢争"③ 两句，就把嘉靖刚愎自用、宸纲独断的一面轻描淡写地展示出来。

　　"世庙威福必自己出，无令臣下干之"④ 一语已经不单单是表现嘉靖的自大了，更是徐氏伴君多年后对嘉靖为君之道的总结，并举嘉靖十一年朝臣弹劾张孚敬一事说明。此事本身原委、经过等，徐书所记与《明世宗实录》相同。然与实录不同的是，徐氏明确指出张孚敬此次遭弹劾最终被勒令"自陈致仕"，皆是因为在魏良弼上疏之际，嘉靖已对张孚敬深有不满，疏上而"心已动矣"。兵科给事中秦鳌的复劾更是"得其机"，这才能扳倒宠臣张孚敬。徐氏遂感慨进谏也是需要时机的，而这个时机就是嘉靖的态度。如果谏言能够获得嘉靖的认可，虽"一言而山岳可排"⑤。为了增强自己观点的可信性，他还在其后附魏良弼等人又弹劾汪铉，嘉靖这次却没有买账的事。一方面正如徐氏所指嘉靖是不愿将进退大臣的权力"尽属之台谏"，同时这也是嘉靖展示威福只能出于己手的方式。

　　徐氏记夏言、曾铣被诛展示了嘉靖心胸狭隘、残酷无情的一面。实录

---

① 徐学谟：《世庙识余录》卷 1，见《四库全书存目丛书》史部第 49 册，齐鲁书社 1997 年版，第 192 页。

② 徐学谟：《世庙识余录》卷 1，见《四库全书存目丛书》史部第 49 册，第 192 页。

③ 徐学谟《世庙识余录》卷 1，见《四库全书存目丛书》史部第 49 册，第 194 页。

④ 徐学谟：《世庙识余录》卷 7，见《四库全书存目丛书》史部第 49 册，第 243 页。

⑤ 徐学谟：《世庙识余录》卷 7，见《四库全书存目丛书》史部第 49 册，第 243 页。

记载此二人得罪被诛诸事甚详，却分散在诸卷中，二者被诛之关联也不甚明朗。徐氏则将其全部归拢于一条之中，虽在史料上没有过多补充，但却直言了二者之死的内在原因。在他看来，严嵩杀曾铣可"比之秦桧杀岳武穆"①。曾铣收复后套，又没有犯不赦之罪，他的死仅仅是因为严嵩欲置夏言于死地，所以被"因罗织铣，骈死西市"②。既然徐氏明指严嵩为秦桧，曾铣为岳飞，那么暗含的嘉靖忌曾铣如岳飞般"兵威太盛"遂诛之之意，就不言而喻了。

徐氏的直笔无讳还在记载嘉靖后宫之事上体现了出来。"壬寅（1542）宫变"嘉靖差点死于宫女之手，《世宗实录》详细记载了此事的处理结果：不仅同谋者皆"磔之于市""锉尸枭示"，且还没收财产、"收斩其族属十人，给付功臣家为奴二十人"③。徐氏书中虽没有记载对这些宫女族人的处理结果，但他却指出此次事件中被以"虽不与然，始亦有谋"为名处死的端妃曹氏，因"有殊色，为上所钟爱，实不与谋"④，认为曹氏之死大有冤屈。宫变发生之时，徐氏还未入朝为官，此处记载不如实录准确，书中所云曹氏之事涉及帝王后宫阴私，当是听朝中故老所言。后沈德符也有"曹妃为上所嬖，孝烈妒而窜入之，实不与逆谋"⑤之语，可佐证当时舆论涌涌之状。虽事实真相现在已无法考证，但徐氏这种敢于直笔记录的精神还是值得称赞的。

上述所举诸例，实录虽皆有记载，但基本流于表面未敢深究。徐氏作为嘉靖臣子，敢如此直揭帝王阴私，政治眼光之毒辣、胆识之过人确实少见。

第二，驳正嘉靖朝中诸事。

徐学谟曾在吏部、刑部、礼部等多个中央重要职能部门供职，因此能够接触到嘉靖朝大量的原始档案，对嘉靖朝史事知之甚详，故驳正《世宗实录》处颇多。可谓大到轰动一时的政治事件，小到地方官员的官职升迁，甚至对朝堂别有隐情诸事也能窥视一二。在其书涉及面如此之广的情

---

① 徐学谟：《世庙识余录》卷11，见《四库全书存目丛书》史部第49册，齐鲁书社1997年版，第278页。

② 徐学谟：《世庙识余录》卷11，见《四库全书存目丛书》史部第49册，第278页。

③ 《明世宗实录》卷267，台湾"中央研究院"历史语言研究所1966年版，第5284页。

④ 徐学谟：《世庙识余录》卷9，见《四库全书存目丛书》史部第49册，第260页。

⑤ 沈德符：《万历野获编》卷18《宫婢肆逆》，中华书局1959年版，第470页。

况下，想要详尽地列举徐氏书中的每一条内容是不现实的。除去较为人熟知的、四库阁臣点评此书"与史臣所记，互有异同"①时所举诸例外，笔者又另选几处典型事例加以简要说明。

首推朝中发生的焦点事件。嘉靖一朝，徐氏多在中央供职，好从自己的角度考察朝堂诸事的是非曲直。如王世贞之父王忬之死，徐氏将实录中分于两处的记载合成一条，详述王忬从被参到被诛的始末。虽未补充案件史料，但值得重视的是徐氏的按语。他指出，王忬从御史官越级升至都御使是"出上手批"，而非经由正常晋升之途"会推"而来，又"非军旅才"，皆因嘉靖帝皇命难违"勉力经营"。当日滦州大败时，嘉靖已有谕旨"忬不忠，理不可宥，非朕用人之不终也"②。徐氏谓嘉靖此时"已有诛意"。王忬最终未能得释，是因"怂恿方辂，论已冀得一遣戍去"③而招致嘉靖"圣怒"。至于严氏父子从中起到的作用也不过是"更削其草"推波助澜，这显然和王世贞认为是严氏父子"巧诽阴胁，必致臣父死地"④的看法迥异。虽然徐氏所录嘉靖"忬不忠"的谕旨、方辂的上疏均不见于实录，也未见于王世贞记载，但徐氏的记载当是可靠的。据史载，王忬一案发于嘉靖三十八年的五月辛巳，而徐氏因得罪冯天驭出任荆州府是在嘉靖三十八年九月霜降节之后，也就是说此时徐氏还在中央的礼部郎中任上，显然是能够接触到嘉靖谕旨和大臣奏疏的。况且，此二条史料也完全没有弄虚作假的意义和必要。再联系上文中徐氏已经指出的嘉靖为人，王忬之死主因在于嘉靖已动杀机。这或也可解释何以在王世贞兄弟"相与囚服跪道傍，遮诸柄人车，搏颡请救"⑤时，满朝文武皆"毋为理者"，也"无敢言者"——皇帝已经动了杀机。而严氏父子虽然在其中扮演了落井下石、借刀杀人的角色，但王世贞不敢归责嘉靖帝，将主要责任推到严氏父子身上，也是站不住脚的。清修《明史》时，一方面肯定了

① 纪昀等：《钦定四库全书总目》卷53《世庙识余录》，中华书局1997年版，第748页。

② 徐学谟：《世庙识余录》卷19，见《四库全书存目丛书》史部第49册，齐鲁书社1997年版，第345页。

③ 徐学谟：《世庙识余录》卷19，见《四库全书存目丛书》史部第49册，第345页。

④ 王世贞：《弇州四部稿》卷109《悬乞天恩俯念先臣微功极冤特赐昭雪以明德意以伸公论疏》，见《景印文渊阁四库全书》集部第1280册，台湾商务印书馆1987年版，第720页。

⑤ 王锡爵：《王文肃公集》卷6《太子少保刑部尚书凤洲王公神道碑》，见《四库禁毁书丛刊》集部第7册，北京出版社1997年版，第160页。

王忬"为总督数以败闻，由是渐失宠"①，另一方面也强调了因王氏父子屡屡得罪严嵩，所以王忬最终被严氏父子借"滦河变闻"杀之，和徐氏的结论相同。在这件事情的记载上，徐氏并未因与王世贞有私就偏袒他，也没有迫于帝王威严替嘉靖伪饰，而是能够结合史实，客观公正地表达了自己的观点，以管窥豹，可见徐氏著史时的态度。

再如严嵩的失势和严世蕃之死。严氏父子在嘉靖朝权倾一时，在徐氏书中随处可见他们的身影。如嘉靖三十二年，杨继盛弹劾严嵩有"专政误国十大罪"②。徐氏全文收录杨疏之外，并于文末补充严嵩本有声援杨继盛之意，但却因"卜之于龟，龟裂"③，以及同党谓救杨难保有"养虎遗害"之果的两个理由，放弃了救援。杨继盛弹劾严嵩之时，正值徐氏服母丧在家。徐氏所记二事以及杨继盛下狱是因"直而无礼"④，都是徐氏起复之后从"比部诸郎"处得知。徐氏对消息来源的说明，一方面体现了当时朝堂上严党的嚣张气焰，另一方面也暗示了时人对杨继盛此番举动的态度。除此之外，徐氏还点明杨继盛疏中所云"皇上之爪牙，乃贼嵩之瓜葛"⑤实指陆炳。因国史未明书之，徐氏认为此处"似疑有私"。以笔者陋见，徐氏的这个观点似是有些求全责备了。虽从时局来看，杨氏疏中"瓜葛一段"确指陆炳无疑，但杨氏自己并未明言，此为其一；实录又是"以记载一代为治之迹"为核心，杨氏疏中暗喻显然不在这个范围，此为其二。又如严世蕃之死，徐氏先收录了嘉靖四十一年邹应龙弹劾严世蕃之疏，并记录了嘉靖当时的态度，指出"应龙之疏，必有授之意者"⑥，即徐氏认为存在阴谋。紧接着，徐氏记载了朝中开始清算严党，多人被"革职闲住"。并于此条末指出"当时引绳批根之力议者，咸归之徐阶"⑦。关

---

① 张廷玉等：《明史》卷204《王忬列传》，中华书局1974年版，第5400页。

② 徐学谟：《世庙识余录》卷17，见《四库全书存目丛书》史部第49册，齐鲁书社1997年版，第314页。

③ 徐学谟：《世庙识余录》卷17，见《四库全书存目丛书》史部第49册，第316页。

④ 徐学谟：《世庙识余录》卷17，见《四库全书存目丛书》史部第49册，第317页。

⑤ 徐学谟：《世庙识余录》卷17，见《四库全书存目丛书》史部第49册，第317页。

⑥ 徐学谟：《世庙识余录》卷22，见《四库全书存目丛书》史部第49册，第359页。

⑦ 徐学谟：《世庙识余录》卷22，见《四库全书存目丛书》史部第49册，第361页。

于严世蕃的最终定罪，实录谓之为"交通倭虏、潜谋叛逆，具有显证"①。徐氏显然不这么看。其谓严世蕃不过就是"一罔竖子耳"，所谓的逆谋、谋叛基本没有什么可能性，都是"非正法也"②。同时他还指出，在抄没严氏家财之时，存在"听孔等指攀，于是株蔓及无辜"③的现象，也就是说并没有在严家抄出那么多的财产。因这些论述都是徐氏据己之见闻所书与实录不同，在"正史所书不公，则私史之所记愈杂"④下影响较大，后世论及此事者多引其说。

除了时政热点，徐氏还对明代官职有所考订。在霍韬"以新命由内阁推用"辞不就条中，先赞霍韬"内阁推官非祖宗制"⑤之论甚正。并结合史实进一步指出现今所行的官员九年考满之时，由内阁先定其官，继而由吏部按其所定为之填缺的方法并非祖制。用"老中书周合"所言，指出在成化年间"中书与阁下如同僚"。现在的中书迁转需经阁下题请则是"嘉靖初年"才有之事。此外，对明代官职的考订在个人任官上也有体现。"削原任御史黄廷聘职闲住"⑥条中，徐氏指出告发黄氏的知县陈安，为"湘潭令，非衡山也"⑦；又如朝中言官道听途说，弹劾陈道基得升"江西巡按，贿严嵩以进"⑧，徐氏则云"道基实未尝按江西"，不可能有贿赂严嵩才升官的说法。

徐氏不仅关注国内政事，同时对明代番邦诸事也多有留心。如嘉靖八年，朝鲜陪臣希望借由大明"重修会典"之时，"乞为改正"旧记中所云李旦属李仁任之后的错误。实录对此仅录"据所陈建国始末"更改之后的文字，徐氏却借由自己曾在礼部供职所见，将自己认为"书词古雅"的"国王咨文一道，陪臣从会同馆上谟书二首"⑨附于此条之后，从而保

①　徐学谟：《世庙识余录》卷 24，见《四库全书存目丛书》史部第 49 册，齐鲁书社 1997年版，第 374 页。

②　徐学谟：《世庙识余录》卷 24，见《四库全书存目丛书》史部第 49 册，第 375 页。

③　徐学谟：《世庙识余录》卷 24，见《四库全书存目丛书》史部第 49 册，第 375 页。

④　孙承泽：《天府广记》卷 26，北京古籍出版社 1984 年版，第 352 页。

⑤　徐学谟：《世庙识余录》卷 5，见《四库全书存目丛书》史部第 49 册，第 221 页。

⑥　徐学谟：《世庙识余录》卷 25，见《四库全书存目丛书》史部第 49 册，第 379 页。

⑦　徐学谟：《世庙识余录》卷 25，见《四库全书存目丛书》史部第 49 册，第 379 页。

⑧　徐学谟：《世庙识余录》卷 7，见《四库全书存目丛书》史部第 49 册，第 242 页。

⑨　徐学谟：《世庙识余录》卷 6，见《四库全书存目丛书》史部第 49 册，第 230 页。

存了被实录弃之不用的珍贵史料。又如嘉靖征伐安南，安南上降表，徐氏以此降表"明畅委婉故备录之"①。虽然徐氏收录此二条史料的原因是从文学角度出发，却在客观上保留了史料，也展示出徐氏对史料的取舍有自己的看法和标准。

第三，"自述所长，明标简牍"。

徐氏在书中不仅根据自己之见闻驳正他人之事，同时也对自己生平得意之事详加记载，此即为四库阁臣所非议的"身兼片善，行有微能，皆剖析具言，一二必载"②。抛开徐氏此举是否有"夸尚"之意不论，其中所记也同实录多有出入。

如鄂县王金。此人实录所记甚少。据实录，嘉靖三十七年正月，王金献灵芝之后"上悦赉以金币"③，即嘉靖不仅很高兴，还有赏赐。而据徐氏所记，王金所献灵芝不仅是从"内府转移"出去，而且进献时嘉靖已对服用灵芝可以长寿的这个事情产生了"厌怠"感。加之嘉靖认为此灵芝也不是特别贵重，故"仅批礼部知道"④，与实录所记大相径庭。此时间徐氏正当礼部郎中任上，所记当为不虚。至于此条中所记徐氏自己拒收贿赂一事，撰史诸臣更不可知，实录无载也正常。又如昝义金升职一事。太常寺典簿昝义金与严嵩有故，希望严嵩能破格提拔其为太常寺寺丞。因太常寺官职考核由礼部主导，严嵩虽居高位，但此事仍需时任礼部郎中的徐氏操作，然徐氏却义正词严地拒绝了严嵩的要求，并因此事再一次得罪了严氏父子。于是，徐氏认为在自己"憨"直性格之下，官场往来多是"劣处之矣"，并感慨当今是"混浊之世，贤者之不得行其道如此"⑤。既然是私相授受，史臣如何能知且书之？但此事虽国史不书，时人却知之者甚多。如冯时可就在《少保徐太室先生传》中有所提及，可知徐氏所言不虚。再如，徐氏因沙市一事开罪景王，实录虽记之但仅得百余字。然此事却为徐氏爱民如子的典型例子，故徐氏在己书中详述此事

① 徐学谟：《世庙识余录》卷9，见《四库全书存目丛书》史部第49册，齐鲁书社1997年版，第263页。

② 纪昀等：《钦定四库全书总目》卷53《世庙识余录》，中华书局1997年版，第749页。

③ 《明世宗实录》卷455，台湾"中央研究院"历史语言研究所1966年版，第7701页。

④ 徐学谟：《世庙识余录》卷19，见《四库全书存目丛书》史部第49册，第331页。

⑤ 徐学谟：《世庙识余录》卷19，见《四库全书存目丛书》史部第49册，第332页。

始末。在此事件中，徐氏为民请命，获得了朝臣的较高认可。申时行称其"公蹈万死，为荆州百世之利"①，王世贞也称赞他"能为民抗持景王侵占沙市"②。

虽然我们无法断言徐氏在《世庙识余录》中对自己所做之善行善事详加记载究竟是不是为了"夸尚"。然从徐氏自序可见，此书并没有大规模刊刻，仅"印得百部，聊备家藏"③。换言之，此书并不具备大规模流传的客观条件。在这种情况下，以"夸尚"来定义徐氏详记自己所为，似有点言过其实。

第四，存在的不足。

通过上文的分析不难看出，徐氏在驳正嘉靖朝史事上还是做出了不少的贡献。然而，存在的问题也不少。除了类似书中记事多不系年月，甚至出现了记载错误等明显硬伤之外，从此书自身看，不足之处主要集中在以下三个方面。

首先，无论是徐氏书中频现的"国史书""国史称""国史叙"等字眼，还是徐氏书中对《世宗实录》大段的摘引和徐氏的仕途经历，都充分说明徐氏有机会接触到《世宗实录》，更当亲自读过该实录，然而他在对实录中诸事进行点评或者补书、驳正之时，基本没有指出哪些史料是源自实录原文。这样不仅使得实录原文与徐氏之语混淆难辨，同时也增加了正确定位徐氏"驳正"史事的难度。如吴丰培先生在赞扬徐氏敢于评骘嘉靖过失之时，所罗列的证据中提到了"尤其'不喜臣下雷同'"④。从吴先生所列证据来看，他显然是认为"不喜臣下雷同"一语是徐氏"直书"的力证之一。然此语实为《世宗实录》所有。因此，尽管徐氏此书不是考据专著，从其撰述的方式来看也不是纯粹考据之文，但徐氏如此摘引史料，极易造成人们对书中史料的误读，而这个不足之处同样在前文中所提及的潘柽章所撰的考据专书《国史考异》中存在，直到清代考据原则被完善之后，这个问题才得到了较好的改正。与此同时，笔者也在前文

① 徐学谟：《世庙识余录》卷19，见《四库全书存目丛书》史部第49册，齐鲁书社1997年版，第332页。
② 王世贞：《嘉靖以来首辅传》卷8《申时行》，见《明清史料汇编》初集第1册，文海出版社1976年版，第401页。
③ 徐学谟：《世庙识余录》卷首，见《四库全书存目丛书》史部第49册，第191页。
④ 吴丰培：《古籍题记选录（二）》，《上海高校图书情报学刊》1994年第2期，第55页。

指出，考史不仅需要搜集大量史料，还需要投入大量时间来阅读、整理、思考，这些显然都是徐氏所不具备的。因此《世庙识余录》一书尽管有辨伪求真的目的，也做出了努力，但离真正的考辨史事还有很大的差距。

其次，徐氏书中也记载了一些好奇诡怪之事。如林润在诛灭严党上出力甚多，当时传闻林润梦见严氏"索命，而润亦寻死"①。又如枣阳石塘山产一种"莹洁如玉"的白石，万历用其营建显陵。张居正当国之时，枣阳知县为了逢迎张居正，"辇致其石为之营墓"②，后果得擢升御史。然随着张居正的败亡，墓石被官府取走，此人亦遭斥去。徐氏认为之所以有这样的结果，是因为灵石现世只能由天子享用，取走墓石、罢御史之官皆是"特为之祟"的缘故。这样的例子文中还有数处。虽事颇为无稽，但我们也要认识到史家"三才"不可能脱离时代背景而独立存在，徐氏能够比同时代史家多了求真、求实的考据精神已属可贵。

最后，徐氏书中一些在清人看来是"恩怨之私，未孚公论"③之处，似乎有进一步讨论的余地，就以清人举徐氏笔下所记赵文华诸事为例加以说明。在清人看来，赵文华"攘功卸罪，构陷张经"诸人皆知，从而认为徐氏"史臣所记，过甚其词"④的评价有为赵文华开罪之嫌疑。此言虽有一定道理，但徐氏对赵文华"不可概以平生而尽抹杀之也"⑤的这个评价，其实已将自己的态度清楚表明。赵文华是小人不假，也有贪赃枉法之嫌，但徐氏认为这些并不妨碍赵文华在客观上造成了"督抚诸臣皆畏之如虎，不敢不效命"⑥的后果。因人废言不可取，全部否定一个人也不可取。况且，史著最终呈现出的依旧是史家自身的观点和看法，只能代表一家之言。就如同海瑞此人，徐氏在肯定了他"处具瞻之地，树鸿渐之仪，是瑞之所优为也"⑦的同时，也指出"直"人海瑞在任江南巡抚时也曾使

---

① 徐学谟：《世庙识余录》卷 24，见《四库全书存目丛书》史部第 49 册，齐鲁书社 1997 年版，第 375 页。

② 徐学谟：《世庙识余录》卷 1，见《四库全书存目丛书》史部第 49 册，第 198 页。

③ 纪昀等：《钦定四库全书总目》卷 53《世庙识余录》，中华书局 1997 年版，第 749 页。

④ 纪昀等：《钦定四库全书总目》卷 53《世庙识余录》，第 749 页。

⑤ 徐学谟：《世庙识余录》卷 18，见《四库全书存目丛书》史部第 49 册，第 325 页。

⑥ 徐学谟：《世庙识余录》卷 18，见《四库全书存目丛书》史部第 49 册，第 325 页。

⑦ 徐学谟：《世庙识余录》卷 25，见《四库全书存目丛书》史部第 49 册，第 382 页。

得"民不堪其纷扰"①。立足具体史实，一分为二地看待问题，也是史学求真求实的表现。

综上所述，徐氏通过自己有意识地搜罗史料，进而达到自己所追求的"微显阐幽"②"存考镜"目的，尽管此书还存在较多的问题且不是考据专书，但此书作为晚明考据之风兴起之后出现的、较早的一部史料笔记类作品，充分体现了考据之风兴起之后对明代浮夸学风的纠正，并潜移默化地影响了私人撰述的严肃性和客观性。同时，徐氏作为与王世贞同时代的人，两人在史学上成就的差异，也能说明史家的个人际遇与主观能动性对学术成就的影响。因徐氏无意撰史，故在他有机会接触到大量官方秘藏时没有大规模的抄录、开发这座史料宝库，而王世贞考史是为自己撰史做准备，所以他不遗余力地搜罗各种史料，且无论在考据方法、考据原则、考据内容甚至考据态度上都要远超徐氏。徐氏虽也称此书以"存考镜"为目的，也确实对厘清嘉靖朝史事有一定的贡献，但全书在严谨性、专业性上远低于王氏之书，这也是此书长久不受人重视的重要原因之所在。

二　张燧

张燧《千百年眼》兼具亦论亦考亦述的多重性质，学术地位比较重要。③ 此书内容起自上古，止于明代，且按时代先后顺序划为12卷。本书所要关注的明当朝史的内容全部存于第12卷中。

张燧其人其事，史籍载之甚少。钱茂伟先生在《张燧〈千百年眼〉：

---

① 徐学谟：《世庙识余录》卷25，见《四库全书存目丛书》史部第49册，齐鲁书社1997年版，第382页。

② 徐学谟：《世庙识余录序》，见《四库全书存目丛书》史部第49册，第192页。

③ 按：顾颉刚认为"其书固有己意，而杂采郑樵、杨慎、李贽之说不少，有出其名者，亦有不出其名者……其有志于击破传统思想甚明白"，见顾颉刚著、顾洪编《顾颉刚学术文化随笔》，中国青年出版社1998年，第422页；王蔚认为此书"大胆地道出了他（张燧）对有史以来各类文史典籍、史实人物的新颖见解，给人以耳目一新之感"，见《千载得失利弊之"异说"》，《读书》1988年第12期，第71页；鄢烈山认为《千百年眼》是张燧的"史论随笔集"，见《张燧的异端说》，《群言》1991年第9期，第45页；钱茂伟认为此书是"晚明史学的杰作"，见《张燧〈千百年眼〉：晚明史学的杰作》，《学术月刊》2001年第5期，第77页；王子今认为此书是"一部史论随笔的合集"，同时十分认同钱茂伟的观点。

晚明史学的杰作》① 一文中，据光绪年间《湘潭县志》和孙点的《千百年眼跋》已有详细考证，所论颇实。据钱先生考证，张燧字和仲，湘潭县人，万历监生，明末之后避难于日本，也卒于日本。综合各家来看，张燧"属意经史百家"②，更是"肄业国子监"③，可见其"读书好古，不求闻达"④ 之志向。《千百年眼》为其代表作之一，一经问世便盛传于世，如"王夫之谓'当时词人恃此为稗贩之具'，其后阮元亦称'其书湘中顾无有传之者'"⑤，受到世人追捧如此。然经今人朱志先学者的深入研究发现，此书抄袭前人处甚多。《千百年眼》共计收录 512 个条目，已考证出约有 248⑥ 条内容是抄自苏轼、苏辙、杨慎、王世贞、李贽、张萱、张大龄等人著作。单从条目上讲，抄袭率已经达到了百分之五十，然这还是仅就朱志先学者考据出来的部分而论。且朱志先学者在其论文中信而有征，每条指证张燧涉嫌抄袭的条目都注明抄自何人何书何卷，证据确凿，完全可以直接采信。由此看来，古今对张燧此书的评价存在较为严重的言过其实的现象。

　　具体到本书要讨论的第 12 卷 48 条关于明代的内容中，朱学者已经考据出来共计有 29⑦ 条内容涉嫌抄袭他人著作，不能代表张氏的考据成

---

　　① 钱茂伟：《明代史学的历程》，社会科学文献出版社 2003 年版，第 359 页。

　　② 张燧：《千百年眼·小引》，见《千百年眼》卷首，河北人民出版社 1986 年版，前言第 1 页。

　　③ 光绪《湘潭县志》卷 8《张燧传》，见《续修四库全书》史部 712 册，上海古籍出版社 2002 年版，第 643 页。

　　④ 孙点：《千百年眼·跋》，转引自钱茂伟《明代史学的历程》，第 359 页。按，钱先生并未在文中注明此跋出处，经查此跋当在日本铜板缩刊本卷首。

　　⑤ 光绪《湘潭县志》卷 8《张燧传》，见《续修四库全书》史部 712 册，上海古籍出版社 2002 年版，第 643 页。

　　⑥ 按：详细内容和条目数量分别参见朱志先所撰学术论文，（一）《晚明张燧〈千百年眼〉征引苏轼、苏辙著述考》，《西华大学学报》（哲学社会科学版），2014 年第 2 期；（二）《张燧〈千百年眼〉因袭杨慎〈升庵集〉考论》，《古籍整理研究学刊》2011 年第 1 期；（三）《晚明张燧〈千百年眼〉与王世贞、胡应麟著述关系考》，《湖北科技学院学报》2013 年第 5 期；（四）《晚明张大龄的〈玄羽外编〉与张燧的〈千百年眼〉关系考》，《西华大学学报》（哲学社会科学版），2013 年第 3 期；（五）《张燧〈千百年眼〉与李贽著述关系考》，《南都学刊》（人文社会科学学报）2011 年第 4 期。

　　⑦ 按，朱志先学者在《张燧〈千百年眼〉与李贽著述关系考》一文中附表罗列张燧抄自李贽《续藏书》中条目共有 23 条，除此之外，据上述朱志先学者其他文章所考，第 13、17、18、20、46、47 条也是分别取自别书。

就，本书不予讨论。笔者拟就剩下的 19 条内容加以分析。据笔者查证，不仅本卷中收录的内容为考据当朝史的就甚少，属张燧高论者更是寥寥。

首先，完全抄袭者如下。

（1）卷 12 第 4 "陈遇今之子房" 条，完全抄录自焦竑《焦氏笔乘》卷 4 "陈遇今之子房"[①] 条，而《焦氏笔乘》正集刻于万历八年（1580），即便是正、续合集刊刻也在万历丙午（1606），而张氏之书刻于万历甲寅（1614）。在张氏 "生富贵，好治生产业"[②] 的情况下，不仅读书可有 "仆载纸笔自随"[③]，还拥有自己的书斋 "稽古堂"。家境富足，购有此书不足为奇，完全雷同则断其抄之可也。

（2）卷 12 第 9 "太监云奇" 条，完全抄录自张萱《疑耀》卷 5 "太监云奇"[④] 条，据《疑耀·序》，知其书先于《千百年眼》在万历戊申（1608）刊刻。

（3）卷 12 第 19 "丝纶簿" 条，完全抄录自焦竑《焦氏笔乘》卷 4 "丝纶簿"[⑤] 条。

（4）卷 12 第 26 "杨善迎銮之功" 条，完全摘录自李贽《续藏书》卷 13 "《兴济侯杨忠敏公》"[⑥] 条，李贽此书虽在其死后才刊刻，最早一版也刻于万历辛亥（1611）。

（5）卷 12 第 33 "锦衣卫之横" 条，完全抄录自郭良翰《问奇类林》卷 5 "开元间刺史"[⑦] 条，据郭书《问奇类林序》可知，此书刊刻于 "万历己酉（1609）菊月"[⑧]，较张氏书先出。

（6）卷 12 第 36 "国朝三大功臣" 条，完全摘录自李贽《续焚书》

① 焦竑：《焦氏笔乘》卷 4《陈遇今之子房》，中华书局 1986 年版，第 114 页。

② 光绪《湘潭县志》卷 8《张燧传》，见《续修四库全书》史部 712 册，上海古籍出版社 2002 年版，第 643 页。

③ 光绪《湘潭县志》卷 8《张燧传》，见《续修四库全书》史部 712 册，第 643 页。

④ 张萱：《疑耀》卷 5《太监云奇》，中华书局 1985 年版，第 102 页。

⑤ 焦竑：《焦氏笔乘》卷 4《丝纶簿》，中华书局 1986 年版，第 131 页。

⑥ 李贽：《续藏书》卷 13，中华书局 1959 年，第 259 页。

⑦ 郭良翰：《问奇类林》卷 5，见《四库未收书辑刊》柒辑第 15 册，北京出版社 2000 年版，第 169 页。

⑧ 黄吉士：《问奇类林序》，见《问奇类林》卷首，《四库未收书辑刊》柒辑第 15 册，第 99 页。

卷3"王文成"① 条。

（7）卷12第37"王晋溪识阳明"条，完全摘录自李贽《续焚书》卷3"王晋溪"② 条。

（8）卷12第41"林丘山史笔之重"条，完全摘录自陈继儒《见闻录》卷1"汝阳林立山公，讳特在"③ 条，而此书最迟汇编入《眉公杂著》即《秘集》一起，刊刻于万历丙午（1606），故此书同样出之在先。

（9）卷12第42"经筵面奏"条，完全抄录自焦竑《焦氏笔乘》卷3"经筵面奏"④ 条。

（10）卷12第44"国朝乐律不讲"条，完全抄录自张萱《疑耀》卷5"乐律不讲"⑤ 条，唯张氏从中添加了"顾议乐亦复不易……叩槃扪烛之为乎"的几句评论。

（11）卷12第48"天生人才为世用"条，完全出自郭良翰《问奇类林》卷12"刘静修曰"⑥ 条。

其次，简单删改，节选原文，条目如下。

（1）卷12第6"郭英遗功"条，节选自郎瑛《七修类稿》卷24"郭四箭"条，仅将郎瑛原文中"《功臣录》中亦含糊载云有言英之箭者，《传信录》又误以其子……英亦不大居功，故人不知也，独《忠烈传》中明载"⑦，改为"《功臣录》中亦含糊不载，而英亦不甚居功，特为表出之"⑧。

（2）卷12第15"方孝孺有后"条，节选自李贽《续藏书》卷7"典史魏公"⑨ 条，张燧唯增"至今读之，犹觉酸鼻"之感慨语。

（3）卷12第16"国朝名臣久任"条，节选自郑晓《澹泉笔述》卷2

---

① 李贽：《续焚书》卷3《王文成》，中华书局1975年版，第89页。

② 李贽：《续焚书》卷3《王晋溪》，中华书局1959年版，第89页。

③ 陈继儒：《见闻录》卷1，中华书局1991年版，第4页。

④ 焦竑：《焦氏笔乘》卷3《经筵面奏》，中华书局1986年版，第81页。

⑤ 张萱：《疑耀》卷5《乐律不讲》，中华书局1985年版，第89页。

⑥ 郭良翰：《问奇类林》卷12《材品下》，见《四库未收书辑刊》柒辑第15册，北京出版社2000年版，第297页。

⑦ 郎瑛：《七修类稿》卷24《郭四箭》，上海书店出版社2009年版，第258页。

⑧ 张燧：《千百年眼》卷12，河北人民出版社1986年版，第204页。

⑨ 李贽：《续藏书》卷7，第125页。

"永乐至正统间"① 条，唯发 "乃今又弗然矣" 之感慨。

（4）卷12第25 "于忠肃捍土木之变" 条，节选自李贽《续藏书》卷15 "《太傅于忠肃公》"② 条，因李贽此文内容过长，故张燧将部分内容压缩，如以 "顷之……法当诛" 之语，精练重点地描述了于谦在朝中备战的各项事情，此外 "噫……孰优劣也" 之感慨当为张氏所发，不见李贽原文。

以上15条内容皆可从早于张氏《千百年眼》出的书中找到相同的记载。倘若为征引史料考史，所引史料相同属常理。然在上述条目中，能称得上是考证的有第6、9、19条等，也同原文一模一样，断其抄袭当不为过。且剩下4条内容，即第3、32、43、45条，截至本书完成时，笔者还未能找到其详细的出处，这同样不能成为裁定它们原创性的依据。况且，第3 "金陵形势" 条，为引李舜臣之言，点评大明定都燕蓟之后的国家局势；第32 "康海负屈" 条，描述的是康海居家时的活动和夏君宪的评论；第43 "我朝胜前代二十二事" 条，属于同类历史现象的资料汇编，并未有任何考据评论之言。而张燧也在文中标明了此条内容杂糅了三人之语，自然就不可能是张氏自己之论；第45 "古今改元之误" 条情况同第43条类似，也是关于列朝改元的相关史料的汇编，算不得张氏的见解。且此条内容虽不见某史籍有相同记载，但有相关讨论者还是不少的，如朱国祯在《涌幢小品》 "年号"③ 中就有所讨论。

据此我们完全可以说，在《千百年眼》中张燧对明当朝史考据方面属自己创建的几乎没有。这种现象和张氏本人反对抄袭的主张完全背道而驰。在《小引》中，张氏自言此书是其读书中 "瞥见可喜可悦可惊可怪之语，俗儒所不敢道，与文人之不能道，目注神倾，辄手录之，积久成帙，命曰《千百年眼》"④。从文义来看，张氏所云当指此书是他在读书过程中发现了 "可喜可悦可惊可怪之语"，随手摘录之后积累而成。既然是 "录之"，抄录原文似也解释得通。然而，张氏本人却在《千百年眼·

① 郑晓：《澹泉笔述》卷2，见《续修四库全书》第1171册，上海古籍出版社2002年版，第60页。

② 李贽：《续藏书》卷15，中华书局1959年版，第305—311页。

③ 朱国祯：《涌幢小品》卷2《年号》，中华书局1959年版，第22页。

④ 张燧：《千百年眼·小引》，河北人民出版社1986年版，前言第1页。

小引》中明确表示自己是十分反对、鄙夷"影响剿袭"① 这种俗儒行为，又在自己的书中如此作为，实属令人疑惑。

有鉴于此，笔者认为现今我们对张氏此书的评价和定位当重新思考。从史源学的角度来看张氏抄袭过重，这是不争的事实。但从传播"封建异端"思想来说，张氏此书的影响力确实远远超过了其抄袭的各个对象。再者，书中条目虽多是抄袭而来，但张氏在选编之时纳入了大量的史实考据条目，会给读者留下其学识渊博、重视考据的印象。这样一来，借由此书巨大的影响力，在客观上也进一步促进了学界对考据的重视和模仿，或者这才是张氏此书最大的贡献。

正是在上述这些史家的努力之下，晚明的学风同明初有了极大的不同，基本可以称作完成了史学由虚入实的转变。而晚明史家所撰的明代史著，如谈迁的《国榷》、张岱的《石匮书》、黄景昉的《国史唯疑》、查继佐的《罪惟录》都能够在撰述的时候广征博引，力图做到"于治乱得失直书无隐"②。如谈迁指出他在撰史中"句榷而字衡之……不敢恣臆于百祀之下"③，同时他还详举了自己对家史、野史史料价值判断的依据，即"人与书当参观也"④，他认为撰史者是"贤"人，其书就可以多采，倘若不是贤者，则要细细考订，不可"轻徇"。与此同时还对"诸书考证，诸人评骘，采其确核者"⑤ 加以吸收，充分体现了考据求实之风的深入人心。而查继佐为修《罪惟录》，也是"手草易数十次，耳采经数千人"⑥，足见对史料真实性的要求和修史时下笔的慎重。

晚明学风的转变不仅体现在当朝史的撰述和考证上，同时也激发了史家对历代正史的系统考据，而朱明镐（1607—1652）所撰《史纠》就是这样一部系统考订了从《三国志》到《元史》所载内容"书法之谬，及

---

① 张燧：《千百年眼·小引》，前言第 1 页。

② 传以礼：《国史唯疑跋》，见《国史唯疑》，上海古籍出版社 2002 年版，第 382 页。

③ 谈迁：《国榷·义例》，中华书局 1958 年版，卷首第 7 页。

④ 谈迁：《国榷·义例》，卷首第 7 页。

⑤ 谈迁：《国榷·义例》，卷首第 7 页。

⑥ 查继佐：《罪惟录·自序》，见《续修四库全书》史部第 321 册，上海古籍出版社 2002 年版，第 14 页。

其事迹之牴牾"① 的史著。书中虽未考据明当朝史，但考历朝正史事迹相互牴牾之处所使用的方法，如文献互证法、同书前后相校法都是明人在考据当朝史中常常使用到的。四库馆臣对此书评价甚高，其言曰："明镐名不甚著，而于诸史皆钩稽参贯，得其条理，实一一从勘验本书而来，较他家为有根据。"② 从学术史的角度来看，此书已经实为开启了清代系统考辨历代正史之先河，其重要意义可以想见。

①　纪昀等：《钦定四库全书总目》卷 88《史部·史纠》，中华书局 1997 年版，第 1170 页。
②　纪昀等：《钦定四库全书总目》卷 88《史部·史纠》，第 1170 页。

结　语

　　明代史家"通常不去对各种历史文献和来源可疑的记事甚至流言加以甄别，他们更不愿意过问官方档案的可靠性"① 的状况在 16 世纪之后发生了改变，而明代史学最终取得的成就也多是受益于晚明史家所做的种种努力，其中崇实黜虚史学思潮的兴起与发展功不可没。尤其是逐渐兴盛的当朝史考据之风，对明当朝史的撰述更是产生了积极深刻的影响。

　　通过上文的分析，我们不难看出在晚明史家的明史考据中存在这样一些特点。

　　其一，有着很强的实用性和目的性。在考据成果具有原创性的这一类明代史家中，他们考史是同撰史紧密联系在一起的。也就是说，对明史的考据是他们为了达到撰成信史这一目的而采取的方法和手段。考史从根本上讲是为撰史服务，是撰史的有机组成部分。这同清代考据之风大盛之后，清代学者将考据看成专门的学问，基本是为了考据而考据有本质上的区别。然晚明史家之所以纷纷以成信史为己任，则又是和整个明代的史学环境密不可分——有明一代，官方只重视修撰以帝王为核心的实录，不重视甚至基本放弃了对本朝纪传体国史的修撰。与此同时，在种种政治因素的交织下，国初又通过多种途径压制私家史学的发展，致使其在明初一度陷入停顿。伴随着政治解禁、经济发展、文化繁荣而来的，则是晚明私家修史的一片蓬勃兴旺。然而在早期"束书不观"、惟重举子业和好奇炫博心理等多种因素的综合影响下，繁荣背后是掩盖不住的浮夸虚妄，史著中充斥着撰史者罔顾事实、信马由缰之笔，各种主观臆断、阿谀逢迎之词尘嚣直上，史学的严肃性、客观性、真实性受到了严重的损害。一大批卓有

---

① ［美］牟复礼、［英］崔瑞德编：《剑桥中国明代史》，张书生等译，中国社会科学出版社1992年版，第699页。

见识的史家对此现象纷纷提出了批评，有的甚至以身作则投入以求真、求实为追求的信史的创作中。尤其甲申之乱更是给了朱明王朝致命一击，明清鼎革带来的"天崩地解"之感深深震动了晚明史家。虽有南明政权还在苦苦支撑，但部分具有敏感政治触角的史家已经能够察觉大势已去，国亡存史、反思明亡教训等成为遗民史家迫在眉睫的责任。而撰修信史必备的条件就包括了对史料真伪、史事实诬的判断。因此，晚明史家的明史考据多是为撰史服务。

其二，同史家的个人境遇有着非常密切的关系，这一点又包含了多方面的内容。首先，在明史考据中取得成就的，都是博学之士。虽然博学是从古至今一直为大家所公认的、普遍提倡的一种学术品格，但在朱明统治者的有意引导之下，明代士子从读书的源头上就与程朱理学死死地捆绑在一起。读书的目的变成了"取科第耳，其于立身行己，不问也"①，于是士子皆"守儒先之正传，无敢改错"②。胆敢有质疑、诋毁圣人之说者，下场就是"声罪杖遣，悉焚其所著书"③，以免贻误后人。况且，明代士子还可通过"窃取他人之文记之，入场之日，抄誊一过"④ 这个完全有可能的"捷径"，达到其读书是为做官的最终目的。于是在这种只需"记诵坊间套语以猎科第"⑤ 的情况下，博学就显得格外多余。谈及此局面，杨慎不禁感慨："本朝以经学取人，士子自一经外，罕有贯通。"⑥ 于是，这些以登科及第为读书终极目标而高中之人，做官之后更加不屑也不会花费时间专心学问。然而，博学却是撰史、考史所必备的基本条件之一，直接影响着一位史家所具备的史才、史学、史识的程度。纵览明代考据大家，如杨慎、王世贞、钱谦益等，皆为饱学博洽之士，足见博学对于一位合格史家的重要性。其次，占有丰富史料。"史料为史之组织细胞，史料不具或不确，则无复史之可言"⑦ 一语道出了史料对撰史的重要性，对考史而

① 谢肇淛：《五杂俎》卷 13《事部一》，上海书店出版社 2009 年版，第 260 页。
② 张廷玉等：《明史》卷 282《儒林传序》，中华书局 1974 年版，第 7223 页。
③ 陈鼎：《东林列传》卷 2《高攀龙传》，广陵书社 2007 年版，第 39 页。
④ 顾炎武：《日知录集释》卷 16《三场》，上海古籍出版社 2006 年版，第 944 页。
⑤ 薛应旂：《宋元通鉴·义例》，见《四库全书存目丛书》史部第 9 册，齐鲁书社 1997 年版，第 688 页。
⑥ 杨慎：《升庵全集》卷 52《举业之陋》，商务印书馆 1937 年版，第 601 页。
⑦ 梁启超：《说史料》，《梁启超史学论著四种》，岳麓出版社 1998 年版，第 145 页。

言更是如此。排比各家记载、判断史料价值，本就是通过考据以图获得历史真相的重要手段。因而，尽管明人对三史失真失实的现象有激烈的批评，但想要找寻历史之真就必须借助已有记载，国史、野史、家史缺一不可，只有如此才有可能从纷繁复杂的历史记载中窥见真实。而凡是为明史考据做出贡献者，也皆是拥有丰富史料者。且不论王世贞、钱谦益家中建有藏书楼，本身就是明代出名的藏书家，连焦竑、朱国祯、潘柽章等人，也多在自己考据中广泛搜罗史料，借书、抄书不倦。再次，仕途多不顺。如杨慎、王世贞、焦竑、朱国祯、钱谦益等学者型官员，虽能科举及第，有的甚至名列三甲，但基本仕途多舛，常年赋闲在家。这对他们自身的仕途和家族而言都是不幸的，然这又是明代史学之幸。撰史、考史不仅需要丰富的史料，广泛地阅读、深入地思考都需要花费大量的时间和精力。而一个人的时间和精力总是有限的，倘若政务缠身，忙于应酬，时间从何而来？通过上文的分析研究，我们可以看到这些史家在考史上的成就多是退居家中时有所撰述才取得的。也只有当史家身处在一个自由自主的空间中，才有可能静下心做学问。正是因为有了他们的努力，才使得明代史学终于在晚明时期获得了一定的进步和发展。最后，本书所列史家多为晚明明史考据中颇有成就者，仔细对比之后可以发现诸位史家所考侧重各有不同。家庭背景和生活经历，是一个学者所处社会环境的缩影，是学者们各种活动赖以存在和发生的客观基础。在此基础上萌生的思想，对学者们的学术活动起着指导和制约作用。天分固然重要，但在更多时候后天的生活经历才是影响学者治学的主要因素。因而，我们可以看到，不同的家庭背景和生活经历，对晚明史家明史考据活动的影响还是比较明显的，主要就体现在史家看待问题的角度和考据的内容上。举一个典型的例子，在朱国祯的《涌幢小品》中有一条这样的考证：

> 世传黔宁王英为太祖外妇之子。而王弇州以为非。曰："帝长于英十五年。当英之生。帝方贫窭。安从取外遇。"是则然矣。考英以洪武二十五年卒，年四十八。其年圣寿已六十五，则帝长于英实十七年。真龙年至十七，壮矣。外遇而生，理或有之。弇州起于富贵，却笑贫人决无外遇。①

----

① 朱国祯：《涌幢小品》卷 1，中华书局 1959 年版，第 3 页。

　　沐英是否为朱元璋私生子，史籍根本不可能记载。王世贞认为无此事，理由是沐英生之时朱元璋无权无势一贫如洗，断不可能有外遇。在古代，豪门大家可以三妻四妾，但穷人连娶妻都比较艰难，更不要说有外室了。王氏此论还是比较切合当时实际的。而朱国桢则不这么认为，他指出王世贞的论断，一计算错年龄，二王世贞生于富贵，笑贫人无外遇。观此条考据，诚如朱氏所言，王世贞对朱元璋的年龄计算有误，但他辨证的重点不在年岁而是彼时朱元璋的地位——无权无势，一文不名。生逢乱世，怎会有女子自甘做一无名小卒之外室！朱国桢却谓王氏此论实乃看不起穷人，则完全有点诡辩的意思了。上文笔者已经指出，朱国桢虽官至首辅，家境却一直未能好转，甚至连自己的书稿都未能刊刻完成，称得上是官员中的"穷人"，理当对穷人处境更为了解。然有此辨却无实例，甚至给人一种"穷人"朱国桢的自尊心被"富人"王世贞无意间伤害了的感觉，实在无法令人信服。可见二人生长环境对史家看待问题角度之影响。不仅如此，个人遭遇还会对史家考据内容产生一定的影响。如王世贞生逢党争激烈之际，父亲更是受到波及被诛，因而他在考据之中对党争内容非常关注。焦竑参与国史修撰，负责的就是《经籍志》部分，虽国家未能将此项工作进行下去，焦竑却凭借在史馆中搜集到的资料坚持将其完成，一生心力更有无数耗费在《国史经籍志》《国朝献征录》中。钱谦益满腔报国热血也曾身居高位，在明末动荡局势中却未能有所作为，详辨开国盛朝诸事，尤其关注诸功臣之死，难免有物伤其类之心境。而明亡于流民、异族之手，潘柽章对朱棣言辞间的回护则在一定程度上包含了遗民史家对故国盛世的怀念。

　　其三，明人考据使用的方法也已非常丰富、成熟。虽然胡适先生声称"中国旧有的学术，只有清代的朴学确有科学的精神"[①]，但是清人考据所使用的方法有很多在明人考史中已被纯熟使用。通过上文的分析不难看出，明代史家对待史料的态度还是比较客观公正的。尤其在王世贞系统地提出三史史料各自的长短优劣后，基本被后世接受，因此使用三史互证成为考史时经常使用到的方法。除此之外，本证法、理证法、使用金石资料证史也被明代史家所熟知。不仅如此，钱谦益还完善推广了以诗证史之

---

　　① 胡适：《清代学者的治学方法》，见许啸天《国故学讨论集》第二集，上海书店出版社1927年版，第14页。

法，并在潘柽章这里得到了再次的使用。虽然因昭代人考昭代史，难免存在回护和误读，但从整体而言，明人的考据方法和考据结果是经得起推敲和解读的。

其四，明人对明史考据的广度、深度也有一个变化发展的过程。潘柽章之胞弟潘耒对晚明史家的当朝史考据的发展有过一番总结，"惟王弇州《二史考》、钱牧斋《实录辨证》，体制略同。然王氏略发其端而未及博考，钱氏止成洪武一朝而余者缺如。兹编中亦援引二书，而旁罗明辨，多补二家所未及，且有驳二家所未当者"①。此语精练地评论了三部明人明史考据专书各自的特点以及不足。总的来看，明人对明史的考据是由史著中的零星条目发展成为考据专著，对史事的考辨由浅至深，一步步朝着规范、严谨的方向发展，这同样得益于晚明史家的共同努力。史事越辩越明，学术的发展进步同样也从前辈中受益。获得后世一片赞扬称颂的张朝瑞、周之纲、潘柽章、张燧等人莫不如是。然研究者往往受研究范围所限，难以从整个学术发展的角度把握这些史家在明史考据中所处的位置，不能厘清他们的考据成果与明代其他明史考据者成果的关系，存在一定的误读。

王世贞作为明代首个对当朝史进行较为系统考据且有专书问世的史家，其对明当朝史考据做出的贡献以及对此后当朝史考据的影响都是不容忽视的，古今不少史家都对这一点有着较为深刻的认识。如吴炎称："太仓能驳海盐之失，《二史考》援据甚核。"② 清代邵晋涵称："王世贞《史料》始据实录以考正诸家之失，于类记之自相矛盾者，小说之凿空无据者，私家著述之附会缘饰者。"③ 四库阁臣"辨析精核，有裨考证"④ 的称赞则更能代表清代官方对王氏考据的认同。今人诸如嵇文甫先生认为王世贞的考据"颇有根柢"⑤，虽林庆彰称王世贞"因乏足资稽考之考据学专

———————

① 潘耒：《遂初堂文集》卷 6《国史考异序》，见《四库全书存目丛书》集部第 249 册，齐鲁书社 1997 年版，第 792 页。

② 吴炎：《吴赤溟先生集·吴炎答陆丽京书》，国学保存会 1906 年版，第 75 页。

③ 邵晋涵：《南江书录·明史提要》，见《丛书集成续编》2（总类），台湾新文丰出版公司 1991 年版，第 338 页。

④ 纪昀等：《钦定四库全书总目》卷 51《弇山堂别集》，中华书局 1997 年版，第 720 页。

⑤ 嵇文甫：《晚明思想史论》，河南大学出版社 2008 年版，第 141 页。

著，故阙而不论"①，但对王世贞的考据功力还是持认可态度。因此我们可以认为学界对王世贞的史学考据的看法还是比较公正的。

然而，在钱谦益、潘柽章这里似乎情况就有了变化。通过上文的分析可以看出，钱谦益的当朝史考据虽限太祖一朝，对建文帝出亡稍有涉及，但钱氏的考据无论是从深度，还是考据使用的方法、考据的过程等都能看出他是一个博闻广识、学风严谨的大家，在他的考据当中诸如引文不注出处、不注前人成果等问题非常少。就是这样一位对明当朝史考据有过重要贡献的学者，却因其变节降清抹上污点后，为很多学者所不齿，"牧斋诗文鸣一时，而晚节若此"② 的观点就很能说明问题。明末清初之时还有学者能够公允地评价钱氏，如潘耒云 "牧斋虽大节有亏。然其学问之宏博，考据之精详，亦岂易及？安得以人废言"③，这是将钱氏的政治活动与学术活动分开、分别评价的范例。既正视了钱氏降清于大节确实有亏，同时也充分肯定了钱氏的学术成就。潘氏对明史颇有研究，他的看法还是非常有说服力的。然自乾隆亲定 "贰臣" 调，缴毁钱氏书籍，以及讽刺钱氏 "进退都无据，文章哪有光"④ 之后，便把钱氏的学问和其失败的政治生涯紧紧联系在一起，将因人废言的做法发挥到了极致。在强大的皇权压力下，学界自此之后几乎无人谈论钱氏成就。然而，政治活动与学术活动之间虽会彼此影响，但并不对等，更不存在必然联系。更何况时局风云诡谲，人性又是如此难以揣摩。钱氏何以变节降清，后又缘何抗清，似也不是旁观者几句话就能说清楚的。

再看潘柽章。此子作为后生晚辈，因受庄氏史案牵连，37 岁被诛。在他未死时，因修明史之举已名动天下。当时家有藏书者多相佐让，钱谦益甚至亲自为其撰文求书。潘氏之考据成果，也为当时大儒钱谦益、顾炎武所赞赏。潘氏死于清初文字狱后，顾炎武撰文追思同时又将潘氏夸赞了一番。随着 "庄氏史案" 而来的是清廷对史学界监控的加强，明史的研究成为雷区，到清销毁钱谦益著作时又再次牵连被禁，清人对潘氏的讨论

---

① 林庆彰：《明代考据学研究·序》，台湾学生书局 1986 年版，第 4 页。

② 陈梓：《删后文集》卷 9《金复庵太翁传》，见《清代诗文集汇编》第 254 册，上海古籍出版社 2010 年版，第 114 页。

③ 潘耒：《遂初堂文集》卷 11《从亡客问》，见《四库全书存目丛书》集部第 249 册，齐鲁书社 1997 年版，第 109 页。

④ 无名氏：《清史列传》卷 79《贰臣传乙·钱谦益》，中华书局 1987 年，第 6558 页。

也就较少了。但从总体上看，学界在评价明史考据之时，对潘氏的赞赏明显要高过钱氏。例如，近代学术大师梁启超先生在评价钱谦益时说过"伪学者如钱谦益"①"更有一位人格极不堪，而在学界颇有名的人，曰钱牧斋……但他极熟于明代掌故，所著《初学集》《有学集》中，史料不少"②，而论及潘氏则是"既失此书，复失此人，实清代史学界第一不幸事也"③，可见梁先生在评论此二人时明显将他们的政治活动代入学术活动中，既没有肯定钱氏对考据学所做贡献，也没有指出潘氏考据与王、钱关系及其存在之不足。况且，通过笔者在前文的仔细梳理，已经详细指出了潘氏在考史时存在的不足。然而连学识渊博如梁先生者，都在评价此二人时带上了政治的"有色眼镜"——对降清之钱氏贬斥之，对反清义士之潘氏褒扬之。但同时笔者必须指出的是，梁先生的这个以政治活动作为评价学术成就重要参照物的观点，又明显带有他所处时代的烙印，这是我们今天评论人物时要竭力避免的。

同时，在清人以考据见长，而官修《明史》又号称"故事迹原委，多得其真"④ 的情况下，《明史》对史事记载的取舍，或也可作为一个间接评价三家考据高下的、相对公平的评判标准。据笔者《潘王钱三家考据对比》⑤ 统计可知，潘、王、钱三子互有交叉的考据条目共计56条，三人考据成果互有分歧处18条。其一，潘、王、钱3人都涉及的考据条目共有8条。其中潘氏考据结论与明史馆臣抵牾处2条，为序号10、序号12，同钱氏相同且又有所推进，而未被《明史》采纳的2条，为序号20、序号27；王氏错误有3条，分别为序号20、序号27、序号34；钱氏只有3处考据结果未被采纳，分别为序号10、序号12、序号14。其二，潘、钱二人考据结论不同，明史馆臣又有涉及的考据条目共计5条，明史馆臣基本采纳了钱氏的看法，分别为序号1、序号2、序号6、序号24、序号28。其三，潘、王相异，明史馆臣认可王氏考据结论的有3条，分别为序号29、序号39、序号54，认可潘氏的仅有序号3一条。由此可见，明史

① 梁启超：《中国近三百年学术史》，中国社会科学出版社2008年版，第96页。
② 梁启超：《中国近三百年学术史》，第181页。
③ 梁启超：《中国近三百年学术史》，第281页。
④ 赵翼著，王树民校证：《廿二史札记校正》470《明史》，中华书局2013年版，第760页。
⑤ 按：详细内容见文后附表《潘王钱三家考据对比》。

馆臣撰史时，在诸家考据存在分歧的状况下对潘氏的考据结果并不十分认可，反倒是对"贰臣"钱谦益的观点颇有认同。然而，没有专门考察钱、潘二人考据成果之后人，有大师定论在先，难免人云亦云，从而造成了学界长久以来对钱、潘二人考据成果的误解。因此，本书的研究或能弥补这一学术发展史上的缺陷，将明代最具代表性的当朝史考据成果进行梳理，找到他们各自在明史考据中当据的地位。

在此基础上，对明人考据成果总体的评价，似也有可重新认识的地方。如顾颉刚先生在论述考据学发展过程时，提到"（宋代）考据学就渐渐地成立了起来。不过当时提出的问题虽多，方法和研究工作还是粗枝大叶，所以够不上彻底解决问题。到了清代……"① 直接将元明略过，可见在顾先生心中明代的考据成果是不值得一提的。杨绪敏学者以"乾嘉学者一改明代学者对史书的琐碎考证，对'正史'及其它史书从校注、辨伪、辑佚、改写、补作、考证等方面进行了全面、系统的整理"② 一语，用比较的方法评价了明清两朝的史学考据成就。在他看来明代史学考据是"琐碎考证"，清人才有了对正史及其他史书的系统整理。赵良宇在总结明代中后期考据学成就时则认为"明代中后期考据学者在考据思想、方法及学术规范上存在明显的缺陷和不足，显得极为不成熟"③。姜广辉先生"明代杨慎诸人有以考据学自娱的倾向，其学虽称博洽，然识断尚欠精审"④。通过笔者前文的研究，上述这些看法显然都值得商榷。

明代考据学应该在整个中国考据学发展中占有一席之地的看法，已经被普遍认可不用赘言。然持明代史学考据琐碎不系，清人才有了系统考据的看法显然也是不合理的。且不论朱明镐《史纠》一书已开启系统考据正史之路，明人的史学考据之所以给人琐碎之感，也多是因为明人考史同清人目的的不同。从考据目的上看，在明人考史多是为撰史服务时，自然是发现问题才会考证；从保存形式上看，它们有的散落于行文中，有的集结成册，因此很容易给人以琐碎之感。至于在考据思想、考据方法、学

① 顾颉刚：《顾颉刚全集》，《顾颉刚古史论文集》卷 7《古籍考辨丛刊第一集序》，中华书局 2010 年版，第 24—25 页。

② 杨绪敏：《明清两朝考据学之比较研究》，《史学集刊》2007 年第 5 期，第 13 页。

③ 赵良宇：《论明代中后期考据学的成就及其局限》，《求索》2007 年第 4 期，第 210 页。

④ 姜广辉：《略论明清时期的考据学思潮》，《湖南大学学报》（社会科学版）2007 年第 2 期，第 27 页。

术规范上的问题，用"明显的缺陷和不足、极不成熟"来限定，笔者也不赞同。通过前文的举证可以看出，明人，尤其是考据上取得较高成就的学者，在考据思想、考据方法方面上的认识已经比较成熟。相较之下，虽确在学术规范方面距清人落后较多，然正如前文所说，胡应麟、方以智、陈第等人则在学术规范上的一些观点也已经非常接近清人了，只是在明代没有普及，直到清代才为学界普遍认可接受。从总体上讲，明人的考据在考据思想、考据方法、考据内容、学术规范等方面确实没有清人成熟完善，但似这般一概而论，一锤定音的言论也是极不负责的。因此，在笔者看来，我们在给晚明史学考据下结论时，既要结合时代学术背景肯定积极进步的一面，更要正视明人考据中出现的不足，尤其不能离开时代背景来评价晚明的明史考据，更不能以今人眼光看待晚明的明史考据，否则对合理定位明代考据学是百害而无一益。

除了上述的这些特点和对明代史学的积极贡献，通览明代整个的明史考据，还存在很多的问题。不仅考据成果良莠不齐，尤其是在学术规范方面，存在严重的引文不注出处，抄袭前人作品的现象。这些例子在考据中比比皆是，笔者也于文中指出了很多，此处不再一一举例。但作为开创了清代考据之风的先行者、倡导者，也正如梁启超先生所说的那样，考据作为一种学术思潮在启蒙期时的著作多"恒驳而不纯，但在淆乱粗糙之中，自有一种元气淋漓之象。此启蒙期之特色也"①。虽然明人撰述中存在的这些问题已经被当时的有识之士察觉，也提出了明确的批评，如胡应麟指出"明知其得，而掩为己有……壮夫不为"②，方以智云"贵集众长，必载前人之名，不敢埋没"③，这些观点尽管卓有见识，却未能得到学界的普遍接受。真正形成学术规范和风气的，是清人在明人已有一些零星想法的基础上，于不断的总结、反思中逐渐完善成熟。这些内容对当前的学术研究依旧具有重要意义，主要有以下几点。

首先，采书悉仍原文。作为明代考据之风的首倡者杨慎，其考据之中就存在着严重的"恃其强识，不及检核原书，致多疏舛"④ 的问题。虽他

---

① 梁启超：《清代学术概论》，中华书局 1954 年版，第 2 页。
② 胡应麟：《少室山房笔丛》卷 39《华阳博议下》，上海书店出版社 2009 年版，第 409 页。
③ 方以智：《通雅凡例》，见《通雅》卷首，中国书店出版社 1990 年版，前言第 17 页。
④ 纪昀等：《钦定四库全书总目》卷 119《丹铅馀录》，中华书局 1997 年版，第 1591 页。

的博学强识在明代能超越者不多，但引书不注出处的缺点却被后继者学了个十足。无论是鼎鼎大名的王世贞，还是被后世追捧的潘柽章都存在这个问题，这种严重违反引证精神的做法自然受到了清人的严重批评。如陈启源提出"引据之书，必明著于编，俾可展卷取验，示传信也"①，考据名家王鸣盛也强调"予所著述，不特注所出，并凿指第几卷某篇某条，且必目睹原书"②。可见，以考据见长的清人不仅强调征引注明出处，有的甚至更进一步要求注明到原文中的某条。除了不注出处，明人引书还存在好仅凭己见割裂原文的恶习，这一点尤其在张燧和潘柽章身上得到了体现，而这一习惯也同样为清人所反对。胡渭"大抵著书援古，最忌混淆割裂"③即是从前人那里吸取的经验教训。

其次，反对抄袭，学戒剽窃。清人批评"明人著书之通病"④最重要的一条就是"好抄袭前人之书，而割裂之以掩其面目"⑤。此论虽言之有过，但确实也反映出明人撰述中突出存在的抄袭问题。连以博洽著称的焦竑，其名著《焦氏笔乘》都被清人批评为"多抄袭说部，没其所出"⑥。关于明人考据的这个缺点在笔者考证中已经多次指出，有的只是抄袭一部分，如张朝瑞者；有的干脆将前人考据之书改头换面，直接据为己有，如周之纲者；有的则是综合各家之书，并割裂原文面貌，充为己书，如张燧者。在古代书籍流通不畅，检索书籍内容也不方便的现实条件下，他们的这种做法非博洽强识者很难察觉。晚明前期抄袭的对象多以王世贞的《史乘考误》为主，而钱谦益《太祖实录辨证》问世之后，潘柽章于太祖朝的考据则对钱氏成果摘引居多。因此，清人在批评的同时，强调了"考订之书，袭用前人成说，本不足怪，但须注明来历"⑦的学术规范，同时还形成了一套正确对待前人成果的办法：

前人谬误已经他书指摘者，概不赘及；其指摘有未尽，则曲畅

---

① 陈启源：《毛诗稽古编·序例》，见《四库全书》第85册《毛诗稽古编》，第334页。
② 王鸣盛：《十七史商榷》卷98《十国春秋》，上海古籍出版社2013年版，第1495页。
③ 胡渭：《禹贡锥指·略例》，上海古籍出版社2013年版，第7页。
④ 纪昀等：《钦定四库全书总目》卷119《名义考》，中华书局1997年版，第1593页。
⑤ 纪昀等：《钦定四库全书总目》卷132《珍珠船》，第1748页。
⑥ 纪昀等：《钦定四库全书总目》卷128《焦氏笔乘》，第1709页。
⑦ 章学诚：《章氏遗书》外编卷2《乙卯劄记》，商务印书馆1936年版，第55页。

之，必先云某说如此，不敢攘人之美也；若指摘未当，则加驳难。①

　　事实上，此法在潘柽章的《国史考异》中已有一定体现，美中不足的是潘氏不仅未能将此法运用得尽善尽美，反而还存在较为严重的"不注书名""词相连属"的缺陷。但清人将此法总结得十分到位贴切，因为在考据中经常出现有新材料的发现而推翻或者推进前人已有成果的情况，指出前人的研究成果则是对前辈学者的尊重和承认。

　　考据在清代成为学术主流，并继续经历了梁启超先生指出的作为一种思潮，除启蒙期外剩下的"全盛期、蜕分期、衰落期"这后三个阶段。清代考据包含的内容，考据所用之方法、考据之学术规范等，相对启蒙期的晚明阶段来说，都有了极大的提高和改进。而清代考据之所以成为学术主流，取得巨大的成就，是建立在中国学术发展中旧有训诂考据之学和晚明思潮兴起的基础之上，而非清人的独创发明。这一点清人自己也有深刻的认识，而这也正是清人"不攘人之美"学术规范的体现。

　　总之，晚明史家的明史考据虽然存在不少问题，但从整个中国史学发展的角度来看，它是明代乃至清代史学能够进步发展的动力之一。晚明史家对明代一些史实的澄清考证，也对明史成为二十四史中水平较高的一部正史做出了重要贡献。因此，将晚明史家的明史考据作为一个整体进行综合研究，不仅能够发现其自身有一个动态发展的过程，而且可以清晰明了地认识考据学在启蒙时期的特点和不足，同时还能帮助我们更加全面深刻地认识清代考据成就，具有较为重要的史学价值和意义。

---

　　① 陈启源：《毛诗稽古编·序例》，见《景印文渊阁四库全书》经部第85册《毛诗稽古编》，台湾商务印书馆1987年版，第334—335页。

附　表

一　《〈史乘纂误〉与〈史乘考误〉史料对比》①

序号	周之纲：《史乘纂误》	王世贞：《史乘考误》	序号	周之纲：《史乘纂误》	王世贞：《史乘考误》
1	草木子馀录，43 页	卷一，362 页	15	客坐新闻，68 页	卷一，370 页
2	剪胜野闻，44 页	卷一，363 页	16	草木子，68 页	卷一，370 页
3	又言，45 页	卷一，363 页	17	震泽纪闻，69 页	卷一，371 页
4	又言，47 页	卷一，364 页	18	剪胜野闻，71 页	卷二，375 页
5	枝山野记，48 页	卷一，364 页	19	野史，72 页	卷二，375 页
6	资治通纪，49 页	卷一，364 页	20	震泽纪闻，74 页	卷二，376 页
7	近峰闻略，50 页	卷一，365 页	21	海盐王文禄，75 页	卷二，376 页
8	纪略，52 页	卷一，366 页	22	升庵丹铅录，85 页	卷二，379 页
9	草木子馀录，56 页	卷一，367 页	23	近峰闻略，89 页	卷二，380 页
10	近峰闻略，57 页	卷一，367 页	24	枝山野记，89 页	卷二，380 页
11	庚巳编，61 页	卷一，368 页	25	野记，92 页	卷二，383 页
12	野史言，64 页	卷一，369 页	26	田汝城记，93 页	卷二，385 页
13	都公谈纂，65 页	卷一，369 页	27	一统志，102 页	卷二，387 页
14	野记，66 页	卷一，370 页	28	传信录，103 页	卷二，387 页

---

① 按，因《史乘纂误》基本抄袭王世贞《史乘考误》，且条目内容过多，囿于文章篇幅所限，表中仅标注了《史乘纂误》的条目在《史乘考误》中华书局 1985 年版中所对应的卷数和页数。

续表

序号	周之纲：《史乘纂误》	王世贞：《史乘考误》	序号	周之纲：《史乘纂误》	王世贞：《史乘考误》
29	皇明纪略，104 页	卷二，388 页	54	西樵野记，158 页	卷四，416 页
30	建文之出奔，105 页	卷二，389 页	55	西樵野记，161 页	卷四，416 页
31	客坐新闻，111 页	卷二，390 页	56	闲中今古录，163 页	卷四，417 页
32	文庙实录，112 页	卷二，390 页	57	西樵野记，165 页	卷四，417 页
33	李文达，113 页	卷三，393 页	58	莘野纂闻，166 页	卷四，418 页
34	闲中今古录，115 页	卷三，394 页	59	李文达，418 页	卷四，418 页
35	许浩，116 页	卷三，395 页	60	张御史春，171 页	卷四，420 页
36	传信录，119 页	卷三，397 页	61	宪章录，184 页	卷五，425 页
37	陕西通志，121 页	卷三，404 页	62	枝山野记，186 页	卷五，427 页
38	枝山野记，122 页	卷三，404 页	63	枝山野记，186 页	卷五，426 页
39	双槐岁钞，125 页	卷三，404 页	64	又言，189 页	卷五，427 页
40	传信录，127 页	卷三，406 页	65	王文恪，191 页	卷五，428 页
41	野记，129 页	卷三，406 页	66	李献吉，192 页	卷五，428 页
42	野史，130 页	卷三，407 页	67	枝山野记，198 页	卷五，431 页
43	琐缀录，132 页	卷三，407 页	68	吾学编，200 页	卷五，432 页
44	枝山野记，134 页	卷四，409 页	69	史言，205 页	卷五，433 页
45	近峰闻略，138 页	卷四，410 页	70	史言，207 页	卷五，434 页
46	天顺日录，139 页	卷四，411 页	71	史于，208 页	卷五，434 页
47	枝山野记，141 页	卷四，411 页	72	又言，210 页	卷五，434 页
48	宪章录，142 页	卷四，411 页	73	菽园杂记，212 页	卷五，435 页
49	立斋闲录，144 页	卷四，412 页	74	李文达，214 页	卷五，436 页
50	馀冬序录，145 页	卷四，412 页	75	传信录，216 页	卷五，436 页
51	枝山野记，153 页	卷四，414 页	76	琐缀录，217 页	卷五，437 页
52	闲中今古录，414 页	卷四，414 页	77	野记，218 页	卷五，437 页
53	枝山野记，156 页	卷四，415 页	78	武功遗事，221 页	卷六，441 页

序号	周之纲：《史乘纂误》	王世贞：《史乘考误》	序号	周之纲：《史乘纂误》	王世贞：《史乘考误》
79	东白先生，223 页	卷六，442 页	104	宪章录，275 页	卷七，472 页
80	闲中今古录，224 页	卷六，442 页	105	又云，277 页	卷七，472 页
81	闲中今古录，226 页	卷六，442 页	106	杨用修，278 页	卷七，472 页
82	客坐新闻，228 页	卷六，443 页	107	宁庶人，279 页	卷七，473 页
83	复斋日记，231 页	卷六，444 页	108	近见有演戏，280 页	卷七，476 页
84	宪章录，232 页	卷六，444 页	109	客坐新闻，281 页	卷八，479 页
85	菽园杂记，234 页	卷六，446 页	110	馀冬序录，289 页	卷八，481 页
86	琐缀录，234 页	卷六，447 页	111	史于王文，292 页	卷八，483 页
87	史言，235 页	卷六，444 页	112	野史，302 页	卷八，485 页
88	世传陈太常，240 页	卷六，452 页	113	西樵野记，303 页	卷八，486 页
89	琐缀录，241 页	卷六，452 页	114	近峰闻略，305 页	卷八，486 页
90	琐缀录，244 页	卷六，453 页	115	交事纪闻，307 页	卷八，487 页
91	韩苑洛杂志，246 页	卷七，462 页	116	致仕少傅，308 页	卷八，489 页
92	史谓，247 页	卷七，462 页	117	史于，310 页	卷八，491 页
93	又谓，248 页	卷七，462 页	118	史于，311 页	卷八，491 页
94	客坐新闻，250 页	卷七，463 页	119	史于，315 页	卷八，493 页
95	孤树哀谈，252 页	卷七，464 页	120	穆庙录，318 页	卷八，493 页
96	又云，254 页	卷七，465 页	121	徐宗伯，319 页	卷八，494 页
97	双溪杂记，255 页	卷七，465 页	122	又谓，323 页	卷八，496 页
98	史谓，260 页	卷七，468 页	123	文贞公，326 页	卷八，496 页
99	史实录言，261 页	卷七，468 页	124	解学士年谱，328 页	卷九，499 页
100	近峰闻略，263 页	卷七，469 页	125	袁永之，333 页	卷九，503 页
101	震泽纪闻，265 页	卷七，469 页	126	安远，336 页	卷九，504 页
102	宪章录，266 页	卷七，470 页	127	戚编修，337 页	卷十，515 页
103	高岱，270 页	卷七，470 页	128	余过泌阳，344 页	卷十，517 页

续表

序号	周之纲：《史乘纂误》	王世贞：《史乘考误》	序号	周之纲：《史乘纂误》	王世贞：《史乘考误》
129	又考之史，349 页	卷十，519 页	134	王文成行状，380 页	卷十，527 页
130	王文恪，352 页	卷十，519 页	135	翟文懿行状，382 页	卷十一，535 页
131	文忠行状，361 页	卷十，521 页	136	鹿野史公，385 页	卷十一，537 页
132	林介立，365 页	卷十，522 页	137	明卿，389 页	卷十一，539 页
133	康对山海，369 页	卷十，523 页			

二 《潘王钱三家考据对比》①

序号	潘柽章《国史考异》		王世贞	钱谦益	清修《明史》	
					内容	明史馆臣的结论
1	卷1·二	先有相招迫胁之事，而后决于神	未涉及	先有相招胁迫之事，而后祷于神（不云钱氏之考证）	谋避兵，卜于神	潘氏误，同钱氏
2	卷1·三	在壬辰彭大奔濠之时，而不必在癸巳元兵解围之后	未涉及	当在元兵解围之后，不在自徐奔濠之日	围解，大，均用皆自称王，	潘氏误，同钱氏
3	卷1·四	老舍为滁阳王亲非其幼子；王氏之论是臆度之论	老舍必滁阳之族，年少长者	未涉及	老舍非滁阳王子	王氏误，同潘氏
4	卷1·五	吴公之建号在辛丑而非丙申明矣	未涉及	丙申之未开吴国断可知矣	十六年秋七月己卯，诸将奉太祖为吴国公	自述②

① 按：此表对比内容以潘柽章文中所引为主。

② 按：凡笔者谓之"自述"者，则谓《明史》所记不同于潘、王、钱三人的考据结果，而自述之。凡"相同"者，则是《明史》所记记诸家考证相同。

续表

序号	潘柽章《国史考异》		王世贞	钱谦益	清修《明史》	
					内容	明史馆臣的结论
5	卷1·六	（钱氏）此论最核	未涉及	赵德胜丁酉七月常熟擒之	（赵德胜）取江阴，攻常熟，擒张士德。	相同
6	卷1·七	钱氏能辨城下之战在十月而不能辨汪同之降在七月	未涉及	宁河与越国同事；拔徽州在七月，城下之战在十月；同等降以九月	秋七月胡大海、邓愈戍之，遂拔徽州……大战城下，汪同之事未涉及	徽州事同钱氏；汪同无
7	卷1·九	更定品秩在吴元年，冯胜加右都督在元年正月，安得谓丛品改官	其左右都督俱从一品后进一品，而同知为从一品宋公因从品改官	未涉及	平吴迁右都督；洪武元年贬官为都督同知；	自述
8	卷1·十	（钱氏辨证）是也关滩之败当在甲辰	未涉及	戊戌陷嘉定路；称陇蜀王在庚子岁；攻陷云南在癸卯十二月	（至正二十年）自立为陇蜀王（剩下二事时间不详）	相同
9	卷1·十一	安再守黄州，一在辛丑之秋，一在甲辰之春；安再守黄州皆在谪桐城之前；	未涉及	安守黄州在平陈理时；出知黄州，降桐城令，移知饶州，仍改知黄州	黄州初下……命知黄州……坐事谪知桐城，移知饶州。	自述
10	卷1·十三	诸本未涉及安置之语；安丰未破，刘福通未死；"不果奉"未必宋主亲至金陵	丙午三月，太祖取韩林儿安置	"不果奉"或云在癸卯克安丰之后；"不应轻出，若救出来，发付何处"为不奉龙凤本谋（不云钱氏之考证）	（癸卯）吕珍破安丰，杀刘福通；三月太祖自将救安丰……以韩林儿归滁州	自述，但潘氏考证与清人结论相抵牾

续表

序号	潘柽章《国史考异》		王世贞	钱谦益	清修《明史》	
					内容	明史馆臣的结论
11	卷1·十四	安有代死诳汉事；国胜与韩成同死，则祀于康山	未涉及	韩成代死为假（不云钱氏之考证）国胜与韩成同死康山	国胜与韩成……援绝力战死	相同
12	卷1·十六	党比杨宪，非以沉韩林儿	廖永忠非令终者	虽为其僭侈犯上，实以沉韩林儿之故	至瓜步覆其舟死，帝以咎永忠；永忠与相比，以功大得免；坐僭用龙凤诸不法事，赐死	自述，但潘氏考证与清人结论相抵牾
13	卷1·十七	文忠以偏师先趋……初未深入。平闽之后金子隆等残寇未殄，更命文忠率兵讨之	未涉及	文忠不敢轻进乃屯浦城待海师消息……复遣兵至邵武建宁。（不云钱氏之考证）	大军征闽，文忠别引军屯浦城以逼之。师还，余寇金子隆等聚众剽掠，文忠复讨擒之	文忠初入闽相同，复入闽同潘氏
14	卷2·一	塑像虚位无位次与太庙配享皆定于二十八年	塑像虚位诚有之	塑像虚位吾断以为无之二十一人之祀定于何时吾未有征	论次功臣二十有一人，死者塑像，生者虚其位	自述
15	卷2·二	（钱氏）斯言近之会典位次于此不符，俟详考	未涉及	黜郧国未必出圣祖意	未涉及	无
16	卷2·五	东宫发之	未涉及	李善长发杨宪奸状及诸阴事	未涉及	无
17	卷2·六	未可以实录不书谪降而遂疑十年十三年之文尽为赘误	未涉及	不书于八年九年者为脱略，而书于十年十三年者为赘误	书郑遇春事未能详尽	自述

续表

序号	潘柽章《国史考异》		王世贞	钱谦益	清修《明史》	
					内容	明史馆臣的结论
18	卷2·七	兴祖之封侯与宥罪从征,不在三年之十二月则必在其年之正月,海南之谪盖未至而召还,令征蜀图实封	未涉及	兴祖封侯之后,以有过而夺券,及其从征死事,则尽复原封,以授其子	兴祖殁于王事,优赏其子,追封东胜侯	自述
19	卷2·八	以其兄弟功大罪状未彰,且连姻湘邸,故终始保全耶	未涉及	靖海之功大而罪未著圣祖特宥之	二十三年,追论祯胡惟庸党,爵除	自述
20	卷2·十	同钱氏,补:为胡、陈所诱,明廷于礼无欠	十七年卒,未足据	黄彬二十三年坐胡党卒	二十三年,坐胡惟庸党死,爵除	相同,无潘氏考据内容
21	卷2·十一	惟庸等专擅之罪又因广洋既死而发露无遗	未涉及	此时涂节已上变告惟庸,惟庸等当亦下吏,汪广洋狱成伏诛,则在十三年之正月	中丞涂节言刘基为惟庸毒死,广洋宜知状;十二月,汪广洋贬广南,赐死	自述
22	卷2·十二	非钱氏钩考而参订之,千载而下,有不以善长之死为疑狱者	未涉及	李善长谋逆	知逆谋不发举,狐疑观望怀两端	自述
23	卷2·十四	云奇告变事有无不可知;丞相府即中书省,后为三公府,今西华门内门北向而堂南向者	(云奇告密)据国史驳之,其辨甚正;丞相府私第犹在故西华门外,后拓西华而广之	云奇告密,国史野史一无所考;惟庸私第不当在禁中,而未有以核其实也	未涉及	无
24	卷2·十五	钱氏谓二十三年以前未曾发觉似亦少核	未涉及	惟庸之谋逆发于十三年……善长反状直至二十三年始发觉	十三年,惟庸谋反伏诛,坐党死者甚众,善长如故	潘氏误,同钱氏
25	卷2·十六	虽身死鞭挞而哀恤之典不废	未涉及	亮祖之死于杖下明	俱鞭死	相同

续表

序号	潘柽章《国史考异》		王世贞	钱谦益	清修《明史》	
					内容	明史馆臣的结论
26	卷2·十八	钱说是也	未涉及	二十三年顾敬以胡党连坐；《庚午诏书》独列顾时而不及其子敬……其父谋逆而其子亦与谋故诏书列其父而不及其子	二十三年，追论胡惟庸党，榜列诸臣，以时为首，敬坐死爵除	相同
27	卷2·十九	中之进药必有主使者而非上意；因其招纳士人，遂乘间媒孽……得罪必非以严州之事	保保益惧，遂疾笃，令医视疾，不愈而卒	疑有毒致薨；曹国得罪之故，史家阙如，无可征考，吾不得而知	帝疑中毒之	中毒结论同潘、钱，潘氏推论无
28	卷2·二十	十二侯皆从征云南有功也，综其实乃有不尽然者	未涉及	十二侯皆于十七年论功加世爵而实录记之，从省文耳	仇成、蓝玉、陈桓、胡海、张翼、陈文洪等俱十七年封侯	同钱氏
29	卷2·二十一	有纳友谅次姬为妃，而无阇氏生子，王氏驳之甚正；潭王死亦为胡党所累	潭王之母非阇氏；以妃家坐罪不自安，遣使召入朝，疑惧与妃自焚	未涉及	达定妃生齐王榑、潭王梓；梓大惧，与妃俱焚死	潭王死因，潘氏误，同王氏
30	卷3·一	善长之罪止在匿封绩不奏……钱氏以为善长第一公案亦误也；李祺下落，（钱氏）其论甚核	未涉及	通胡手迹此善长大逆不道第一公案；祺以二十一年还定远次年卒，亦当在定远不在江浦	知逆谋不发举，狐疑观望怀两端，二十三年，善长坐事死。祺已前卒	自述
31	卷3·二	四侯之死未涉及赵庸归恩于李善长，而怨朝廷，遂与通胡谋逆	四侯洪武二十六年卒	延安诸侯俱在二十三年五月伏诛	延安、平凉、南雄、荥阳、宜春、河南侯陆聚等，皆同时坐惟庸党死	同钱氏，潘氏内容无

序号	潘柽章《国史考异》		王世贞	钱谦益	清修《明史》	
					内容	明史馆臣的结论
32	卷3·三	刘鹰卒于永乐时何疑	未涉及	刘鹰永乐某年卒于家	永乐间卒	相同
33	卷3·四	恐罹重谴，遂以忧死耳，未必果以胡党牵连也	未涉及	胡海之有罪与其得免，则史既不书，他亦无可考	未涉及	无
34	卷3·六	以故纵之罪并诛德兴，曰帷薄不修者亦讳之（入乱宫禁）胡美赐以自尽杀身亡家	周德兴十八年坐乱宫死；胡美二十六年坐蓝党论死国除	德兴之子骥实犯禁而并坐德兴，国史所记帷薄不修史官之微词；美于洪武十七年以犯禁伏诛	二十五年八月，以其子骥乱宫，并坐诛死；胡美偕其子婿入乱宫禁，十七年坐法死	王氏误，同钱潘
35	卷3·九	成桂弑梦周	未涉及	梦周不死，成桂篡必不成	未涉及	无
36	卷3·十	常昇之伏法于洪武末明甚	抗靖难师得罪安置临安以忧卒	于三山聚兵谋逆，二十六年伏法	未涉及	无
37	卷3·十六	蓝玉谋逆二公必不与知明矣……二公之卒，既非同时，其得祸亦当有别；颍公傅友德实有后于晋	赐死	颍国公、宋国公为党逆伏诛，家属悉令自缢（不云钱氏之考据）	傅友德二十六年赐死，有孙未死；蓝玉诛之月，召还京。逾二年，赐死	同潘氏
38	卷3·十七	三十年冬十月，奉敕撰黔国公吴复碑，安得死于六月……不死洪武明矣；会试，三吾以老戍边	三十年六月刘三吾暴卒	刘三吾主考会试以多中南人坐罪，以老成边；卒时俟详考	（会试）三吾以老戍边；建文初，三吾召还，久之卒	得罪同钱氏，死亡时间自述
39	卷4·一	成祖为硕妃子	太宗与懿文、秦、晋、周俱嫡出	未涉及	母孝慈高皇后	潘氏误，同王氏

续表

序号	潘柽章《国史考异》		王世贞	钱谦益	清修《明史》	
					内容	明史馆臣的结论
40	卷4·二	恭王果有阴谋安得不露而本传未尝轻诋	晋王陷文皇，文皇以亲故为之讳或其时恭王之谋尚未露	未涉及；	未涉及	无
41	卷4·三	成祖遣之自代	为宋杜审琦内宴事	未涉及	王自北平入奔丧，闻诏乃止	自述
42	卷4·十七	因杨行祥事为人所共知而更端以欺世	(正统十一年杨应能事）薛氏借此而附会前说	杨行祥之狱在正统五年(不云钱氏之考证)	正统五年，杨行祥事。相传有帝为僧时往来迹	相同
43	卷4·十八	无遁去不追之理以王大章为变姓名尤误	未涉及	变姓名王大章遁归方大索	未涉及	无
44	卷4·十九	史仲彬与从亡无关	未涉及	史仲彬与从亡无关	考仲彬实未尝为侍书	相同
45	卷5·一	王世贞以为宜人循吏传诚有见	张紞经于后堂宜入循吏传	未涉及	紞惧，自经于吏部后堂	相同
46	卷5·十一	王世贞谓行部即布按二总司斯言最当	永乐四年其时北平初为北京，有行部而无刑部	未涉及	永乐初，建北京行部	相同
47	卷5·十二	杨仪牵合之谬，不攻自破矣，此钱氏之所未及，故究论之	未涉及	黄钺受学于其五世祖溇，邑志削溇不载，固已正其诬	钺从友人家借书，窃读不废	相同
48	卷5·十七	国史所书殷之被杀最为详明	杀梅殷者都督佥事谭深、赵曦，而发其事者都督许成（不云王氏考证)	未涉及	谭深、锦衣卫指挥赵曦挤殷笪桥下，溺死，以殷自投水闻	相同

续表

序号	潘柽章《国史考异》		王世贞	钱谦益	清修《明史》	
					内容	明史馆臣的结论
49	卷5·十九	（钱氏）此论可谓发奸摘伏	未涉及	《从亡日记》出而《致身录》之伪愈不可掩	《致身录》附会不足信	相同
50	卷5·二十一	邓腾及其季自立之说，尤为无稽	不闻其赐姓与所谓邓腾也	未涉及	部卒得季釐及其子澄	相同
51	卷6·一	宣德中卒……皆误	未涉及	权妃之父宣德中卒	未涉及	无
52	卷6·三	缙之大节在于安储，固不系乎病死与否	以烧酒埋雪中，立死	未涉及	纲遂醉缙酒，埋积雪中，立死	同王氏
53	卷6·七	（王世贞）其见卓然	所谓旗较数人潜入二司执田琛、宗鼎去非实录也	未涉及	诏成以兵五万压其境，琛等就擒	相同
54	卷6·八	王氏因论功不及遂疑中已为辅所戮殊为无据	黄中已为张辅所戮	未涉及	都督黄中素骄，违节度（张辅）斩以徇	潘氏误，同王氏
55	卷6·十三	（东杨密疏）实录讳之，神道碑又削之	东杨密疏，以此为讳……尤寂寥不足道	未涉及	未涉及	无
56	卷6·十六	此举实杨文敏（荣）公谋，文靖特成之	秘不发丧……皇太子至遂发丧……文靖（金幼孜）一时镇静之功不可及	未涉及	太监马云密与大学士杨荣、金幼孜谋，以六军在外，秘不发丧	自述

三　《〈玉堂丛语〉焦注史料》①

序号	条目	征引史料	序号	条目	征引史料
1	卷一·黎大朴世居华容，10页	《怀麓堂稿》	16	卷二·周文襄为侍郎，39页	顾清撰《年谱》
2	卷一·吴文定公，11页	《水东日记》	17	卷二·王端毅，43页	《哀谈》
3	卷一·谢文肃先世，13页	顾璘撰《传》	18	卷二·王端毅公恕，44页	《琅琊漫抄》
4	卷一·翰林朱学士，16页	《东皋杂记》	19	卷二·威宁伯王越，45页	《野记》
5	卷一·太祖之封十王，17页	《剪胜旧闻》	20	卷二·霍公韬在南都，48页	《年谱》④
6	卷一·太宗在北，20页	《三朝圣谕录》	21	卷二·太祖自和州，53页	《本传》⑤
7	卷一·刘文安志学，22页	刘宜撰《行状》	22	卷二·宣德二年十月，56页	《三朝圣谕录》
8	卷一·陈白沙，22页	张诩撰《行状》	23	卷二·弘治丁巳，58页	邵宝撰《传》
9	卷一·《琐缀录》言，24页	《琐缀录》	24	卷二·《国琛集》云，61页	《国琛集》
10	卷一·吴文定为文，25页	王鏊撰《集序》②	25	卷三·圣祖时，67页	《殿阁词林记》
11	卷一·王韦论诗，27页	《国宝新编》	26	卷三·孝皇召对，70页	《今言》
12	卷一·《问马集》一卷，29页	《澹园集》	27	卷三·太祖召钱唐，71页	《双槐岁钞》
13	卷一·王子衡，29页	顾璘《序》③	28	卷三·孝宗好亲儒臣，74页	《历代小史》
14	卷一·国初，30页	《冶城客论》	29	卷三·经筵面奏，75页	《今言》
15	卷一·施槃在翰林，31页	《冶城客论》	30	卷三·昆山夏太卿，79页	《寓圃杂记》

①　按：书中卷数、页码均源自《玉堂丛语》中华书局1981年版。

②　按：经查，此处引文当出自王鏊《震泽集》卷22《资善大夫礼部尚书兼翰林院学士赠太子太保谥文定吴公神道碑》。

③　按：经查，此处引文当出自《大司马王公慎言序》，见《顾璘诗文全集》，《息园存稿文》卷1。

④　按：经查，《国朝献征录》卷18《礼部尚书掌詹事府事霍文敏公韬行实》有原文。

⑤　按：经查，《陶安传》见《太祖实录》卷35，但文与此不同。

续表

序号	条目	征引史料	序号	条目	征引史料
31	卷三·仁宗皇帝，80页	《年谱》	45	卷四·弘治十八年，108页	《治世餘闻》
32	卷三·仁庙于官僚，81页	《水东日记》	46	卷四·孝宗，109页	《裒谈》
33	卷三·刘忠宣公大夏，86页	《延休堂漫录》	47	卷四·顺德知府，111页	《裒谈》
34	卷三·文皇嗜沈度书法，86页	《历代小史》	48	卷四·上召左都御史，112页	《治世餘闻》
35	卷三·永乐中，90页	杨士奇撰《碑》①	49	卷四·张铎，117页	《四镇三关志》
36	卷三·杨文贞公士奇，95页	陆俨山《外集》	50	卷四·张文肃，125页	《国雅》
37	卷三·李文达公，96页	《琐缀录》	51	卷四·洪武十五年，129页	《今言》
38	卷三·黄仲昭，96页	吴宽撰《传》②	52	卷四·成化初，130页	《本传》⑥
39	卷三·王端毅，97页	《神道碑》③	53	卷四·文皇晏驾，133页	《畜德录》
40	卷四·胡文穆，101页	《行状》	54	卷四·彭文宪在朝，133页	《琬琰录》
41	卷四·杨文定，101页	《古穰杂录》	55	卷四·天顺末，133页	《后渠杂识》
42	卷四·陈音《保治疏》，106页	《疏议辑略》	56	卷四·永乐中，143页	《冶城客论》
43	卷四·王端毅巡抚苏松，107页	《传》④	57	卷五·天顺初，151页	钱文通《谱略》
44	卷四·弘治中，107页	朱希周撰《志》⑤	58	卷五·澹然陈公，155页	《郊外农谈》

---

① 按：经查，《国朝献征录》卷12《文渊阁大学士兼左春坊大学士赠荣禄大大少师礼部尚书谥文穆胡公广神道碑铭》内容与引文基本相似。

② 按：经查，《国朝献征录》卷53《南京工部右侍郎黄公孔昭传》内有引文，吴宽撰。

③ 按：经查，《国朝献征录》卷24《太宰王公传》内附《神道碑》。

④ 按：经查，《国朝献征录》卷24《太宰王公传》内附《传》。

⑤ 按：经查，《国朝献征录》卷14《光禄大夫柱国少傅兼太子太傅户部尚书谨身殿大学士赠太傅谥文正谢公迁神道碑》后附朱希周《志》。

⑥ 按：经查，《国朝献征录》卷37《通议大夫南京礼部左侍郎赠南京礼部尚书谥恭毅章公纶墓志铭》内记原文。《宪宗实录》卷238有《章纶传》，文不同。

续表

序号	条目	征引史料	序号	条目	征引史料
59	卷五·祭酒陈公，155 页	《客坐新闻》	72	卷五·罗念庵曰，168 页	《念庵集》
60	卷五·薛文清，156 页	《行状》①	73	卷五·《国琛录》云，169 页	《国琛录》
61	卷五·章文懿立朝，158 页	《言行录》②	74	卷五·成化中，172 页	《经济录》
62	卷五·章文懿，158 页	《徐冬序录》	75	卷五·刘忠宣，173 页	《后寿藏记》
63	卷五·正德戊辰，161 页	《南雍志》	76	卷五·张罗峰，173 页	《柏斋集》
64	卷五·邵康僖，161 页	《家传》	77	卷五·弘治十一年，178 页	《今言》
65	卷五·衡山，162 页	《读书笔记》	78	卷五·杨石斋，179 页	《国琛集》
66	卷五·宋潜溪，163 页	《行状》③	79	卷五·朱文恪，181 页	《谈纂》
67	卷五·吴溥，164 页	《南雍志》	80	卷五·吴文定，185 页	徐源撰《行状》④
68	卷五·端木孝文，165 页	《应天府志》	81	卷五·宋景濂在上，187 页	《行状》⑤
69	卷五·尚书童公，166 页	《濯缨亭笔记》	82	卷六·庄定山，189 页	湛甘泉撰《墓志》⑥
70	卷五·何淡所撰，167 页	《李充嗣墓志铭》	83	卷六·谢文肃，190 页	李东阳撰《碑》
71	卷五·东山刘公，167 页	《南岳集》	84	卷六·刘诚意，191 页	黄柏生撰《行状》⑦

---

① 按：经查，原文当出自《薛文清公行实录》卷 1《礼部左侍郎兼翰林院学士薛先生行状》。

② 按：经查，《国朝献征录》卷 37《通议大夫南京礼部左侍郎赠南京礼部尚书谥恭毅章公纶墓志铭》内附《名臣言行通录》，引文有删改。

③ 按：经查，内容删减自《国朝献征录》卷 20《翰林学士承旨嘉议大夫知制诰兼修国史兼太子赞善太夫致仕潜溪先生宋公濂行状》。

④ 按：经查，《国朝献征录》卷 18《资善大夫礼部尚书兼翰林院学士掌詹事府事赠太子太保谥文定吴公宽神道碑》内附徐源撰《行状》，文同。

⑤ 按：经查，引文出自《国朝献征录》卷 20《翰林学士承旨嘉议大夫知制诰兼修国史兼太子赞善太夫致仕潜溪先生宋公濂行状》，有删减。

⑥ 按：经查，《国朝献征录》卷 27《南京吏部验封清吏司郎中定山庄公昶墓志铭》为湛若水撰，且内容相似有删改。

⑦ 按：经查，《国朝献征录》卷 9《诚意伯刘公基行状》为黄伯生所撰，引文有删减。

序号	条目	征引史料	序号	条目	征引史料
85	卷六·永乐中，192 页	《西樵记》	101	卷七·岭南人，230 页	《行状》
86	卷六·词林故华贯，197 页	《澹园集》	102	卷七·正统五年，232 页	《文敏公年谱》、
87	卷六·霄问吕仲木，200 页	《泾野内篇》	103	卷七·鲁文恪，233 页	《已有园集》
88	卷六·太宗，201 页	《历代小史》	104	卷七·邵锐，235 页	《浙江通志》
89	卷六·宣德六年，201 页	《刘忠愍集》	105	卷七·李西涯，239 页	《北窗琐语》
90	卷六·正统四年夏，202 页	姜洪《松冈集》	106	卷七·程篁墩，249 页	先东之撰《传》
91	卷六·景泰元年，202 页	《今言》	107	卷七·杨文襄，250 页	谢纯撰《行略》④
92	卷六·彭时《杂记》，202 页	《杂记》	108	卷七·蒋公冕，250 页	《行状》
93	卷六·或曰，205 页	《今言》	109	卷七·杨石斋，250 页	《名世类苑》
94	卷六·国初，206 页	《历代小史》	110	卷七·武功伯，255 页	《庚巳编》
95	卷六·《宋学士集》云，216 页	《宋学士集》	111	卷七·滕用亨，257 页	《延休堂漫录》
96	卷六·正统戊子，217 页	《庚巳编》	112	卷七·万公士和，259 页	徐显卿《墓志》
97	卷六·《弇州别集》云，223 页	《弇州别集》	113	卷八·蜀人周洪谟，262 页	《维扬志》
98	卷七·邹东廓，228 页	《摘稿》①	114	卷八·余姚戚澜字文湍，263 页	《琼台类稿》《升庵集》
99	卷七·世宗在藩邸，228 页	《行略》②	115	卷八·余姚戚澜，264 页	《烟霞小说》
100	卷七·宋景濂，228 页	《行状》③	116	卷八·少师，265 页	《陆俨山外集》

① 按：经查，《国朝献征录》卷 15《太保文肃刘公忠神道碑》内附原文。

② 按：经查，《国朝献征录》卷 15《少师太保华盖殿大学士吏部尚书文襄杨公墓表》内有类似引文。

③ 按：经查，引文当出自《国朝献征录》卷 20《翰林学士承旨嘉议大夫知制诰兼修国史兼太子赞善太夫致仕潜溪先生宋公濂行状》，有删减。

④ 按：经查，《国朝献征录》卷 15《特进光禄大夫左柱国少师兼太子太师吏部尚书华盖殿大学士赠太保谥文襄杨公一清行状》为谢纯所撰，引文内容与其相似，有删改。

续表

序号	条目	征引史料	序号	条目	征引史料
117	卷八·弘治己未，266 页	《烟霞小说》	120	卷八·罗汝敬，269 页	《闲中今古》
118	卷八·胡颐庵，268 页	《应庵随录》	121	卷八·愧斋陈公，271 页	《客坐新闻》
119	卷八·曾公鹤，269 页	陆延枝《说听》	122	卷八·凤翔，284 页	《双槐岁抄》

参考文献

一 古籍

C

（明）陈第：《世善堂藏书目录》，中华书局 1985 年版。

（明）陈洪谟：《治世餘闻》，中华书局 1985 年版。

（明）陈建：《皇明从信录》，《续修四库全书》史部第 355 册，上海古籍出版社 2002 年版。

——《皇明通纪》，中华书局 2008 年版。

——《皇明通纪法传全录》，《续修四库全书》史部第 357 册，上海古籍出版社 2002 年版。

——《学蔀通辨》，《续修四库全书》子部第 939 册，上海古籍出版社 2002 年版。

（明）陈子龙等辑：《明经世文编》，中华书局 1962 年版。

（明）程敏政：《明文衡》，吉林人民出版社 1998 年版。

（明）程瑶田：《程瑶田全集》，陈冠明等校点，黄山书社 2008 年版。

（明）冯时可：《冯元成选集》，《四库禁毁书丛刊》补编第 63 册，北京出版社 1997 年版。

（清）陈梓：《删后文集》，上海古籍出版社 2010 年版。

F

（南朝）范晔：《后汉书》，中华书局 1965 年版。

G

（清）龚自珍：《龚自珍全集》，上海人民出版社 1975 年版。

（清）顾炎武：《亭林诗文集》，上海古籍出版社 2011 年版。

H

（明）何良俊：《四友斋丛说》，中华书局 1959 年版。

（明）何乔远：《名山藏》，福建省文史研究馆 1993 年版。

（明）胡应麟：《少室山房笔丛》，中华书局 1958 年版。

——《少室山房集》，《景印文渊阁四库全书》集部第 1290 册，台湾商务印书馆 1987 年版。

（明）黄景昉：《国史唯疑》，陈士楷，熊德基点校，上海古籍出版社 2002 年版。

（明）黄瑜：《双槐岁钞》，魏连科点校，中华书局 1999 年版。

雍正《河南通志》，《景印文渊阁四库全书》史部第 537 册，台湾商务印书馆 1987 年版。

（清）黄虞稷：《千顷堂书目》，瞿凤起、潘景郑整理，上海古籍出版社 1990 年版。

（清）黄宗羲：《黄宗羲全集》，浙江古籍出版社 1985 年版。

J

（明）姜绍书：《韵石斋笔谈》，中华书局 1985 年版。

（明）焦竑：《澹园集续集》，《四库禁毁书丛刊》集部第 61 册，北京出版社 1997 年版。

——《献征录》，上海书店出版社 1987 年版。

——《献征录》，《续修四库全书》史部第 525 册，上海古籍出版社 1987 年版。

——《玉堂丛语》，顾思点校，中华书局 1981 年版。

（明）金日升：《颂天胪笔》，《四库禁毁书丛刊》史部第 5 册，北京出版社 1997 年版。

L

（明）郎瑛：《七修类稿》，上海书店出版社 2009 年版。

（唐）刘知幾：《史通》，上海古籍出版社 2008 年版。

（后晋）刘昫等：《旧唐书》，中华书局 1975 年版。

（明）李桢：《皇明贡举考》，《四库全书存目丛书》史部第 269 册，齐鲁书社 1997 年版。

（明）李贽：《李温陵集》，《四库全书存目丛书》集部第 126 册，齐鲁书社 1997 年版。

（明）刘若愚：《酌中志》，中华书局 1985 年版。

（明）陆粲、顾起元：《庚巳编》，谭棣华、陈稼禾点校，中华书局

1987 年版。

（明）陆容：《菽园杂记》，佚之点校，中华书局 1985 年版。

（明）陆深：《俨山外集》，上海古籍出版社 1993 年版。

（清）李逊之辑：《三朝野记》，文广书局 1966 年版。

M

（明）《明太祖实录》，台湾"中央研究院"历史语言研究所 1966 年版。

（明）《明太宗实录》，台湾"中央研究院"历史语言研究所 1966 年版。

（明）《明宣宗实录》，台湾"中央研究院"历史语言研究所 1966 年版。

（明）《明英宗实录》，台湾"中央研究院"历史语言研究所 1966 年版。

（明）《明宪宗实录》，台湾"中央研究院"历史语言研究所 1966 年版。

（明）《明孝宗实录》，台湾"中央研究院"历史语言研究所 1966 年版。

（明）《明武宗实录》，台湾"中央研究院"历史语言研究所 1966 年版。

（明）《明世宗实录》，台湾"中央研究院"历史语言研究所 1966 年版。

（明）《明穆宗实录》，台湾"中央研究院"历史语言研究所 1966 年版。

（明）《明神宗实录》，台湾"中央研究院"历史语言研究所 1966 年版。

（明）《明光宗实录》，台湾"中央研究院"历史语言研究所 1966 年版。

（明）《明熹宗实录》，台湾"中央研究院"历史语言研究所 1966 年版。

P

（清）潘柽章：《国史考异》，中华书局 1985 年版。

——《国史考异》，《续修四库全书》史部第 452 册，上海古籍出版社 2002 年版。

——《今乐府》，《四库禁毁书丛刊》集部第 74 册，北京出版社 1997
年版。

——《松陵文献》，《四库禁毁书丛刊》史部第 7 册，北京出版社
1997 年版。

（清）潘耒：《遂初堂文集》，《四库全书存目丛书》集部第 249 册，
齐鲁书社 1997 年版。

Q

（清）祁承㸁：《澹生堂藏书目》史部第 919 册。

（清）钱大昕：《潜研堂文集》，商务印书馆 1936 年版。

S

（明）沈德符：《万历野获编》，中华书局 1959 年版。

（明）宋濂：《洪武圣政记》，中华书局 1991 年版。

（明）谈迁：《国榷》，中华书局 1958 年版。

——《枣林杂俎》，罗仲辉、胡明校点校，中华书局 2006 年版。

（明）陶安：《陶学士集》，《景印文渊阁四库全书》集部第 1225 册，
台湾商务印书馆 1987 年版。

（明）汪道昆：《太函集》，《四库全书存目丛书》集部第 117 册，齐
鲁书社 1997 年版。

（明）王鏊、王禹声：《震泽先生别集》，中华书局 2014 年版。

（明）王锜：《寓圃杂记》，张德信点校，中华书局 1984 年版。

（明）王世贞：《弇山堂别集》，中华书局 1985 年版。

——《弇山堂别集》，《景印文渊阁四库全书》史部第 409—410 册，
台湾商务印书馆 1987 年版。

——《弇州史料》，《四库全书存目丛书》史部第 112 册，齐鲁书社
1997 年版。

——《弇州四部稿》，《景印文渊阁四库全书》集部第 1280 册，台湾
商务印书馆 1987 年版。

——《弇州续稿》，《景印文渊阁四库全书》集部第 1283 册，台湾商
务印书馆 1987 年版。

（清）王夫之：《永历实录》，岳麓书社 1982 年版。

W

（唐）吴兢：《贞观政要》，岳麓书社 1991 年版。

（宋）吴缜：《新唐书纠谬》，中华书局 1985 年版。

《万历邸钞》，江苏广陵古籍刻印社 1991 年版。

《万历疏抄》，《续修四库全书》史部第 468 册，上海古籍出版社 2002 年版。

（明）王锡爵：《王文肃公集》，《四库禁毁书丛刊》集部第 7 册，北京出版社 1997 年版。

（明）王阳明：《传习录》，张怀承注译，岳麓书社 2004 年版。

（明）文秉：《烈皇小识》，上海书店出版社 1982 年版。

（明）吴炎：《吴赤溟先生集》，国学保存会 1906 年版。

（明）谢肇淛：《五杂俎》，上海书店出版社 2001 年版。

（清）无名氏：《清史列传》，中华书局 1987 年版。

（清）徐开任辑：《明名臣言行录》，台湾明文书局 1991 年版。

（明）徐学聚：《国朝典汇》，台湾学生书局 1965 年版。

（明）徐学谟：《世庙识余录》，上海古籍出版社 1996 年版。

——《归有园稿》，《四库全书存目丛书》集部第 125 册，齐鲁书社 1997 年版。

——《徐氏海隅集》，《四库全书存目丛书》集部 124 册，齐鲁书社 1997 年版。

Y

（明）叶盛：《水东日记》，魏中平点校，中华书局 1980 年版。

（明）叶向高：《续纶扉奏草》，《四库禁毁书丛刊》史部第 37 册，北京出版社 1997 年版。

（明）于慎行：《谷山笔麈》，吕景琳点校，中华书局 1984 年版。

（明）余继登：《典故纪闻》，中华书局 1981 年版。

（清）姚觐元、孙殿起编：《清代禁毁书目（补遗）清代禁书知见录》，商务印书馆 1957 年版。

（清）永瑢等：《钦定四库全书总目》，中华书局 1997 年版。

于浩编：《明清史料丛书续编》，国家图书馆出版社 2009 年版。

Z

（明）张朝瑞：《忠节录》，《四库全书存目丛书》史部第 97 册，齐鲁书社 1997 年版。

（明）张岱：《琅嬛文集》，岳麓书社 1985 年版。

——《石匮书》，上海古籍出版社 2008 年版。

（明）张瀚：《松窗梦语》，中华书局 1985 年版。

（明）张萱：《西园闻见录》，文海出版社 1984 年版。

（明）郑晓：《今言》，李致忠点校，中华书局 1984 年版。

——《吾学编》，《四库禁毁书丛刊》史部第 45 册，北京出版社 1997 年版。

——《征吾录》，《四库全书存目丛书》史部第 23 册，齐鲁书社 1997 年版。

（明）周镳：《逊国忠纪》，《四库全书存目丛书》史部第 117 册，齐鲁书社 1997 年版。

（明）周之纲：《史乘纂误》，线装书局 2003 年版。

（明）朱国桢：《皇明史概》，江苏广陵古籍刻印社 1992 年版。

——《涌幢小品》，中华书局 1959 年版。

——《朱文肃公集》，《续修四库全书》集部第 1366 册，上海古籍出版社 2002 年版。

（明）祝世禄：《昭代典则》，《续修四库全书》史部第 351 册，上海古籍出版社 2002 年版。

（明）祝允明：《野记》，中华书局 1985 年版。

——《罪知录》，《四库全书存目丛书》子部第 83 册，齐鲁书社 1997 年版。

（清）张廷玉等：《明史》，中华书局 1974 年版。

（清）章学诚：《文史通义》，中华书局 1985 年版。

赵尔巽等：《清史稿》，中华书局 1977 年版。

中华书局编：《明杂史十六种》，中华书局 2013 年版。

二　近今人专著

B

白寿彝：《史学概论》，宁夏人民出版社 1983 年版。

——《中国史学史》，北京师范大学出版社 2004 年版。

——白寿彝主编，向燕南、张越、罗炳良著：《中国史学史》第 5 卷《明清时期：中国古代史学的嬗变》，上海人民出版社 2006 年版。

C

陈永发主编：《明清帝国及其近现代转型》，允晨文化实业股份有限公司 2011 年版。

D

丁易：《明代特务政治》，江西教育出版 2012 年版。

F

樊树志：《明史讲稿》，中华书局 2012 年版。

冯天瑜：《明清文化史散论》，华中理工大学出版社 1998 年版。

傅玉璋、傅正：《明清史学史》，安徽大学出版社 2003 年版。

G

顾诚：《南明史》，光明日报出版社 2011 年版。

郭松康：《清代考据学研究》，湖北辞书出版社 2001 年版。

H

胡适：《胡适全集》，安徽教育出版社 2003 年版。

黄兆强：《清人元史学探研 清初至清中叶》，台湾稻乡出版社 2000 年版。

J

嵇文甫：《晚明思想史论》，河南大学出版社 2008 年版。

姜胜利：《清人明史学探研》，南开大学出版社 1997 年版。

K

匡亚明主编：《中国思想家评传丛书》，南京大学出版社 2006 年版。

L

李晋华：《明代敕撰书考》，燕京大学哈佛燕京学社引得编纂处 1932 年版。

李小林、李晟文：《明史研究备览》，天津教育出版社 1988 年版。

——李小林：《万历官修本朝正史研究》，南开大学出版社 1999 年版。

李宗侗：《中国史学史》，中国友谊出版社 1984 年版。

梁启超：《清代学术概论》，朱维铮校注，中华书局 2010 年版。

廖瑞铭：《明代野史的发展与特色》，台北花木兰文化出版社 2009 年版。

林庆彰：《明代考据学研究》，台湾学生书局 1983 年版。

刘勇强：《集成与转型 明中叶至辛亥革命的精神文明》，北京大学出版社 2009 年版。

M

毛文芳：《物·性别·观看 明末清初文化书写新探》，台湾学生书局

2001 年版。

孟森：《明清史讲义》，中华书局 1981 年版。

N

南炳文、何孝荣：《明代文化研究》，人民出版社 2006 年版。

南炳文：《南明史》，故宫出版社 2012 年版。

Q

钱茂伟：《明代史学的历程》，社会科学文献出版社 2003 年版。

——《中国传统史学的范型嬗变》，黑龙江人民出版社 2010 年版。

钱穆：《中国近三百年学术史》，九州出版社 2011 年版。

瞿林东：《史学与史学评论》，安徽教育出版社 1998 年版。

S

商传：《明代文化史》，东方出版中心 2007 年版。

孙卫国：《王世贞史学研究》，人民文学出版社 2006 年版。

W

万明主编：《晚明社会变迁问题与研究》，商务印书馆 2005 年版。

王尔敏：《明清社会文化生态》，广西师范大学出版社 2009 年版。

吴漫：《明代宋史学研究》，人民出版社 2012 年版。

吴怀祺主编，向燕南著：《中国史学思想通史·明代卷》，黄山书社 2002 年版。

X

谢贵安：《明清文化史探研》，商务印书馆 2010 年版。

——《明实录研究》，湖北人民出版社 2003 年版。

谢国桢：《增订晚明史籍考》，上海古籍出版社 1981 年版。

徐泓：《二十世纪中国的明史研究》，台湾大学出版中心 2011 年版。

Y

杨艳秋：《明代史学探研》，人民出版社 2005 年版。

余英时：《中国思想传统的现代诠释》，江苏人民出版社 1995 年版。

Z

张国刚：《中国社会历史评论》第 4 卷，商务印书馆 2002 年版。

张秀民：《中国印刷史》，上海人民出版社 1989 年版。

郑师渠：《中国文化通史 明代卷》，北京师范大学出版社 2009 年版。

《中国历史与史学》编辑组：《中国历史与史学——祝贺杨翼骧先生

八十寿辰学术论文集》，北京图书馆出版社 1997 年版。

中国社会科学院历史研究所明史研究室编：《百年明史论著目录》，安徽教育出版社 2012 年版。

朱鸿林：《明人著作与生平发微》，广西师范大学出版社 2005 年版。

朱希祖：《明季史料题跋》，中华书局 1961 年版。

朱则杰：《清诗考证》，人民文学出版社 2012 年版。

［美］艾尔曼：《从理学到朴学 中华帝国晚期思想与社会变化面面观》，赵刚译，江苏人民出版社 2012 年版。

［德］伯伦汉：《史学方法论》，陈韬译，商务印书馆 1937 年版。

［德］傅吾康：《明代史籍汇考》，台湾宗青图书出版公司 1978 年版。

［美］牟复礼、［英］崔瑞德：《剑桥中国明代史》，张书生等译，中国社会科学院出版社 1992 年版。

［日］森正夫：《明清时代史的基本问题》，周绍泉、栾成显等译，商务印书馆 2013 年版。

［美］司徒琳：《南明史：1644—1662》，李荣庆等译，上海书店出版社 2007 年版。

［日］小野和子：《明季党社考》，李庆、张荣湄译，上海古籍出版社 2006 年版。

三　论文

B

鲍永军：《王世贞的史学思想》，《史学史研究》2001 年第 3 期。

C

陈宝良：《论钱谦益的史学》，《明史研究》第 6 辑，黄山书社 1999 年版。

D

刁美林：《潘怪章、潘耒兄弟之明史学成就考述》，《贵州文史丛刊》2013 年第 1 期。

段晓亮：《略论钱谦益对明代史学的认识》，《史学史研究》2012 年第 2 期。

——《钱谦益的明史考证及影响》，《石家庄铁道学院学报》（社会科学版）2008 年第 3 期。

G

高小慧：《杨慎〈升庵诗话〉及其考据诗学》，《郑州大学学报》（哲学社会科学版）2013 年第 4 期。

葛兆光：《明代中后期的三股史学思潮》，《史学史研究》1985 年第 1 期。

顾诚：《王世贞的史学》，《明史研究论丛》第 2 辑，中国社会科学出版社 1983 年版。

郭康松：《论杨慎对明清考据学的贡献》，《历史文献研究》2008 年第 27 辑。

J

姜广辉：《略论明清时期的考据学思潮》，《湖南大学学报》（社会科学版）2007 年第 2 期。

姜明会：《略论钱谦益对建文朝历史的认识》，《常州大学学报》（社会科学版）2014 年第 2 期。

姜胜利：《王世贞与〈史乘考误〉》，《海南大学学报》（社会科学版）1997 年第 2 期。

K

阚红柳：《庄氏史案与清楚私家修史——从史学史的角度分析庄氏史狱对清初文化的影响》，《辽宁大学学报》（哲学社会科学版）2007 年第 3 期。

亢学军：《明代考据学复兴与晚明学风的转变》，《河北学刊》2005 年第 5 期。

——《从〈焦氏笔乘〉看焦竑的文献考据学成就》，《苏州大学学报》（哲学社会科学版）2004 年第 4 期。

L

李焯然：《焦竑及其〈玉堂丛语〉》，《文献》1982 年第 2 期

李红：《略谈〈明实录〉的弊病》，《中国档案》，1988 年第 5 期。

廉敏：《明代的论史风气》，《学习与探索》，2007 年第 2 期。

廖瑞铭：《明代史学再评论》，《台湾人文生态研究》1997 年第 11 期。

刘开军：《论中国史学史上历史考证与史学批评的融合》，《天津社会科学》2012 年第 2 期。

刘霞：《〈嘉靖以来首辅传〉的最早版本及徐学谟形象之辩诬》，《宁

夏师范学院学报》（社会科学版）2013 年第 10 期。

刘晓东：《"晚明"与晚明史研究》，《学术研究》2014 年第 7 期。

Q

钱茂伟：《〈明实录〉编纂与明代史学的流变》，《学术研究》2010 年第 5 期。

——《论明中叶当代史编撰的勃兴》，《汉江论坛》1992 年第 8 期。

——《论晚明当朝史的编撰》，《史学史研究》1994 年第 2 期。

——《论王世贞对理学化史学的批评》，《华东师范大学学报》（哲学社会科学版）2002 年第 3 期。

——《张隧〈千百年眼〉：晚明史学的杰作》，《学术月刊》2001 年第 5 期。

S

孙卫国：《王世贞明史研究之成就与特点》，《史学史研究》2004 年第 1 期。

T

田澍：《大礼议与杨廷和阁权的畸变——明代阁权个案研究之一》，《西北师大学报》（社会科学版）2000 年第 1 期。

——《明代大礼议新探》，《学习与探索》1998 年第 6 期。

——《张璁议礼思想述论》，《西北师大学报》（社会科学版）1998 年第 1 期。

W

王蔚：《千载得失利弊之"异说"》，《读书》1988 年第 12 期。

王勇刚：《焦竑的史学思想》，《殷都学刊》2001 年第 3 期。

吴丰培：《古籍题记选录（二）》，《上海高校图书情报学刊》1994 年第 2 期。

吴振汉：《〈史乘考误〉所论嘉、隆之际史事考释》，台湾《人文学报》1998 年第 17 期。

伍跃：《谈〈菽园杂记〉十五卷本》，《文献》1987 年第 4 期。

X

向燕南：《从国家职能看明清官修史学》，《求是学刊》2005 年第 4 期。

——《焦竑的学术特点与史学成就》，《文献》1999 年第 2 期。

——《晚明士人自我意识的张扬与历史评论》，《史学月刊》2005 年第 4 期。

徐彬：《论王世贞的考辨史学》，《史学史研究》2003 年第 4 期。

Y

鄢烈山：《张燧的异端说》，《群言》1991 年第 9 期。

杨林：《试析庄氏史案对清处私家修史的影响》，《清史研究》1992 年第 2 期。

杨绪敏：《论焦竑及其史学研究的成就与缺失》，《江苏社会科学》2002 年第 3 期。

——《明代求实思潮的兴起与考据学的成就及影响》，《江苏社会科学》2004 年第 4 期。

——《明清两朝考据学之比较研究》，《史学集刊》2007 年第 5 期。

——《明中叶以来史学考据的兴起及其成就与缺失》，《安徽史学》2009 年第 4 期。

——《论钱谦益与明史的修撰与考证》，《徐州师范大学学报》（哲学社会科学版）2012 年第 2 期。

——《论吴炎、潘柽章与〈明史记〉的纂修》，《史学史研究》2012 年第 2 期。

杨艳秋：《朱国祯〈皇明史概〉考析》，《南开学报》1999 年第 1 期。

——《明代中后期私修当代史的繁荣及其原因》，《南都学刊》2003 年第 3 期。

Z

展龙，耿勇：《〈明史记〉编纂考论》，《图书馆界》2011 年第 6 期。

展龙：《论焦竑〈献征录〉的史料价值》，《史学史研究》2007 年第 1 期。

张显清：《明嘉靖"大礼议"的起因、性质和后果》，《史学集刊》1988 年第 4 期。

张永贵，黎建军：《钱谦益史学思想评述》，《史学月刊》2000 年第 2 期。

张煜：《吴炎潘柽章新乐府研究》，《乐府学》，社会科学文献出版社 2006 年版。

赵良宇：《论明代中后期考据学的成就及其局限》，《求索》2007 年第

4 期。

　　——《明代考据学的学术特点及其学术地位》,《辽宁大学学报》（哲学社会科学版）2008 年第 4 期。

　　赵强、王确:《何谓"晚明"?——对"晚明"概念及其相关问题的反思》,《求是学刊》2013 年第 6 期。

　　朱志先:《张燧〈千百年眼〉因袭杨慎〈升庵集〉考论》,《古籍整理研究学刊》2011 年第 1 期。

　　——《张燧〈千百年眼〉与李贽著述关系考》,《南都学刊》（人文社会科学学报）2011 年第 4 期。

　　——《晚明张大龄的〈玄羽外编〉与张燧的〈千百年眼〉关系考》,《西华大学学报》（哲学社会科学版）2013 年第 3 期。

　　——《晚明张燧〈千百年眼〉与王世贞、胡应麟著述关系考》,《湖北科技学院学报》2013 年第 5 期。

　　——《晚明张燧〈千百年眼〉征引苏轼、苏辙著述考》,《西华大学学报》（哲学社会科学版）2014 年第 2 期。

　　朱仲玉:《宋濂和王袆的史学成就》,《史学史研究》1983 年第 4 期。

四　学位论文

　　陈长文:《明代进士登科录研究》,博士学位论文,浙江大学,2005 年。

　　段晓亮:《钱谦益史学研究》,硕士学位论文,南开大学,2006 年。

　　郝润华:《〈钱注杜诗〉中的诗史互证与时代精神》,博士学位论文,南京大学,1999 年。

　　黄振材:《〈皇明贡举考〉研究》,硕士学位论文,辽宁师范大学,2013 年。

　　李彬:《论焦竑的史学》,硕士学位论文,华东师范大学,2008 年。

　　李勤合:《杨慎丹铅诸录研究》,硕士学位论文,华中师范大学,2003 年。

　　刘开军:《焦竑史学研究》,硕士学位论文,北京师范大学,2007 年。

　　马静:《潘柽章及其〈国史考异〉研究》,硕士学位论文,辽宁大学,2011 年。

　　邱进春:《明代江西进士考证》,博士学位论文,浙江大学,2006 年。

史振卿:《〈焦氏笔乘〉研究》,硕士学位论文,华中师范大学,2008 年。

王晴璐:《徐学谟的生平交游、文学思想与诗文创作初探》,硕士学位论文,复旦大学,2010 年。

王燕:《王世贞史学研究——兼论明代中后期的私人修史》,硕士学位论文,苏州大学,2003 年。

叶仁美:《晚明文人徐学谟研究》,硕士学位论文,浙江工业大学,2010 年。

周于飞:《经隐诗社研究》,博士学位论文,浙江大学,2012 年。